Kohlhammer

Wolfgang Becker, Björn Baltzer, Patrick Ulrich

Wertschöpfungsorientiertes Controlling

Konzeption und Umsetzung

unter Mitarbeit von
Tim Botzkowski, Bianca Brandt, Robert Ebner,
Harald Eggeling, Christian Hilmer,
Robert Holzmann und Maria Vogt

Verlag W. Kohlhammer

1. Auflage 2014
Alle Rechte vorbehalten
© 2014 W. Kohlhammer GmbH, Stuttgart
Umschlag: Gestaltungskonzept Peter Horlacher
Gesamtherstellung:
W. Kohlhammer GmbH, Stuttgart

Print:
ISBN 978-3-17-021640-2

E-Book-Formate:
epub: ISBN 978-3-17-025694-1
kindle: ISBN 978-3-17-025695-8

Inhaltsverzeichnis

Vorwort 9

Teil I: Grundlagen 13
1   Einführung 13
     1.1   Terminologie 13
     1.2   Historische Entwicklung 15
     1.3   Status quo der Controlling-Wissenschaft im deutschsprachigen Raum 20
     1.4   Status quo der Controlling-Praxis im deutschsprachigen Raum 30
2   Theoretische Grundlagen des Controllings 34
     2.1   Systemtheorie 34
     2.2   Situativer Ansatz 37
     2.3   Neue Institutionenökonomik 40
     2.4   Verhaltenswissenschaften 44
     2.5   Soziologischer Institutionalismus 46
3   Wertschöpfungsorientierte Controlling-Konzeption 49
     3.1   Bedeutung und Elemente von Controlling-Konzeptionen 49
     3.2   Begründung der wertschöpfungsorientierten Controlling-Konzeption 53
     3.3   Vergleich und Bewertung des wertschöpfungsorientierten Controllings 62

Teil II: Elemente des wertschöpfungsorientierten Controllings 70
4   Philosophie und Ziele des Controllings 70
5   Funktionen und Aufgaben des Controllings 74
     5.1   Abstimmungsfunktion 74
     5.2   Informationsfunktion 78
     5.3   Aufgabenfelder 86
6   Aufgabenträger des Controllings 90
7   Prozessuale Aspekte des Controllings 94
8   Instrumente des Controllings 99
     8.1   Begriffsabgrenzung 99
     8.2   Bedeutsame Instrumente des Controllings 103

		8.2.1	Bilanzkennzahlen	105
		8.2.2	Kosten-, Erlös- und Ergebnisrechnung	115
		8.2.3	Verrechnungspreise	122
		8.2.4	Budgetierung	130
		8.2.5	Working Capital-Kennzahlen und Liquiditätsplan	135
		8.2.6	Verfahren der Investitionsbeurteilung	141
		8.2.7	Wertorientierte Kennzahlen	145
		8.2.8	Balanced Scorecard	150
		8.2.9	Berichtswesen	155
		8.2.10	Anreizsysteme	161
	8.3	IT-Unterstützung im Controlling		167
9	Organisation des Controllerbereichs			178
	9.1	Einordnung in das Unternehmen		179
	9.2	Binnenorganisation des Controllerbereichs		189
	9.3	Anforderungen an die Person des Controllers		193
	9.4	Zusammenarbeit des Controllerbereichs mit anderen Bereichen		199
		9.4.1	Controllerbereich und Externes Rechnungswesen	199
		9.4.2	Controllerbereich und Treasury/Finanzen	202
		9.4.3	Controllerbereich und Internes Consulting	206
10	Erfolgsanalyse des Controllings			210

Teil III: Anwendungsfelder ... 220

11	Controlling in Funktionsbereichen			220
	11.1	Primäre Aktivitäten		220
		11.1.1	Supply-Chain- und Logistik-Controlling	220
		11.1.2	Produktions-Controlling	225
		11.1.3	Marketing-Controlling und Vertriebs-Controlling	228
	11.2	Unterstützende Aktivitäten		231
		11.2.1	Personal-Controlling	231
		11.2.2	Risiko-Controlling	235
		11.2.3	IT-Controlling	238
		11.2.4	F&E-Controlling	243
12	Situative Anpassung des Controllings			247
	12.1	Controlling in internationalen Konzernen		248
	12.2	Controlling im Mittelstand		252
	12.3	Controlling im öffentlichen Sektor		260
	12.4	Controlling in projektorientierten Unternehmen		265
	12.5	Controlling in Non-Profit-Organisationen		273

Teil IV: Entwicklungsperspektiven des Controllings ... 277

13	Internationale Perspektive des Controllings		277
	13.1	Controlling in den USA	277
	13.2	Controlling in Russland	281

14	Entwicklungen im Umfeld des Controllings		284
	14.1	Compliance und Controlling	285
	14.2	Ethik und Controlling	287
	14.3	Corporate Governance und Controlling	290
	14.4	Steuern und Controlling	293

Literaturverzeichnis 297

Informationen zu den Autoren 315

Stichwortverzeichnis 317

Vorwort

Im Themengebiet ›Controlling‹ hat man als Leser die Auswahl zwischen zahlreichen Lehrbüchern sowie unzähligen Fachbüchern. Nichtsdestotrotz sind wir davon überzeugt, mit diesem in Erstauflage erscheinenden Lehrbuch eine Marktlücke zu schließen. Unser Lehrbuch unterscheidet sich von anderen Werken unter anderem durch seine konzeptionelle Ausrichtung: Es basiert durchgängig auf einem wertschöpfungsorientierten Verständnis von Controlling, welches von Wolfgang Becker Anfang der 1990er Jahre konzipiert und seitdem kontinuierlich weiterentwickelt wurde. Der wissenschaftliche Kodex gebietet es jedoch, dass wir den Lesern unser eigenes Controlling-Verständnis nicht unkommentiert und unreflektiert präsentieren, sondern vielmehr auch Gemeinsamkeiten und Unterschiede zu konkurrierenden Meinungen aufzeigen und bewerten.

Nach der Lektüre dieses Buches verfügen die Leser über umfassende Kenntnisse zu allen wesentlichen Aspekten des Controllings. Gleichzeitig haben wir ein hinsichtlich Format und Umfang kompaktes Lehrbuch konzipiert. Vor diesem Hintergrund war es unvermeidlich, an einigen Stellen eine Auswahl der Inhalte vorzunehmen, wie bspw. bei den Instrumenten des Controllings. Allerdings bieten wir neben dem üblichen Literaturverzeichnis am Ende jedes Kapitels ein kommentiertes Quellenverzeichnis, welches zu einem themenspezifischen Weiterlesen ermuntern soll.

Den Anforderungen an ein modernes Lehrbuch wollen wir nicht nur durch die sprachliche und optische Aufbereitung, sondern insb. auch durch die Zusammenstellung der Inhalte gerecht werden. So stellen wir theoretisch-konzeptionelle nicht einfach neben anwendungs- und praxisorientierte Ausführungen, sondern verknüpfen beide. Daher richtet sich dieses Buch nicht nur an Bachelor- und Masterstudenten an Universitäten und Hochschulen für angewandte Wissenschaften, sondern ebenso an Studenten in Weiterbildungsstudiengängen sowie an Praktiker, die sich im Selbststudium fortbilden möchten. Wiederholungsfragen am Ende der einzelnen Kapitel ermöglichen jedem Leser eine Kontrolle seines Lernerfolgs.

Der Aufbau dieses Lehrbuchs in vier Teilen ist primär auf eine sequentielle Bearbeitung ausgelegt, allerdings ermöglicht das umfassende Stichwortverzeichnis auch, einen Fokus auf spezifische Themen zu legen. Durch die zahlreichen Querverweise im Buch, welche die Zusammenhänge zwischen den einzelnen Inhalten aufzeigen, ist darüber hinaus auch ein Querlesen möglich.

Im ersten Teil wird nach einer Klärung der wesentlichen Begrifflichkeiten ein Bogen von den historischen Anfängen hin zum aktuellen Stand des Controllings gespannt. Anschließend wird das theoretische Fundament des wertschöpfungsorientierten

Controllings erläutert und unser Verständnis in das Spektrum der Controlling-Konzeptionen eingeordnet.

Im zweiten Teil werden vor dem Hintergrund dieses wertschöpfungsorientierten Verständnisses alle relevanten Teilaspekte des Controllings erläutert:

- Philosophie und Ziele
- Funktionen und Aufgaben
- Aufgabenträger, Prozesse und Organisation
- Instrumente und Werkzeuge

Der zweite Teil schließt mit Überlegungen zum Erfolg des Controllings.

Nach dieser allgemeinen Betrachtung des Controllings werden im dritten Teil spezielle Anwendungsfelder analysiert. Zu diesem Zweck greifen wir zunächst auf das im Vorfeld vorgestellte Modell der Wertkette zurück und untersuchen die Spezifika des Controllings in primären und unterstützenden Funktionsbereichen. Die Ausführungen gehen hierbei von einem national tätigen, produzierenden Unternehmen gehobener Größe aus. Anschließend weichen wir von diesen Annahmen ab und gehen auf Besonderheiten des Controllings in anderen Unternehmenstypen ein.

Der vierte Teil dient schließlich zur Abrundung der vorangegangenen Ausführungen. Nunmehr ausgestattet mit detailliertem Wissen über das Controlling im deutschsprachigen Raum, blicken wir auf das Controlling im internationalen Kontext und betrachten hierbei exemplarisch die USA sowie Russland. Zu guter letzt beschäftigen wir uns mit bedeutsamen aktuellen Entwicklungen innerhalb und rund um das Controlling. Die nachfolgende Abbildung fasst den Aufbau dieses Buchs nochmals in grafischer Form zusammen.

Herzlich bedanken möchten wir uns einerseits bei unseren Interviewpartnern Prof. Dr. Thomas Egner, Prof. Dr. Sergej Falko, Dr. Michael Kieninger und Dr. h.c. Frank-J. Weise sowie andererseits bei den Lehrstuhlmitarbeitern Lena Binninger (v.a. Enddurchsicht), Tim Botzkowski (v.a. Abschnitte 8.2.7, 12.1 und 12.5), Bianca Brandt (v.a. Abschnitte 8.2.10, 9.3, 11.2.1 und 11.2.5), Robert Ebner (v.a. Abschnitte 8.2.4 und 11.1.1), Harald Eggeling (v.a. Abschnitte 8.2.6, 9.2 und 9.4.2), Liudmila Häusser (Abschnitt 13.2), Christian Hilmer (v.a. Abschnitte 8.2.1, 9.4.4, 11.1.2 und 11.1.3), Robert Holzmann (v.a. Abschnitte 8.2.2, 9.3 und 14.1), Dr. Christian Kunz (Abschnitt 12.4), Maria Vogt (v.a. Abschnitte 8.2.8 und 12.2), Lisa Zimmermann (v.a. Abschnitt 14.2), bei Dr. Sofya Malikova (Abschnitt 13.2) sowie bei unseren studentischen Hilfskräften für ihre Unterstützung bei der Erstellung dieses Lehrbuchs. Für die sekretariatsseitige Unterstützung bedanken wir uns bei Jutta Eichhorn. Ein besonderer Dank gebührt unserem Verlagsleiter Dr. Uwe Fliegauf vom Kohlhammer Verlag, der unsere Projekte nun schon seit mehreren Jahren mit großem Interesse und stetigem Rückhalt betreut.

Wir wünschen allen unseren Lesern eine angeregte Lektüre. Über jedes Feedback, seien es Lob oder Verbesserungsvorschläge, freuen wir uns unter der E-Mail-Adresse ufc@uni-bamberg.de.

Bamberg, im Sommer 2013 Univ.-Professor Dr. Dr. habil. Wolfgang Becker
Dr. Björn Baltzer
Dr. Patrick Ulrich

Teil I: Grundlagen
Kap. 1: Einführung
Kap. 2: Theoretische Grundlagen des Controllings
Kap. 3: Wertschöpfungsorientierte Controlling-Konzeption

Teil II: Elemente des wertschöpfungsorientierten Controllings
Kap. 4: Philosophie und Ziele
Kap. 5: Funktionen und Aufgaben
Kap. 6: Aufgabenträger
Kap. 7: Prozessuale Aspekte
Kap. 8: Instrumente
Kap. 9: Organisation des Controller-Bereichs
Kap. 10: Erfolgsanalyse

Teil III: Anwendungsfelder	
Kap. 11: Controlling in Funktionsbereichen	Kap. 12: Situative Anpassung des Controllings

Teil IV: Entwicklungsperspektiven des Controllings	
Kap. 13: Internationale Perspektive des Controllings	Kap. 14: Entwicklungen im Umfeld des Controllings

Teil I: Grundlagen

1 Einführung

1.1 Terminologie

Neben ›Controlling‹ trifft man in der Betriebswirtschaftslehre auf eine Reihe verwandter Begriffe. Um »Sprachverwirrungen« (Roso/Vormweg/Wall 2003, S. 61), welche durch eine ungenaue und/oder inkonsequente Verwendung dieser nahestehenden Begriffe entstehen können, von vornherein zu vermeiden, wollen wir wesentliche Termini gleich zu Beginn dieses Buches erläutern und voneinander abgrenzen. Zwar kann dies an dieser Stelle nur in knapper Form erfolgen, allerdings werden uns die nachfolgenden Begriffe an vielen späteren Stellen wieder begegnen und dort konkretisiert.

Ausgangspunkt der terminologischen Untersuchung ist der englische Wortstamm ›control‹ welcher selbst wiederum lateinische Wurzeln aufweist (mehr dazu in ▶ **Kap. 1.3**). Schlägt man dieses Wort in einem allgemeinen zweisprachigen Wörterbuch nach, so findet man ein Verb sowie ein Substantiv mit jeweils einer Vielzahl unterschiedlicher Übersetzungsmöglichkeiten, welche sich auf die Alltagssprache sowie auf unterschiedlichste Wissenschaftsdisziplinen beziehen. Für die Betriebswirtschaftslehre sind hierbei zwei Bedeutungsrichtungen von **Control** von besonderer Relevanz (vgl. Schwarz 2002, S. 3 ff.): Einerseits Überwachung und **Kontrolle** sowie andererseits Beherrschung und **Steuerung**. Diese beiden Bedeutungsrichtungen von Control lassen sich mit dem Managementzyklus in seiner einfachsten Form in Verbindung bringen, nach der er aus den Phasen der Planung, der Steuerung und der Kontrolle besteht (vgl. Hahn/Hungenberg 2001, S. 45 ff.). Wenn Horngren et al. in ihrem im angloamerikanischen Raum weit verbreiteten Lehrbuch den Managementzyklus in die beiden Phasen Planning und Control (vgl. Horngren et al. 2008, S. 9 ff.) unterteilen, so wird deutlich, dass Control Steuerung und Kontrolle umfasst. Das Verbalsubstantiv **Controlling** meint hierbei die Ausübung von Control, d. h. die Aktivitäten des Steuerns und Kontrollierens des Unternehmensgeschehens. Der Bezug zum Managementzyklus macht hierbei deutlich, dass Controlling nach angloamerikanischem Verständnis Aktivitäten umfasst, die von Managern auf allen Hierarchiestufen wahrgenommen werden.

Als **Controller** wird im englischsprachigen Raum ein Stelleninhaber bezeichnet, welcher das Management bei Planning und Control unterstützt, d. h. während des gesamten Managementzyklus. Hierzu erledigt er eine Vielzahl von Aufgaben, welche unter dem Begriff **Controllership** oder Controller Function zusammengefasst werden. Der Controller selbst macht somit kein Controlling, sondern er führt Führungsunterstützungsaufgaben aus. Führungsaufgaben übernehmen Controller nur dann, wenn sie als Abteilungsleiter einem Controllerbereich vorstehen (vgl. Hahn/Hungenberg 2001, S. 265).

Hinsichtlich der soeben dargelegten Bedeutung der Begriffe Control(ling), Controller und Controllership herrscht im englischen Sprachraum weitgehendes Einvernehmen. Sprachliche Schwierigkeiten ergaben sich allerdings bei der Übernahme des Konzepts des Controllers und des mit ihm verbundenen Aufgabenbereichs der Controllership aus den USA in den deutschsprachigen Raum ab den 1950er Jahren (siehe ▶ Kap. 1.3). Hierbei wurde zunächst versucht, geeignete deutschsprachige Begriffe zu finden. So wurden für die Position des Controllers bspw. Bezeichnungen wie Führungsrechner oder Wirtschaftlichkeitsprüfer vorgeschlagen. Da sich letztlich jedoch kein geeignetes deutsches Wort finden ließ, wurde stattdessen der Begriff Controller eingedeutscht und wird inzwischen auch im Duden geführt.

Dieselbe Problematik stellte sich beim Wort Controllership: Auch hier wurden zahlreiche deutsche Entsprechungen diskutiert (vgl. Harbert 1982, S. 36), ohne dass man sich jedoch auf einen Begriff einigen konnte. So bürgerte sich letztlich anstelle des ursprünglichen Begriffs Controllership für das Aufgabenspektrum des Controllers im deutschsprachigen Raum das missverständliche Wort Controlling ein. Die im angloamerikanischen Raum übliche Unterscheidung zwischen Controlling als Führungsfunktion und Controllership als Führungsunterstützungsfunktion wurde im deutschsprachigen Raum somit nicht aufrechterhalten, sondern zumindest sprachlich verwischt. Hieraus resultiert folgende Schwierigkeit (vgl. Eschenbach/Niedermayr 1996, S. 50 f.): Wenn in der deutschsprachigen betriebswirtschaftlichen Literatur von Controlling die Rede ist, dann können damit im ursprünglichen englischen Sinne zwei Bedeutungen gemeint sein:

Controlling, also die Wahnehmung von Control

Wir wollen im vorliegenden Buch an der sprachlichen Trennung zwischen Controlling als Führungsfunktion und Controllership als Führungsunterstützungsfunktion festhalten. In diesem Sinne »[...] bedeutet Controlling die Steuerung des Unternehmens im Rahmen einer vorgegebenen Zielrichtung und ist eine Aufgabe des Managements.« (Eschenbach/Niedermayr 1996, S. 50 f.). Als ›vorgegebene Zielrichtung‹ dient nach unserer Auffassung der Wertschöpfungszweck von Betrieben. Hierdurch bleibt das Konzept des Controllings nicht allein auf gewinnorientierte Unternehmen beschränkt, sondern ist in jedem Betriebstyp anwendbar, wie z. B. auch im öffentlichen Sektor (siehe ▶ Kap. 12.3) oder in Non-Profit-Organisationen (siehe ▶ Kap. 12.5). Bei unserem wertschöpfungsorientierten Controlling-Verständnis ist somit grundsätzlich die Anschlussfähigkeit an die internationale Literatur sichergestellt.

Controllership, also das Tätigkeitsfeld des Controllers

Die Mehrheit der Autoren im deutschsprachigen Raum nutzt den Begriff Controlling jedoch für das Aufgabenspektrum, welches im angloamerikanischen Raum als Controllership bezeichnet wird. Dies führt dazu, dass sich im Einleitungskapitel einiger deutschsprachiger Lehrbücher, die den Titel Controlling tragen, die Aussage findet, dass sich das Buch im angloamerikanischen Sinne eigentlich mit Controllership befasse (so z.B. Horváth 2009, S. 18). In der Konsequenz werden Themen der deutschsprachigen Controlling-Forschung und Controlling-Lehre international weitgehend unter anderen Rubriken behandelt. Dieser sprachliche »deutsche[...] Sonderweg« (Schwarz 2002, S. 10) verleitet außen stehende Beobachter zu der augenzwinkernden, letztlich jedoch durchaus kritischen Feststellung, dass die Gruppe der deutschsprachigen Controlling-Wissenschaftler »zwar einen englischen Begriff in ihrem Wappen« führt [...], aber dennoch englischsprachigen Kollegen erklären muss, welche Wissenschaft sie eigentlich betreibt« (Kieser 2003, S. 18).

Ein weiterer verwandter Begriff, der im vorliegenden Buch allerdings eine weniger bedeutende Rolle spielt, ist **Controllability**. Das Prinzip der Controllability besagt grundsätzlich, dass Individuen nur für diejenigen Sachverhalte zur Verantwortung gezogen werden sollten, welche sie selbst beeinflussen können. Dieser Gedanke findet bspw. als Kongruenz-Prinzip in der Organisationslehre Anwendung und meint dort, dass die zu einer Stelle gehörenden Aufgaben, Kompetenzen und Verantwortung miteinander im Einklang stehen sollen. In der Kostenrechnung wird auf Basis des Controllability-Prinzips zwischen beeinflussbaren Kosten (controllable costs) und nicht beeinflussbaren Kosten (uncontrollable costs) unterschieden. Der Leiter eines Verantwortungsbereichs (Responsibility Center) hat demnach nur die Höhe der Controllable Costs, d.h. der von seinem Bereich beeinflussbaren Kosten zu vertreten.

Weiterführende Informationen:

Die immer noch ausführlichste sprachliche Analyse des Begriffs Controlling findet sich bei: Harbert 1982, S. 7–45

Wiederholungsfragen:

- Welche beiden Bedeutungsrichtungen kann der deutsche Begriff Controlling aufweisen? Wie kam es zu dieser ungewöhnlichen Situation und welche Probleme ergeben sich hieraus?

1.2 Historische Entwicklung

Da Controlling nach unserem Verständnis primär in den Aufgabenbereich der Manager fällt, müsste eine Darstellung der historischen Entwicklung des Controllings im Wesentlichen die Geschichte des Managements nachzeichnen. Wir möchten hierauf aber verzichten und auf die diesbezüglich reichlich vorhandene Literatur verweisen. Stattdessen werden wir uns im diesem Kapitel auf eine Darstellung der historischen Entwicklung der Position des Controllers und des mit ihm verbundenen Aufgabenspektrums der Controllership beschränken. Beides steht in einem engen Zusammenhang: Wenn die Verbreitung und das Ansehen einer bestimmten Stelle (hier: des Controllers) zunehmen, so ist damit auch stets ein Bedeutungszuwachs der mit dieser Stelle verbundenen Aufgaben (hier: der Controllership) verbunden. Es bietet sich an, die geschichtliche Entwicklung von Controller und Controllership in drei Etappen nachzuvollziehen (vgl. Lingnau 1998).

Ursprung der Controller im staatlichen Bereich

Die heutige Bezeichnung Controller kann etymologisch auf die Tätigkeit des *contra-rotularius* zurückgeführt werden. Diese Bezeichnung trugen ab dem 13. Jahrhundert Personen, welche in der Kirche oder an Herrschaftshöfen eine Gegenrolle (lat. *contra-rotulus*) führten. Gegenrollen stellten eine zweite Aufzeichnung ein- und ausgehende Gelder und Güter dar und dienten zur Kontrolle und zur Durchführung von Inventuren. Träger ähnlicher Aufgaben lassen sich – unter anderer Bezeichnung – allerdings bereits wesentlich früher identifizieren. So existierten Gegenrechnungen bereits während des Baus der Pyramiden in Ägypten um 2500 v. Chr. In der römischen Republik gab es zudem ab dem 5. Jahrhundert v. Chr. das Amt der *Quästoren*, welche in Friedenszeiten für die Verwaltung der Staatskasse und im Felde für die Verteilung des Solds und der Kriegsbeute zuständig waren.

Die Position des Verantwortlichen für das Führen der Gegenrolle verbreitete sich in den folgenden Jahrhunderten an vielen Höfen in Europa, in England bspw. unter der Bezeichnung *Countroller*. Parallel dazu findet man bei gleicher Aussprache auch bereits früh die alternative Schreibweise *Comptroller*, welche auf dem französischen Verb *compter* (zählen, rechnen) basiert. Es wird vermutet, dass es sich hierbei entweder um einen versehentlichen sprachlichen Irrtum handelte, oder aber um eine bewusste Namensgebung, um eine Verwechslung mit dem englischen Adelstitel *Count* (Graf) zu vermeiden.

Nach der Unabhängigkeit der Vereinigten Staaten von Amerika von Großbritannien, schuf der US-Kongress im Jahr 1778 unter anderem das Amt des Comptrollers, welcher das Gleichgewicht des Staatshaushalts und die Verwendung der Staatsausgaben zu überwachen hatte. Dieses Amt existiert in ähnlicher Form noch heute: Seit dem Jahr 1921 leitet der *Comptroller General* das *US Government Accountability Office*, d.h. den US-amerikanischen Bundesrechnungshof.

Entstehung von Controllerstellen im privatwirtschaftlichen Bereich

Die Entwicklung von Controllerstellen in der Privatwirtschaft und damit im modernen betriebswirtschaftlichen Sinn nahm ihren Ausgang in den USA. In der zweiten Hälfte des 19. Jahrhunderts erlebten die USA ein starkes Wirtschaftswachstum, in dessen Folge die Anzahl und die Größe der Unternehmen stark anstiegen. Die daraus resultierende Komplexität des Betriebsgeschehens erschwerte die bis dahin übliche persönliche Überwachung durch die Unternehmensleitung. Zudem mussten die Unternehmen zur Finanzierung des Wachstums zunehmend Fremdkapital aufnehmen, und auch der Einfluss des Staates in Form von Besteuerung und Regulierung vergrößerte sich. In der Folge nahm der Umfang finanzwirtschaftlicher Aufgaben zu, und insb. das Rechnungswesen gewann als Überwachungsinstrument an Bedeutung. Dem mit derartigen Aufgaben befassten Treasurer (Schatzmeister) wurde daher zur Unterstützung ein Controller beigeordnet. Die erste in der Literatur nachgewiesene Controllerstelle, welche im Jahre 1880 von der Eisenbahngesellschaft *Atchison, Topeka & Santa Fe Railway* eingerichtet wurde, hatte entsprechend einen finanzwirtschaftlichen Fokus. In der Satzung der Gesellschaft wurde das Tätigkeitsfeld des Controllers wie folgt beschrieben: »The duties of the Comptroller are largely financial and relate to the bonds, stocks and securities owned by the company.« (Jackson 1949, S. 8).

Die Verbreitung von Controllerstellen in der US-amerikanischen Wirtschaft war bis zum Ende des 1. Weltkrieges allerdings begrenzt. Erst während des Wirtschaftswachstums der *Roaring Twenties* nahm die Anzahl der Controllerstellen spürbar zu. Der weitere Anstieg der Unternehmensgrößen führte zu einem neuerlichen Bedeutungszuwachs des Rechnungswesens. Die Notwendigkeit des Umgangs mit volkswirtschaftlichen Unsicherheiten führte zudem dazu, dass das bislang primär vergangenheitsorientierte, der Überwachung dienende Rechnungswesen um zukunftsorientierte Aufgaben der Planung und Budgetierung mit entsprechenden Kontrollrechnungen ergänzt wurde. Als Konsequenz aus dem Anstieg von Umfang und Bedeutung wurde das bis dato zumeist von den Treasurern oder aber von den Secretaries (Assistenten der Geschäftsleitung) geführte Finanz- und Rechnungswesen aus deren Aufgabenbereich herausgelöst und den neugeschaffenen Controllerstellen übertragen. Die Controller wurden gleichzeitig auch hierarchisch aufgewertet und Treasurern bzw. Secretaries gleichgeordnet.

Der Durchbruch der Controller kam schließlich in der Krise: Der Börsencrash im Jahr 1929 beendete das Wirtschaftswachstum und läutete die *Great Depression* ein. Die Notwendigkeit, Unternehmen auch in dieser Wirtschaftskrise steuern zu können einerseits und die neuerlich gestiegenen Berichtspflichten gegenüber staatlichen Behörden andererseits, führten zu einem weiteren Bedeutungsanstieg der Controllertätigkeit. Im Jahr 1931 wurde die Berufsorganisation *Controllers Institute of America* (CIA) gegründet, welche zunächst insb. darum bemüht war, einen Konsens über das Aufgabenspektrum von Controllern herzustellen. Zu diesem Zweck wurden im Laufe der Zeit mehrere idealtypische Aufgabenbeschreibungen der Controllertätigkeit veröffentlicht. Ab dem Jahr 1934 gab das CIA zudem die Zeitschrift *The Controller* heraus. Ungefähr zu dieser Zeit wandelte sich somit die Schreibweise von Comptroller nun mehrheitlich zu Controller. Die Bezeichnung Comptroller herrscht allerdings bis heute im staatlichen Bereich vor (vgl. Anthony/Govindarajan 2007, S. 110).

Da im Laufe der Zeit zahlreiche seiner Mitglieder in Führungsfunktionen im Finanzbereich und damit zum Leiter von Controllern und Treasurern aufgestiegen waren, benannte sich das CIA im Jahr 1962 in *Financial Executives Institute* (FEI) und seine Zeitschrift in *Financial Executive* um (seit einer internationalen Öffnung im Jahr 2000 steht FEI für *Financial Executives International*). Zu diesem Anlass wurde auch ein überarbeiteter Aufgabenkatalog herausgegeben, in welchem unter dem Oberbegriff Financial Management die Aufgabenbereiche Controllership und Treasurership einander gegenübergestellt wurden (vgl. Financial Executives Institute 1962, S. 289). Dieser Aufgabenkatalog hat nicht nur in den USA, sondern auch in Deutschland eine weite Verbreitung erfahren und ist bis heute gültig.

Zusammenfassend kommen dem Controller gemäß dieser Auflistung insb. drei Aufgabenfelder zu (vgl. Lingnau 1998, S. 277): eine umfassend verstandene Informationsversorgung und Beratung, Verfahrensfragen bei der Planung und bei der Berichterstattung gegenüber staatlichen Stellen sowie der Schutz der betrieblichen Vermögenswerte zur Absicherung der Gläubiger des Unternehmens.

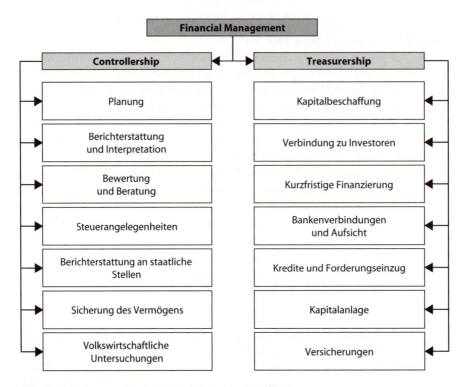

Abb. 1: Aufgaben von Controller und Treasurer gemäß FEI

Auftreten von Controllerstellen im deutschsprachigen Raum

Zwar gab es auch im deutschsprachigen Raum bereits vereinzelte Vorläufer von Controllerstellen unter anderer Bezeichnung (vgl. Vahs 1990, S. 119 ff.). Mit dem in den USA ab den 1930er Jahren Verbreitung findenden Konzept des Controllers kam Deutschland aufgrund seiner internationalen Isolierung zu dieser Zeit allerdings erst nach dem Ende des 2. Weltkriegs in Kontakt. Wissenschaftler und Praktiker veröffentlichten ab Anfang der 1950er Jahre ihre Erfahrungen, welche sie auf Reisen in die USA gemacht hatten. In einer Analyse von Stellenanzeigen findet sich entsprechend das erste Gesuch nach einer Controllerstelle im Jahr 1954 (vgl. Weber/Kosmider 1991, S. 20). Controllerstellen wurden dabei zunächst in deutschen Tochtergesellschaften US-amerikanischer Konzerne eingerichtet. Bis Ende der 1970er Jahre überwiegt allerdings die Nachfrage nach Controlling-ähnlichen Stellen, d. h. nach solchen Stellen, die bei vergleichbaren Aufgabeninhalten eine andere Bezeichnung tragen (vgl. Weber/Schäffer 1998, S. 228).

Eine verstärkte Beschäftigung in Wissenschaft und Praxis mit dem Konzept des Controllers setzte im deutschsprachigen Raum erst zu Beginn der 1970er Jahre ein. Albrecht Deyhle gründete im Jahr 1971 die *Controller Akademie* zur praxisbezogenen Aus- und Weiterbildung von Controllern und gab ab dem Jahr 1974 die Zeit-

1 Einführung

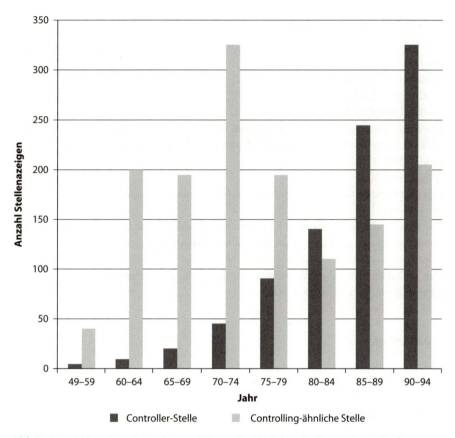

Abb. 2: Entwicklung von Controller- und Controller-ähnlichen Stellen im Zeitverlauf

schrift *Controller Magazin* heraus. Im Jahr 1971 wurde zudem an der Fachhochschule Köln von Elmar Mayer der *Arbeitskreis Wirtschaftswissenschaft und Wirtschaftspraxis im Controlling und Rechnungswesen* begründet. Im Jahr 1973 wurde von Péter Horváth der erste Controlling-Lehrstuhl an einer deutschen Universität (*TH Darmstadt*) eingerichtet und im Jahr 1975 bildete sich mit dem (inzwischen: *Internationalen*) *Controller Verein* auch im deutschsprachigen Raum eine Berufsorganisation für Controller.

Wiederum führte eine angespannte Wirtschaftslage – diesmal in Folge der beiden Ölkrisen in den 1970er Jahren – dazu, dass die Nachfrage nach Controllerstellen bzw. Controller-ähnlichen Stellen spürbar anstieg. Aufgrund der Unsicherheit über die Zukunft der Energieversorgung gewann hierbei insb. auch die strategische Planung an Bedeutung. Etwa seit Ende der 1980er Jahre kann die Position des Controllers in (Groß-) Unternehmen der alten Bundesländer als etabliert gelten. Im Nachgang zur deutschen Wiedervereinigung wurden Controllerstellen dann auch in den ehemaligen Staatsbetrieben der neuen Bundesländer geschaffen.

Weiterführende Informationen:

Die historische Entwicklung des Managements in Wissenschaft und Praxis wird beschrieben bei:
Steinmann/Schreyögg 2005, S. 33–72
Griffin 2011, S. 34–50
Staehle 1999, S. 3–70
Die Entwicklung des Controllings im deutschsprachigen Raum wird ausführlich in zwei Arbeiten in Form von Interviews mit bedeutenden Persönlichkeiten nachgezeichnet:
Binder 2007
Braunstein 2008
Das vom Comptroller General geleitete U.S. Government Accountability Office:
www.gao.gov
Die Berufsorganisation Financial Executives International für Führungskräfte aus dem Finanzbereich, die auch die Zeitschrift Financial Executive herausgibt:
www.financialexecutives.org
Der Internationale Controller Verein, die größte Interessenvertretung praktizierender Controller im deutschsprachigen Raum:
www.controllerverein.de

Abkürzungen:

CIA	Controllers Institute of America
FEI	Financial Executives International

Wiederholungsfragen:

- Worin können die historischen Ursprünge der Controllertätigkeit gesehen werden?
- Wann und wo traten Controllerstellen zum ersten Mal im modernen betriebswirtschaftlichen Sinn auf?
- Wie lässt sich das Aufgabenspektrum der Controller von demjenigen der Treasurer abgrenzen?
- Auf welchem Wege und wann traten Controllerstellen erstmals im deutschsprachigen Raum auf?

1.3 Status quo der Controlling-Wissenschaft im deutschsprachigen Raum

Will man einen umfassenden Überblick über die Entwicklung des Controllings als Wissenschaft im deutschsprachigen Raum von seinen Anfängen bis heute geben, so sind drei interdependente Themenbereiche zu untersuchen:

- Controlling-Forschung als methodengestützte Suche nach neuem Controlling-Wissen und dessen Publikation,

- **Controlling-Lehre** als Vermittlung des vorhandenen Controlling-Wissens sowie
- **Institutionalisierung des Controllings** im Hochschulwesen als organisatorischer Rahmen für Forschung und Lehre.

Institutionalisierung des Controllings

Wie bereits im vorangegangenen Kapitel erwähnt, übernahm Péter Horváth im Jahre 1973 den ersten Universitätslehrstuhl, welcher die Bezeichnung Controlling trug. Im darauffolgenden Jahr wurde die erste Fachhochschulprofessur an den ebenfalls bereits genannten Elmar Mayer vergeben. Grundsätzlich ist jedoch zu beachten, dass natürlich auch Hochschullehrer Veranstaltungen im Fach Controlling anbieten können, ohne dass deren Professur bzw. Lehrstuhl diese Bezeichnung trägt. Darüber hinaus sind nur relativ wenige Lehrstühle und Professuren ausschließlich auf das Fach Controlling spezialisiert, sondern forschen und lehren oftmals in zwei oder mehr Fächern. Dies ist aus ▶ **Abb. 3** ersichtlich, in der die Bezeichnungen der Ende 2004 an Universitäten des deutschsprachigen Raums existierenden 72 Controlling-Lehrstühle (an damals 92 Universitäten mit wirtschaftswissenschaftlichen Fakultäten) dargestellt sind (vgl. Binder/Schäffer 2005, S. 101):

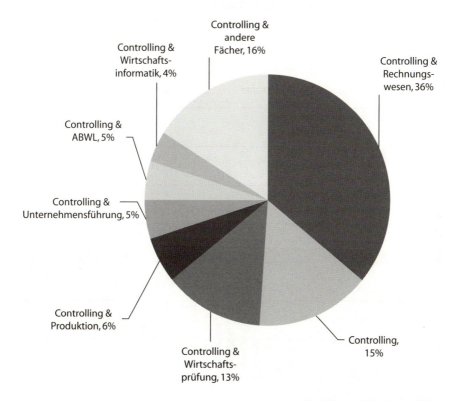

Abb. 3: Bezeichnung von Controlling-Lehrstühlen

Es zeigt sich, dass zusammengenommen knapp die Hälfte dieser ›Controlling-Lehrstühle‹ eine Fächerkombination mit dem Rechnungswesen aufweisen, davon der größere Teil mit dem (internen und externen) Rechnungswesen sowie der kleinere Teil mit der Wirtschaftsprüfung. Der Grund liegt darin, dass anfangs Controlling-Lehrveranstaltungen oftmals von denjenigen Lehrstühlen angeboten wurden, welche bereits die Fächer internes Rechnungswesen bzw. Kostenrechnung unterrichteten. Auch die Fächerkombination mit der Produktionswirtschaft/Industriebetriebslehre lässt sich so erklären, denn die der Kostenrechnung zu Grunde liegende Kostentheorie steht in einem engen Zusammenhang mit der Produktionstheorie. Während die Fächerkombination mit der Unternehmensführung entweder auf die Führungsunterstützung durch den Controller oder aber auf ein US-amerikanisches Controlling-Verständnis hinweist, wird bei der Fächerkombination mit der Wirtschaftsinformatik die hohe Bedeutung der Informationstechnologie für das Controlling herausgestellt (siehe ▶ **Kap. 9.3**). Neben den genannten existiert darüber hinaus eine Vielzahl weiterer Fächerkombinationen.

Die Entwicklung der Controlling-Lehrstühle an deutschsprachigen Universitäten im zeitlichen Verlauf zeigt ▶ **Abb. 4** (vgl. Binder/Schäffer 2005, S. 102). Hierbei zeigt sich, dass die Institutionalisierung des Controllings in zwei großen Etappen verlief: Von 1973 bis etwa Ende der 1980er Jahren war die Entwicklung eher gemächlich, nahm dann jedoch zu Beginn der 1990er Jahre an Fahrt auf.

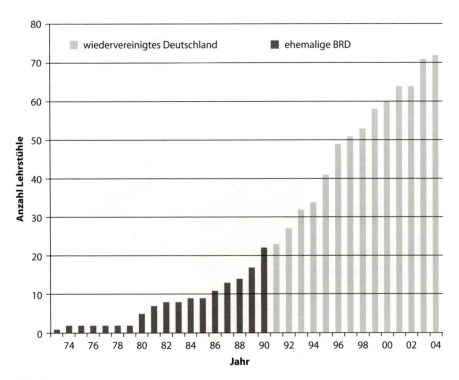

Abb. 4: Entwicklung von Controlling-Lehrstühlen im Zeitverlauf

Die verhaltene Entwicklung in den ersten beiden Jahrzehnten kann mit dem Ringen des Controllings um seine Identität und um **Akzeptanz** innerhalb der Betriebswirtschaftslehre erklärt werden (vgl. im Folgenden Messner et al. 2008). Bei seinem Auftreten Anfang der 1970er Jahre musste das Controlling seinen Platz innerhalb des etablierten Systems aus allgemeinen und speziellen Betriebswirtschaftslehren finden. Hierbei gab es zahlreiche BWL-Professoren, welche die Eigenständigkeit des Controllings und damit seine Anerkennung als neue betriebswirtschaftliche Teildisziplin verneinten. In dem wohl bekanntesten Ausspruch der Kritiker wurde den Controlling-Professoren (bzw. denen, die es werden wollten) vorgeworfen, ein »Märchen vom Gespenst des Controllings als einer Selbstbeweihräucherung zum Supermann« (Schneider 1991, S. 766) zu erzählen. Mit der Zeit etablierte sich Controlling jedoch als betriebswirtschaftliche Disziplin: Bei einer im Jahr 1998 unter betriebswirtschaftlichen Hochschullehrern durchgeführten Befragung gab eine überwältigende Mehrheit von 96 Prozent zu Protokoll, dass sie Controlling »für ein beachtenswertes Teilgebiet der Betriebswirtschaftslehre« (Ahn 1999, S. 110) hielten.

Für das starke Wachstum der Anzahl an Controlling-Lehrstühlen ab Beginn der 1990er Jahre spielten neben dieser gewonnenen Anerkennung des Controllings zwei weitere Gründe eine Rolle. Erstens stieg der Bedarf der Wirtschaftspraxis an gut ausgebildeten Controllern immer mehr an. Da es in Deutschland weder einen Lehrberuf ›Controller‹ noch ein allgemein anerkanntes Zertifizierungsprogramm gibt (im Gegensatz zum *Certified Management Accountant* CMA in den USA), mussten die Hochschulen diesen Bedarf decken. Zweitens gab es in der DDR wie in allen staatlich gelenkten Planwirtschaften keinen Bedarf an Controllern (siehe auch ▶ **Kap. 13.2**) und daher auch keine entsprechenden Lehrstühle. Nach der Wiedervereinigung und der damit verbundenen Einführung der sozialen Marktwirtschaft bestand somit an den Hochschulen in den neuen Bundesländern ein großer Nachholbedarf an Controlling-Lehrstühlen.

Controlling-Forschung

Die Veröffentlichung von Forschungsergebnissen erfolgt überwiegend in Fach- und Lehrbüchern, Zeitschriftenbeiträgen sowie Forschungsberichten. Traditionellerweise ist in der Betriebswirtschaftslehre im deutschsprachigen Raum das Verfassen oder Herausgeben von Büchern bzw. Sammelwerken mit einem hohen Renommee verbunden. Die Controlling-Wissenschaftler begannen daher bald mit der Publikation von **Lehrbüchern**: Das erste wurde im Jahr 1979 wiederum von Péter Horváth verfasst. Da die Publikation in Form von Zeitschriftenartikeln erst im Laufe der Zeit an Bedeutung gewann, verwundert es nicht, dass sich unter den 21 im Zeitraum 1990 bis 2003 in Controlling-Beiträgen am häufigsten zitierten Quellen 14 Lehrbücher, zwei Bücher und ein Buchbeitrag, jedoch nur vier Zeitschriftenartikel befinden (vgl. Schäffer/Binder/Gmür 2006, S. 405).

Für die Veröffentlichung von Forschungsergebnissen in Form von Zeitschriftenartikeln stehen Controlling-Wissenschaftlern im deutschsprachigen Raum mehrere **Zeit-**

schriften zur Verfügung, die sich auf Controlling spezialisiert haben. Die wichtigsten dieser Zeitschriften sind:

- Zeitschrift für Controlling (ZfC)
- Zeitschrift für Controlling & Management (ZfCM, bis 1999 Kostenrechnungspraxis)
- Controller Magazin (CM)
- Zeitschrift für Planung und Unternehmenssteuerung (ZfP, seit 2011 Journal of Management Control)

Insb. die Zeitschrift CM ist hierbei an die Praxis gerichtet, was auch daran ersichtlich ist, dass in ihr überwiegend von Praktikern oder von Praktikern und Wissenschaftlern gemeinsam verfasste Beiträge erscheinen. Während die Zeitschriften ZfC und ZfCM gleichermaßen an Wissenschaftler und Praktiker gerichtet sind, weist lediglich die Zeitschrift ZfP eine primär wissenschaftliche Ausrichtung auf. Wenn Controlling-Forscher daher wissenschaftliche Beiträge veröffentlichen wollen, so weichen sie oftmals auf allgemeine betriebswirtschaftliche Zeitschriften aus. Im Zeitraum 1998 bis 2004 erschienen aus diesem Grunde die meisten wissenschaftlichen Controlling-Artikel in den Zeitschriften *Zeitschrift für Betriebswirtschaft* (ZfB), *Zeitschrift für betriebswirtschaftliche Forschung* (zfbf) sowie *Betriebswirtschaftliche Forschung und Praxis* (BFuP) (vgl. Wagenhofer 2006, S. 5).

Will man die Quantität (und aufgrund des strengen Begutachtungsprozesses dieser Zeitschriften implizit auch die Qualität) der Forschungstätigkeit im Controlling untersuchen, so bietet es sich an, den Anteil der Controlling-spezifischen Beiträge in diesen allgemeinen betriebswirtschaftlichen Zeitschriften zu untersuchen. ▶ **Abb. 5** zeigt eine entsprechende Analyse für sechs wichtige allgemeine betriebswirtschaftliche Zeitschriften im Zeitraum von 1970 bis 2003 (vgl. Binder/Schäffer 2005, S. 608).

Es zeigt sich, dass sich – quasi parallel zur Institutionalisierung des Controllings an den Hochschulen – die Publikationstätigkeit von einem durchschnittlichen Anteil von etwa sechs Prozent in den Jahren von 1970 bis 1990 auf im Durchschnitt rund zwölf Prozent ab 1991 ungefähr verdoppelt hat.

Als grundsätzliche **Forschungsorientierungen** lassen sich die konzeptionelle, die formal-analytische sowie die empirische Forschung unterscheiden (vgl. Grochla 1976, S. 634; Wagenhofer 2006, S. 9 f.). Konzeptionelle Forschung durchleuchtet komplexe Zusammenhänge, stützt sich auf logische oder plausible Überlegungen und trifft Handlungsempfehlungen. Formal-analytische Forschung erarbeitet Modelle, welche durch Vereinfachung und Abstraktion der rationalen Lösung von Entscheidungsproblemen dienen. Empirische Forschung zielt auf die systematische Gewinnung von Erfahrungen in der Realität ab. ▶ **Abb. 6** zeigt auf Basis dieser Einteilung die Entwicklung der Controlling-Forschung im Zeitverlauf (vgl. Messner et al. 2008, S. 141 – hier gewichtete Darstellung der akademisch und praxisorientierten Zeitschriften).

Es zeigt sich, dass die – in der deutschsprachigen Betriebswirtschaftslehre grundsätzlich stark vertretene – **konzeptionelle Forschung** zwar über den gesamten Zeitraum dominiert, jedoch seit Mitte der 1990er Jahre leicht an Bedeutung verloren hat. Dies kann unter anderem mit dem bereits erläuterten Streben des Controllings nach

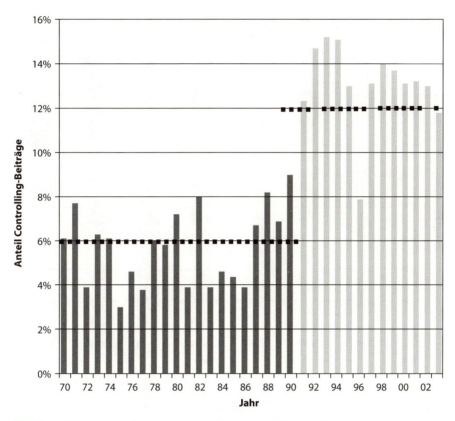

Abb. 5: Publikationstätigkeit zu Controlling-Themen im Zeitverlauf

Akzeptanz innerhalb der Betriebswirtschaftslehre erklärt werden. Um die Eigenständigkeit des Controllings zu begründen, beschäftigten sich die Controlling-Forscher anfangs sehr stark mit der Frage, wofür man Controlling braucht und was daher seinen Wesensgehalt ausmacht. Zu diesem Zweck wurden zahlreiche verschiedene Controlling-Konzeptionen entwickelt, in denen die Forscher jeweils ihr Verständnis von Controlling darlegten. In den ▶ **Kap. 3.1** bis **3.3** werden wir näher auf den Zweck und auf die Bestandteile von Controlling-Konzeptionen eingehen und die von uns vertretene wertschöpfungsorientierte Controlling-Konzeption mit anderen Konzeptionen vergleichen. Seit Controlling als betriebswirtschaftliche Teildisziplin eine allgemeine Akzeptanz gefunden hat, besteht für diese Form der Forschung eine geringere Notwendigkeit. Dies heißt jedoch weder, dass keine Weiterentwicklung bestehender Konzeptionen oder keine Entwicklung neuer Konzeptionen stattfinden würde, noch dass mittlerweile ein allgemein geteiltes Verständnis vorhanden wäre, was denn nun genau unter Controlling zu verstehen sei!

Der Anteil der formal-analytischen Forschung ist seit den 1980er Jahren bei insgesamt geringer Bedeutung in etwa gleich geblieben. Die Bedeutung der **empirischen**

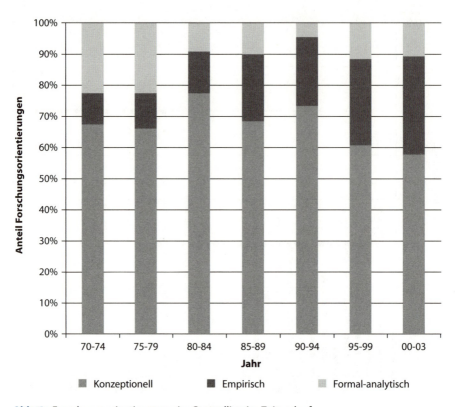

Abb. 6: Forschungsorientierungen im Controlling im Zeitverlauf

Forschung nahm jedoch stetig zu. Hierbei muss allerdings beachtet werden, dass die empirische Forschung in der deutschsprachigen Betriebswirtschaftslehre im internationalen Vergleich grundsätzlich weniger stark ausgeprägt ist und dass der Anteil empirischer Controlling-Forschung im Vergleich zu anderen betriebswirtschaftlichen Teilgebieten weiterhin vergleichsweise gering ist (vgl. Homburg/Klarmann 2003, S. 65). Zwei Studien haben sich näher mit der Nutzung verschiedener Methoden der empirischen Forschung befasst und hierzu Controlling-Beiträge in wissenschaftlichen Zeitschriften analysiert (vgl. im Folgenden Binder/Schäffer 2005, S. 616; Schäffer/Brettel 2005, S. 44). Beide Untersuchungen enden im Jahr 2003 und haben annähernd dieselben Magazine ausgewertet. Da jedoch die eine Untersuchung bereits im Jahr 1970, die andere erst im Jahr 1990 startete, können Rückschlüsse auf den Methodeneinsatz im Zeitverlauf gezogen werden (siehe ▶ **Abb. 7**):

Eine erste Feststellung lautet, dass in der Controlling-Forschung praktische keine Experimente durchgeführt werden. In einer Befragung von Controlling-Professoren aus dem Jahr 2004 gaben diese jedoch an, zukünftig mehr Experimente durchführen zu wollen (vgl. Hess et al. 2005, S. 35). Der Anteil der Aktionsforschung ist im Zeitverlauf in etwa konstant geblieben, während die Nutzung qualitativer Fallstudien, der Archiv-

1 Einführung

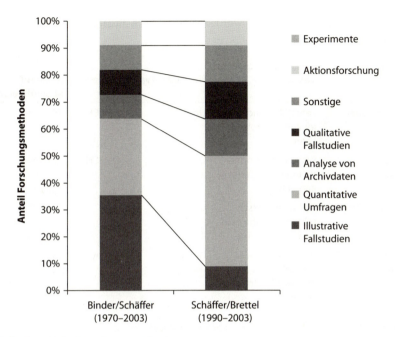

Abb. 7: Empirische Forschungsmethoden

datenanalyse (sowie sonstiger Forschungsmethoden) in jüngerer Zeit ungefähr gleichmäßig verstärkt wurde. Zwei wichtige Entwicklungen sind jedoch deutlich erkennbar: Während anfangs viele Fallstudien lediglich einen illustrierenden Charakter hatten, nimmt deren Nutzung in der jüngeren Vergangenheit deutlich ab. Von klar steigender Bedeutung ist hingegen die empirische Forschung in Form großzahliger Umfragen.

Controlling-Lehre

Heutzutage werden an fast jeder Universität und Hochschule für angewandte Wissenschaften, an der wirtschaftswissenschaftliche Studiengänge existieren, auch Lehrveranstaltungen im Fach Controlling angeboten. Historisch wurden Controlling-Inhalte zunächst jedoch in bereits bestehende **Lehrveranstaltungen** integriert. So findet sich die Aussage, dass im Jahr 1973 noch keine eigenständigen Controlling-Lehrveranstaltungen existierten (vgl. Hartmann 1973, S. 340) und auch Péter Horváth erinnert sich, erst im Sommer 1975 seine erste Controlling-Vorlesung gehalten zu haben (vgl. Binder 2006, S. 156). Zudem findet sich der Hinweis, dass noch im Jahr 1990 nicht an jeder Hochschule Controlling-Lehrveranstaltungen angeboten wurden (vgl. Bramsemann 1990, S. 290).

Während es bspw. in den USA mehrere Zeitschriften gibt, die sich speziell mit ›Accounting Education‹ befassen (in deren Untersuchungsbereich unter anderem das Controlling fällt, siehe ▶ **Kap. 13.1**), liegen zur Controlling-Lehre im deutschsprachigen Raum bislang nur wenige empirische Erkenntnisse vor (vgl. Reimer/Orth 2008,

S. 187 f.). Die folgenden Studien wurden diesbezüglich bislang durchgeführt (siehe ▶ **Abb. 8**):

	Thema	Hochschultyp	Region	Rücklauf absolut/relativ
Hirsch (2003)	Lehrstühle und Inhalte Controlling-Lehre	Uni	D-A-CH	35 / 49%
Hess/Koch (2004)	Wirtschaftsinformatik-Inhalte in Controlling-Lehre	Uni	D-A-CH	37 / 54%
Reimer/Orth (2008)	Verhaltenswissenschaftliche Inhalte in Controlling-Lehre	Uni	D	41 / 67%
Becker/Baltzer/ Häusser (2011)	Inhalte, Methodik, Lehrende und Stellung der Controlling-Lehre	Uni & HAW	D (Bay. & BW)	25 / 38%

Abb. 8: Deutschsprachige Studien zur Lehre im Fach Controlling

Hess/Koch kommen zu der Erkenntnis, dass trotz der hohen Bedeutung der Informationstechnologie für das Controlling (siehe ▶ **Kap. 9.3**) mehr als jeder dritte Controlling-Professor an Universitäten im deutschsprachigen Raum keine IT-Inhalte in seinen Lehrveranstaltungen vermittelt. Reimer/Orth stellen fest, dass Controlling-Professoren an Universitäten im deutschsprachigen Raum die Bedeutung verhaltenswissenschaftlicher Aspekte für die Controlling-Lehre (siehe ▶ **Kap. 2.4**) zwar grundsätzlich bejahen, entsprechende Themen jedoch in vergleichsweise geringem Umfang in der eigenen Lehre vermitteln. Die Studien von Hirsch sowie von Becker/Baltzer/Häusser zeigen übereinstimmend, dass Hochschullehrer der Vermittlung von Wissen zu **Controlling-Instrumenten** die höchste Bedeutung beimessen. In beiden Umfragen wurden die Professoren in offener Form gefragt, welche die wichtigsten Controlling-Instrumente sind, die sie in ihren Lehrveranstaltungen vermitteln. ▶ **Abb. 9** zeigt die Ergebnisse für die im vorliegenden Buch besprochenen Instrumente.

Für eine praxisorientierte Disziplin wie das Controlling erscheint es von hoher Bedeutung, auch in der Hochschullehre Praxisbezug herzustellen. Becker/Baltzer/Häusser kamen in ihrer Studie zu der Erkenntnis, dass dieser Praxisbezug insb. durch die Betreuung praxisorientierter Abschlussarbeiten, durch die Nutzung von Fallstudien, Beispielen und empirischen Erkenntnissen in den Lehrveranstaltungen sowie durch von Praktikern gehaltene Vorträge hergestellt wird.

Weiterführende Informationen:

Informationen zum US-amerikanischen Zertifikat CMA:
www.imanet.org

1 Einführung

Buch-kapitel	Controlling-Instrument	Rang bei Hirsch (2003)	Rang bei Becker/Baltzer/Häusser (2011)
9.2.1	Kennzahlen	4	3
9.2.2	Kosten-, Erlös- und Ergebnisrechnung	1/5	2/5
9.2.3	Verrechnungspreise	3	9
9.2.4	Budgetierung	3	3
9.2.5	Liquiditätsplan	4	–
9.2.6	Investitionsbeurteilung	4	–
9.2.7	Wertorientierte Kennzahlen	6	–
9.2.8	Balanced Scorecard	3	1
9.2.9	Berichtswesen	9	7
9.2.10	Anreizsysteme	9	–

Abb. 9: Empirische ermittelte Bedeutung von Controlling-Instrumenten in der Praxis

Informationen über die spezialisierten Controlling-Zeitschriften:
Zeitschrift für Planung und Unternehmenssteuerung/Journal of Management Control: www.tu-chemnitz.de/wirtschaft/bwl3/ZP
Zeitschrift für Controlling: www.zeitschrift-controlling.de
Controller Magazin: www.haufe.de/controllerwissen/controllermagazin
Zeitschrift für Controlling & Management: www.zfcm.de

Abkürzungen:

ABWL	Allgemeine Betriebswirtschaftslehre
BWL	Betriebswirtschaftslehre
CM	Controller Magazin
CMA	Certified Management Accountant
DDR	Deutsche Demokratische Republik
HAW	Hochschule für angewandte Wissenschaften
IT	Informationstechnologie
ZfC	Zeitschrift für Controlling
ZfCM	Zeitschrift für Controlling & Management
ZfP	Zeitschrift für Planung und Unternehmenssteuerung

Wiederholungsfragen:
- Erläutern Sie die Entwicklung von Controlling-Lehrstühlen an deutschsprachigen Universitäten im Zeitverlauf!
- Welche grundsätzlichen Forschungsorientierungen kann man unterscheiden und welche Bedeutung weisen sie innerhalb der Controlling-Forschung auf?

- Mit welchen anderen Fächern wird das Controlling an Lehrstühlen häufig kombiniert und wie kann dies erklärt werden?

1.4 Status quo der Controlling-Praxis im deutschsprachigen Raum

In den nun folgenden Abschnitten werden wir uns mit dem Status quo des Controllings in der Praxis auseinandersetzen, wobei wir vor allem die Entwicklung der Vergangenheit bis heute betrachten. Wie wir im vorangegangenen Kapitel bereits gezeigt haben, ist das Controlling – im Vergleich zu vielen anderen wissenschaftlichen Teildisziplinen der Betriebswirtschaftslehre – ein Teilgebiet, das sich **von der Praxis** herkommend in der Wissenschaft ausgebreitet hat. Die Wirkungskette der Entstehung des »Phänomens« Controlling in der deutschen Unternehmenspraxis lässt sich folgendermaßen nachvollziehen (vgl. Weber/Schäffer 2011, S. 4 ff): Zunächst wurde auch hier die im vorangegangenen Abschnitt diskutierte Unterscheidung der Aufgabengebiete gemäß FEI in **Planung**, **Kontrolle** und Unterstützung bei betriebswirtschaftlichen **Bewertungs- und Beratungsaufgaben** aufgegriffen. Die ersten eigenständigen Controllerstellen solcher Prägung finden sich in den 1960er Jahren bei deutschen Konzerntöchtern amerikanischer Mutterunternehmen, wobei sich naturgemäß das Aufgabenportfolio der dort angestellten Controller am amerikanischen Leitbild orientierte.

In der Folge tritt ein häufig zitierter, jedoch schwer argumentativ nachvollziehbarer Wechsel in der deutschen Unternehmungslandschaft ein: Laut einer Studie der Beratungsgesellschaft McKinsey auf Basis 30 deutscher Großunternehmen mit einem Umsatz von über einer Milliarde DM weisen im Jahr 1974 bereits 90 Prozent der befragten Unternehmen Controllerstellen auf (vgl. auch Henzler 1974, S. 63). In der Folge wurden in Deutschland mehrere Untersuchungen durchgeführt, um den Stand der Controllingpraxis zu erheben. Hier wurden mehrere verschiedene Herangehensweisen gewählt (vgl. Horváth 2011, S. 2 ff.):

- Auswertung offizieller Verbandsdarstellungen,
- empirische Untersuchungen zu Aufgaben, Organisation und Entwicklung des Controllings,
- Analyse von Veröffentlichungen über Lösungen aus der Praxis, die als besonders »typisch« oder »geeignet« (Best Practice) empfunden werden sowie
- Auswertung zu Lehrbüchern, Sammelbänden und Nachschlagewerken zu den verschiedenen, in der Literatur diskutierten Controllingfunktionen.

Das vorliegende Buch widmet sich in einem übergreifenden Ansatz der Darstellung des aktuellen Entwicklungsstands des Controllings in der Unternehmenspraxis. Im Mittelpunkt stehen jedoch – dem Charakter des Controllings als Wissenschaft folgend – die Befunde aus empirischen Untersuchungen. Erste Beiträge wurden in diesem Kontext dahingehend erarbeitet, dass Stellenanzeigen in Zeitungen und Zeitschriften – beispielhaft seien die Beiträge von Eschenbach/Junker (1978) und Bramsemann (1980) genannt – nach ihrer Controllingrelevanz durchsucht und klassifiziert wurden. Weitergeführt wurde diese Tradition von Weber/Kosmider (1991) und Weber/Schäffer (1998), die jeweils die

Rubrik **Stellenanzeigen** der Frankfurter Allgemeinen Zeitung von 1949 bis 1989 bzw. von 1990 bis 1994 untersuchten. In der Auswertung der jeweiligen Autoren wurden neben Stellen mit dem expliziten Begriff »Controlling/Controller« auch andere Stellen einbezogen, die verwandte Begriffe wie »Rechnungswesen« oder »Betriebswirtschaft« beinhalteten. Die Analyse zeigt, dass erst seit Anfang der 1980er Jahre die **spezifischen Controllingstellen** die **controllingähnlichen Stellen** in ihrer Zahl übertreffen.

Die Analyse der Stellenanzeigen zeigt zudem im Zeitablauf einen deutlichen **Wandel** der Anforderungen und Aufgaben von Controllern: Es offenbart sich der in diesem Buch schon thematisierte Wandel weg von Aufgaben wie Buchführung und Bilanzierung hin zu Berichtswesen, Budgetierung und Soll-Ist-Vergleichen. Die **strategische Planung** sowie die (aktive) Mitgestaltung der Unternehmenspolitik treten erst sehr spät hinzu (vgl. Ossadnik 2009, S. 8). Im Hinblick auf das Heranziehen von Stellenanzeigen als Maßstab für die Entwicklung des Controllings in der Praxis wollen wir an dieser Stelle deutlich darauf hinweisen, dass Arbeitgeber häufig ein eher idealisiertes Bild von Unternehmen und individueller Stelle in solchen Anzeigen vermitteln, so dass nicht unbedingt von Objektivität und Realität ausgegangen werden kann.

Hahn (1978) verwendet eine etwas andere Vorgehensweise: Er befragt im Jahr 1978 die zu dieser Zeit 200 umsatzstärksten Unternehmen mit Hauptsitz in Deutschland zur **Bedeutung** und den **Aufgabenschwerpunkten** von in diesen Unternehmen tätigen Controllern. Der Autor stellt fest, dass Controller in der Stichprobe hauptsächlich für die ergebnisorientierte Planung und Überwachung zuständig sind. Des Weiteren werden dem Controlling als Funktion die Aufstellung, Koordination und Auswertung der Unternehmensplanung und des Berichtswesens, die betriebswirtschaftliche Beratung, die Durchführung betrieblicher Sonderaufgaben sowie die Erarbeitung koordinations- und steuerungsrelevanter Methoden zugeordnet.

Weitere bekannte Untersuchungen wurden von Horváth/Gaydoul/Hagen (1978) sowie von Uebele (1981) durchgeführt. In beiden Studien zeigte sich eine große Übereinstimmung mit den Ergebnissen von Hahn, wobei das Controlling sowohl funktional als auch institutionell in **kleinen und mittleren Unternehmen** nur eine moderate Verbreitung fand. Horváth et al. (1985) untersuchen die Budgetierung als Spezialbereich des Controllings in deutschen Industrieunternehmen, betrachteten aber zusätzlich dessen Einbettung in Funktionen und Aufgabenbereiche des Controllings. Hier konnten die Autoren feststellen, dass das interne Rechnungswesen sowie die Koordination der Planung und Kontrolle vorherrschend waren.

Weitere empirische Studien führten Landsberg/Mayer (1988) und Niedermayr (1994) in Deutschland respektive Österreich durch. Erstgenannte Autoren können nachweisen, dass Controller direkt mit der laufenden Planung verbunden sind, was sich in den Aufgabenbereichen der **Budgetierung** sowie der **Investitionsplanung** äußert. Zudem zeichnen Controller für die Gestaltung und das Management der Planung verantwortlich. Eine Beteiligung an der Formulierung von Zielen geht zu dem Zeitpunkt der Erhebung über das in der Literatur berichtete **Aufgabenportfolio** hinaus, wird von Landsberg/Mayer (1988) aber ebenso nachgewiesen wie die laufende Kontrolle der geplanten Zielwerte sowie die Rückkopplung der Ergebnisse mit dem Management. Die traditionellen, im Finanzbereich angesiedelten Themen Bilanzierung, Steu-

Teil I: Grundlagen

	1949-1959	1960-1964	1965-1969	1970-1974	1975-1979	1980-1984	1985-1989	1990-1994
Berichtswesen	-	14,3%	6,5%	4,7%	8,4%	8,5%	11,4%	13,2%
Kurz-/jahresbezogene/operative Planung	-	-	6,5%	6,2%	9,6%	12,0%	9,2%	11,6%
Strategische Planung	-	-	-	1,6%	4,0%	7,1%	3,6%	3,6%
Betriebswirtschaftliche Beratung und Betreuung	25,0%	4,8%	4,8%	2,3%	3,2%	3,7%	4,8%	4,7%
Investitions-/Wirtschaftlichkeitsrechnungen	-	4,8%	3,2%	2,3%	4,0%	2,9%	4,4%	6,5%
Budgetierung und Budgetkontrolle	-	4,8%	12,9%	9,3%	11,9%	8,8%	10,1%	7,9%
Soll-Ist-Vergleiche/Abweichungsanalysen/Kostenüberwachung	-	9,5%	8,1%	7,0%	11,1%	6,8%	12,4%	10,7%
Finanzplanung, Beobachtung der Liquidität, Finanzierungsfragen	-	4,8%	8,1%	9,3%	6,8%	6,3%	4,2%	3,4%
Mitgestaltung der Unternehmenspolitik und -ziele	-	-	-	-	2,0%	1,5%	1,7%	0,8%
Steuerung/Führungsaufgaben	-	-	1,6%	0,8%	2,8%	2,2%	1,6%	3,1%
EDV-Organisation	-	4,8%	8,1%	3,8%	7,2%	8,0%	5,5%	3,3%
Projektkoordination/Sonderuntersuchungen	-	-	-	4,7%	3,2%	3,4%	3,4%	5,1%
Bilanzierung/Konzernbilanzen	-	14,3%	3,2%	6,9%	2,4%	2,7%	2,7%	4,2%
Buchhaltung	-	9,5%	4,8%	7,8%	3,2%	3,4%	2,1%	2,5%
Kostenrechnung/Kalkulation	50,0%	18,9%	14,5%	11,6%	5,5%	9,5%	7,7%	6,4%
Steuerwesen	25,0%	9,5%	4,8%	5,4%	3,6%	2,0%	1,2%	0,8%
Sonstiges	-	-	12,9%	16,3%	11,1%	11,2%	14,0%	12,1%

Abb. 10: Aufgabenportfolios von Controllern im Zeitablauf

ern, Finanzen und Versicherungen sehen Controller nicht in ihrem Aufgabenbereich (vgl. Landsberg/Mayer 1988, S. 71). Auch bei Niedermayr (1994, S. 215) zeigt sich für Österreich die überragende Bedeutung von Planung und Budgetierung, Kontrolle und Informationsversorgung.

Weber/Schäffer (1998, S. 229) zeigen in ihrer bereits angesprochenen Längsschnittstudie die **Veränderung des Aufgabenportfolios** von Controllern im Zeitablauf (siehe ▶ **Abb. 10**).

Auch hier zeigt sich ein deutlicher Wandel hin zur Einbindung des Controllings in Fragen des strategischen Managements. Das grundlegende Aufgabenportfolio des Controllers – so zeigen die hier häufigsten Kategorien Berichtswesen, operative Planung und Soll-Ist-Vergleiche – bleibt jedoch bestehen. Weber (2007) hat in der Folge in einer recht aktuellen Studie das Controlling im deutschsprachigen Raum untersucht. Hier zeigt sich, dass Controller mit 24,2 Prozent ihrer Arbeitszeit am meisten in das Berichtswesen investieren, gefolgt von operativer Planung und Kontrolle (18,8 Prozent), Kostenrechnung (15,2 Prozent), sonstiger Beratung des Managements (11,8 Prozent) und spezifischen Projekten (11,3 Prozent). Strategische Planung und Kontrolle nimmt mittlerweile immerhin 7,5 Prozent der Arbeitszeit in Anspruch.

Die Ausprägung des Controllings in Deutschland scheint zudem von verschiedenen **Kontextfaktoren** abzuhängen, von denen die Branche sowie die Unternehmensgröße eine besondere Bedeutung einnehmen. Dies bedeutet, dass Controlling in großen gegenüber kleinen Unternehmen sowie in Unternehmen aus unterschiedlichen Branchen verschieden ausgestaltet ist. Das ▶ **Kap. 12** des vorliegenden Buchs widmet sich aus diesem Grund spezifischen Kontextfaktoren des Controllings. Die bisher angesprochenen Erkenntnisse sprechen insgesamt für einen deutlichen **Wandel** der Rolle des Controllers in der deutschen Unternehmenspraxis (vgl. Goretzki/Weber 2010, S. 163 ff.; Goretzki/Weber 2012). Hier wird der Controller immer stärker als **Business Partner** gesehen, der in enger Zusammenarbeit mit dem Manager die strategische Weiterentwicklung des Unternehmens vorantreibt. Das Konstrukt der Rolle sowie den **Rollenwandel** des Controllers werden wir in ▶ **Kap. 14.3** gesondert analysieren.

Weiterführende Informationen:

Eine ausführliche aktuelle Studie zum Stand des Controllings in Deutschland:
Weber 2007

Abkürzungen:

FEI   Financial Executives International

Wiederholungsfragen:

- Erläutern Sie die Entwicklung des Controllings in der deutschen Unternehmenspraxis im Zeitablauf!
- Worauf ist die stärkere Beteiligung des Controllings im Bereich des strategischen Managements zurückzuführen?

2 Theoretische Grundlagen des Controllings

Da wir für das Controlling eine eigenständige, auch aus theoretischer Sicht rechtfertigbare und auf die Praxis übertragbare Daseinsberechtigung sehen und diese auch argumentativ belegen möchten, wollen wir im Folgenden die wichtigsten theoretischen Grundlagen der Controlling-Forschung darstellen. Dies tun wir auch in Folge der Kriterien von Küpper (2008, S. 6 f.), der für eine Controlling-Konzeption (hierzu ▶ Kap. 3.1) unter anderem eine theoretische Fundierung fordert.

Als Theorie verstehen wir in der Folge ein sog. axiomatisiertes Aussagensystem, wobei Axiome wiederum als Spitzenausprägung der Theorien – anders als andere Elemente von Theorien – nicht eigens deduktiv oder anderweitig argumentativ abgeleitet werden müssen (vgl. Bochenski 1993, S. 73 ff.). Im bisherigen Verlauf des Buchs hat sich in den ▶ Kap. 1.4 und 1.5 bereits gezeigt, dass sich eine einheitliche Sicht auf das Controlling im deutschsprachigen Raum noch nicht durchsetzen konnte. Dies bezieht sich auch auf die Tatsache, dass die verschiedenen Vertreter der Controlling-Forschung und -lehre in Deutschland ihre Ansätze auf z. T. sehr unterschiedliche Theoriebasen beziehen (vgl. Wall 2008, S. 463 ff.). Anders ist dies jedoch im angloamerikanischen Sprachraum. Aus der Perspektive der Accounting bzw. Management Accounting-Forschung spielen einige wichtige Theorien eine Rolle, aus deren Perspektive auch Fragestellungen des Controllings näher erläutert werden können (vgl. Weber/Schäffer 2011, S. 27 ff.).

Da unser Buch eine sehr anwendungsorientierte Sicht verfolgt, werden wir uns im Rahmen der Darstellung der Theorien auf die aus unserer Sicht wichtigsten Theorien der Controlling-Forschung konzentrieren und v. a. die Anwendung auf den Objektbereich des Controllings besonders herausstellen. Hierbei werden wir sowohl klassische als auch moderne Ansätze einer Controllingtheorie diskutieren. Dies sind im Folgenden für die klassischen Ansätze die Systemtheorie, der Situative Ansatz, die Neue Institutionenökonomik und die Verhaltenswissenschaften, für die modernen Ansätze beispielhaft der Soziologische Institutionalismus.

2.1 Systemtheorie

Grundgedanken der Systemtheorie

Der grundlegende Unterschied systemorientierten Denkens im Vergleich zum ›traditionellen Denken‹ ist darin zu sehen, dass der bisher als ›großes Ganzes‹ betrachtete Organismus ›Unternehmen‹ nun als Ansammlung vieler kleiner Elemente und der Beziehung dieser Elemente untereinander, d. h. als ›System‹, betrachtet wird. Hierbei leitet sich der Begriff des Systems aus dem Griechischen ab und steht für ›das Gebilde, Zusammengestellte, Verbundene‹. Hieraus wird bereits die Bedeutung der Vernetzung einzelner Elemente im Rahmen eines Systems deutlich. Letztlich wollen alle Vertreter der Systemtheorie jedoch eine allgemeine Theorie über soziale Systeme im Allgemeinen bereitstellen (vgl. Willke 1993). Systeme zeichnen sich durch fünf konstitutive Merkmale aus (vgl. Wolf 2008, S. 158 ff.):

- **Elemente:** Systeme bestehen aus ›Elementen‹ oder ›Merkmalen‹. Diese weisen ganz bestimmte Eigenschaften auf und machen es möglich, ein System von anderen Systemen abzugrenzen.
- **Hierarchische Gliederung:** Innerhalb der Gesamtzahl der Systemelemente gibt es hierarchische Unter- und Überordnungsverhältnisse.
- **Beziehungsvielfalt:** Zwischen Elementen, Subsystemen und Merkmalen finden sich vielfältige und zahlreiche Beziehungen, die sequenziell, reziprok oder interdependent sein können.
- **Systemzustände:** Die genannten Elemente, Subsysteme und Merkmale bestimmen die Zustände, die ein System einnehmen kann. Diese Zustände determinieren wiederum das Verhalten des Systems in einer stochastischen und somit eingeschränkt vorhersehbaren Art und Weise.
- **Systemstruktur:** Das Beziehungsgefüge aller Unterelemente des Systems ist nicht unstrukturiert, sondern zeigt ein strukturiertes und somit auch analysierbares strukturelles Gefüge.

Die Gedanken der Systemtheorie (vgl. u.a. Bleicher 1970) sind in ihrem Grundsatz stark **kybernetisch** geprägt, so dass von systemtheoretisch-kybernetischen Aussagensystemen gesprochen werden kann. Kybernetisch geht als Begriff auf Norbert Wiener zurück und befasste sich ursprünglich mit der Steuerung und Regelung von Maschinen, was schnell auf Organisationen im Allgemeinen und Unternehmen im Speziellen übertragen wurde. Während die allgemeine Systemtheorie auf Bertalanffy (1968) zurückgeht, ist Ulrich (1970) der Begründer der systemorientierten Betriebswirtschaftslehre. **Systemisches Denken** versteht Unternehmen als offene, sozio-technische und produktive Systeme, die in engen Austauschbeziehungen mit der Unternehmensumwelt stehen. Wichtiger Bestandteil einer systemorientierten Betrachtungsweise ist die Aufteilung von verschiedenen Sphären, z. B. des Unternehmens oder auch der Unternehmensumwelt, in einzelne Subsysteme, die ihrerseits wiederum in **Subsysteme** zerlegt werden können und an deren Schnittstellen Wechselwirkungen – v. a. Kommunikationsbeziehungen – bestehen.

Der Hauptanspruch der Systemtheorie liegt in der Nachfolge von Luhmann (1968) darin, Komplexität in und im Kontext von Organisationen handhabbar zu machen. Dies ist in einer Zeit steigender Unternehmenszahlen und -größen nicht verwunderlich. Die Systemtheorie zeigt eine Vielzahl von Stärken, u. a. eine sehr strukturierte Vorgehensweise mit Fokussierung auf eine erklärende Wissenschaft. Schwächen zeigt sie u. a. in ihrer Abstraktheit, die weder eine genaue Konkretisierung noch eine leichte Übertragbarkeit von Befunden auf andere als die untersuchten Kontexte zulässt. Zudem lassen sich viele der in der Systemtheorie untersuchten Variablen nur sehr schwer operationalisieren.

Die Systemtheorie in der Controlling-Forschung

Aus Sicht der Controlling-Forschung ist die Systemtheorie tendenziell eher ein übergeordneter **Metaansatz**, der einen interdisziplinären Ansatz zur **Analyse von komple-**

xen Wirkungszusammenhängen liefern kann und monokausalem Denken vorbeugt. Aus diesem Grund wird die Systemtheorie auch häufig als Grundlage von organisations- und unternehmensbezogenen Arbeiten verwendet, obgleich die mehrheitlich **deskriptive Anlage der Theorie** an sich kritisiert werden kann. In der Controlling-Forschung wird das Unternehmen als System verstanden, das in verschiedene Subsysteme (z. B. Führungs- und Ausführungssystem, siehe ▶ **Kap. 3.2**) unterteilt werden kann. Das Controllingsystem ist hierbei in einer systemtheoretischen Sichtweise ein Subsystem der Führung, das Wechselwirkungen und Schnittstellen mit anderen Führungsteilsystemen wie z. B. dem Planungs- und Kontrollsystem aufweist. Wahrnehmbaren Niederschlag findet die Systemtheorie als grundlegender **Analyserahmen** dieses Buches immer dort, wo wir aus forschungsseitigen oder didaktischen Gründen komplexe Zusammenhänge durch Unterteilung in Subsysteme handhabbar machen möchten, um dem praxeologischen Anspruch der Komplexitätsreduktion für die Unternehmenspraxis Genüge zu tun. Dieser Grundanspruch der Systemtheorie in ihrer Weiterentwicklung zur Kybernetik ist auch der uns eigenen Sicht auf das Controlling nahe – das Controlling soll einen wesentlichen Beitrag zur **Handhabung von Komplexität** leisten. Ob dies jedoch immer eine Reduktion der Komplexität bedeuten muss, lassen wir an dieser Stelle offen. Gemäß Ashbys (1956) ›law of requisite variety‹, das sich mit dem optimalen Maß an Subsystembildung befasst, darf die **Eigenkomplexität** eines Systems weder höher noch niedriger als die **Umweltkomplexität** sein. Aus Sicht von Unternehmensführung und Controlling kann die Systemtheorie deshalb auch zu dem Zweck verwendet werden, den optimalen Komplexitätsgrad eines Steuerungs- und Regelungssystems zu ermitteln. Dieser wird i. d. R. deutlich über dem aktuellen Ist-Komplexitätsgrad der meisten Unternehmen in der Praxis liegen.

Während die Systemtheorie einen grundlegenden Meta-Rahmen unseres Buches darstellt, der sich nicht zuletzt in der Darstellung der allgemeinen Elemente einer Controlling-Konzeption in ▶ **Kap. 3.1** äußert, werden wir uns im Folgenden nun einigen inhaltlichen Organisationstheorien widmen, die auch zur Analyse von Controlling-Fragestellungen verwendet werden.

Weiterführende Informationen:

Überblick über traditionelle theoretische Ansätze im Controlling:
Weber/Schäffer 2011, S. 27-32
Ausführliche Darstellung der Systemtheorie:
Wolf 2008, S. 522-563

Wiederholungsfragen:

- Wodurch zeichnet sich die generelle Sichtweise der Systemtheorie im Vergleich zu ›traditionellem Denken‹ aus?
- Welche konstitutiven Merkmale kennzeichnen die Systemtheorie?
- Welche Vor- und Nachteile der Systemtheorie beeinflussen deren theoretischen und praxeologischen Nutzen?

2.2 Situativer Ansatz

Der Situative Ansatz – auch als **Kontingenztheorie** bezeichnet – versucht, empirisch fundierte Aussagen über die Beziehungen von **Situationsbedingungen**, Organisationsstrukturen, dem Verhalten von Organisationsmitgliedern sowie dem individuellen Zielerreichungsgrad einer Organisation zu etablieren. Die Kontingenztheorie ist zweifellos der am weitesten verbreitete Ansatz der modernen Forschung und Lehre im Bereich der Unternehmensführung und genießt eine weite Verbreitung in der empirischen Controlling-Forschung. Obwohl die Theorie sehr häufig verwendet wird, ist auch starke Kritik zu vernehmen. Einige Kollegen verweigern der Kontingenztheorie sogar den Anspruch, eine ›Theorie‹ im engeren Sinne darzustellen. Da auch wir die noch darzustellende Kritik an der Kontingenztheorie durchaus ernst nehmen, wollen wir im Folgenden vom Situativen Ansatz sprechen. Die grundlegenden Gedanken der Kontingenztheorie gehen auf Woodward (1958), Udy (1959) und Stinchcombe (1959) zurück. Diese Autoren untersuchten erste grundlegende Zusammenhänge zwischen Organisationen und ihrer Umwelt, z. B. in Bezug auf die Veränderung der eingesetzten Fertigungstechnologie. In Deutschland wurde die Kontingenztheorie in den 1970er Jahren durch die Autoren Hauschildt (1970) und Kieser (1973) bekannt.

Grundgedanken des Situativen Ansatzes

Das grundlegende Gedankengerüst des Situativen Ansatzes ist – im Gegensatz zur Systemtheorie – nicht flexibel, sondern deterministisch. Die Vertreter dieser Forschungsrichtung unterstellen einen eindeutigen, auch wahrnehmbaren und als Grundlage für **normative Aussagen** verwendbaren Zusammenhang zwischen der Umwelt einer Organisation und der Organisation als solcher. Diese Zusammenhänge werden meist in großzahligen empirischen Studien untersucht. Letztlich will der Situative Ansatz auf drei Forschungsfragen Antworten finden (vgl. Wolf 2008, S. 200):

- Wie **hängen** Kontextfaktoren und Gestaltungsformen von Organisationen **zusammen**?
- Wie können a) die Situation einer Organisation und b) die Gestaltungsformen von Organisationen **operationalisiert** werden?
- Inwieweit wirken sich unterschiedliche Gestaltungsformen von Organisationen auf deren **Erfolg** aus?

Während auf die ersten beiden Fragen aus Sicht des Situativen Ansatzes sowohl theoretische als auch empirische Antworten gegeben werden konnten, ist insb. der dritte Punkt, die Einbeziehung des Erfolgs, noch immer problematisch. An dieser Stelle wollen wir den Themenkomplex unter Verweis auf das Theorem der sog. ›**Erfolgsfaktorenforschung**‹ zunächst nur nennen, bevor wir in ▶ **Kap. 10** – der Erfolgsanalyse des Controllings – auf die Probleme zurückkommen werden, denen sich ein Forscher, aber auch der Praktiker gegenübersieht, der sowohl eine geeignete theoretische Operationalisierung für Erfolg als auch die geeigneten empirischen (und zur Messung geeigneten) Indikatoren finden muss.

Das grundlegende Modell des Situativen Ansatzes ist in der folgenden Abbildung festgehalten:

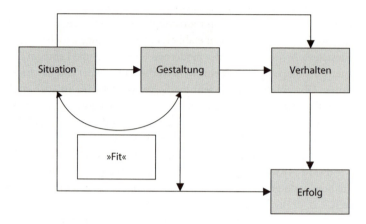

Abb. 11: Grundmodell des Situativen Ansatzes

Dieses Grundmodell kann tendenziell auf sämtliche Fragestellungen im Kontext der Betriebswirtschaftslehre übertragen werden, da es hier stets um Einschätzung der Umwelteinflüsse vor dem Hintergrund eines in eine konkrete Umwelt eingebetteten Systems ›Unternehmen‹ geht.

Der Situative Ansatz in der Controlling-Forschung

Der Situative Ansatz wurde – sich aus der allgemeinen Organisationstheorie (vgl. Lawrence/Lorsch 1967) heraus evolvierend – in der Folge bspw. von Gordon/Miller (1976, S. 59-61) und Khandwalla (1977) auch als **Erklärungstheorie** in der Management Accounting- und Controlling-Forschung verwendet. In dieser Ausprägung des Ansatzes wird von den Vertretern versucht, empirisch fundierte Aussagen über die Beziehungen von Situationsbedingungen, Organisationsstrukturen, das Verhalten von Organisationsmitgliedern sowie den individuellen Zielerreichungsgrad einer Organisation zu treffen. Der Situative Ansatz stellt somit eine häufig verwendete theoretische Basis in der Accounting- und Controlling-Forschung dar (vgl. Luft/Shields 2003). Hier wurden bereits sehr früh auch **empirische Studien** zum Zusammenhang verschiedener Kontextvariablen und dem Controlling als abhängiger Variable auch im deutschsprachigen Bereich durchgeführt, z. B. die Studie von Uebele (1981). In der internationalen sowie deutschsprachigen Controlling-Forschung finden sich als Kontingenzfaktoren für das Controlling u. a. die **Unternehmens- oder Betriebsgröße**, der **Familieneinfluss**, die **Branche**, die **Unternehmensstrategie**, die **Umweltunsicherheit** sowie zahlreiche weitere Faktoren.

Die Befunde zum konkreten Einfluss dieser situativen Faktoren auf die Ausgestaltung des Controllings sind jedoch gemischt. An dieser Stelle möchten wir auf einen aktuellen Beitrag von Becker/Ulrich/Zimmermann (2012, S. 208 ff.) verweisen, in dem postuliert wird, dass die althergebrachte Art und Weise der Analyse – der Zusammenhang zwischen einem **Kontingenzfaktor** und dem Controlling ›als Ganzem‹ – wohl überholt sein dürfte. Wir gehen vielmehr davon aus, dass einzelne Elemente des Systems ›Controlling‹ unterschiedlich auf Umwelteinflüsse und somit Änderungen der situativen Bedingungskonstellationen reagieren. So möchten wir darauf hinweisen, dass bspw. Existenz, Funktion und Institution des Controllings im Unternehmen – die später noch thematisierten Fragen, ob Controlling im Unternehmen ›gemacht‹ wird, welche Aufgaben hierunter subsumiert werden und ob es eigenständig institutionalisierte Stellen für Controllingaufgaben gibt – sehr unterschiedlich mit dem Einflussfaktor ›Unternehmensgröße‹ interagieren. An dieser Stelle könnte postuliert werden, dass zwischen Unternehmensgröße und Einrichtung spezieller Controllingstellen ein stärkerer Bezug herrscht als bspw. zur funktionalen Ausprägung (vgl. die folgende ▶ **Abb. 12**) (vgl. Becker/Ulrich/Zimmermann 2012, S. 212).

Controlling-Element	Kleinst-/Kleinunternehm.	Mittel-/Großunternehm.
Controlling-Philosophie	Unternehmensindividuell - kontrollorientiert	Unternehmensindividuell -beratungsorientiert
Controlling-Funktionen	Informationsfunktion im Fokus	Abstimmungsfunktion im Fokus
Controlling-Aufgaben	Eher operative Aufgaben, z. B. Budgetierung	Eher strategische Aufgaben, z. B. Planung
Controlling-Aufgabenträger	Führungskräfte und allgemeine Mitarbeiter	Führungskräfte und spezifische Controller
Controlling-Instrumente	Eher operativ, IT-Unterstützung mäßig	Eher strategisch, IT-Unterstützung stark ausgeprägt

(Zunahme der Betriebsgröße →)

Abb. 12: Zusammenhang von Controlling und Unternehmensgröße

Aktuelle internationale Forschungen zur Kontingenztheorie wie z. B. der umfassende Literaturüberblick von Chenhall (2003) gehen jedoch nur von einem eingeschränkten Erklärungsgehalt der Kontingenztheorie für Management Accounting- und Controlling-Fragestellungen aus und verlangen eine Theorieintegration. Nichtsdestotrotz bildet der Situative Ansatz aus unserer Sicht eine wichtige Theoriesäule der Controlling-Forschung und soll auch in den folgenden Ausführungen des Buchs eine gewichtige Position einnehmen.

Weiterführende Informationen:

Ein Literaturüberblick zum Situativen Ansatz im Controlling
Chenhall 2003

Detaillierte Darstellung und Kritik des Situativen Ansatzes
Wolf 2008, S. 190-230

Wiederholungsfragen:

- Welcher Wirkungszusammenhang wird zwischen Situation, Organisation, Verhalten und Erfolg angenommen?
- Welchen Erklärungsbeitrag liefert der Situative Ansatz für die Controllingtheorie?

2.3 Neue Institutionenökonomik

Grundgedanken der Neuen Institutionenökonomik

Die sog. Neue Institutionenökonomik entstand als Gegenentwurf zur klassischen Mikroökonomie und somit auch zur klassischen Sichtweise von Unternehmen als Faktor- oder Minimalkostenkombination in einer Welt ohne Transaktionskosten. Sie beruht auf der expliziten Betrachtung von **Transaktionskosten** bei der Schließung von Verträgen zwischen Individuen in Institutionen (vgl. Schreyögg 2008, S. 59).

Als Begründer der Theorie gilt Coase (1937), der die Existenz von Unternehmen der Transaktionskostenreduktion im Vergleich zu einer **Koordination über Marktmechanismen** zuspricht. Innerhalb der Neuen Institutionenökonomik gibt es verschiedene und zugleich relativ eigenständige Theorien, deren wahrscheinlich wichtigste die sog. Prinzipal-Agent-Theorie ist. Weitere, hier einschlägige Theorien sind die **Theorie der Verfügungsrechte** (Property rights) sowie der eher basale Transaktionskostenansatz an sich. Die **Prinzipial-Agent-Theorie** befasst sich mit den im Rahmen einer Auftragsbeziehung auftretenden Problemen zwischen einem Beauftragenden oder Prinzipal und einem Beauftragten oder Agenten (vgl. im Folgenden Ulrich 2011a, S. 65 ff.). Die folgende Abbildung veranschaulicht das Grundmodell einer Prinzipal-Agent-Beziehung.

Transaktionskosten zwischen den Vertragspartnern resultieren hierbei aus **Informationsasymmetrien**. Diese führen im Ergebnis dazu, dass zukünftige Entwicklungen nicht unter Sicherheit voraussagbar sind. Dies äußert sich nicht zuletzt auch darin, dass formale Regeln wie z. B. Gesetze und Verträge aus Gründen der Kapazitätsrestriktion nicht alle möglichen Eventualitäten ex ante regeln können. In diesem Sinne bleiben die geschlossenen **Verträge** unvollständig und müssen durch implizite Regelungen ergänzt werden. Die Unfähigkeit, zukünftige Entwicklungen vorauszusehen, verführt Vertragspartner dazu, spezifische Informationsvorteile jeweils zu Ungunsten des Vertragspartners auszunutzen. Dieses Verhalten wird als **opportunistisches Verhalten** bezeichnet und ist gleichsam als die grundlegende Verhaltensannahme für Individuen innerhalb der Neuen Institutionenökonomik zu kennzeichnen.

Die Annahme opportunistischen Verhaltens ist im Gegensatz zur Auffassung von Fisher (1930) zu sehen, nach dessen **Separationstheorem** die Manager einer Unternehmung die unterschiedlichen Präferenzen ihrer Agenten für Konsum und Sparen gerade nicht bedenken müssen. Schneider (1988, S. 1182) definiert Prinzipal-Agent-Beziehungen folgendermaßen: »Prinzipal-Agent-Beziehungen entstehen, wenn mindestens ein

2 Theoretische Grundlagen des Controllings

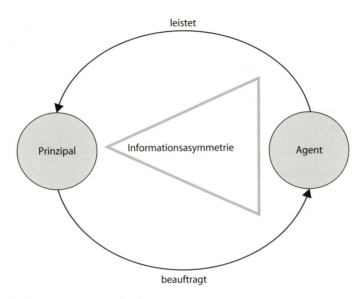

Abb. 13: Grundstruktur der Prinzipal-Agent-Theorie

Auftraggeber und mindestens ein Beauftragter unter Unsicherheit und bei uneinheitlichem Wissensstand untereinander gemeinsam Ziele erreichen wollen, die nur teilweise gleichgerichtet sind und bei denen teilweise auch der Vorteil des einen zum Nachteil des anderen werden kann«.

Ohne externe Einflüsse ließe sich problemlos eine für alle Beteiligten befriedigende **Optimallösung** (sog. first-best-solution) finden. Dies ist in der Realität aufgrund der stets auftretenden Transaktionskosten und Informationsasymmetrien jedoch nicht möglich. Vertreter der Finanztheorie wie z.B. Cornell/Shapiro (1987, S.5ff.) ziehen aus dieser Tatsache den Schluss, dass die Unternehmensführung sich stets auch mit den Interessen von **Anspruchsgruppen** (Stakeholdern) auseinandersetzen muss.

Jensen/Meckling (1976, S.327) übertragen die Prinzipal-Agent-Theorie auf die Struktur einer Aktiengesellschaft: »The stockholders are principals, who certainly cannot observe in detail whether the management, their agent, is making appropriate decisions. The principal agent theory provides an instrument to discuss the rationale of the ›separation of ownership and control‹ problem which Adam Smith focused on and which Berle and Means (1932) popularized 157 years later.« In Bezug auf die bei einer Prinzipal-Agent-Beziehung auftretenden Probleme muss man solche vor und nach Vertragsabschluss differenzieren. Mögliche Konstellationen werden in der ▶ **Abb. 14** dargestellt (vgl. Jost 2001, S.25).

Vor Vertragsabschluss mit dem Agenten kann der Prinzipal die Charaktereigenschaften potenzieller Agenten nicht genau einschätzen. Zur Beschreibung dieses Phänomens bedient man sich des Begriffes **Adverse Selektion** aus der Versicherungswirtschaft. Nach Vertragsabschluss ist vor allem das Problem des **Moral Hazard** von Bedeutung. Hier treten für den Prinzipal nach Vertragsabschluss die Probleme der ›Hidden Action‹

	Hidden Action	**Hidden Information**	**Hidden Characteristics**
Ursprung des Informationsdefizits	Endogen	Exogen	Exogen
Zeitpunkt des Informationsdefizits	Ex post	Ex post	Ex ante
Vertragsproblem	Moralisches Risiko	Moralisches Risiko	Adverse Selektion

Abb. 14: Arten von Informationsasymmetrien

und ›Hidden Information‹ auf. ›Hidden Action‹ bezieht sich auf die potentiellen Handlungen des Agenten. Diese können vom Prinzipal nicht oder nur durch unverhältnismäßig große Anstrengungen überwacht werden. ›Hidden Information‹ beschreibt die Tatsache, dass es bestimmte Informationen gibt, die lediglich den Agenten und nicht dem Prinzipal zugänglich sind. ›Moral Hazard‹ umschreibt den Zusammenhang, dass der Agent in einer Prinzipal-Agent-Beziehung seine eigenen Interessen verfolgt. Das moralische Risiko äußert sich folglich darin, dass der Agent einen Anreiz hat, die bestehenden Informationsasymmetrien zu seinen Gunsten auszunutzen und etwaiges, den Prinzipal schädigendes Verhalten durch Verweis auf unbeeinflussbare Umweltvariablen zu verheimlichen.

Die Höhe der Agenturkosten – diese geben die Abweichung der Ist-Situation vom Soll-Zustand der first-best-solution an – wird durch drei Determinanten bestimmt (vgl. Jensen / Meckling 1976, S. 308 f.):

- **Signalisierungskosten** der Agenten (Bonding Costs). Diese sind durch Anstrengungen des Agenten zur Verringerung von Informationsasymmetrien verursacht und werden ihm durch Risikoprämien vergolten.
- **Kontroll- oder Überwachungskosten** der Prinzipale (Monitoring Costs). Dies sind Kosten, die den Prinzipalen durch die Überwachung der Agenten entstehen. Beispiele hierfür sind Kosten für ein unternehmenswertorientiertes Controlling oder ein internes Kontrollsystem.
- **Residualverlust** (Residual Loss). Dies ist eine Restgröße, die als durch den Agenten verursachte Minderung des Nutzens des Prinzipals zu interpretieren ist.

Derlei Gedanken der Prinzipal-Agent-Theorie haben vor allem im Kontext der Diskussion um Corporate Governance – verstanden als verantwortliche, auf langfristigen Unternehmenserfolg ausgerichtete Unternehmensführung (vgl. Ulrich 2011a, S. 77) – an Bedeutung gewonnen.

Die Neue Institutionenökonomik in der Controlling-Forschung

Aus Sicht der Management Accounting- und Controlling-Forschung kann die Neue Institutionenökonomik dem ›Mainstream‹ der Literatur zugerechnet werden (vgl. Weber/

Schäffer 2011, S. 27). Aus dieser Perspektive stellt das Controlling eine institutionalisierbare Lösungsmöglichkeit der bereits diskutierten Agenturprobleme dar. Einflusspotenziale des Controllings ergeben sich hier v. a. in den beiden Themenbereichen **Kontrolle** sowie **Anreizgestaltung**, die beide in diesem Buch noch im Detail dargestellt werden. Hier wurden aus Sicht des Controllings bereits umfangreiche Untersuchungen durchgeführt, die auf der theoretischen Grundlage der Prinzipal-Agent-Theorie basieren (vgl. Ulrich 2011b, S. 66 ff.).

Gleichzeitig kann jedoch die Prinzipal-Agent-Theorie auch als Bezugsrahmen für die Analyse der **Informationsbeziehungen** in Unternehmen verwendet werden, wie dies bspw. Breid (1994, S. 238) tut. Wie in der folgenden Abbildung dargestellt wird, müssen aus Sicht der informationsorientierten Controlling-Forschung unterschiedliche Problemlagen in Abhängigkeit vom Zeitpunkt (vor, während, nach Vertragsabschluss) unterschieden werden.

Einen wichtigen Beitrag zur Controlling-Forschung liefert die Prinzipal-Agent-Theorie zusammen mit der ihr häufig entgegen gestellten **Stewardship-Theorie** (vgl. Davis/Schoorman/Donaldson 1997, S. 20 ff.). Diese begreift in einem abweichenden Menschenbild den Agenten der Prinzipal-Agent-Theorie als altruistischen und selbst motivierten Akteur. Als aktuelles Beispiel soll der Beitrag von Speckbacher/Wentges (2012) dienen, der den Effekt des Familieneinflusses auf die Nutzung formaler Performancemaße thematisiert. Letztlich lassen sich die Neue Institutionenökonomik im Allgemeinen sowie die Prinzipal-Agent-Theorie im Speziellen für die Controlling-Forschung immer dort einsetzen, wo es formalisierte **Kommunikations- und** somit auch **Vertragsbeziehungen** zwischen mehreren Akteuren gibt, die auf Informationsaustausch beruhen. Ein wichtiges Beispiel ist das in Kap. 6 thematisierte Zusammenspiel verschiedener Aufgabenträger des Controllings.

Weiterführende Informationen:

Klassische Beiträge zur Prinzipal-Agent-Theorie
Akerlof 1970
Berle/Means 1932
Jensen/Meckling 1976
Vertiefendes Lehrbuch zur Prinzipal-Agent-Theorie
Jost 2001
Grundlagenartikel zur Stewardship-Theorie
Davis/Schoorman/Donaldson 1997

Wiederholungsfragen:

- Welche eigenständigen Theoriegebäude bilden in ihrer Gesamtheit die Neue Institutionenökonomik?
- Worin liegt das Grundproblem einer Prinzipal-Agenten-Beziehung?
- Welche Kostenkategorien können innerhalb der Agenturkosten unterschieden werden?

2.4 Verhaltenswissenschaften

Grundgedanken der Verhaltenswissenschaften

Verhaltenswissenschaftliche Erkenntnisse gewinnen seit längerer Zeit innerhalb der internationalen und auch deutschsprachigen Betriebswirtschaftslehre an Relevanz. In verhaltenswissenschaftlichen Arbeiten wird – im Gegensatz bspw. zur bereits diskutierten Prinzipal-Agent-Theorie – versucht, das konkrete Verhalten von Individuen vorherzusagen und letztlich auch steuerbar zu machen. Verhaltenswissenschaftliche Ansätze der Organisationstheorie entstanden in Folge der Kritik an klassischen, bürokratieorientierten Ansätzen. Dort wurde das Verhalten der Individuen in Organisationen nicht oder nur unzureichend betrachtet. ›Verhalten‹ ist in unserem Sinne ein Oberbegriff für die Gesamtheit aller möglichen Aktivitäten von Systemen (vgl. Wiswede 1991, S. 41). Gemäß Wolf (2008, S. 231) stellt das Verhalten eine allgemeine und letztlich umfassende Bezeichnung für alle möglichen und faktischen körperlichen Reaktionen und anderweitige Vorgänge dar, die sich nicht nur beim Menschen, sondern auch bei anderen Wesen finden lassen.

Klassischerweise wird in sozialwissenschaftlichen Ansätzen dem Konstrukt des ›Verhaltens‹ das ›Handeln‹ gegenübergestellt. **Verhalten** umfasst im Gegensatz zum Handeln auch nicht zielgerichtete, emotional, habituell oder anders angetriebene Aktionen. **Handeln** stellt somit lediglich eine Teilklasse des Verhaltens dar. Dieser Gegensatz ist aufgrund der neuartigen Analyseobjekte der Verhaltenswissenschaften interessant: Klassische theoretische Ansätze untersuchen sämtliche Aspekte, die den rationellen und vermeintlich sachlogischen Teil, das Handeln des Individuums in Organisationen, untersuchen. In der Neuausrichtung der Theorie sollen jedoch auch diejenigen kognitiven, affektiven und konativen Prozesse untersucht werden, die durch **begrenzte Rationalität** (bounded rationality) charakterisiert sind.

Ausgangspunkt der Verhaltenswissenschaften waren die sog. **Hawthorne-Experimente** (vgl. u. a. Mayo 1945), in denen gezeigt werden konnte, dass soziale Effekte ggf. die objektivierbaren Einflüsse der direkten Arbeitsumwelt beeinflussen oder abändern können. In Folge der sich schnell entwickelnden Human-Relations-Bewegung rückte das **Entscheidungsverhalten** von Individuen in Organisationen immer stärker in den Vordergrund (vgl. in Deutschland bspw. Heinen 1966 und Kirsch 1977). Auch wenn die Verhaltenswissenschaften – anders als die bisher dargestellten Theorien – eher ein Sammelbecken als eine eigenständige Theorie darstellen, lassen sich doch fünf charakteristische Elemente hervorheben (vgl. Wolf 2008, S. 239 f.):

- Das Verhalten der Organisationsmitglieder ist Ausgangspunkt des Studiums von Organisationen.
- Es wird zwischen Verhalten von und Verhalten in Organisationen unterschieden.
- Es liegt ein deskriptiv-realanalytischer Untersuchungsansatz vor.
- Verhalten kann nur dann hinreichend beschrieben werden, wenn die motivationalen und emotionalen Strukturen, die kognitiven Strukturen sowie die soziale Einbettungt berücksichtigt werden.
- Informale Informelle? Entscheidungen dürfen nicht ausgeblendet werden.

Die Verhaltenswissenschaften in der Controlling-Forschung

Im englischsprachigen Bereich ist die Übertragung der Verhaltenswissenschaften auf Accounting und Management Accounting bereits seit ca. 1950/1960 zu vernehmen. Das Konzept des sog. ›Behavioral Accounting‹ geht auf Bruns/DeCoster (1969) zurück. Gemäß Weber/Schäffer (2011, S. 29) ist diese Perspektive auch auf das Controlling übertragbar, da 1) Controllingsysteme das Verhalten von Akteuren in Unternehmen beeinflussen sollen und 2) Controllingtheorien auf impliziten und/oder expliziten Verhaltensannahmen beruhen. Unterscheiden lassen sich in diesem Kontext zwei grundsätzliche Forschungsrichtungen. Die erste untersucht **menschliche Informationsverarbeitungsprozesse** in Zusammenhang mit Daten aus dem externen Rechnungs- und auch Prüfungswesen. Wichtig erscheint in diesem Kontext die verhaltenswissenschaftliche Arbeit von Staehle (1999), der versucht hat, die Black Box des Informationsverarbeitungsprozesses zu beleuchten (vgl. für die folgende Abbildung Staehle 1999, S. 149–196).

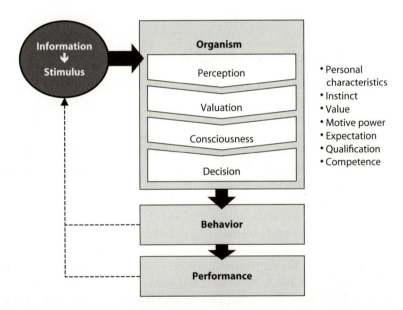

Abb. 15: Grundstruktur des Stimulus-Organism-Behavior-Performance-Modell

Die zweite Hauptrichtung der verhaltenswissenschaftlichen Controlling-Forschung analysiert die **Wirkungen von Controllingsystemen** auf das Verhalten von Akteuren in Unternehmen. Beispielhaft kann die Studie von Argyris (1952) angeführt werden, der sich mit potenziellen Verhaltenswirkungen von Budgets in Unternehmen auseinandersetzt. Letztlich ist diese Hauptrichtung im neuen Betätigungsfeld des Performance-Measurement und -Management von großer Bedeutung. Hier werden in Unternehmen nicht nur die richtigen Maße zur Erfassung von Performance gesucht. Vielmehr spielen auch potenzielle Verhaltenswirkungen verschiedener Performancemaße eine Rolle.

Beispielhaft kann das an der kennzahlenorientierten Vertriebssteuerung oder auch an Kennzahlen zur Entlohnung in der Fertigung von Industrieunternehmen (vgl. Becker et al. 2012) verdeutlicht werden. Mit der Änderung des anzuwendenden Kennzahleninstrumentariums gehen mittel- bis langfristig auch – meist vorab nicht vorhersehbare – Verhaltensänderungen der Mitarbeiter einher, die mit den klassischen, vorher diskutierten Theoriegerüsten nicht hinreichend erklärbar sind.

Weiterführende Informationen:

Eine Grundlagenarbeit zur Verhaltensorientierung im Controlling:
Hirsch 2006

Wiederholungsfragen:

- Wie unterscheiden sich die Konstrukte Verhalten und Handeln?
- Welche beiden Strömungen können innerhalb des verhaltensorientierten Controllings unterschieden werden?

2.5 Soziologischer Institutionalismus

Die bislang vorgestellten theoretischen Ansätze können als ›klassisch‹ bezeichnet werden, da sie etablierte Theorien darstellen, welche innerhalb der Controlling-Forschung schon seit langem eine weite Verbreitung finden. Seit einiger Zeit finden in der Controlling-Forschung des deutschsprachigen Raums jedoch auch ›neue‹ theoretische Ansätze Berücksichtigung, wobei hier eine Entwicklung aufgegriffen wird, welche im US-amerikanischen Raum bereits früher begonnen hatte. Die Annahmen und Aussagen dieser verschiedenen neuen Theorien unterscheiden sich zwar teilweise erheblich, ihnen ist jedoch gemeinsam, dass sie ursprünglich in der Soziologie oder Sozialphilosophie entwickelt wurden (vgl. Scherm/Pietsch 2004, S. 10 f.) und Controlling aus einem ›kritischen‹ oder ›alternativen‹ Blickwinkel untersuchen (vgl. Becker 2004, S. 96 f.). Da wir der Meinung sind, dass auch diese neuen Theorien interessante Perspektiven auf das Controlling eröffnen, wollen wir im Folgenden mit dem Soziologischen Institutionalismus einen dieser Ansätze vorstellen. Als weitere, hier nicht dargestellte neuere theoretische Ansätze seien die Radikale Accounting-Theorie, die Postmoderne Accounting-Theorie, die Interpretative Accounting Theorie sowie die Strukturationstheorie genannt.

Grundgedanken des Soziologischen Institutionalismus

Der Soziologische Institutionalismus geht von der Annahme aus, dass Unternehmen das von Ihnen angestrebte Oberziel der langfristigen Existenzsicherung nur dann erreichen können, wenn sie zugleich zwei Bedingungen erfüllen. Die erste Bedingung entspricht klassisch ökonomischem Denken und besagt, dass Unternehmen nur dann überleben können, wenn sie durch effizientes und effektives Handeln wirtschaftlich erfolgreich sind. Die zweite Bedingung stellt hingegen eine neuartige Überlegung dar: Unternehmen benötigen **Legitimität**. Mangelt es einem Unternehmen an Legitimität, so kommt es zu einer Sanktionierung durch die Gesellschaft, indem sie dem Unternehmen nicht länger die von diesen benötigten Ressourcen, wie zum Beispiel Kapital oder Mitarbeiter, zur Verfügung stellt. Unternehmen gewinnen Legitimität, indem sie in ihren formalen Strukturen und Verhaltensweisen den institutionalisierten Erwartungen ihrer sozialen Umwelt entsprechen. Diese Erwartungen werden als institutionalisiert bezeichnet, da sie nicht mehr hinterfragt werden, hierdurch eine allgemeine Gültigkeit aufweisen und folglich von den Unternehmen zwangsläufig zu befolgen sind. Die Erwartungen der Umwelt beziehen sich darauf, wie ein rational geführtes Unternehmen auszusehen hat. Allerdings handelt es sich bei diesen Rationalitätsvorstellungen oftmals um **Rationalitätsmythen**, da ihre Gültigkeit nicht bewiesen werden kann, sondern vielmehr auf dem gemeinsamen Glauben an ihre Gültigkeit beruht (vgl. Meyer/Rowan 1977).

Unternehmen sehen sich also gezwungen, gleichermaßen ökonomischen Erfolg zu erzielen und Legitimität zu gewinnen. Hierbei können zwei bedeutsame Probleme auftreten: Erstens können die unterschiedlichen sozialen Erwartungen untereinander in Konflikt stehen, und zweitens können die Rationalitätsmythen zu effektiven und effizienten Handlungen im Widerspruch stehen. Unternehmen lösen diese Probleme, indem sie eine **Legitimitätsfassade** aufbauen und den sozialen Erwartungen nur scheinbar entsprechen. Nach außen hin demonstrieren Unternehmen dann mit ihren formalen Strukturen und Verhaltensweisen symbolische Konformität mit den gesellschaftlichen Erwartungen und sichern sich hierdurch Legitimität. Nach innen kommt diesen Strukturen und Verhaltensweisen jedoch keine Bedeutung zu: Sie sind von denjenigen Aktivitäten entkoppelt, mit denen die Unternehmen wirtschaftlichen Erfolg erzielen wollen.

Da Unternehmen den an sie gestellten Umwelterwartungen entsprechen müssen, sagt der Soziologische Institutionalismus zudem voraus, dass diejenigen Unternehmen, welche sich mit denselben sozialen Erwartungen konfrontiert sehen, sich hinsichtlich ihrer formalen Strukturen und Verhaltensweisen aneinander angleichen werden. Dieser als **institutioneller Isomorphismus** bezeichnete Vorgang beruht auf drei Mechanismen (vgl. DiMaggio/Powell 1983, S. 150 ff.):

- Isomorphismus durch Zwang: Die sozialen Erwartungen führen zu Rechtsvorschriften, denen die Unternehmen entsprechen müssen.
- Isomorphismus durch normativen Druck: Durch die Professionalisierung von Berufen kommt es zur Verbreitung einheitlicher Denkweisen und Methoden in den Unternehmen.
- Isomorphismus durch Imitation: Unternehmen neigen bei Unsicherheit dazu, sich an tatsächlich oder scheinbar erfolgreicheren Unternehmen zu orientieren und deren Strukturen und Verhaltensweisen zu kopieren.

Controlling aus der Perspektive des Soziologischen Institutionalismus

Folgt man der Argumentation des Soziologischen Institutionalismus, dann dient Controlling nicht nur dazu, die Effektivität und Effizienz des unternehmerischen Handelns zu optimieren (siehe ▶ **Kap. 10**). Es leistet vielmehr auch einen Beitrag dazu, dass die

Unternehmen Legitimität gegenüber ihrer sozialen Umwelt gewinnen. Dies beruht auf der Annahme, dass die soziale Umwelt von Unternehmen – zumindest ab einer gewissen Größe – erwartet, Controlling ›zu haben‹ bzw. ›zu machen‹: »Es bedarf keiner besonderen Begründung mehr, warum irgendwo Controlling eingeführt werden soll, sondern eher warum es noch nicht eingeführt wurde […].« (Elšik 2004, S. 820). Unternehmen entsprechen den Erwartungen ihrer Umwelt hinsichtlich des Vorhandenseins von Controlling insb. dadurch, dass sie Stellen mit dem Titel ›Controller‹ einrichten und demonstrativ Controlling-Instrumente nutzen. Im Idealfall leisten die Controller wertvolle Unterstützung für das Management, und die Manager berücksichtigen die mittels Controlling-Instrumenten generierten Informationen bei ihren Entscheidungen. Im schlechtesten Fall sind Controller und Controlling-Instrumente jedoch lediglich ein Teil der Legitimitätsfassade, d.h. die Stimme des Controllers findet im Unternehmen kein Gehör und die Informationen von Controlling-Instrumenten landen in der Schublade des Managements.

Eine bekannte Studie auf Basis des Soziologischen Institutionalismus (vgl. im Folgenden Ansari/Euske 1987) untersuchte die Einführung des Kostenrechnungssystems **Uniform Cost Accounting** (UCA) in den Werkstätten der US-amerikanischen Streitkräfte. Das US-Verteidigungsministerium war vom US-Kongress aufgefordert worden, die Notwendigkeit der Budgets dieser Werkstätten zu belegen. Das Verteidigungsministerium befahl daraufhin die Einführung von UCA und zwang die Werkstätten, in einem jährlichen Bericht die durchgeführten Reparaturen und die dafür angefallenen Kosten aufzulisten. Da die Werkstätten bereits über andere Kostenrechnungssysteme verfügten, führten sie zwar UCA ein, versuchten jedoch, den hierfür notwendigen Aufwand zu minimieren und verwendeten die mittels UCA generierten Informationen selbst nicht weiter. Stattdessen bereiteten sie die Informationen für das Verteidigungsministerium auf und gewannen hierdurch Legitimität. Auch im Verteidigungsministerium wurden die UCA-Informationen nicht analysiert, sondern wiederum an den Kongress weitergeleitet, um selbst Legitimität zu erhalten. Anfangs war UCA somit ausschließlich Teil einer Legitimationsfassade. Erst nach einigen Jahren stellten sowohl die Werkstätten als auch das Verteidigungsministerium fest, dass aus UCA wertvolle Steuerungsinformationen abgeleitet werden können. Erst ab diesem Moment diente UCA somit auch der effektiven und effizienten Steuerung der Werkstätten.

In einer weiteren bekannten Studie wurde auf Basis des Soziologischen Institutionalismus analysiert, inwieweit es aus internationaler Perspektive zu einer Angleichung des Controllings kommt (vgl. im Folgenden Granlund/Lukka 1998). Zu diesem Zweck wurde untersucht, wie die drei Mechanismen des institutionellen Isomorphismus im Bereich des Controllings wirken. Es wurden hierbei nur einige wenige Faktoren identifiziert, die eine internationale Divergenz des Controllings fördern, so zum Beispiel Unterschiede in nationalen Kulturen. Für alle drei Mechanismen fanden sich hingegen Faktoren, die für eine internationale Konvergenz des Controllings sprechen:

- Isomorphismus durch Zwang: Bspw. versuchen Konzernzentralen in weltweit agierenden Großunternehmen, im gesamtem Konzern einheitliche Controlling-Standards zu etablieren.

- Isomorphismus durch normativen Druck: Bspw. kommt es durch den internationalen Austausch von Studierenden und durch die Publikationstätigkeit von Wissenschaftlern zur Vereinheitlichung von Denkweisen und Methoden im Controlling.
- Isomorphismus durch Imitation: Bspw. nehmen Unternehmen die Dienste großer, internationaler Beratungsfirmen in Anspruch, welche länderübergreifend bestimmte Standardlösungen des Controllings propagieren.

Weiterführende Informationen:

Überblick über die verschiedenen neuen theoretischen Ansätze im Controlling:
Becker 2004
Ausführliche Darstellung des soziologischen Institutionalismus:
Wolf 2008, S. 522-563

Abkürzungen:

UCA   Uniform Cost Accounting

Wiederholungsfragen:

- Welchen Anforderungen müssen Unternehmen gemäß dem Soziologischen Institutionalismus erfüllen, um dauerhaft überleben zu können? Welche Probleme können hierbei auftreten, und wie lösen Unternehmen diese Probleme?
- Was bedeutet Isomorphismus, und welche drei Mechanismen tragen hierzu bei? Wie wirken diese drei Mechanismen im Controlling aus einem internationalen Blickwinkel?

3 Wertschöpfungsorientierte Controlling-Konzeption

3.1 Bedeutung und Elemente von Controlling-Konzeptionen

Der Begriff ›Controlling‹ ist mittlerweile aus der Wirtschaftswissenschaft und -praxis nicht mehr wegzudenken. Diese Feststellung ist allerdings dahingehend zu relativieren, dass hierbei mit ›Controlling‹ durchaus unterschiedliche Vorstellungen verbunden sein können. Eine allseits geteilte Auffassung davon, was genau unter Controlling zu verstehen ist, findet sich im deutschsprachigen Raum nicht. Wenn also von Controlling die Rede ist, so müsste man streng genommen stets hinzufügen, was in diesem Kontext mit ›Controlling‹ genau gemeint ist.

Im Gegensatz zu individuellen Meinungsäußerungen zu Controlling zeichnen sich Lehrmeinungen dadurch aus, dass sie auf einem durchdachten **Aussagensystem** beruhen, in dem alle wesentlichen Aspekte des Controllings behandelt werden. Ein solches Aussagensystem wird **Controlling-Konzeption** genannt (vgl. Harbert 1982, S. 140). Unter Rückgriff auf die Gedanken der Systemtheorie (siehe ▶ **Kap. 2.1**) werden die wesentlichen Aspekte des Controllings, zu denen in einer Konzeption Aussagen getroffen werden, als **Elemente** bezeichnet. Hierbei wird zum Ausdruck gebracht, dass diese

Elemente den Kern eines Controlling-Verständnisses darstellen und dass diese Elemente nicht unabhängig voneinander zu sehen sind, sondern dass sie durch ein Beziehungsgeflecht miteinander verbunden sind.

Wie wir in ▶ Kap. 1.3 gesehen haben, sind konzeptionelle Überlegungen innerhalb der Controlling-Forschung seit jeher von großer Bedeutung. In der Konsequenz haben Hochschullehrer, aber auch Vereinigungen praktizierender Controller im Laufe der Zeit eine Vielzahl von Controlling-Konzeptionen erarbeitet, die sich teilweise nur in Details, teilweise jedoch deutlich voneinander unterscheiden. Zwar wurde schon verschiedentlich »der Versuch [gestartet], eine allgemein akzeptierte Konzeption des Controllings[s] zu entwerfen« (Küpper/Weber/Zünd 1990, S. 281) oder zu »einer umfassenden Controlling-Konzeption« (Schweitzer/Friedl 1992, S. 142) zu gelangen. In der Realität herrscht jedoch weiterhin eine große konzeptionelle Vielfalt vor. Dies kann einerseits als positiv gewertet werden, da sich hierdurch unterschiedliche Perspektiven auf das Controlling eröffnen, die dem Erkenntnisfortschritt dienlich sein können (vgl. Scherm/Pietsch 2004, S. 5 f.). Andererseits ist auch die negative Einschätzung nicht von der Hand zu weisen, dass durch die Uneinigkeit über das Wesen des Controllings der Erkenntnisfortschritt auch behindert werden könnte, da die Forschung droht, lediglich isolierte Einzelergebnisse hervorzubringen (vgl. Schneider 2005, S. 68 f.).

Blickt man über die inhaltlichen Unterschiede hinweg, so finden sich in nahezu allen Controlling-Konzeptionen Aussagen zu denselben Elementen:

- **Philosophie:** Welche Grundeinstellung zum Controlling herrscht vor, die einen Einfluss auf die Ausprägung aller anderen Elemente ausübt? Bei der Controlling-Philosophie handelt es sich zumeist um ein implizites Phänomen, das jedoch in Form eines Leitbildes expliziert und damit einer bewussten Steuerung zugänglich gemacht werden kann.
- **Ziele:** Welche Absichten werden mit dem Controlling verfolgt? Was sind die Ziele des Controllings selbst, und zur Erfüllung welcher Unternehmensziele soll hierdurch beigetragen werden?
- **Funktionen:** Welche allgemeinen Funktionen hat das Controlling zur Erreichung dieser Ziele zu erfüllen?
- **Objekte:** Auf welche Objekte sollen diese allgemeinen Funktionen angewendet werden?
- **Aufgaben:** Welche konkreten Aufgaben ergeben sich aus der Anwendung der Funktionen auf die Objekte?
- **Aufgabenträger:** Wer wird mit der Erledigung der Controlling-Aufgaben betraut? Falls es sich um mehrere Personen handelt: Wie werden die Aufgaben zwischen ihnen verteilt? Wo finden sich diese Personen innerhalb der Aufbauorganisation des Unternehmens?
- **Prozesse:** Wie werden die Controlling-Aufgaben in dynamischer Perspektive erfüllt, und wie ist diese Aufgabenerfüllung in die Ablauforganisation des Unternehmens eingebunden?
- **Instrumente:** Welche betriebswirtschaftlichen Hilfsmittel können die Aufgabenträger nutzen, um ihre Aufgaben zu erfüllen?

- **Werkzeuge:** Wie lassen sich das Controlling im Allgemeinen und die Instrumente des Controllings im Speziellen durch die Informationstechnologie unterstützen?
- **Erfolg:** Wie können Aussagen zur Güte des Controllings getroffen werden?

Die obenstehende Auflistung der konzeptionellen Controlling-Elemente verdeutlicht noch einmal den systemischen Charakter von Controlling-Konzeptionen: Jedes Element weist Bezüge zu den anderen Elementen auf. Wie ▶ **Abb. 16** verdeutlicht, eröffnen Konzeptionen somit eine **philosophische**, eine **strukturelle**, eine **prozessuale** sowie **eine Erfolgsperspektive auf das Controlling**, wobei die strukturelle Perspektive einen funktionalen, einen institutionellen sowie einen instrumentellen Blickwinkel umfasst.

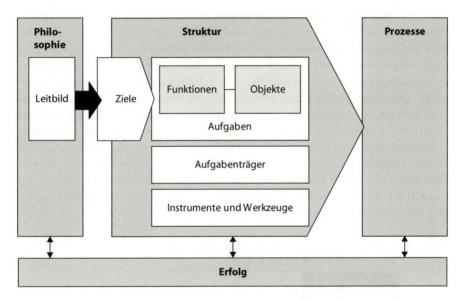

Abb. 16: Generische Elemente von Controlling-Konzeptionen

Zwischen den Vertretern der einzelnen Controlling-Konzeptionen wurden vielfältige Argumente für die jeweils eigene und wider die jeweils anderen Konzeptionen ausgetauscht. Wie auch an vielen anderen Stellen in der Betriebswirtschaftslehre lässt sich letztlich jedoch kaum endgültig ›beweisen‹, welche Konzeption die ›beste‹ oder gar die ›richtige‹ ist. Dies bedeutet jedoch nicht, dass an Controlling-Konzeptionen keine Anforderungen im Sinne von Qualitätsmerkmalen gestellt werden können. Küpper (2008, S. 6 ff.) hat zu diesem Zweck die folgenden drei **Anforderungen** formuliert, die von jeder Controlling-Konzeption erfüllt werden sollten:

- **Eigenständige Problemstellung:** Hiermit ist die Daseinsberechtigung des Controllings angesprochen, was auch erklärt, warum die konzeptionelle Forschung insb. anfangs im Controlling dominierte. In einer Controlling-Konzeption ist schlüssig darzulegen, worin sich Controlling von anderen betriebswirtschaftlichen Teildisziplinen

unterscheidet. Hierzu ist eine klar identifizierbare und eigenständige Problemstellung zu formulieren, für die das Controlling Lösungsansätze entwickeln soll.
- **Theoretische Fundierung**: Da eine Controlling-Konzeption eine wissenschaftliche Lehrmeinung darstellt, müssen die Problemstellung und die Lösungsansätze mittels einer oder mehrerer Theorien begründbar sein.
- **Bewährung in der Praxis**: Hiermit wird der Anwendungsorientierung der deutschsprachigen Betriebswirtschaftslehre Rechnung getragen. Die identifizierte Problemstellung sollte von praktischer Relevanz und die vorgeschlagenen Lösungsansätze müssen in der Praxis umsetzbar sein. Zu diesem Zweck ist empirische Forschung notwendig, zmit der die konzeptionellen Überlegungen an der Realität gespiegelt werden können.

Aus den soeben beschriebenen Anforderungen lässt sich erkennen, dass die Entwicklung einer Controlling-Konzeption aus zwei verschiedenen Richtungen erfolgen kann. Bei einer **deduktiven Vorgehensweise** wird die Problemstellung des Controllings zunächst logisch-argumentativ aus einer oder mehreren Theorien abgeleitet und anschließend an der Unternehmenspraxis erprobt. Bei einer **induktiven Vorgehensweise** werden zunächst empirische Problemstellungen ermittelt, zu deren Begründung anschließend einer oder mehrere theoretische Ansätze herangezogen werden. Überzeugen wird eine Controlling-Konzeption in beiden Fällen aber nur dann können, wenn letztlich Theorie und Praxis kombiniert werden. Eine wohl durchdachte Controlling-Konzeption muss also aus einem iterativen, deduktiv-induktiven Forschungsprozess resultieren, für welchen Becker den Begriff der Forschung »im Gegenstrom« (Becker 1990, S. 296) geprägt hat. ▶ **Abb. 17** fasst die Überlegungen zu Anforderungen und Entwicklung von Controlling-Konzeptionen in grafischer Form zusammen:

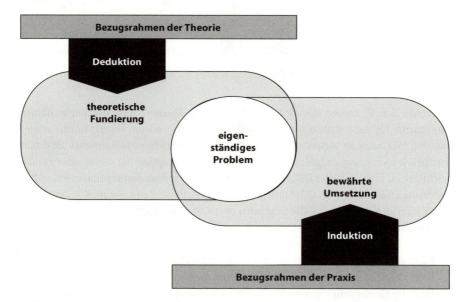

Abb. 17: Entwicklungsrichtungen und Anforderungen an Controlling-Konzeptionen

3 Wertschöpfungsorientierte Controlling-Konzeption

Die in einer Controlling-Konzeption getroffenen Aussagen sind bewusst relativ allgemeiner Natur, da sie für eine Vielzahl von Anwendungsfeldern Gültigkeit aufweisen sollen. Für die Umsetzung der konzeptionellen Überlegungen in der Unternehmenspraxis ist daher eine Konkretisierung auf die Bedingungen des Einzelfalles notwendig. Zunächst werden hierzu innerhalb der Wissenschaft aus der grundlegenden, **allgemeinen Controlling-Konzeption** verschiedene **spezielle Controlling-Konzeptionen** abgeleitet. Hierzu erfahren die Aussagen zu den konzeptionellen Elementen eine situativ bedingte Anpassung oder Ergänzung. Die Aussagen zu den Elementen der wertschöpfungsorientierten Controlling-Konzeption (Teil II) werden in diesem Buch in zweierlei Hinsicht spezifiziert (Teil III):

- Konkretisierung der wertschöpfungsorientierten Controlling-Konzeption für die wichtigsten primären und sekundären Funktionsbereiche (siehe ▶ **Kap. 11**).
- Konkretisierung der wertschöpfungsorientierten Controlling-Konzeption für bedeutsame Betriebstypen (siehe ▶ **Kap. 12**).

Weiterführende Informationen:

Einen umfassenden Überblick über die verschiedenen Controlling-Konzeptionen im deutschsprachigen Raum gibt das folgende Sammelwerk:
Scherm/Pietsch 2004

Wiederholungsfragen:

- Zu welchen Aspekten werden üblicherweise in Controlling-Konzeptionen Aussagen getroffen? Warum erscheint es sinnvoll, hierbei von Elementen zu sprechen?
- Nennen und erläutern Sie die Elemente von Controlling-Konzeptionen!
- Welche drei Anforderungen sind grundsätzlich an jede Controlling-Konzeptionen zu stellen?
- Welche beiden Ableitungsrichtungen für Controlling-Konzeptionen gibt es? Welche von beiden ist die geeignetere?
- Worin unterscheiden sich spezielle Controlling-Konzeptionen von der allgemeinen Controlling-Konzeption?

3.2 Begründung der wertschöpfungsorientierten Controlling-Konzeption

Wertschöpfungszweck von Unternehmen

Namensgebend und Ausgangspunkt für die Herleitung unseres Controlling-Verständnisses ist der Wertschöpfungszweck von Unternehmen. Als **Unternehmenszwecke** bezeichnet man im Allgemeinen die Rollen, welche Unternehmen von ihrer gesellschaftlichen Umwelt zuerkannt werden (vgl. Ulrich, H. 1970, S. 114 f.). In den Unternehmenszwecken spiegeln sich die Erwartungen der Interessengruppen eines Unternehmens. Wenn es einem Unternehmen nicht gelingt, die ihm zugedachten Zwecke zu erreichen, so besteht die Gefahr, dass sich die Interessengruppen von ihm abwenden. Die Erfüllung seiner Zwecke ist somit von zentraler Bedeutung für das langfristige Überleben eines Unternehmens. Als wesentliche, interdependente und grundsätzlich gleichrangige Unternehmenszwecke lassen sich erkennen (vgl. Krüger 1981, S. 932):

- Bedarfsdeckung durch Entwicklung, Erzeugung und Vermarktung von Produkten und Dienstleistungen
- Entgelterzielung
- Bedürfnisbefriedigung

Diese drei Zwecke wollen wir unter dem Begriff der **Wertschöpfung** zusammenfassen und als Facetten der Wertschöpfung interpretieren (siehe ▶ **Abb. 18**).

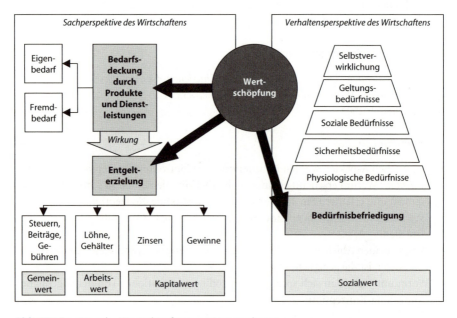

Abb. 18: Facetten der Wertschöpfung von Unternehmen

Im Gegensatz zu öffentlichen wie auch privaten Haushalten, sog. Konsumptionsbetrieben, decken Unternehmen durch die von ihnen entwickelten, erzeugten und vermarkteten Produkte und Dienstleistungen vorrangig fremde Bedarfe und werden daher als Produktionsbetriebe bezeichnet. Nur in Ausnahmefällen produzieren Unternehmen auch für den eigenen Bedarf, so z. B. Spezialwerkzeuge, die in der eigenen Fertigung eingesetzt werden.

Die Produktion kann als Transformationsprozess aufgefasst werden, bei dem Input durch die Kombination von Produktionsfaktoren in Output verwandelt wird. Aus monetärer Perspektive lässt sich die Wertschöpfung dann als **Mehrwert** interpretieren, d. h.

als Wert, welchen das Unternehmen den bezogenen Vorleistungen durch den Transformationsprozess hinzugefügt hat. Die so entstandene Wertschöpfung steht grundsätzlich gemeinschaftlich denjenigen Interessengruppen des Unternehmens zu, welche durch die Bereitstellung von Produktionsfaktoren daran partizipiert haben. Die Interessengruppen stellen die Produktionsfaktoren nicht unentgeltlich zur Verfügung, sondern erhoffen sich hierdurch die Erzielung von Entgelt (siehe ▶ Abb. 19).

Interessengruppe:	Bereitgestellter Produktionsfaktor:	Beabsichtigtes Entgelt:
Eigenkapitalgeber	Eigenkapital	Gewinne
Fremdkapitalgeber	Fremdkapital	Zinsen
Mitarbeiter	Arbeitskraft, Wissen	Löhne, Gehälter
Staat	Infrastruktur	Steuern, Beiträge, Gebühren

Abb. 19: Anteil von Interessengruppen an der Wertschöpfung von Unternehmen

Die Verteilung der entstandenen Wertschöpfung unter den Interessengruppen ist »ein ebenso altes wie noch ungelöstes Problem« (Sigloch/Egner/Wildner 2011, S. 28) und soll an dieser Stelle nicht ausführlich diskutiert werden. Letztlich kann die Verteilungsfrage nur durch ein Werturteil beantwortet werden, wobei man zwei grundsätzliche Positionen unterscheiden kann: Beim Shareholder-Ansatz werden die Interessen einer Gruppe, der Eigenkapitalgeber, in den Vordergrund gerückt. Beim Stakeholder-Ansatz hingegen wird der Versuch unternommen, die Interessen aller Gruppen angemessen zu berücksichtigen.

Neben diesen beiden sachbezogenen Facetten der Wertschöpfung existiert mit der Bedürfnisbefriedigung eine dritte, verhaltensbezogene Facette. Die Befriedigung von Bedürfnissen stellt die Motive für Handlungen aller Art dar, so auch für wirtschaftliche Handlungen. Es existieren unterschiedliche Modelle, die eine Klassifikation der Bedürfnisse vornehmen (vgl. Franken 2010, S. 87 ff.). Wir wollen hier beispielhaft das bekannte Modell von Maslow erwähnen, der von einer hierarchischen Bedürfnisstruktur ausgeht: Zunächst versuchen Menschen, elementare physiologische sowie Sicherheitsbedürfnisse zu befriedigen. Hierzu benötigen sie unter anderem Einkommen, welches durch die Mitarbeit in einem Unternehmen erzielt werden kann. Die weiteren drei Bedürfnisklassen gehen jedoch deutlich über die Entgelterzielungsabsicht hinaus: Wenn physiologische und Sicherheitsbedürfnisse gedeckt sind, dann gewinnen soziale Geltungs- und Selbstverwirklichungsbedürfnisse an Bedeutung.

Generierung von Wertschöpfung in der Wertkette

Die Wertschöpfung ergibt sich rechnerisch, indem vom Verkaufspreis der abgesetzten Produkte und Dienstleistungen die Einstandspreise der bezogenen Vorleistungen abgezogen werden. Ein Unternehmen kann folglich seine Wertschöpfung erhöhen, indem es für seine Leistungen höhere Preise am Markt erzielt oder indem es die Kosten für seine

Vorleistungen reduziert. Höhere Preise werden die Abnehmer jedoch nur dann zu zahlen bereit sein, wenn sich die Produkte und Dienstleistungen des Unternehmens positiv von denen seiner Wettbewerber abheben. Um eine höhere Wertschöpfung zu erzielen, sollten Unternehmen also entweder eine Differenzierung oder eine Kostenführerschaft anstreben. Hierbei handelt es sich um die beiden grundsätzlichen, von Porter identifizierten Strategien zur Erzielung von Wettbewerbsvorteilen. Da die **Wettbewerbsvorteile** in beiden Fällen an einer oder mehreren Stellen im Unternehmen geschaffen werden können, hat Porter (1986, S. 59 ff.) zu ihrer systematischen Untersuchung das **Modell der Wertkette** entwickelt (siehe ▶ **Abb. 20**): Wettbewerbsvorteile als Voraussetzung für die Erzielung von Wertschöpfung können in den primären Aktivitätsbereichen Supply Chain Management, Produktion (im engeren Sinne) sowie Marketing und Vertrieb und/oder in den unterstützenden Aktivitätsbereichen Personalwirtschaft, Finanzwirtschaft und Risikomanagement, Informationstechnologie sowie Forschung und Entwicklung geschaffen werden. Da jeder dieser Aktivitätsbereiche folglich für die Generierung von Wertschöpfung im Unternehmen von Relevanz ist, werden wir jeden dieser Bereich in ▶ **Kap. 11** genauer im Hinblick auf Wertschöpfungsaspekte untersuchen.

Abb. 20: Generische Wertkette von Unternehmen

Wertschöpfungsorientierung als Aufgabe der Unternehmensführung

Sowohl innerhalb der primären wie auch der unterstützenden Bereiche lassen sich zwei Arten von Aktivitäten unterscheiden: **Führungsaktivitäten** sowie **Ausführungsaktivitäten**. Führung bedeutet im Kern, Entscheidungen zu treffen, deren Umsetzung zu veranlassen sowie deren Konsequenzen zu vertreten. Es existiert somit zunächst ein Handlungsspielraum, welcher durch die Entscheidungen eingeengt wird. Ausführung bedeutet im Kern, die getroffenen Entscheidungen gemäß den Vorgaben umzusetzen, so dass hier idealtypisch kein Handlungsspielraum mehr besteht.

Analysiert man die Funktionen der (Unternehmens-)Führung genauer, so kann zunächst die **Lenkung** genannt werden, welche im Sinne eines kybernetischen Regelkreises Steuerung und Regelung umfasst. Steuerung bedeutet, die Umsetzung der Entscheidungen durch geeignete Vorgaben im gewünschten Sinne zu beeinflussen. Regelung bedeutet die Einleitung von Gegenmaßnahmen, falls die Ausführungshandlungen Abweichungen vom gewünschten Resultat hervorgebracht haben. Aus instrumenteller Sicht stellt die Unternehmensführung Pläne auf und richtet Kontrollen ein. Da **Pläne** ohne Kontrollen wirkungslos bleiben und **Kontrollen** ohne vorhergegangene Pläne nutzlos sind, spricht man hier von einem integrierten Planungs- und Kontrollsystem.

Darüber hinaus muss die Unternehmensführung auch den Rahmen gestalten, innerhalb dem die Ausführungshandlungen vorgenommen werden können. Aus statischer Perspektive umfasst die **Gestaltung** die Einrichtung von Strukturen, aus dynamischer Perspektive von Prozessen. Als Gestaltungsinstrumente können daher die **Aufbauorganisation** sowie die **Ablauforganisation** genannt werden.

Da Ausführungshandlungen stets von Menschen vorgenommen werden (hierzu zählt auch das Bedienen von Maschinen), ist als weitere, verhaltensbezogene Führungsfunktion die **Leitung** zu nennen, welche oft auch als Führung im engeren Sinne bezeichnet wird. Hierzu stehen verschiedene Instrumente zur Verfügung, um bspw. die Motivation einzelner Mitarbeiter zu erhöhen, um Konflikte in Gruppen zu vermeiden oder um das im Unternehmen vorhandene Wissen durch Lernprozesse zu mehren.

Wenn Ausführung lediglich die Umsetzung bereits getroffener Entscheidungen bedeutet, dann liegt es in der Verantwortung der Führung, den Wertschöpfungszweck von Unternehmen bei der Gestaltung, Lenkung und Leitung zu berücksichtigen. Allerdings ist die Aufstellung von Plänen, die Einrichtung von Kontrollen, die Gestaltung von Strukturen und Prozessen, die Führung von Individuen und Gruppen auch ohne Bezug zur Wertschöpfung möglich (und leider allzu oft Realität). Es bedarf daher einer weiteren Führungsfunktion, welche den Wertschöpfungszweck in alle Führungsaktivitäten und damit mittelbar in die Ausführungsaktivitäten hineinträgt, die also sicherstellt, dass die Wertschöpfungsorientierung integraler Bestandteil aller Überlegungen der Unternehmensführung und aller Ausführungshandlungen ist. Diese nach unserem Verständnis eigenständige und gleichwertige Führungsfunktion bezeichnen wir als **Lokomotion**. Dasjenige Führungsinstrument, mit dem die Lokomotionsfunktion ausgeübt wird, ist das Controlling. Controlling ergänzt somit den klassischen Kanon der Führungsinstrumente Planung und Kontrolle, Organisation und Leitung.

Wertschöpfungskreislauf als Denkmodell der Unternehmensführung

Die Unternehmensführung steht vor der Herausforderung, dass Wettbewerbsvorteile als Grundlage der Wertschöpfung in den verschiedenen Aktivitätsbereichen des Unternehmens eine unterschiedliche Form annehmen bzw. erst durch das Zusammenspiel dieser Bereiche entstehen. Sie benötigt daher ein allgemeingültiges Denkmodell als

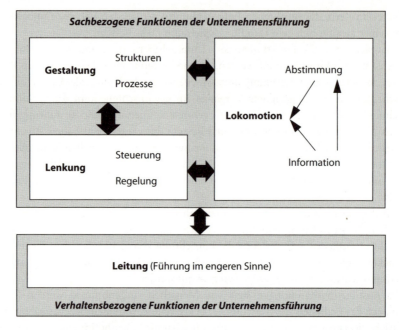

Abb. 21: Funktionen und Instrumente der Führung

Leitlinie, um wertschöpfende Handlungen im Unternehmen zu initiieren und zur Umsetzung zu bringen. Der **Wertschöpfungskreislauf** (vgl. grundlegend Gälweiler 1987, S. 23 ff.) stellt ein solches, auf die langfristige und kontinuierliche Wertschöpfung von Unternehmen gerichtetes Denkmodell dar und soll im Folgenden vorgestellt werden.

Wettbewerbsvorteile kann ein Unternehmen nur dann entwickeln, wenn es über Erfolgspotenziale verfügt. Unter einem **Erfolgspotenzial** ist die Übereinstimmung von Stärken des Unternehmens mit Chancen zu verstehen, welche sich dem Unternehmen auf den Absatzmärkten eröffnen. Wenn es einem Unternehmen gelingt, seine Stärken so zu nutzen, dass hieraus ein Wettbewerbsvorteil entsteht, dann wird es Markt einen Mehrwert realisieren. Dieser Mehrwert wird traditionellerweise im Rechnungswesen als Erfolg abgebildet. Im deutschsprachigen Raum existieren entsprechend der Unterscheidung von internem und externem Rechnungswesen zwei Rechenwerke, in denen der Erfolg eines Unternehmens ermittelt wird: Die Gewinn- und Verlustrechnung des externen Rechnungswesens bezeichnet als Erfolg die positive Differenz aus Erträgen und Aufwendungen, während die Kosten-, Erlös- und Ergebnisrechnung des internen Rechnungswesens den Erfolg als positive Differenz aus Erlösen und Kosten definiert. Während in den Erfolgsrechnungen die Wertschöpfung aus Sicht der Shareholder ermittelt wird, existieren auch explizite **Wertschöpfungsrechnungen**, in denen eine Stakeholder-Perspektive eingenommen wird (vgl. Haller 1997). Die den Periodisierungsregeln unterliegenden Erfolgsgrößen führen früher oder später zu Einzahlungen bzw. Auszahlungen, d. h. sie wirken sich auf den Zahlungsmittelbestand des Unternehmens aus. Hierdurch verändert sich aus finanzwirtschaftlicher Perspektive die Liquidität, der für den dauerhaften Bestand eines Unternehmens eine zentrale Bedeutung zukommt: Nur wenn ein Unternehmen liquide ist, d. h. allen Zahlungsverpflichtungen zu den vereinbarten Terminen in vollem Umfang nachkommen kann, darf es am Wirtschaftsverkehr teilnehmen; andernfalls droht ihm die Eröffnung eines Insolvenzverfahrens. Der Zahlungsmittelbestand dient nicht nur dazu, Vorleistungen zu beziehen und die Entgelte der Interessengruppen zu bedienen, sondern sollte stets anteilig auch in den Erhalt der Erfolgspotenziale investiert werden. Einerseits können sich durch Veränderungen an den Märkten bestehende Chancen schließen und neue Chancen eröffnen, andererseits unterliegen die Stärken des Unternehmens einer Abnutzung oder können durch Wettbewerber aufgeholt werden. Unternehmen müssen also stets darauf achten, vorhandene Erfolgspotenziale zu pflegen und neue Erfolgspotenziale aufzubauen, um ihre Wettbewerbsvorteile aufrecht zu erhalten. Hierbei ist zu beachten, dass der Aufbau neuer Erfolgspotenziale eine mehr oder weniger große Vorlaufzeit beansprucht, bevor hieraus Wettbewerbsvorteile entstehen können. So wie der Liquidität für die Existenzsicherung des Unternehmens aus kurzfristiger Perspektive eine zentrale Bedeutung zukommt, so entscheidend ist der Erhalt der Erfolgspotenziale für das Überleben des Unternehmens aus langfristiger Perspektive. Man bezeichnet die Erfolgspotenziale daher als **strategische Führungsgröße**, die eine Vorsteuergröße für die **operativen Führungsgrößen** Erfolg und Liquidität sind. Wenn Controlling durch Lokomotion das dauerhafte Überleben des Unternehmens sichern soll, dann muss es folgerichtig stets zugleich strategisch wie auch operativ sein.

Die vorangegangenen Überlegungen haben deutlich gemacht, dass die generischen Führungsgrößen Erfolgspotenziale, Erfolg und Liquidität in einem zeitlichen wie auch logischen Zusammenhang stehen. Dieser Wertschöpfungskreislauf wird durch ▶ **Abb. 22** visualisiert:

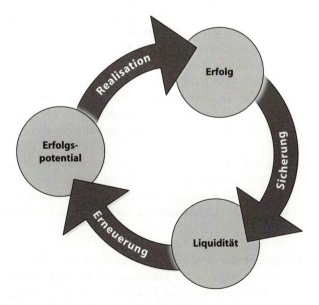

Abb. 22: Führungsgrößen im Wertschöpfungskreislauf

Lokomotion als originäre Controlling-Funktion

Die Unternehmensführung kann sich beim Anstoßen und Durchsetzen wertschöpfender Aktivitäten im Unternehmen das Denkmodell des Wertschöpfungskreislaufs zur Hilfe nehmen. Dieser ist zunächst in Gang zu setzen, d.h. liquide Mittel müssen beschafft werden, die in den Aufbau von Erfolgspotenzialen investiert werden, wodurch Erfolg realisiert wird, welcher wiederum die Liquidität sichert, die zur Erneuerung der Erfolgspotenziale benötigt wird. Die Unternehmensführung hat folglich dafür zu sorgen, dass der Wertschöpfungskreislauf stets geschlossen und permanent in Bewegung ist. Diese wichtige **Führungsfunktion des ›in Bewegung Haltens‹ des Wertschöpfungskreislaufs** wird durch die Bezeichnung Lokomotion versinnbildlicht. Der Wertschöpfungskreislauf ist jedoch nicht nur sequentiell, sondern insb. auch phasensimultan zu durchlaufen, d.h. die Unternehmensführung muss sich stets parallel um die Erneuerung der Erfolgspotenziale, die Erzielung von Erfolg sowie die Sicherung der Liquidität kümmern. Aus diesem Grund ist der Wertschöpfungskreislauf kontinuierlich neu anzustoßen, um die Existenz des Unternehmens zu gewährleisten.

Aus institutioneller Perspektive wird die Führungsfunktion der Lokomotion von Managern ausgeübt, die sich hierzu des Führungsinstruments Controlling bedienen. Die von den Managern anzustoßenden Aktivitäten tragen dann zur Wertschöpfung bei, wenn sie effektiv, d.h. zielgerichtet und zugleich effizient, d.h. ressourcenschonend durchgeführt werden, wenn also im wirtschaftlichen Sinne rational gehandelt wird.

Abstimmung und Information als derivative Controlling-Funktionen

Die Controlling-Funktion der Lokomotion kann nur dann realisiert werden, wenn zwei weitere Funktionen als begleitende Voraussetzungen erfüllt sind. Hierbei handelt es sich um die Funktionen der Abstimmung und der Herstellung von Informationskongruenz. Diese beiden Funktionen werden als derivativ, d.h. aus der originären Lokomotionsfunktion abgeleitete Funktionen bezeichnet. Das Führungsinstrument Controlling dient somit auch der Erfüllung dieser beiden derivativen Funktionen. Im Gegensatz zur Lokomotionsfunktion werden die Abstimmungs- und die Informationsfunktion jedoch in aller Regel nicht von den Managern selbst, sondern von den sie unterstützenden Controllern erbracht. Man bezeichnet die derivativen Controlling-Funktionen der Abstimmung und der Information daher auch als **Führungsunterstützungsfunktionen**.

Da wir in diesem Kapitel unser wertschöpfungsorientiertes Controlling-Verständnis hergeleitet und begründet haben, beschränken sich die Ausführungen auf die originäre Lokomotionsfunktion. Die Abstimmungs- und die Informationsfunktion werden ausführlich in den ▶ **Kap. 5.1** bzw. 5.2 erläutert und werden an dieser Stelle nur knapp beschrieben:

- Die **Abstimmungsfunktion** dient dazu, die Aktivitäten der Unternehmensführung in personeller, instrumenteller sowie zeitlicher Hinsicht zu koordinieren, so dass alle betrieblichen Entscheidungs- und Handlungsfelder aufeinander abgestimmt sind.

- Die **Informationsfunktion** dient dazu, Informationskongruenz innerhalb der Unternehmensführung sicherzustellen. Dies bedeutet, dass die zur Entscheidungsfindung benötigten Informationen (Informationsbedarf) verfügbar sind (Informationsangebot) und auch tatsächlich in die Entscheidungsfindung einfließen (Informationsnachfrage).

Zusammenfassend visualisiert ▶ **Abb. 23** den Zusammenhang zwischen den Funktionen, zu deren Umsetzung sich die Manager bzw. Controller des Führungsinstruments Controlling bedienen.

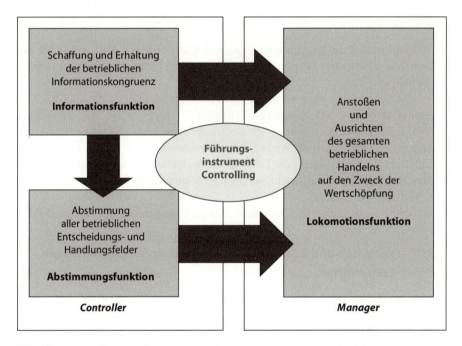

Abb. 23: Ausübung von Controlling-Funktionen durch Manager und Controller

Geltung der wertschöpfungsorientierten Controlling-Konzeption

Der Ausgangspunkt für die Überlegungen in diesem Kapitel war die Feststellung, dass Unternehmen in unserer Gesellschaft ein Wertschöpfungszweck zukommt, der verschiedene Facetten aufweist. Die Führungsfunktion der Lokomotion, durch welche die Unternehmensführung die Erreichung des Wertschöpfungszweck sicherstellen will und zu deren Realisierung sie sich des Führungsinstruments Controlling bedient, ist somit zunächst lediglich für den Betriebstyp Unternehmen relevant. Wir werden jedoch im ▶ **Kap. 12** auch auf Non-Profit-Organisationen sowie auf den öffentlichen Sektor eingehen und aufzeigen, dass Lokomotion und Controlling auch dort von Relevanz sind. Die Wertschöpfung ist somit ein umfassender Begriff, der auch auf andere Betriebstypen als Unternehmen angewendet werden kann. Darüber hinaus werden wir im

▶ **Kap. 12** noch Mittelständler, internationale Konzerne, projektorientierte Unternehmen diskutieren und dabei verdeutlichen, welche Ausprägung die Wertschöpfung in diesen Unternehmenstypen jeweils annimmt.

Weiterführende Informationen:

Initiale Darlegung der wertschöpfungsorientierten Controlling-Konzeption:
Becker 1990
Ausführliche Diskussion der wertschöpfungsorientierten Controlling-Konzeption:
Becker/Baltzer/Ulrich 2013

Wiederholungsfragen:

- Welche Facetten der Wertschöpfung lassen sich identifizieren werden und wie stehen diese zueinander? Nennen Sie für jede Facette der Wertschöpfung ein konkretes Beispiel.
- Welche Bedeutung weisen die in der Wertkette unterschiedenen Aktivitätsbereiche für die Erzielung von Wettbewerbsvorteilen auf?
- Welche Funktionen und Instrumente der Unternehmensführung kennen Sie?
- Erläutern sie die Phasen des Wertschöpfungskreislaufs.
- Erläutern Sie die Bedeutung der Lokomotionsfunktion des Controllings.
- Welcher Zusammenhang besteht zwischen der originären und den derivativen Funktionen des Controllings?
- Ist der Wertschöpfungszweck nur für bestimmte Unternehmen von Relevanz?

3.3 Vergleich und Bewertung des wertschöpfungsorientierten Controllings

Wir wollen im Folgenden die im vorangegangenen Kapitel in ihren Grundzügen dargestellte wertschöpfungsorientierte Controlling-Konzeption mit ausgewählten Controlling-Konzeptionen des deutschsprachigen Raums vergleichen und alle Konzeptionen anhand der in ▶ **Kap. 3.1** erwähnten Kriterien bewerten. Aus internationaler Perspektive werden wir in ▶ **Kap. 13** beispielhaft auf das Controlling-Verständnis in den USA sowie in Russland eingehen.

Zu Vergleichszwecken eine Auswahl unter den vorhandenen Controlling-Konzeptionen zu treffen ist kein leichtes Unterfangen. So existieren wie bereits erwähnt nicht nur eine große Vielfalt an Konzeptionen, sondern darüber hinaus auch noch unterschiedlichste Ansätze zu deren Klassifizierung (vgl. die Übersicht bei Vanini 2009, S. 262 f.). Wir lehnen uns nachfolgend an die Gliederung von Wall (2008, S. 468) an und werden die informationsorientierte, die koordinationsorientierte sowie die rationalitätsorientierte Controlling-Konzeption vorstellen. Da in aller Regel mehrere verschiedene Autoren – mit jeweils unterschiedlichen Nuancen – eine Controlling-Konzeption vertreten, werden wir jede Konzeption anhand der jeweils bekanntesten Vertreter erläutern. Der Bekanntheitsgrad dieser Vertreter rührt vor allem daher, dass sie ein Lehrbuch in aktueller und hoher Auflage veröffentlichen. Zentrale Publikationen der ausgewählten

Controlling-Konzeptionen sind in ihrem zeitlichen Verlauf aus der nachfolgenden Abbildung ersichtlich:

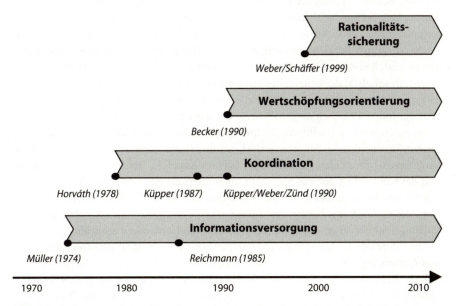

Abb. 24: Bedeutsame Controlling-Konzeptionen und zu Grunde liegende Publikationen

Wie sich nachfolgend zeigen wird, korreliert die zeitliche Entwicklung mit einer inhaltlichen Weiterentwicklung, d.h. spätere Konzeptionen bauen oftmals auf den vorangegangenen auf und erweitern diese inhaltlich. Fachfremde Betrachter sehen hierin ironisch-kritisch eine Strategie des »Upgrading« (Kieser 2003, S. 18).

Informationsorientierte Controlling-Konzeption

Die Informationsorientierte Controlling-Konzeption kann als Startpunkt der konzeptionellen Überlegungen angesehen werden und entwickelte sich ab Anfang der 1970er Jahre. Ein wichtiger initialer Beitrag stammt von Müller (1974, S. 683), der »Controlling als eine zentrale Einrichtung der betrieblichen Informationswirtschaft« (S. 683) konzipiert.

Der von uns ausgewählte Vertreter Reichmann definiert Controlling wie folgt (2006, S. 13):

>»Controlling ist die zielbezogene Unterstützung von Führungsaufgaben, die der systemgestützten Informationsbeschaffung und Informationsverarbeitung zur Planerstellung, Koordination und Kontrolle dient; es ist eine rechnungswesen- und vorsystemgestützte Systematik zur Verbesserung der Entscheidungsqualität auf allen Führungsstufen der Unternehmung.«

Wir haben im vorausgegangenen Kapitel festgestellt, dass die Unternehmensführung durch das Treffen von Entscheidungen charakterisiert werden kann. Ausgangspunkt des informationsorientierten Verständnisses von Controlling ist nun die Überlegung, dass die Unternehmensführung hierzu über ausreichende und geeignete Informationen verfügen muss. Als Problemstellung des Controllings wird demnach eine **Informations(versorgungs)funktion** gesehen, d. h. durch das identifizieren, erheben, aufbereiten und bereitstellen der zur Entscheidungsfindung benötigten Informationen soll die **Entscheidungsqualität** der Unternehmensführung verbessert werden. Als theoretische Basis dieser vorrangig deduktiv hergeleiteten Controlling-Konzeption dient die von Heinen begründete Entscheidungsorientierte Betriebswirtschaftslehre (vgl. Heinen 1976).

Traditionellerweise stellte das Rechnungswesen die primäre Informationsquelle der Unternehmensführung dar, was erklärt, warum Controlling anfangs insb. an Rechnungswesen-Lehrstühlen gelehrt wurde (siehe ▶**Kap. 1.3**). Reichmann betont jedoch, dass das Controlling auf alle innerhalb und außerhalb des Unternehmens vorhandenen **Informationsquellen** zugreifen müsse und hebt die Bedeutung der **IT-Unterstützung** des Controllings hervor. Die Informationsversorgung wird als Führungsunterstützungsfunktion angesehen und entsprechend von Controllern ausgeübt.

Die Informationsversorgung der Unternehmensführung stellt eine Gemeinsamkeit aller Controlling-Konzeptionen im deutschsprachigen Raum dar (vgl. Pietsch/Scherm 2002, S. 193f.) und ist insofern unstrittig. Allerdings sind wir der Meinung, dass die Informationsversorgung der Unternehmensführung nicht für eine eigenständige Problemstellung des Controllings ausreicht. Aus diesem Grunde ist die Informationsfunktion zwar Bestandteil unseres wertschöpfungsorientierten Controlling-Verständnisses, allerdings lediglich als derivative, aus der originären Lokomotionsfunktion abgeleitete Funktion.

Koordinationsorientierte Controlling-Konzeption

Der Begriff der **Koordination** fällt bereits in der Definition des informationsorientierten Controllings nach Reichmann: Informationen werden hier als Mittel zur Koordination aufgefasst. Darüber hinaus kann auch die Informationsversorgung an sich als Spezialfall der Koordination aufgefasst werden, nämlich als »Koordination der innerbetrieblichen Informationsbeschaffung mit dem Informationsbedarf« (Müller 1974, S. 686). Die koordinationsorientierte Controlling-Konzeption kann somit als konsequente Weiterentwicklung des informationsorientierten Controlling-Verständnisses aufgefasst werden.

Horváth als wichtiger Vertreter dieser koordinationsorientierten Controlling-Konzeption definiert Controlling wie folgt (2009, S. 125):

> »Controlling ist – funktional gesehen – dasjenige Subsystem der Führung, das Planung und Kontrolle sowie Informationsversorgung systembildend und systemkoppelnd ergebniszielorientiert koordiniert und so die Adaption und Koordination des Gesamtsystems unterstützt. Controlling stellt damit eine Unterstützung der Führung dar: es ermöglicht ihr, das Gesamtsystem ergebniszielorientiert an Umweltveränderungen anzupassen und die Koordinationsaufgaben hinsichtlich des operativen Systems wahrzunehmen.«

Wie aus der Definition unschwer ersichtlich ist, stellt die Systemtheorie die wesentliche theoretische Basis dieser primär deduktiv hergeleiteten Controlling-Konzeption dar. Horváth unterscheidet innerhalb von Unternehmen das Führungs- und das Ausführungssystem und gliedert ersteres in das Planungs- und Kontroll-, das Informationsversorgungs- sowie das Controlling-System. Das Controlling-System dient dazu, das Informationsversorgungssystem mit dem Planungs- und Kontrollsystem systembildend und systemkoppelnd zu koordinieren. **Systembildung** bezeichnet hierbei den Entwurf und die Einführung dieser Systeme, während mit **Systemkopplung** deren Anpassung und Aufrechterhaltung im laufenden Betrieb gemeint ist. Horváth sieht in der Koordinationsfunktion des Controllings eine Führungsunterstützungsfunktion, die von Controllern erbracht wird. Er weist jedoch darauf hin, dass es sich hierbei im anglo-amerikanischen Sinne um Controllership handelt (siehe ▶ **Kap. 1.1**).

Küpper erweitert als zweiter wichtiger Vertreter der koordinationsorientierten Controlling-Konzeption den Geltungsbereich der Koordinationsfunktion zu einer umfassenden **Koordination des Führungssystems**. Er argumentiert, dass es keine schlüssige Begründung gibt, die Koordination auf das Planungs- und Kontroll- sowie das Informationsversorgungssystem zu beschränken und erweitert sie demnach auf das Organisations- sowie dem Personalführungssystem. Küpper (2008, S. 28) sieht folglich die »Koordination im Führungsgesamtsystem als spezifische Problemstellung des Controllings« (S. 28) und fasst hierunter die Koordination innerhalb sowie zwischen den genannten Führungssubsystemen. Neben der Systemtheorie stellt die Prinzipal-Agent-Theorie die zentrale theoretische Basis seiner primär deduktiv hergeleiteten Controlling-Konzeption dar. Aus der Koordinationsfunktion leitet er eine Anpassungs- und Innovations-, eine Zielausrichtungs- sowie eine Servicefunktion des Controllings ab. Küpper versteht die Koordinationsfunktion als Führungsfunktion, die entweder von Managern ausgeübt oder aber von diesen an Controller delegiert wird.

Auch die Koordination innerhalb der Führung stellt eine Gemeinsamkeit der meisten Controlling-Konzeptionen im deutschsprachigen Raum dar und ist weithin anerkannt (vgl. Pietsch/Scherm 2002, S. 191 ff.). Wie an den obenstehenden Ausführungen deutlich wurde, bestehen allerdings Unterschiede dahingehend, innerhalb welcher bzw. zwischen welchen Führungssubsystemen diese Koordination zu erfolgen hat. Auch unsere wertschöpfungsorientierte Controlling-Konzeption umfasst die Abstimmungsfunktion, allerdings wiederum nur als derivative Funktion des Controllings. Wir sehen in der Koordination keine Problemstellung, die als Alleinstellungsmerkmal des Controllings gelten kann, da sich insb. auch die Organisationslehre ausführlich mit dem Thema Koordination befasst, so dass hier Abgrenzungsschwierigkeiten bestehen (vgl. Wall 2002).

Rationalitätsorientierte Controlling-Konzeption

Die rationalitätsorientierte Controlling-Konzeption ist eine der jüngsten Konzeptionen und wurde von Weber und Schäffer entwickelt. Weber vertrat zunächst ein koordinationsorientiertes Controlling-Verständnis (vgl. Küpper/Weber/Zünd 1990), setzte sich jedoch später kritisch mit diesem auseinander (vgl. Weber/Schäffer 2000) und konzipierte Controlling zusammen mit seinem Schüler Schäffer als »Sicherstellung von Rationalität der Unternehmensführung« (Weber/Schäffer 1999, S. 743). Die **Rationalitätssicherung der Führung** ist eine »originäre[…] Controlleraufgabe« (Weber/Schäffer 2011, S. 42) und somit eine Führungsunterstützungsfunktion, die von Controllern gegenüber Managern zu erbringen ist. Die rationalitätsorientierte Controlling-Konzeption weist hierbei die Besonderheit auf, dass sie induktiv aus den in der Unternehmenspraxis angetroffenen Aufgaben von Controllern hergeleitet wurde. Gänzlich neu ist der Gedanke der Sicherung rationaler Entscheidungen durch Controller allerdings nicht, so erwähnt bereits Harbert den Controller als »nüchternen Rationalisten« (1982, S. 237, mit den dort genannten Quellen). Neu ist jedoch, die Rationalitätssicherung der Führung als zentrale Problemstellung des Controllings zu postulieren.

Gedanklicher Ausgangspunkt der rationalitätsorientierten Controlling-Konzeption ist die in der Betriebswirtschaftslehre unumstrittene Auffassung, dass Führungsentscheidungen rational getroffen werden sollten. Unter Rationalität wird hierbei **Zweckrationalität** verstanden, d. h. zur Erreichung eines gegebenen Zwecks sind die richtigen Mittel auszuwählen und so ressourcenschonend wie möglich einzusetzen. Da rationales Handeln folglich mit effektivem und zugleich effizientem Handeln gleichgesetzt werden kann, führen Ahn und Dyckhoff die Rationalitätssicherung konzeptionell zur Effektivitäts- und Effizienzsicherung weiter (vgl. Ahn/Dyckhoff 2004). Die Rationalität von Führungsentscheidungen ist jedoch aus zwei Gründen gefährdet:

- Manager haben individuell begrenzte kognitive Fähigkeiten, weisen also Könnensbeschränkungen auf.
- Manager verfolgen eigene, mit den Unternehmenszielen konkurrierende Interessen, weisen also Wollensbeschränkungen auf.

Als wesentliche theoretische Basis der rationalitätsorientierten Controlling-Konzeption lassen sich somit die Verhaltenswissenschaften erkennen.

Controller sollen diese Rationalitätsdefizite der Manager erkennen, um sie ganz zu vermeiden oder zumindest zu verringern. Die Gesamtheit der Tätigkeiten von Controllern lässt sich hierbei in drei Gruppen einteilen:

- Die Controller **entlasten** die Manager kapazitativ, indem sie Aufgaben übernehmen, die sie ressourcenschonender ausführen können.
- Die Controller **ergänzen** die Manager dort, wo sie aufgrund ihrer Ausbildung über spezialisiertes Wissen verfügen und wirken so deren Könnensbeschränkungen entgegen.
- Die Controller **begrenzen** die Manager dort, wo sie opportunistisches Verhalten vermuten und wirken so deren Wollensbeschränkungen entgegen.

Die Entlastungs-, Ergänzungs- und Begrenzungsaufgaben können je nach Art des situationsabhängig dominierenden Rationalitätsengpasses unterschiedliche Schwerpunkte annehmen, z. B. eine verbesserte Informationsversorgung oder eine verbesserte Koordination von Planungen und Kontrollen. Hierdurch wird der Anspruch der rationalitätsorientierten Controlling-Konzeption deutlich, kein völlig neues Controlling-Verständnis darzustellen, sondern eine umfassende und logische ›Klammer‹ (Weber/Schäffer 1999, S. 740), in welche andere Controlling-Konzeptionen integriert werden können.

Die Rationalität von Entscheidungen ist seit jeher eine Grundforderung der BWL, so dass deren Sicherstellung auf den ersten Blick als geeignete Problemstellung des Controllings erscheinen mag. Greift man jedoch auf die Überlegungen des Soziologische Institutionalismus zurück (siehe ▶ **Kap. 2.5**), so kommen Zweifel auf, ob Controlling immer und vorrangig der Sicherstellung von Führungsrationalität dient. Folgt man den Gedanken dieser Theorie, so lässt sich die Sicherstellung von Legitimität als weiterer, gleichberechtigter Zweck erkennen, der mit Controlling verfolgt werden und mit der Rationalitätssicherung im Widerspruch stehen kann.

Bewertung der wertschöpfungsorientierten Controlling-Konzeption

Als **eigenständige Problemstellung** des wertschöpfungsorientierten Controllings wurde im vorangegangenen Kapitel die Erfüllung der Lokomotionsfunktion dargelegt, d. h. das initialisierende Anstoßen sowie das Ausrichten des gesamten betrieblichen Handelns auf den Zweck der Wertschöpfung. Diese Problemstellung erscheint hinreichend abgrenzbar und wird von keiner anderen betriebswirtschaftlichen Teildisziplin abgedeckt. Den Ausgangspunkt der von uns verfolgten Forschung im Gegenstrom stellte eine deduktive, in ihrem Ursprung systemtheoretisch-kybernetische Argumentation (vgl. Becker 1990) dar. Wie in ▶ **Kap. 2.1** erläutert, nutzen wir die Systemtheorie jedoch primär als Rahmen, innerhalb dessen wir auf die weiteren im 2. Abschnitt vorgestellten **Theorien** rekurrieren.

Da wir die Informations- und die Abstimmungsfunktion als derivative, von Controllern zu erbringende Führungsunterstützungsfunktionen ansehen, steht unser Controlling-Verständnis diesbezüglich im Einklang mit vielen anderen Konzeptionen im deutschsprachigen Raum. Da wir die originäre Lokomotionsfunktion jedoch als Führungsfunktion ansehen, die von Managern zu erbringen ist, ist hierin das Alleinstellungsmerkmal der wertschöpfungsorientierten Controlling-Konzeption zu sehen, mit dem gleichsam eine **Brücke zum angloamerikanischen Verständnis von Controlling** (siehe ▶ **Kap. 1.1**) geschlagen wird.

Zu klären ist für alle in diesem Kapitel vorgestellten Controlling-Konzeptionen schließlich das Kriterium der **Bewährung in der Praxis**. Da eine vollumfängliche Analyse ausgeschlossen erscheint, müssen die Erkenntnisse von Fallstudien oder vergleichenden Feldstudien als Indizien dienen. Derartige Studien liegen zwar in großer Zahl vor, bei der Interpretation ihrer Ergebnisse ist allerdings folgendes zu beachten:

- Die Studien können nur die Situation zum Zeitpunkt ihres Entstehens abbilden.
- Sie haben oftmals einen eingeschränkten Untersuchungsgegenstand, z. B. Unternehmen einer bestimmten Branche oder aus einer bestimmten Region.
- Aufgrund beschränkter Teilnehmerzahlen können viele Studien keine Repräsentativität beanspruchen, sind also streng genommen nicht verallgemeinerbar.
- Die Art der Fragestellung und die ggf. vorgegebenen Antwortmöglichkeiten weichen teils deutlich voneinander ab und beeinflussen so die Studienergebnisse.

Exemplarisch wollen wir das Ergebnis einer eigenen Befragung aus dem Jahr 2010 vorstellen, an der die im ICV sowie im BVBC organisierten Controller teilnehmen konnten. Da die persönliche Auffassung des antwortenden Controllers von dem im Unternehmen vorherrschenden Controlling-Verständnis abweichen kann, wurde nach letzterem gefragt und insgesamt sieben Antwortmöglichkeiten vorgegeben. Die insgesamt 98 Antworten verteilen sich wie folgt (vgl. Baltzer 2013):

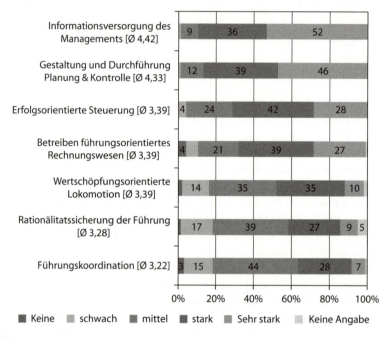

Abb. 25: Verbreitung von Controlling-Konzeptionen in der Praxis

Es zeigt sich, dass die informationsorientierte Controlling-Konzeption die höchste Verbreitung aufweist, gefolgt von einem planungs- und kontrollorientierten Controlling-Verständnis (vgl. Hahn/Hungenberg 2001). Die wertschöpfungsorientierte, die rationalitätsorientierte sowie die koordinationsorientierte Controlling-Konzeptionen weisen dagegen eine relativ geringe Verbreitung auf. Es gilt daher, die Praxisrelevanz unseres wertschöpfungsorientierten Controlling-Verständnisses durch weitere empirische Befragungen von Managern und Controllern zu erhärten.

Weiterführende Informationen:

Einen vergleichenden Überblick über insgesamt neun deutschsprachige Controlling-Lehrbücher und die jeweils zu Grunde liegende Controlling-Konzeption gibt die folgende Sammelrezension:
Wall 2008

Die genannten sowie weitere Vertreter der jeweiligen Controlling-Konzeptionen stellen ihr Verständnis im folgenden Sammelwerk dar:
Scherm/Pietsch 2004

Abkürzungen:

BVBC Bundesverband der Bilanzbuchhalter und Controller
ICV   Internationaler Controller Verein

Wiederholungsfragen:

- Worin liegt gemäß der informationsorientierten Controlling-Konzeption der Kern des Controllings?
- Welche beiden Varianten der koordinationsorientierten Controlling-Konzeption kennen Sie?
- Welche Rationalitätsdefizite weisen Manager gemäß der rationalitätsorientierten Controlling-Konzeption auf, und durch welche Arten von Aufgaben wirken Controllern diesen entgegen?
- Welche Punkte sind bei der Interpretation empirischer Studien zur Verbreitung von Controlling-Konzeptionen zu bedenken?

Teil II: Elemente des wertschöpfungsorientierten Controllings

4 Philosophie und Ziele des Controllings

In ▶ **Kap. 3.1** wurden die beiden Konstrukte ›Philosophie‹ und ›Ziele‹ einer Controlling-Konzeption als generische Elemente sowohl eines theoretischen Verständnisses als auch der Umsetzung des Controllings in der Unternehmenspraxis dargestellt. Zur vertiefenden Analyse dieser beiden Elemente gehen wir nun in der Folge auf die Begriffe Philosophie und Ziele an sich ein, um diese dann auf das Controlling zu übertragen. Umso wichtiger erscheint uns dies, da Philosophie und Ziele des Controllings in den bisher verfügbaren Controlling-Lehrbüchern vielfach nur implizit und nicht als gesonderte Themenbereiche aufgeführt werden.

Eine **Philosophie** ist im eigentlichen Sinn der Versuch, die Welt und die menschliche Existenz einer – meist rationalen – Erklärung zugänglich zu machen. Bezogen auf Organisationen stellt die Philosophie – je nach Sichtweise – einen Teilbereich oder eine **Ausprägung der Unternehmenskultur** dar. In dieser wird verankert, welche basalen Werte eine Organisation vertritt, wie ihr Selbstverständnis aussieht und welche Grundprinzipien für das Handeln der Organisation gelten sollen. Insofern handelt es sich stets um einen zu erreichenden Ziel- oder Sollzustand.

Eine Controlling-Philosophie spiegelt analog die basalen **Grundvorstellungen** zum Verständnis von Controlling wider, welche wiederum die anderen Elemente von Controlling-Konzeptionen in ihrer Ausprägung beeinflussen. Folgende Charakteristika lassen sich für eine Controlling-Philosophie festhalten: Eine Controlling-Philosophie ist

- ein meist implizites Phänomen, das nicht zwingend reflektiert wird.
- ein eher unbewusst, aus dem dauernden Praktizieren entstehendes Phänomen.
- ein traditionalisiertes Phänomen.
- ein die konzeptionelle Ausrichtung des praktizierten Controlling-Ansatzes charakterisierendes Phänomen.

Das Verständnis der Philosophie des Controllings ist in Theorie und Praxis nicht einheitlich, was sicherlich einen Grund für die Vielzahl der existierenden Controlling-Konzeptionen darstellt. Holzer/Reich/Hauke (2010, S. 80) identifizieren bspw. folgende unterschiedliche Controlling-Philosophien:

- die **passiv-vergangenheitsorientierte** Controlling-Philosophie.
- die **aktiv-zukunftsorientierte** Controlling-Philosophie.
- die **innovativ-antizipative** Controlling-Philosophie.

4 Philosophie und Ziele des Controllings

Diese Aufstellung greift die erstmals von Zünd (1979, S. 15 ff.) erstellte Typisierung des Rollenverständnisses des Controllings auf, in der der Autor je nach individueller Unternehmensumwelt unterschiedliche Hauptaufgaben und Sichtweisen des Controllings unterscheidet. In einer relativ stabilen Umwelt sieht er den Controller bzw. das Controlling als **Registrator** mit der Hauptaufgabe der Dokumentation. In einer begrenzt dynamischen Umwelt hilft der Controller als **Navigator** auch bei Planung und Kontrolle, während in dynamischen Umwelten im Sinne eines **Innovators** auch eine aktive Mitwirkung an Problemlösungen gefragt ist.

Hinsichtlich der Philosophie des Controllings lässt sich in der jüngeren Vergangenheit ein Wandel verzeichnen. Neben den klassischen Sichtweisen des Controllings als Kontrolle (vgl. kritisch dazu Schäffer 2000, S. 1 ff.), treten weitere Aufgabenbereiche und Sichtweisen wie z. B. Planung/Budgetierung und Beratung. Dieser Wandel in der Controlling-Philosophie wurde in der jüngeren Vergangenheit auch anhand empirischer Studien untersucht (vgl. Becker/Baltzer/Ulrich 2008, S. 64). In ▶ **Abb. 26** sind die Ergebnisse einer empirischen Erhebung zu Stand und Ausprägung des Controllings in der (mittelständisch geprägten) Unternehmenspraxis dargestellt. Hier wurde in einer offenen Frage nach dem Controlling-Verständnis und der Controlling-Philosophie gefragt (die Antworten wurden zu Kategorien verdichtet). Es zeigt sich, dass neben der Kategorie ›Durchführung von Kontrollen und Analysen‹, die eher der klassischen Sichtweise des Controllings zuzuordnen ist, an zweiter Stelle die ›(Bereitstellung von) Kennzahlen‹, danach die ›Informationsbereitstellung‹ und ›Zielsetzung, Planung, Budgetierung‹ sowie ›Unterstützung/Beratung der Unternehmensführung‹ folgen. Diese Sichtweisen

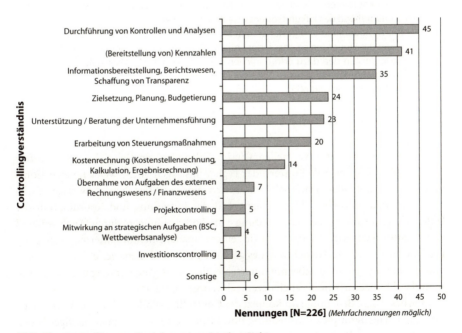

Abb. 26: Controllingverständnis aus empirischer Sicht

lassen sich mit den bereits genannten Kategorien vereinbaren: Kontrolle und Kennzahlen entsprechen der Rolle des Registrators, Planung und Budgetierung eher dem Navigator, Beratung der Unternehmensführung und die Erarbeitung Steuerungsmaßnahmen zum Innovator. Die Schaffung von Transparenz muss wohl übergreifend gesehen werden.

Den Charakter einer Controlling-Philosophie als **implizites Phänomen** betonend, ist jene den Verantwortlichen im Unternehmen nicht immer bewusst. Explizierungen der Controlling-Philosophie ergeben sich z.T. durch interne Dokumente, bspw. Leitlinien oder ein Handbuch, in dem festgelegt wird, wie das Controlling verstanden wird und welche Aufgaben Controller im Unternehmen durchführen sollen. Analog zur klassischen Organisationstheorie gibt es auch für die Controlling-Philosophie die Möglichkeit, diese in einem Leitbild festzuhalten, das eine Mischung aus Ist- und Soll-Philosophie darstellt und eine **verhaltenssteuernde Wirkung** haben soll. Leitbilder können sowohl für Träger von Controlling-Aufgaben (insb. für Controller) als auch das Controlling als Funktion angefertigt werden. Ein sehr bekanntes Beispiel bildet das Controller-Leitbild der International Group of Controlling (IGC), das in ▶ **Abb. 27** dargestellt ist.

Controller gestalten und begleiten den Management-Prozess der Zielfindung, Planung und Steuerung und tragen damit eine Mitverantwortung für die Zielerreichung.

Das heißt:

- Controller sorgen für Strategie-, Ergebnis-, Finanz- und Prozesstransparenz und tragen somit zu höherer Wirtschaftlichkeit bei.
- Controller koordinieren Teilziele und Teilpläne ganzheitlich und organisieren unternehmensübergreifend das zukunftsorientierte Berichtswesen.
- Controller moderieren und gestalten den Management-Prozess der Zielfindung, der Planung und der Steuerung so, dass jeder Entscheidungsträger zielorientiert handeln kann.
- Controller leisten den dazu erforderlichen Service der betriebswirtschaftlichen Daten- und Informationsversorgung.
- Controller gestalten und pflegen die Controllingsysteme.

Abb. 27: Controller-Leitbild der IGC

Aus der Unternehmenspraxis stellen wir im Folgenden ein Beispiel eines Controlling-Leitbildes für den VW-Konzern dar (vgl. Volkswagen 2013): »Der Bereich Controlling leistet auf allen Unternehmensebenen eine wichtige betriebswirtschaftliche Beratungsfunktion für das Management. Mit der Initiierung und Koordination der Unternehmensplanung, der Vorbereitung von Entscheidungen durch Analysen und Wirtschaftlichkeitsbetrachtungen sowie einem managementorientierten Reporting wird die zielorientierte Ausrichtung des gesamten Unternehmens gesichert. Die Controllingfunktionen werden dabei mit unterschiedlichen Aufgabenschwerpunkten sowohl zentral auf Konzernebene als auch dezentral wahrgenommen.«

Eine besondere Bedeutung im Kontext der Controlling-Philosophie hat in der letzten Zeit der **Themenkomplex ›Controlling und Ethik‹** gewonnen. Immer häufiger gehen ethische und moralische Argumente in das Leitbild von Controllern und Controlling

4 Philosophie und Ziele des Controllings

ein. An dieser Stelle werden wir auf den Themenkomplex der Ethik nicht im Detail eingehen, da dieser zu den neueren Entwicklungen im Umfeld des Controllings zählt und daher in ▶ **Kap. 14.2** behandelt wird.

Eng verbunden mit der Philosophie des Controllings sind auch die **Ziele** des Controllings. Ziele sind ganz grundsätzlich gesprochen Idealvorstellungen des unternehmerischen Handelns und geben die Richtung vor, in die sich ein Unternehmen entwickeln soll. Abgeleitet vom unternehmerischen Oberziel der Existenzsicherung wird prinzipiell zwischen Formalzielen und Sachzielen unterschieden. Während erstere Kategorie sich vor allem auf finanzielle Größen bezieht, subsumiert die zweite Kategorie das Geschäftsmodell sowie die mit dem Leistungserstellungs- und -verwertungsprozess verbundenen Markt-, Leistungs- und Organisationsgrößen. Den Zielen kommt im Controlling im Kontext des **Performance-Measurement** und Management eine besondere Bedeutung zu.

Die Ziele des Controllings lassen sich aus den Zielen des Unternehmens ableiten. Zur Sicherstellung einer rational geprägten und insofern zweckorientierten Handlungsfähigkeit des Unternehmens muss das Controlling als Funktion sowohl Effizienz als auch Effektivität des unternehmerischen Handelns optimieren. Effizienz und Effektivität werden wir in ▶ **Kap. 10** im Kontext des Erfolgs des Controllings detaillierter analysieren, für den Moment werden wir der Definition von Effizienz als Wirtschaftlichkeit und Effektivität als Zielerreichungsgrad folgen. Die Ziele des Controllings lassen sich weiter in die Zielkategorien des unternehmerischen Handelns – Wert, Produkte und Markt, Prozesse, Potentiale – herunterbrechen. Diese Einteilung werden wir beim Controlling-Instrument Balanced Scorecard (siehe ▶ **Kap. 8.2.8**) wieder antreffen. Entsprechend gibt es auch bereits Vorschläge für die Einführung von Balanced Scorecards für den Controllerbereich (vgl. Weber/Schäffer 2000).

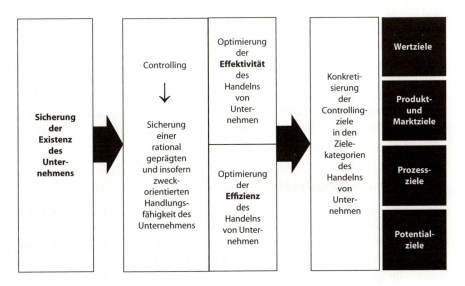

Abb. 28: Konkretisierung von Controlling-Zielen

Weiterführende Informationen:

Website der International Group of Controlling, auf der sich auch das bekannte Controller-Leitbild findet:
www.igc-controlling.org

Abkürzungen:

IGC   International Group of Controlling

Wiederholungsfragen:

- Was versteht man unter einer Controlling-Philosophie?
- Wie kann eine Controlling-Philosophie expliziert werden?
- Welche Zielkategorien lassen sich für das Controlling unterscheiden?

5 Funktionen und Aufgaben des wertschöpfungsorientierten Controllings

Wir haben unsere wertschöpfungsorientierte Controlling-Konzeption in ▶ Kap. 3.2 damit begründet, dass das Führungsinstrument Controlling der Umsetzung der originären Lokomotionsfunktion dient. Wir hatten dort bereits kurz darauf hingewiesen, dass die Ausübung der Lokomotionsfunktion jedoch die Erfüllung zweier weiterer Funktionen voraussetzt, die wir daher als derivative, d. h. aus der Lokomotionsfunktion abgeleitete Funktionen bezeichnen. Hierbei handelt es sich einerseits um die Abstimmungsfunktion sowie andererseits um die Informationsfunktion, auf die wir nachfolgend jeweils ausführlich eingehen werden. Das Führungsinstrument Controlling dient somit gleichsam der Erfüllung dieser beiden derivativen Funktionen. Während die Lokomotionsfunktion eine Führungsfunktion darstellt, die von Managern ausgeübt wird, sind die Abstimmungs- sowie die Informationsfunktionen als Führungsunterstützungsfunktionen anzusehen, die vorrangig von Controllern erfüllt werden. Die nachfolgenden Ausführungen zur Abstimmungs- und Informationsfunktion beschreiben somit den Schwerpunkt der Controllership. Abschließend werden wir in diesem Kapitel eine objektspezifische Konkretisierung der allgemeinen Funktionen zu den Aufgaben des Controllings vornehmen.

5.1 Abstimmungsfunktion

Immer dann, wenn in Unternehmen eine Spezialisierung vorgenommen wird, d. h. die Gesamtaufgabe des Unternehmens durch **Arbeitsteilung** auf mehrere Akteure verteilt wird, dann besteht die Gefahr unabgestimmten Handelns. Der Grund ist darin zu sehen, dass zwischen den nun geschaffenen Teilaufgaben **Interdependenzen** bestehen. Eine isolierte Optimierung jeder Teilaufgabe kann daher für das Gesamtunternehmen zu einem suboptimalen Ergebnis führen. Um dies zu vermeiden, ist an den durch Arbeitsteilung entstandenen Schnittstellen eine Abstimmung oder Koordination herbeizuführen. Arbeitsteilung und Koordination stellen somit die beiden Grundprinzipien organisatorischer Regelungen dar (vgl. Kieser/Walgenbach 2011, S. 77).

Die Koordination der Ausführungsaktivitäten, die sog. **Primärkoordination**, obliegt der Unternehmensführung. Hierzu übt die Unternehmensführung die Führungsfunktion der Gestaltung aus und bedient sich des Führungsinstruments Organisation. Zum Zwecke der Primärkoordination werden in der Organisationslehre verschiedene Koordinationsmechanismen diskutiert (vgl. Kieser/Walgenbach 2011, S. 108 ff.):

- Persönliche Weisungen,
- Selbstabstimmung,
- Programme,
- Pläne,
- Organisationsinterne Märkte,
- Organisationskultur.

Allerdings gilt auch für die Unternehmensführung, dass die verschiedenen Führungsaktivitäten in aller Regel von unterschiedlichen Akteuren wahrgenommen werden, d. h. auch hier kommt es zu einer Arbeitsteilung. Sieht man einmal von Kleinstunternehmen ab, so besteht die Geschäftsleitung zumeist aus mehreren Personen. In mittleren und größeren Unternehmen gibt es darüber hinaus in aller Regel mehrere Führungsebenen, d. h. unterhalb der Geschäftsleitung (Top Management) existieren die Bereichsleitung (Middle Management) sowie die Abteilungsleitung (Lower Management). Somit treten auch innerhalb der Unternehmensführung Schnittstellenprobleme auf, die einer Abstimmung in Form der **Sekundärkoordination** bedürfen.

Wir haben in ▶ **Kap. 3.2** erläutert, dass das Führungsinstrument Controlling der Ausübung der Lokomotionsfunktion dient und somit sicherstellen soll, dass die Orientierung am Wertschöpfungszweck des Unternehmens bei allen Führungsaktivitäten berücksichtigt wird. Eine unkoordinierte Ausrichtung einzelner Führungsaktivitäten an der Erzielung von Wertschöpfung wird jedoch aufgrund der vorliegenden Interdependenzen für das Unternehmen nicht zum Wertschöpfungsoptimum führen. Voraussetzung für die Erfüllung der Lokomotionsfunktion ist daher die Umsetzung der Abstimmungsfunktion, welche ebenfalls durch das Führungsinstrument Controlling erfolgt. Während die Organisation die Koordination der Ausführungsaktivitäten übernimmt, soll das Controlling die Abstimmung innerhalb des Führungssystems sicherstellen (siehe ▶ **Abb. 29**).

Die Abstimmungsfunktion hat hierbei mehrere Aspekte. Aus **prozessualer Sicht** ist während der Willensbildung die spätere Realisation durch Planung gedanklich vorwegzunehmen (Feed forward). Nach erfolgter Realisation ist durch Kontrolle zu prüfen, inwieweit der Wille tatsächlich durchgesetzt werden konnte, was eine Anpassung der Durchsetzung im engeren Sinne sowie eine neuerliche Willensbildung nach sich ziehen kann.

Es ist offensichtlich, dass die **instrumentelle Sicht** eng mit der prozessualen verbunden ist, d. h. die verschiedenen eingesetzten Führungsinstrumente sind aufeinander

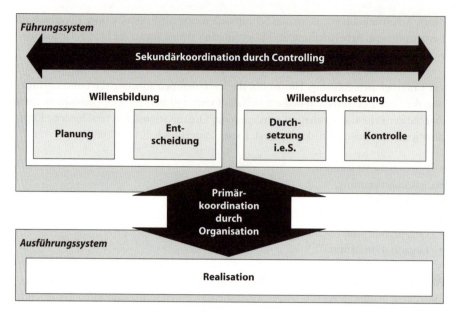

Abb. 29: Primär- und Sekundärkoordination

abzustimmen. Das Zusammenspiel der Instrumente ist vorab zu konzipieren sowie kontinuierlich während deren Nutzung sicherzustellen. Falls darüber hinaus ein Instrument nicht länger genutzt werden soll, so hat auch eine Entkopplung von den übrigen Instrumenten stattzufinden. Wir wollen uns die instrumentelle Abstimmung der Führungsinstrumente an einigen Beispielen ansehen:

- Wenn die Kostenplanung im Unternehmen auf der Ebene von Kostenstellen erfolgt, die Kostenkontrolle jedoch auf der Ebene Kostenstellen-übergreifender Projekte, so ist kein aussagekräftiger Soll-Ist-Vergleich möglich. Planung und Kontrolle sind folglich aufeinander abzustimmen.
- Wenn im Unternehmen ausschließlich funktionsbezogene Pläne für Absatz, Beschaffung und Produktion erstellt werden, das Unternehmen jedoch eine divisionale Organisationsstruktur nach Geschäftsbereichen aufweist, so haben die Bereichsleiter Schwierigkeiten, aus den Plänen Ziele für ihre Geschäftsbereiche abzuleiten. Planung und Organisation sind folglich aufeinander abzustimmen.
- Wenn im Rahmen der Planung Gewinnmargen für die Vertriebsregionen festgelegt werden, die erfolgsabhängige Vergütung der Vertriebsmitarbeiter jedoch allein vom erzielten Umsatz abhängt, so werden die Vertriebsmitarbeiter im Zweifel einer Erhöhung des Marktanteils den Vorrang gegenüber Renditeüberlegungen geben. Planung und Leitungsinstrumente sind folglich aufeinander abzustimmen.

Auch wenn dies nur Beispiele sind, so wird dennoch die zentrale Stellung der Planung bei der Abstimmung der Führungsinstrumente deutlich. Hierbei ist zu beachten, dass auch innerhalb der Planung selbst eine Abstimmung erfolgen muss:

- Unabhängig davon, ob die Aufbauorganisation eines Unternehmens primär divisional oder funktional gestaltet ist, muss auf jeder Hierarchieebene eine **horizontale Abstimmung** der Teilpläne erfolgen, d.h. bei funktionaler Organisation bspw. zwischen Absatz-, Beschaffungs- und Produktionsplan.
- Da bei größeren Unternehmen zumeist mehrere Hierarchieebenen existieren, ist zwischen deren Plänen eine **vertikale Abstimmung** vorzunehmen, z.B. bei divisionaler Organisation zwischen den verschiedenen Geschäftsfeldern eines Geschäftsbereichs.
- Da die Wertketten von Unternehmen in vielfältiger Weise mit den vorgelagerten Wertketten der Lieferanten sowie mit den nachgelagerten Wertketten der Abnehmer verknüpft sind (vgl. Porter 1986, S. 79 ff.), ist auch eine unternehmensübergreifende, sog. **laterale Abstimmung** notwendig. Es ist nicht zielführend, wenn im eigenen Beschaffungsplan eine große Ausweitung der Nachfrage nach einem bestimmten Material vorgesehen ist, der Lieferant hiervon jedoch keine Kenntnis erhält und daraufhin in Lieferschwierigkeiten gerät. Wir werden diesen Gedanken im Rahmen des Supply-Chain-Controllings (siehe ▶ Kap. 11.1.1) aufgreifen.
- Aus zeitlicher Perspektive existieren verschiedene Planungshorizonte, die jeweils in eigenen Plänen mit unterschiedlichem Detaillierungsgrad abgebildet werden. Man unterscheidet klassischerweise strategische, taktische sowie operative Pläne (vgl. Wild 1982, S. 171 ff.). Da sich die Planungshorizonte überlagern, ist zwischen diesen Plänen eine **zeitliche Abstimmung** vorzunehmen.

Zu den wichtigsten Koordinationsinstrumenten des Controllings, die wir daher auch in ▶ Kap. 8 behandeln werden, zählen Budgetierung, Verrechnungspreise und Anreizsysteme. Diese Instrumente dienen neben der soeben beschriebenen sachlichen Abstimmung stets auch einer personellen Abstimmung. Den Überlegungen der Prinzipal-Agent-Theorie folgend (siehe ▶ Kap. 2.3), ist eine personelle Abstimmung notwendig, um die Handlungen der einzelnen Akteure trotz divergierender Individualinteressen auf die Erreichung der Unternehmensziele hin auszurichten.

Weiterführende Informationen:

Beschreibung der in der Organisationslehre behandelten Mechanismen der Primärkoordination:
Kieser/Walgenbach 2011, S. 108-137

Wiederholungsfragen:

- In welcher Beziehung stehen Arbeitsteilung und Koordination?
- Was versteht man unter Primär-, was unter Sekundärkoordination? Welche Mechanismen der Primärkoordination kennen Sie?
- Nennen Sie ein Beispiel für den Abstimmungsbedarf zwischen Führungsinstrumenten.
- Unterscheiden Sie die horizontale, vertikale, laterale sowie zeitliche Abstimmung von Plänen.

- Warum ist neben einer sachlichen auch eine persönliche Abstimmung notwendig?

5.2 Informationsfunktion

Bedeutung von Informationen für die Unternehmensführung

Informationen werden in der Betriebswirtschaftslehre traditionellerweise gemäß Wittmann (1959, S. 14) als zweckorientiertes Wissen definiert, wobei der Zweck in der Vorbereitung zielorientierter Handlungen besteht. Informationen weisen somit für Führungsaktivitäten eine besondere Relevanz auf. Da der Prozess der Willensbildung und -durchsetzung im Kern aus der Verarbeitung von Informationen besteht, kann man Manager sehr passend auch als »information workers« (McCall/Kaplan 1985, S. 14) bezeichnen. Seit Mitte des 20. Jahrhunderts beschäftigt sich daher die betriebswirtschaftliche **Forschungsrichtung des Informationsverarbeitungsansatzes** mit der Frage, wie die Qualität von Entscheidungsprozessen durch die Bereitstellung und Nutzung von Informationen verbessert werden kann (vgl. Wolf 2008, S. 297 ff.).

Mit dem Führungsinstrument Controlling strebt die Unternehmensführung die Ausrichtung des betrieblichen Handelns auf den Wertschöpfungszweck an. Zur Erfüllung der originären Lokomotionsfunktion ist es also notwendig, dass wertschöpfungsorientierte Informationen zur Verfügung stehen. Unter Rückgriff auf den Wertschöpfungskreislauf (siehe ▶ Kap. 3.2) können solche Informationen als wertschöpfungsorientiert bezeichnet werden, die sich auf Erfolgspotenziale, Erfolg oder Liquidität beziehen. Da auch die meisten anderen Führungsinstrumente auf der Erhebung, Verarbeitung und Übermittlung von Informationen beruhen, stellt die Erfüllung der Informationsfunktion auch eine Voraussetzung für die Abstimmungsfunktion des Controllings dar.

Von der Informationsversorgung des Managements ging der Ursprung der konzeptionellen Überlegungen zum Controlling im deutschsprachigen Raum aus, und sie stellt einen allgemein anerkannten Bestandteil der meisten Controlling-Konzeptionen dar (siehe ▶ Kap. 3.3). Nichtsdestotrotz handelt es sich weiterhin um eines der wichtigsten Themen des Controllings: Bei einer Umfrage zur aktuellen sowie zukünftigen Bedeutung ausgewählter Controlling-Themen landete das Thema ›Informationssysteme‹ jeweils auf dem ersten Platz (vgl. Weber/Schäffer 2012, S. 79 f.).

Charakteristika von Informationen

Informationen können anhand verschiedener Kriterien unterschieden werden. **Qualitative Informationen** geben Auskunft über die Beschaffenheit des zu Grunde liegenden Betrachtungsobjekts, während **quantitative Informationen** Auskunft über Zeit, Menge oder Wert geben. Im letztgenannten Fall spricht man auch von monetären Informationen. Während qualitative Informationen lediglich auf nominalen Skalen gemessen werden können, sind quantitative Informationen entweder auf ordinalen oder sogar auf kardinalen Skalen messbar. Das Alter von Informationen gibt Auskunft über deren Aktualität. Darüber hinaus können verschiedene Arten von Informationen unterschieden werden (vgl. Wild 1982, S. 121 ff.):

- **Faktische Informationen** (Ist-Aussagen) besagen etwas über die Wirklichkeit, stellen also vergangenheitsbezogene Behauptungen über Tatsachen dar und können daher regelmäßig auf Wahrheit bzw. Falschheit überprüft werden.
- **Konjunktive Informationen** (Kann-Aussagen) drücken lediglich Möglichkeiten aus, besagen also, dass bestimmte Sachverhalte gegenwärtig oder zukünftig eintreten können und lassen sich daher nicht auf Wahrheit oder Falschheit überprüfen.
- **Normative Informationen** (Soll-Aussagen) postulieren Ziele, Werturteile bzw. Sachverhalte, die als erwünscht oder erforderlich angesehen werden und geben insofern Präferenzen an, die sich nicht auf Wahrheit bzw. Falschheit überprüfen lassen.
- **Logische Informationen** (Muss-Aussagen) besagen etwas über logische Beziehungen zwischen Informationen und dienen insofern der metasprachlichen Analyse von Denknotwendigkeiten (keine Frage der faktischen Wahrheit).
- **Prognostische Informationen** (Wird-Aussagen) beziehen sich auf zukünftige Sachverhalte, indem sie den Eintritt bestimmter Zustände oder Ereignisse in der Zukunft behaupten. Diese Informationen sind prinzipiell unsicher und können daher ex ante weder wahr noch falsch sein.
- **Explanatorische Informationen** (Warum-Aussagen) liefern Ursachen bzw. Erklärungen für bestimmte Sachverhalte aufgrund einer vermuteten Ursache-Wirkungs-Relation.
- **Explikative Informationen** legen Definitionen bzw. Sprachregelungen fest und zählen daher zu den metasprachlichen Aussagen, die allein der Zweckmäßigkeit unterliegen.
- **Instrumentelle Informationen** beziehen sich auf Methoden und Verfahren des Denkens, Erkennens und Problemlösens und stellen somit eine weitere Art metasprachlicher Aussagen dar.

Informationswirtschaftliche Größen: Bedarf, Nachfrage und Angebot

Diejenigen Informationen, welche zur sachgerechten Erfüllung einer Aufgabe grundsätzlich benötigt werden, bezeichnet man als objektiven **Informationsbedarf**. Da eine Aufgabe jedoch stets von einem oder von mehreren konkreten Aufgabenträger erledigt wird, ist auch deren subjektiver Informationsbedarf zu beachten. Der subjektive Informationsbedarf kann kleiner als der objektive Informationsbedarf sein, weil der Aufgabenträger die Aufgabe bereits oft erledigt hat und daher über einen breiten Erfahrungsschatz verfügt. Gleichzeitig kann der subjektive auch größer als der objektive Informationsbedarf sein, falls es sich um einen neuen und fachfremden Aufgabenträger handelt, dem wichtiges Grundlagenwissen fehlt. Wenn Aufgabenträger ihren subjektiven Informationsbedarf kundtun, dann spricht man von **Informationsnachfrage**. Die Informationsnachfrage kann wiederum vom subjektiven Informationsbedarf sowie insb. vom objektiven Informationsbedarf abweichen, denn nicht immer sind sich die Aufgabenträger darüber im Klaren, welche Informationen sie zur Aufgabenerfüllung benötigen und sich daher beschaffen sollten. Das **Informationsangebot** stellt schließlich das Reservoir an Informationen dar, aus dem die Nachfrage teilweise oder ganz bedient werden kann.

Herstellung von Informationskongruenz als Kern der Informationsfunktion

Die Beschreibung der informationswirtschaftlichen Größen Bedarf, Nachfrage und Angebot hat bereits verdeutlicht, dass ihre Übereinstimmung als glücklicher Idealfall anzusehen ist. Der Aufgabenträger würde in diesem Falle exakt diejenigen Informationen nachfragen, derer er zur Aufgabenerfüllung bedarf, und diese Informationen könnten ihm auch vollständig vom Informationssystem des Unternehmens angeboten werden. In der Realität ist jedoch zu beobachten, dass diese drei informationswirtschaftlichen Größen bestenfalls eine teilweise Überschneidung aufweisen. Darüber hinaus besteht die Gefahr, dass eine einmal erreichte Überschneidung Im Zeitverlauf wieder verloren geht. Hierfür ist die Komplexität, d.h. die Differenziertheit und die Dynamik des Unternehmens sowie seiner Umwelt, verantwortlich, die z.B. dazu führt, dass

- beständig neue Aufgaben entstehen oder sich vorhandene Aufgaben verändern;
- die Aufgabenträger regelmäßig wechseln oder
- neue Informationsquellen angezapft werden können.

Die Informationsfunktion des Controllings besteht deshalb darin, kontinuierlich eine möglichst hohe Deckung von Informationsbedarf, Informationsnachfrage und Informationsangebot anzustreben, d.h. für **Informationskongruenz** zu sorgen. Besteht zwischen diesen drei informationswirtschaftlichen Größen keine Deckung, so ist die Aufgabenerfüllung gefährdet (siehe ▶ **Abb. 30**, in Anlehnung an Berthel 1975, S. 30).

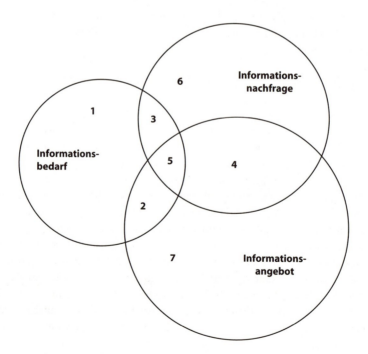

Abb. 30: Herstellung von Informationskongruenz

1. Informationen, die zur Aufgabenerfüllung notwendig sind, jedoch weder nachgefragt noch angeboten werden.
2. Informationen, die zur Aufgabenerfüllung notwendig sind und auch angeboten werden, jedoch nicht nachgefragt werden.
3. Informationen, die zur Aufgabenerfüllung notwendig sind und auch nachgefragt werden, jedoch nicht angeboten werden.
4. Daten, die zur Aufgabenerfüllung nicht notwendig sind und insofern kein zweckbezogenes Wissen darstellen, jedoch nachgefragt und auch angeboten werden.
5. Nur hier liegt Informationskongruenz vor: Diejenigen Informationen, die zur Aufgabenerfüllung notwendig sind, werden sowohl angeboten als auch nachgefragt.
6. Daten, die zur Aufgabenerfüllung nicht notwendig sind und insofern kein zweckbezogenes Wissen darstellen, jedoch nachgefragt werden.
7. Daten, die zur Aufgabenerfüllung nicht notwendig sind und insofern kein zweckbezogenes Wissen darstellen, jedoch angeboten werden.

Die Informationsfunktion aus prozessualer Sicht

Die Herstellung von Informationskongruenz kann als Prozess mit verschiedenen Phasen dargestellt werden (siehe ▶ **Abb. 31**). Da es sich bei der Informationsfunktion um eine Führungsunterstützungsfunktion handelt, werden die einzelnen Prozessphasen vorrangig von Controllern ausgeübt. Während des gesamten Prozesses sollte der

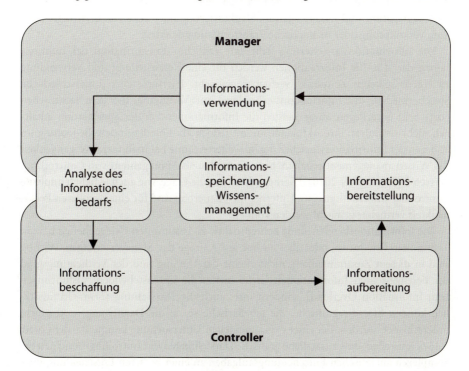

Abb. 31: Prozessphasen der Herstellung von Informationskongruenz

Controller jedoch die Kenntnisse und Eigenschaften der Manager im Blick haben, welche die Informationen für ihre Entscheidungen verwenden sollen.

Zur **Analyse des Informationsbedarfs** stehen unterschiedliche Verfahren zur Verfügung (vgl. Küpper 2008, S. 186 ff.). Induktive Verfahren erheben den Informationsbedarf anhand der tatsächlichen Gegebenheiten der Unternehmung, z. B. durch Dokumentenanalyse oder durch Befragung der (potentiellen) Informationsverwender. Deduktive Verfahren leiten den Informationsbedarf logisch z. B. aus Modellen ab. Darüber hinaus wurden auch kombinierte induktiv-deduktive Verfahren wie z. B. die Critical Success Factors entwickelt.

Für die **Informationsbeschaffung** stehen aus Unternehmenssicht unterschiedlichste interne wie auch externe Informationsquellen zur Verfügung. Zu den externen Informationsquellen zählen bspw. das Statistische Bundesamt oder die Anbieter von Benchmarking-Studien (siehe ▶ Kap. 10). Die wichtigste interne Informationsquelle des Controllings ist weiterhin das betriebliche Rechnungswesen mit seinen Teilgebieten des internen und externen Rechnungswesens. Angesichts der Vielzahl der Informationsquellen ist auf Informationskonsistenz zu achten, d. h. identische Begriffe müssen mit einheitlichen Inhalten belegt sein. Schäffer/Steiners (2005, S. 213) kamen bei einer empirischen Untersuchung zu dem Ergebnis, dass Manager mit internen Informationen relativ zufrieden sind, während sie bei externen Informationen Defizite sehen.

Bei der **Informationsaufbereitung** kommt es zu einer inhaltlichen Transformation, d. h. aus bestehenden Informationen werden neue Informationen generiert. Hierbei sind Aggregation und Disaggregation, Strukturierung oder Umstrukturierung, Selektion, Verknüpfung oder rechnerische Transformation denkbar.

Die **Informationsspeicherung** stellt eine zeitliche Transformation der Informationen dar, d. h. die Informationen werden für eine Bereitstellung und Verwendung zu einem späteren Zeitpunkt verfügbar gemacht. Hierfür stehen unterschiedliche Speichermedien der Informationstechnologie zur Verfügung, die dem technischen Fortschritt unterliegen. Zwar werden die Informationen bei der Speicherung inhaltlich nicht verändert, ihre Aktualität nimmt jedoch ab. Eine besondere Bedeutung im Rahmen der Informationsspeicherung im weiteren Sinne hat in jüngerer Vergangenheit das Wissensmanagement erhalten, hier verstanden als **Management von Controlling-Wissen** (vgl. Schreiber 2010). Hierbei geht es um die Frage, wie auch lediglich implizite Controlling-Informationen im Unternehmen dauerhaft und für einen größeren Personenkreis verfügbar gemacht werden können.

Die Informationsbereitstellung kann proaktiv zu bestimmten Gelegenheiten bzw. in bestimmten Rhythmen, oder aber ad hoc auf Anfrage der Manager erfolgen. Wichtig sind in diesem Zusammenhang nicht alleine der Umfang und der Verdichtungsgrad der bereitgestellten Informationen (siehe hierzu die untenstehenden Ausführungen zum Information Overload), sondern insb. auch die **Darstellungsform**. Grundsätzlich können hier die grafische, die tabellarische sowie die Darstellung in Textform unterschieden werden. Bei einer experimentellen Untersuchung konnte Bassler (2010, S. 167) feststellen, dass zusätzliche grafische Darstellungen in Controlling-Berichten bei komplexen analytischen Entscheidungsaufgaben zu einer besseren Entscheidungsqualität führen als lediglich Tabellen.

Mit der Bereitstellung der Informationen durch den Controller an den Manager ist jedoch noch nicht gewährleistet, dass die Manager die Informationen auch tatsächlich wahrnehmen und bei Ihren Entscheidungen berücksichtigen. Controller sollten sich daher auch damit beschäftigen, inwieweit und in welcher Form die von ihnen bereitgestellten Informationen genutzt werden. Sie können zu diesem Zweck auf eines der zahlreichen Modelle der **Informationsnutzung** zurückgreifen, in denen jeweils verschiedene Nutzungsarten unterschieden werden (vgl. für einen Überblick Schäffer/Steiners 2004, S. 378 ff.). Beispielhaft wollen wir die ursprünglich im Bereich der Sozialwissenschaften entwickelte, in der deutschsprachigen betriebswirtschaftlichen Literatur jedoch häufig rezipierte Kategorisierung nach Pelz (1978, S. 349 ff.) vorstellen:

- **Instrumentelle Nutzung**: Die Informationen werden unmittelbar für eine konkrete Entscheidung verwendet.
- **Konzeptionelle Nutzung**: Die Informationen werden zur grundsätzlichen Verbesserung des Verständnisses einer Situation oder von Zusammenhängen verwendet und fließen über diesen Lernprozess somit potentiell in zukünftige Entscheidungsprozesse ein.
- **Symbolische Nutzung**: Die Informationen werden zur Legitimation bereits getroffener Entscheidungen verwendet, entweder vor sich selbst oder vor Dritten. Bei dieser Nutzungsart finden sich die Gedanken des Soziologischen Institutionalismus (siehe ▶ **Kap. 2.5**) wieder.

Hinsichtlich des Angebots sowie der Nutzung von Controlling-Informationen lässt sich ein weiteres Ergebnis aus der Studie von Schäffer/Steiners (2005, S. 212 ff.) zitieren (siehe ▶ **Abb. 32**).

Schäffer/Steiners haben Top-Manager aus Industrieunternehmen zu acht inhaltlichen Informationskategorien hinsichtlich ihrer Zufriedenheit mit der Informationsverfügbarkeit, der Häufigkeit der Informationsbereitstellung sowie der Nutzungsintensität dieser Informationen befragt. Erstens ist zu bemerken, dass die Resultate durchgängig relativ hohe Ausprägungen aufweisen, d.h. die Informationsverfügbarkeit wird überwiegend positiv beurteilt, die Informationen werden relativ häufig bereitgestellt und relativ oft genutzt. Zweitens ist ein tendenzieller Zusammenhang zwischen den drei Größen festzustellen, d.h. eine häufigere Informationsbereitstellung korreliert zumeist mit einer größeren Zufriedenheit der Informationsverfügbarkeit sowie mit einer intensiveren Informationsnutzung. Einzig bei Kunden-, Markt- und Wettbewerberinformationen übersteigt die Nutzungsintensität die Häufigkeit der Informationsbereitstellung sowie die Informationsverfügbarkeit deutlich, was als Indiz gewertet werden kann, dass diese Informationskategorie den Managern durch die Controller verstärkt offeriert werden sollte.

Ursachen und Konsequenzen von Information Overload

Grundsätzlich gebietet das Wirtschaftlichkeitsprinzip, dass Informationen nur dann besorgt, verarbeitet und zur Verfügung gestellt werden sollen, wenn die Kosten dieser Pro-

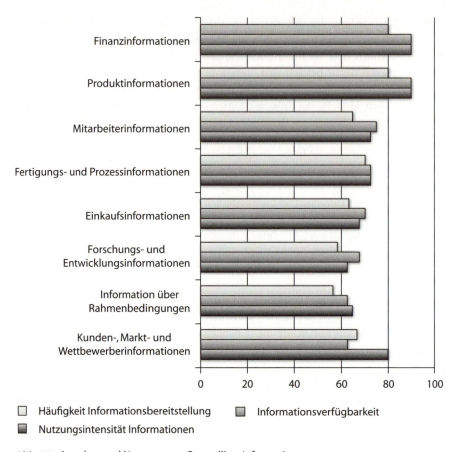

Abb. 32: Angebot und Nutzung von Controlling-Informationen

zessphasen den durch die Informationsverwendung generierten Nutzen unterschreiten. Sowohl die Kosten- als auch die Nutzenseite dieses Abwägungsprozesses führen jedoch regelmäßig dazu, dass eher zu viele als zu wenige Informationen bereitgestellt werden, was einen Grund für die häufig erwähnten ›Datenfriedhöfe‹ darstellt. Einerseits sind die Kosten der Informationsbeschaffung, -speicherung, -aufbereitung und -bereitstellung durch die Entwicklungen der Informationstechnologie im Laufe der Zeit stark gesunken. Zweitens sind die Ansätze zur Informationsbewertung nie über theoretische Modelle hinausgekommen, die für die praktische Anwendung kaum verwertbar sind (vgl. Liermann 2004).

Die Bereitstellung vieler Informationen wäre dann als unproblematisch anzusehen, wenn mehr Informationen stets zu besseren Entscheidungen durch den Informationsverwender führen würden. Es ist allerdings davon auszugehen, dass zwar anfänglich zusätzliche Informationen verbesserte Entscheidungen nach sich ziehen, sich die Entscheidungsqualität bei Überschreiten einer ›optimalen Informationsmenge‹ hingegen wieder verschlechtert (siehe ▶ **Abb. 33** nach Volnhals/Hirsch 2008, S. 52). Man spricht in diesem Fall von Informationsüberlastung oder Information Overload.

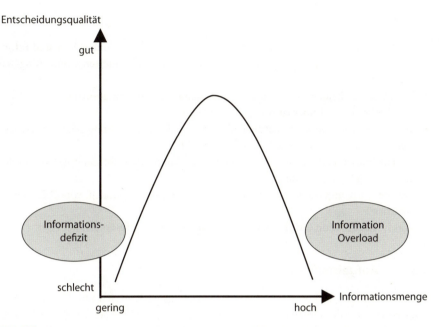

Abb. 33: Zusammenhang von Informationsmenge und Entscheidungsqualität

Der Grund für Information Overload ist in den begrenzten kognitiven Kapazitäten der Manger zur Informationsverarbeitung zu sehen (vgl. ▶ **Kap. 2.4**). Die ›überschüssigen Informationen‹ jenseits der optimalen Informationsmenge werden also nicht ignoriert, sondern typischerweise reagieren Manager bei einer Informationsüberflutung auf eine der folgenden Arten (vgl. Dörner 1989, S. 151 ff.):

- **Intuitionsaktionismus**: Negieren der gesamten Informationssuche.
- **Horizontalflucht**: Willkürliche Beschränkung der Betrachtung auf einen kleinen, aber beherrschbaren Teil des Problems.
- **Vertikalflucht**: Ersatz des tatsächlichen durch ein subjektiv gewolltes bzw. gewähltes Problem.

Weiterführende Informationen:

Ausführliche Auseinandersetzung mit dem Begriff ›Information‹ aus betriebswirtschaftlicher Perspektive:
Bode 1997
Überblick über den Informationsverarbeitungsansatz in der BWL:
Wolf 2008, S. 297 ff.
Überblick über grundsätzliche Fehler (Verzerrungen) und Vereinfachungen (Heuristiken) von Menschen bei der Informationsverarbeitung:
Kahneman 2012, S. 139 ff.

Wiederholungsfragen:

- Was versteht man üblicherweise in der BWL unter Informationen? Wie sind Informationen unter dem Blickwinkel des wertschöpfungsorientierten Controllings zu verstehen?
- Worin unterscheiden sich qualitative und quantitative Informationen?
- Welche Arten von Informationen kennen Sie?
- Welche informationswirtschaftlichen Größen sollen zur Deckung gebracht werden, wenn man von Informationskongruenz spricht?
- Welche Phasen können bei prozessualer Betrachtung der Informationsfunktion des Controllings unterschieden werden?
- Welche Nutzungsarten von Informationen werden im Modell von Pelz unterschieden?
- Was ist Information Overload, welche Ursachen und welche Folgen hat er?

5.3 Aufgabenfelder

Funktionen und Objekte stellen die beiden wichtigsten Kriterien bei der klassischen Aufgabenanalyse der Organisationslehre dar (vgl. Kosiol 1976, S. 45 ff.). Konkrete Aufgaben können hierbei als Verpflichtung aufgefasst werden, allgemeine Funktionen an bestimmten Objekten durchzuführen. Funktionen, in der Organisationslehre auch Verrichtungen genannt, lassen sich entsprechend als Zusammenfassung von Aufgaben interpretieren.

Als Funktionen des Controllings haben wir in den vorausgegangenen Kapiteln die originäre Lokomotionsfunktion sowie die derivativen Funktionen der Abstimmung und der Herstellung von Informationskongruenz diskutiert. Wir wollen diese drei Funktionen nun beispielhaft auf ein Objekt anwenden, um zu zeigen, welche konkreten Controlling-Aufgaben daraus resultieren können. Als Objekt dienen uns hierbei die Entwicklungsprojekte eines Unternehmens, aus denen neuartige Produkte hervorgehen sollen.

Aus der **Lokomotionsfunktion des Controllings** leitet sich zunächst die Aufgabe ab, die Entwicklungsabteilung des Unternehmens zur Aufnahme solcher Projekte anzuhalten. Gemäß dem Gedanken des Drei-Horizonte-Modells (vgl. Fischer/Fischer 2001, S. 31 ff.) sollten Unternehmen stets gleichzeitig über am Markt etablierte Produkte, über Produkte in der Markteinführungsphase sowie über Produkte im Entwicklungsstadium verfügen. Nur wenn alle drei Horizonte gleichermaßen besetzt sind, können Unternehmen langfristig und nachhaltig Wertschöpfung generieren. Da Produkte im Zeitverlauf von einem Horizont in den nächsten wandern, ist es erforderlich, kontinuierlich neue Entwicklungsprojekte zu initiieren. Die Lokomotionsfunktion des Controllings fordert darüber hinaus die Sicherstellung der Effektivität und der Effizienz der laufenden Entwicklungsprojekte. Hierzu ist regelmäßig zu überprüfen, inwieweit die gesetzten Kosten- und Terminziele eingehalten wurden und ob die Projekte ausreichende Leistungsfortschritte gemacht haben, so dass ihre Weiterführung gerechtfertigt erscheint.

Die verschiedenen Entwicklungsprojekte eines Unternehmens sind zumeist nicht voneinander unabhängig, sondern weisen zahlreiche Interdependenzen auf. So ist denkbar, dass der Beginn eines Projekts erst im Anschluss an den erfolgreichen Abschluss eines anderen Projekts möglich ist. Oftmals greifen mehrere Projekte auch auf dieselben Ressourcen, wie z. B. Mitarbeiter oder Maschinen, zu. Aus der **Abstimmungsfunktion des Controllings** ergibt sich daher die Aufgabe, den Zugriff der Entwicklungsprojekte auf diese gemeinsam genutzten Ressourcen zu regeln. So könnte bspw. denjenigen Projekten Vorrang gegeben werden, welche die höchste Priorität, das größte Wertschöpfungspotential oder die höchste Erfolgswahrscheinlichkeit aufweisen. Zur Steuerung der Ressourcennutzung können den einzelnen Projekten Kostenbudgets zugeteilt und die Leistungseinheiten der Ressourcen mit Verrechnungspreisen bewertet werden.

Die Unternehmensleitung sollte sich jederzeit über den Stand der Entwicklungsprojekte kundig machen können. Die **Informationsfunktion des Controllings** begründet daher die Aufgabe, diejenigen Informationen zu identifizieren, mit denen eine umfassende Beurteilung der Projekte möglich ist. Es gilt dann, die benötigten Informationen zu erheben, in geeigneter Weise aufzubereiten und zur Verfügung zu stellen. Falls Projekte ihre Ziele verfehlen oder Probleme bei der Ressourcenzuteilung auftreten, so sollte das Management zudem automatisch entsprechende Warnmeldungen erhalten. Im Idealfall findet somit über eine reine Informationsbereitstellung hinaus auch eine Kommentierung und Bewertung der Informationen statt. Eine weitere wichtige Aufgabe, die sich aus der Informationsfunktion des Controllings ableiten lässt, besteht schließlich darin, nach dem Abschluss einzelner Projekte wesentliche Erkenntnisse in eine Wissensdatenbank aufzunehmen, um hierdurch ein projektübergreifendes Lernen zu ermöglichen.

Wie am Beispiel von Entwicklungsprojekten aufgezeigt, ergeben sich aus den Funktionen des Controllings für jedes Objekt jeweils zahlreiche konkrete Controlling-Aufgaben. Obwohl das Spektrum der Controlling-Objekte sehr breit und vielfältig ist, lassen sich durch Abstraktion einige Objekttypen identifizieren, die grundsätzlich für alle Betriebstypen relevant sind: Potentiale, Prozesse, Projekte, Programme, Portfolios und Produkte. Jeder Objekttyp kann hierbei wiederum nach verschiedenen Kriterien analysiert werden, die jeweils unterschiedliche Ausprägungen aufweisen. So zählen zum Objekttyp ›Projekte‹ bspw. neben den gerade genannten Entwicklungsprojekten auch große oder kleine Vertriebsprojekte, operative oder strategische IT-Projekte sowie M&A-Projekte mit Investitions- oder Desinvestitionsabsicht.

Es ist offensichtlich, dass sich aus der Fülle der möglichen Objekte eine große Vielfalt an Controlling-Aufgaben ergibt. Da allerdings nicht in jedem Betrieb jedes Objekt vorhanden ist, treten in unterschiedlichen Betrieben auch verschiedene Controlling-Aufgaben auf oder haben dort eine andere Bedeutung. Um die Aufgaben des Controllings auch ohne Bezug zu konkreten Objekten und damit allgemeingültig beschreiben zu können, erscheint es zweckmäßig, Aufgaben zu logisch miteinander in Beziehung stehenden Aufgabenfeldern zusammenzufassen.

Gemäß unserem wertschöpfungsorientierten Controlling-Verständnis ist das Führungsinstrument Controlling mit seinen Funktionen der Lokomotion, der Abstimmung und der Herstellung von Informationskongruenz in den gesamten Managementzyklus integriert. Es ist daher naheliegend, in Anlehnung an die Phasen des Managementzyklus

Zielbildungs- und Planungsaufgaben sowie Steuerungs- und Kontrollaufgaben als Aufgabenfelder des Controllings zu definieren. Als weitere Aufgabenfelder wollen wir zudem Berichts- und Beratungsaufgaben sowie Management-Rechnungsaufgaben definieren, die jeweils den gesamten Managementzyklus betreffen. Bei der nachfolgenden Erörterung dieser vier Aufgabenfelder wird sich zeigen, dass jedes Aufgabenfeld – wenn auch in unterschiedlichem Ausmaß – Aufgaben beinhaltet, die aus der Lokomotions-, der Abstimmungs- sowie der Informationsfunktion abgeleitet wurden. Darüber hinaus nennen wir jeweils bedeutsame Controlling-Instrumente, die diesen Aufgabenfeldern zugeordnet werden können. Zuvor stellt ▶ **Abb. 34** nochmals den Zusammenhang zwischen Funktionen, Objekten, Aufgaben und Aufgabenfeldern des Controllings dar.

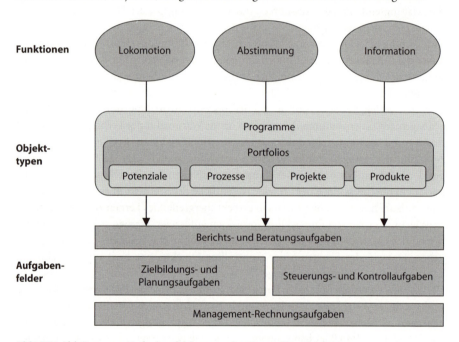

Abb. 34: Ableitung von Aufgabenfeldern aus den Controlling-Funktionen

Zielbildungs- und Planungsaufgaben

In diesem Aufgabenfeld regt das Controlling Zielbildungs- und die daraus resultierenden Planungsprozesse an und unterstützt beide methodisch.

Im Rahmen der Zielbildung stellt das Controlling relevante Informationen über die Stakeholder des Unternehmens zur Verfügung. Darüber hinaus zeigt es Zielzusammenhänge auf und unterstützt den Aufbau von Zielsystemen. Im Kontext der Planung bereitet das Controlling die Ausgangsinformationen über Unternehmen und Umwelt auf und setzt einheitliche Planungsprämissen. Da die Planung von Details abstrahieren muss, besteht eine wichtige Controlling-Aufgabe in der Definition zu planender Kennzahlen (siehe ▶ **Kap. 9.2.1**, **9.2.5** und **9.2.7**). In Abhängigkeit vom Planungsverfahren (Top-Down, Bottom-Up, Gegenstrom) werden zudem die einzelnen Teilpläne aufeinander abgestimmt. Eine weitere wichtige Abstimmungsaufgabe besteht zwischen den einzelnen Planungshorizonten, d.h. zwischen strategischer, taktischer und operativer Planung. darüber hinaus sorgt das Controlling für eine angemessene methodische Berücksichtigung des Risikos in den Planungsprozessen. Schließlich gibt das Controlling Hinweise auf Veränderungen im Unternehmen bzw. in der Unternehmensumwelt, die Planüberarbeitungen oder gar Neuplanungen notwendig machen.

Steuerungs- und Kontrollaufgaben

In diesem Aufgabenfeld befasst sich das Controlling einerseits mit der Umsetzung von Planungsgrößen in Handlungsgrößen und deren Vorgabe sowie andererseits mit der methodischen Unterstützung sowie der Durchführung von Kontrollprozessen.

Die Umsetzung der Planung in Handlungsvorgaben erfolgt insb. durch die Budgetierung (siehe ▶ Kap. 9.2.4) sowie durch den Aufbau eines Verrechnungspreissystems (siehe ▶ Kap. 9.2.3). Hierbei stellt das Controlling auch sicher, dass Handlungsvorgaben in geeigneter Weise mit dem Anreizsystem (siehe ▶ Kap. 9.2.10) verbunden sind. Als weitere Controlling-Aufgabe ist ein Performance-Measurement-System aufzubauen, welches eine umfassende Leistungsbeurteilung von Organisationseinheiten erlaubt (siehe ▶ Kap. 9.2.8). Ausgehend von den gesetzten Zielen sind hierbei geeignete Soll-Größen zu definieren, welche mit Ist-Werte verglichen und auf etwaige Abweichungen hin analysiert werden können. Um eine antizipative Steuerung des Unternehmens zu ermöglichen, besteht eine weitere Controlling-Aufgabe darin, ein geeignetes Frühwarnsystem bereitzustellen.

Management-Rechnungsaufgaben

In diesem Aufgabenfeld beschäftigt sich das Controlling mit der Gestaltung, Nutzung und Weiterentwicklung des führungsorientierten Finanz- und Rechnungswesens.

Mit Hilfe des führungsorientierten Rechnungswesens erfasst, verarbeitet und speichert Controlling Informationen zu Liquidität, Erfolg und Erfolgspotentialen des Unternehmens, so dass diese bedarfsgerecht abgerufen werden können. Die größte Schwierigkeit stellt in diesem Zusammenhang die Abbildung der Erfolgspotentiale dar, welche vom herkömmlichen internen Rechnungswesen nur unzureichend erfasst werden. Hierbei stellt die methodische Gestaltung des internen Rechnungswesens eine wichtige Controlling-Aufgabe dar, so z.B. die Frage nach geeigneten Verfahren der Investitionsrechnung (siehe ▶ Kap. 9.2.6) oder nach einem Kostenrechnungssystem auf Basis von Voll- oder Teilkosten (siehe ▶ Kap. 9.2.2). Die einzelnen Rechenwerke sind zudem aufeinander abzustimmen. Im Zuge der Internationalisierung der Finanzberichterstattung und der in ihrer Folge zunehmenden Annäherung von internem und externem Rechnungswesen gewinnt die Controlling-Aufgabe der Zuarbeit für bzw. der Mitarbeit am externen Rechnungswesen eine immer größere Bedeutung.

Berichts- und Beratungsaufgaben

In diesem Aufgabenfeld umfassen die Controlling-Aufgaben den Aufbau und die Administration von Controlling-Informationssystemen, die Sicherstellung der Verfügbarkeit bedarfsgerechter Informationen sowie die betriebswirtschaftliche Beratung von Führungskräften.

Ausgangspunkt ist hierbei stets die Ermittlung des Informationsbedarfs, an den sich die Beschaffung, Aufbereitung und Bereitstellung der benötigten Informationen in Form von Berichten (siehe ▶ **Kap. 9.2.9**), Präsentationen oder Management-Cockpits anschließt. Hierbei besteht eine Controlling-Aufgabe auch darin, eine geeignete IT-Unterstützung dieser Informationsprozesse sicherzustellen. Controlling beinhaltet zudem die Durchführung von Schulungen zu betriebswirtschaftlichen Themen sowie die Sicherung betriebswirtschaftlichen Wissens im Unternehmen durch geeignete Wissensmanagementkonzepte. In konkreten Entscheidungssituationen bedeutet Controlling nicht nur die Aufbereitung der benötigten Informationen durch entsprechende Analysen, sondern auch das kritische Hinterfragen der geplanten Entscheidung sowie ihre nachträgliche Reflexion. Controlling umfasst die Ableitung von Handlungsempfehlungen sowohl auf Basis durchgeführter Abweichungsanalysen wie auch auf Basis identifizierter Chancen und Gefahren.

Weiterführende Literatur:

Zur Aufgabenanalyse und -synthese der Organisationslehre:
Schreyögg 2008, S. 93-129

Wiederholungsfragen:

- Welcher Zusammenhang besteht zwischen Funktionen, Objekten und Aufgaben des Controllings?
- Warum ist es sinnvoll, die Aufgaben des Controllings zu Aufgabenfeldern zusammenzufassen? In welche vier Aufgabenfelder lässt sich das vielfältige Aufgabenspektrum des Controllings einteilen?

6 Aufgabenträger des Controllings

Wir haben bei der Vorstellung der generischen Elemente von Controlling-Konzeptionen (vgl. ▶ **Kap. 3.1**) darauf hingewiesen, dass die einzelnen Elemente didaktisch-analytisch voneinander getrennt betrachtet werden müssen. In der klassischen Organisationslehre wird tendenziell eine starke Überlappung zwischen den im vorherigen Kapitel skizzierten, durch Verrichtung von Funktionen an Objekten entstehenden Aufgaben und den korrespondierenden Aufgabenträgern hergestellt. Hierbei kann ein Aufgabenträger eine oder auch mehrere Aufgaben(-bündel) übernehmen (vgl. Laux/Liermann 2005 S. 251 f.), wobei an den Aufgabenträger spezifische Anforderungen zu stellen sind, die eine effiziente und effektive Aufgabenerfüllung sicherstellen sollen.

Zwar ist auch in der existierenden Literatur die Unterscheidung zwischen **Controllership** (die Aufgaben, die ein Controller übernimmt) und **Controlling** (die Aufgaben, welche aus den Controlling-Funktionen abgeleitet werden und die als Führungsinstrument eingesetzt werden) prinzipiell durchaus verbreitet, jedoch wird diese Unterteilung meist zugunsten einer – vermeintlich – einfacheren Verständlichkeit verworfen. In der Folge finden sich in den gängigen Controlling-Lehrbüchern am deutschen Markt auch keine eigenständigen Kapitel zu den Aufgabenträgern des Controllings, sondern lediglich zur Controllership (bspw. Weber/Schäffer 2011, S. 399 ff.). Des Weiteren sind auch Ansichten zu vernehmen, die eine klare Trennung zwischen der Person des Controllers und dem Führungsinstrument Controlling im Sinne einer Über-Unterordnung vornehmen. So schreibt etwa Horváth (2011, S. 18): »Der Controller macht selbst kein »Control« bzw. »Controlling«, er unterstützt vielmehr die Führung hierbei«. Andere Autoren wie z. B. Lingnau (2004, S. 1 f.) lehnen eine Trennung der funktionalen und der aufgabenträgerbezogenen Perspektive vollkommen ab.

In unserem Lehrbuch gehen wir sowohl von der analytischen Trennbarkeit dieser beiden Sphären als auch von der Notwendigkeit einer solchen Trennung aus. In der Folge wollen wir uns zwei zentralen Fragen widmen:

- Wie kann das Zusammenspiel verschiedener Aufgabenträger mit den Controlling-Funktionen der Lokomotion, Information und Abstimmung in Einklang gebracht werden?
- Welche Aufgabenträger kommen für die Übernahme von Controlling-Aufgaben in Betracht, und wovon hängt die Zuweisung von Aufgaben an Aufgabenträger ab?

Trennung von Controlling-Funktionen und Controlling-Aufgabenträgern

Beginnen wollen wir mit der prinzipiellen Sichtweise der Trennbarkeit von Aufgabenträger und Aufgabe bzw. Funktion. Wir gehen davon aus, dass Controlling von mehreren Aufgabenträgern getragen und konkretisiert wird, die unterschiedliche, aus den Controlling-Funktionen der Lokomotion, Abstimmung und Information abgeleitete Aufgaben wahrnehmen. Hier nehmen wir eine Zuteilung von Tendenzbereichen zu einzelnen Aufgabenträgern vor: Analog zum bereits skizzierten Controlling-Leitbild des ICV und der IGC (siehe ▶ **Kap. 4**) postulieren wir, dass Controlling-Aufgaben vornehmlich von Controllern und Managern wahrgenommen werden. Im Zusammenspiel dieser beiden Gruppen von Aufgabenträgern entsteht dann Controlling (vgl. ▶ **Abb. 35**).

Tendenziell können dem Manager eher Aufgaben im Bereich der Lokomotionsfunktion zugesprochen werden, dem Controller eher Aufgaben der Information und Abstimmung. Diese Zuteilung ist jedoch nicht ausschließlich, denn es gibt in der Realität einerseits Überschneidungen und andererseits auch andere Zuordnungen.

Prinzipiell denkbare Controlling-Aufgabenträger

Der Kanon der prinzipiell denkbaren Aufgabenträger umfasst eine Vielzahl unternehmensinterner, aber auch unternehmensexterner Personen wie z. B. Unternehmensberater, Steuerberater und Bankvertreter. Die Frage nach dem ›Wie‹ und ›Warum‹ einer derartigen Institutionalisierung soll im Kapitel X unter dem Oberbegriff der Organisation explizit diskutiert werden, weswegen wir hier nur einen kurzen Überblick über mögliche Träger von Controlling-Aufgaben geben:

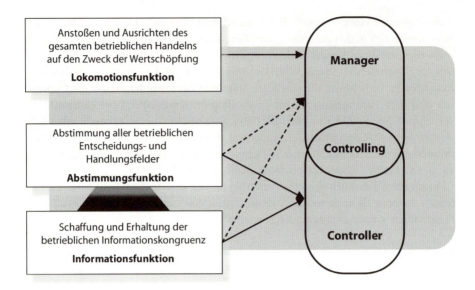

Abb. 35: Zuordnung von Controlling-Funktionen zu Controlling-Aufgabenträgern

- Mitglieder von Geschäftsleitung/Vorstand
- Mitglieder von Aufsichtsrat/Beirat
- Führungskräfte ab der zweiten Ebene abwärts (Bereichs-, Funktionsleiter)
- Abteilungsleiter (z. B. Controllerbereich, Finanz- und Rechnungswesen)
- Mitarbeiter von Fachabteilungen (z. B. Finanz- und Rechnungswesen)
- Kaufmännische Mitarbeiter im Allgemeinen
- Spezielle Controller (Inhaber einer eigens eingerichteten Controller-Stelle)
- Eigentümer
- Unternehmensberater
- Steuerberater/Wirtschaftsprüfer

Ohne den Ergebnissen des 6. Abschnitts vorzugreifen, hängt die Zuweisung von Controlling-Aufgaben zu Controlling-Aufgabenträgern von mehreren Faktoren ab: Unternehmensgröße, verfolgte Controlling-Philosophie, individuelle Kompetenz und (besonders wichtig) Arbeitsbelastung der jeweiligen Personen. So ist bspw. davon auszugehen, dass eine zunehmende Unternehmensgröße zur individuellen Überlastung von Entscheidungsträgern und damit tendenziell zur Etablierung einer größeren Anzahlung von spezialisierten Controller-Stellen im Unternehmen führt (vgl. Becker/Ulrich/Zimmermann 2012, S. 208 ff.). Hinzu kommt, dass eine inhaltliche und fachliche **Spezialisierung im Controlling** zu einer weiteren Aufgliederung der Controlling-Organisation selbst führen kann: In größeren Unternehmen gibt es spezifische Controller für Planung, Reporting, Kalkulation, Risikomanagement etc.

Aus Sicht einer empirischen Studie sind Controller die häufigsten Aufgabenträger für Controller-Aufgaben mit einer Verbreitung von etwa 88 Prozent (vgl. ▶ **Abb. 36**):

6 Aufgabenträger des Controllings

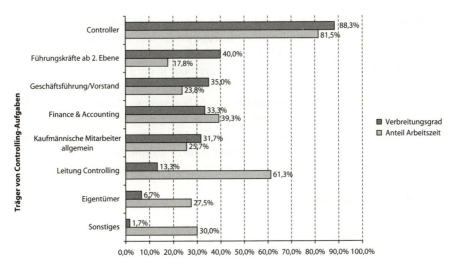

Abb. 36: Verbreitungsgrad von Aufgabenträgern und Zeitanteil Controlling-Aufgaben (vgl. Becker et al. 2008, S. 51)

Ebenfalls eine starke Übernahme von Controlling-Aufgaben zeigen gemäß dieser Studie Führungskräfte ab der zweiten Führungsebene abwärts, Mitglieder aus Geschäftsleitung/Vorstand und Mitarbeiter aus den Bereichen Finanz- und Rechnungswesen. Interessant erscheint, dass es einen eigenständigen Leiter Controlling nur in etwa 13 Prozent der Unternehmen gibt, dieser jedoch dann auch über 61 Prozent seiner Arbeitszeit für Controlling-Aufgaben verwendet.

Einflussfaktoren der Verteilung von Controlling-Aufgaben

Der Spezialisierungsgrad des Controllings und somit seiner Aufgabenträger geht mit der Übernahme von Controlling-Aufgaben durch die einzelnen Aufgabenträger einher. Während in kleineren Unternehmen die Übernahme durch Mitglieder von Geschäftsleitung/Vorstand oder externe Aufgabenträger (bspw. Steuerberater) durchaus sinnvoll sein kann, da nicht hinreichend spezielle und viele Aufgaben anstehen, die eine

Beschäftigtenzahl	Zahl der Unternehmen	Unternehmen mit Controlling-Stellen
bis 199	99	53 ⇨ 53,5%
200 – 999	123	95 ⇨ 77,2%
1.000 – 9.999	55	47 ⇨ 85,5%
10.000 und mehr	23	22 ⇨ 95,7%
alle Klassen	300	217 ⇨ 72,3%

Abb. 37: Verbreitungsgrad von Controlling-Stellen in der Unternehmenspraxis (vgl. Küpper 2008, S. 1)

eigenständige Instanz rechtfertigen würden, ist ab einer gewissen Größe von der Etablierung von spezifischen Controllerstellen auszugehen. Eine Unterstützung dieser These findet sich bei Küpper (siehe ▶ **Abb. 37**).

Hinzu kommen die unterschiedlichen Schwerpunkte in der Arbeit der einzelnen Aufgabenträger. Während speziell ausgebildeten Controllern tendenziell eine hohe **Methodenkompetenz** zugeschrieben wird, befassen sich die genannten Aufgabenträger in den frühen Phasen des organisatorischen Lebenszyklus meist mit einfachen und standardisierten Aufgaben. Veranschaulichen lässt sich dies bspw. am Steuerberater in Kleinstunternehmen, der meist nur vergangenheitsorientierte Controlling-Aufgaben wie die Pflege des Betriebsabrechnungsbogens (BAB) übernimmt (vgl. Schmidt 2008, S. 149).

Weiterführende Informationen:

Beschreibung der Aufgabenträger im Rahmen der Organisationslehre
Bea/Göbel 2010, S. 92

Abkürzungen:

ICV   Internationaler Controller Verein
IGC   International Group of Controlling

Wiederholungsfragen:

- Welche Gründe sprechen für, welche gegen die analytische Trennung von Aufgabenträger (institutionelle Perspektive) und Aufgabe (funktionale Sichtweise)?
- Welche Aufgabenträger eignen sich für die Übernahme von Controlling-Aufgaben?
- Wovon hängt die Verteilung der Controlling-Aufgaben vornehmlich ab?

7 Prozessuale Aspekte des Controllings

Im Verlauf dieses Buches wurden bereits verschiedene prozessuale Aspekte des Controllings angesprochen, ohne allerdings den Begriff ›Prozess‹ näher erläutert zu haben. In der Organisationslehre wird unter einem Prozess (vgl. im Folgenden Scherm/Pietsch 2007, S. 191) eine geschlossene und wiederholbare Abfolge logisch zusammenhängender Aktivitäten verstanden, die sich durch einen definierbaren Start- wie auch Endpunkt und somit durch eine messbare Prozesszeit auszeichnen. Zudem verfügen Prozesse zumeist über einen messbaren Input, der nach mehr oder weniger stark variierbaren Regeln in einen ebenfalls messbaren Output überführt wird.

Zum Zusammenhang zwischen Controlling und Management wurde bereits dargelegt, dass das Führungsinstrument Controlling mit seinen Funktionen der Lokomotion, der Abstimmung und der Herstellung von Informationskongruenz den gesamten Managementprozess begleitet. Hieraus ergeben sich die beiden am Managementprozess orientierten Aufgabenfelder des Controllings: Zielbildungs- und Planungsaufgaben sowie Steuerungs- und Kontrollaufgaben (siehe ▶ **Kap. 5.4**). Betrachtet man diese

Aufgabenfelder im Jahresverlauf, so lassen sich wesentliche Aktivitäten in einem ›Controlling-Kalender‹ abbilden. Der *Zentralverband Elektrotechnik- und Elektronikindustrie e. V.* (ZVEI) empfiehlt seinen Mitgliedsunternehmen – unter der Annahme der Identität von Geschäfts- und Kalenderjahr – bspw. folgenden idealtypischen Controlling-Kalender (siehe ▶ **Abb. 38**, vgl. ZVEI 1993, S. 92).

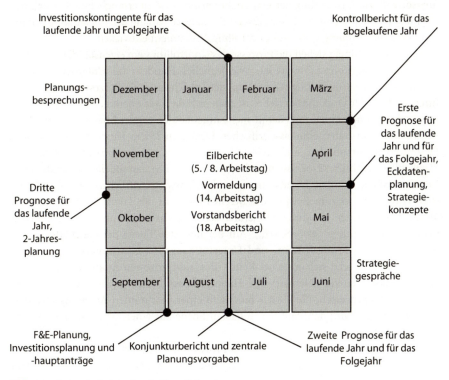

Abb. 38: Exemplarischer Controlling-Kalender

In der Organisationslehre wurde traditionellerweise der Analyse und Gestaltung der statisch-strukturorientierten Aufbauorganisation Vorrang vor der dynamisch-prozessorientierten Ablauforganisation eingeräumt. Hiermit wurde u. a. angestrebt, durch eine immer feinere Arbeitsteilung Spezialisierungsgewinne zu erzielen. Hieraus resultierten jedoch vermehrt Schnittstellenprobleme, die einen immer größeren Abstimmungsaufwand nach sich zogen. Diese Schwierigkeiten traten im Zuge der stetig ansteigenden Wettbewerbsintensität, welche von Unternehmen eine flexible Reaktion auf geänderte Marktentwicklungen erforderlich macht, immer deutlicher zu Tage. Ab Anfang der 1990er Jahre fand deshalb in der Organisationslehre ein Paradigmenwechsel statt: Die Analyse und Gestaltung der Prozessorganisation wurde nun in den Vordergrund gerückt, um eine möglichst ganzheitliche Integration der Arbeitsabläufe in den Unternehmen zu erreichen.

Diese Entwicklung fand ihren Niederschlag im Controlling darin, dass **Prozesse als Objekte des Controllings** an Bedeutung gewannen. Die entsprechenden neuen Aufgaben des Controllings wurden unter den Stichwörtern ›prozessorientiertes Controlling‹ oder ›Prozesscontrolling‹ (vgl. Fischer 1996) diskutiert. Als neue Anforderung an das Controlling wurde bspw. gestellt, Informationen hinsichtlich Prozesszeiten, -kosten und -qualitäten zur Verfügung zu stellen, um hierdurch eine Abstimmung und wertschöpfungsorientierte Ausrichtung der Unternehmensprozesse zu ermöglichen. Hinsichtlich der Prozesskosten wurde zu diesem Zweck ebenfalls ab Anfang der 1990er Jahre mit der Prozesskostenrechnung ein neues Controlling-Instrument entwickelt.

Davon unabhängig stellen die Prozesse des Controllings ein eigenständiges Element von Controlling-Konzeptionen dar. Wie jegliches Handeln im Unternehmenskontext finden auch Controlling-Aktivitäten stets gleichzeitig als Prozess und in Strukturen statt. In der Organisationslehre ist man sich darüber uneinig, ob Prozesse völlig unternehmensindividuell und damit nicht miteinander vergleichbar sind oder ob in Abstraktion von unternehmensspezifischen Details in jedem Unternehmen ähnliche Prozesstypen vorzufinden sind. Wir teilen die letztgenannte Ansicht, was uns die Möglichkeit eröffnet, Prozesse mittels generischer Prozessmodelle zu analysieren. **Prozessmodelle** wurden bereits in vielen betriebswirtschaftlichen Funktionsbereichen entwickelt, so zum Beispiel das SCOR-Modell in der Logistik. Prozessmodelle haben oftmals einen vierstufigen, hierarchischen Aufbau (vgl. im Folgenden Bergsmann/Grabek/Brenner 2005, S. 51ff.): Auf der höchsten Ebene der Geschäftsprozesse wird zwischen Führungs-, Kern- und Unterstützungsprozessen unterschieden. Jeder Geschäftsprozess setzt sich aus einer Kette von Hauptprozessen zusammen, die jeweils abteilungsübergreifend ablaufen. Alle Hauptprozesse bestehen wiederum aus einer Folge von Teilprozessen, die jeweils innerhalb einer bestimmten Abteilung ablaufen. Jeder Teilprozess wird dann auf der untersten Ebene aus einer Kette einzelner Aktivitäten gebildet.

Für das Controlling wurde ein solches Prozessmodell von der *International Group of Controlling* (IGC) erarbeitet (vgl. im Folgenden IGC 2011). Die IGC ist eine im Jahr 1995 gegründete Interessengemeinschaft für die Aus- und Weiterbildung sowie die Forschung und Entwicklung auf dem Gebiet des Controllings. Controlling wird hierbei – ganz in unserem Sinne – als Führungsprozess interpretiert, d. h. er dient der Ausrichtung und Koordination der Kern- und Unterstützungsprozesse. Der Geschäftsprozess Controlling umfasst dabei die folgenden zehn Hauptprozesse (siehe ▶ **Abb. 39**, vgl. IGC 2011, S. 21).

Für jeden Controlling-Hauptprozess wurde im IGC-Prozessmodell eine unterschiedliche Anzahl von Teilprozessen definiert. Darüber hinaus wurden entsprechend der oben genannten allgemeinen Definition von Prozessen jeweils ein Prozessanfang, ein Prozessende, der benötigte Input sowie der angestrebte Output beschrieben. Beispielhaft ist dies in ▶ **Abb. 40** für den Hauptprozess ›Management Reporting‹ (Berichtswesen) dargestellt (vgl. IGC 2011, S. 34).

Das Controlling steht in jedem Unternehmen vor der Aufgabe, seine eigenen Prozesse zu gestalten (vgl. Wall 2007, S. 483). Ein Prozessmodell dient hierbei als **idealtypische Vorlage**, um die Prozesse erfassen und gestalten zu können, wobei stets eine

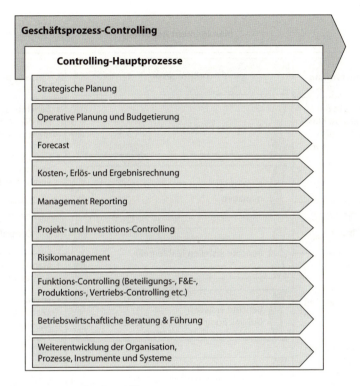

Abb. 39: Hauptprozesse des Controllings

unternehmensspezifische Anpassung geprüft werden sollte. Das Controlling-Prozessmodell kann einerseits zur Orientierung von Unternehmen herangezogen werden, die ein Controlling-System neu aufbauen möchten und kann andererseits auch zur Optimierung bestehender Controlling-Systeme beitragen. Nur wenn die Prozesse des Controllings auf einem einheitlichen Modell beruhen, können aussagefähige Kenzahlen hinsichtlich Kosten, Zeit und Qualität erhoben und im Rahmen eines internen oder externen Benchmarking miteinander verglichen werden. Wir werden auf dieses Prozessbenchmarking im ▶ Kap. 10 bei der Diskussion des Controllings-Erfolgs zurückkommen.

Weiterführende Informationen:

Ein klassischer Artikel sowie eine aktuelle Darstellung zur Prozesskostenrechnung:
Horváth/Mayer 1989
Coenenberg/Fischer/Günther 2009, S. 144–170
Informationen zum Supply Chain Operations-Reference-Modell SCOR:
www.supply-chain.org
Website der International Group of Controlling, auf der sich auch das bekannte Controller-Leitbild (siehe Kapitel 4) findet:
www.igc-controlling.org

Teil II: Elemente des wertschöpfungsorientierten Controllings

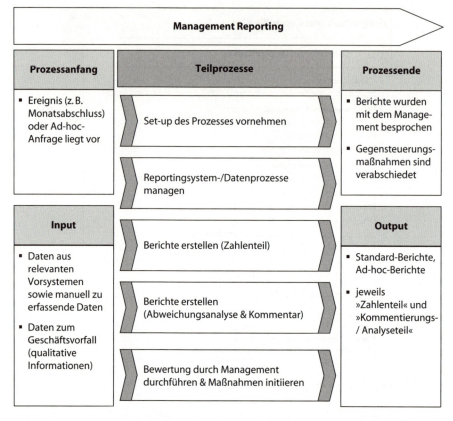

Abb. 40: Teilprozesse des Hauptprozesses Management Reporting

Abkürzungen:

IGC   International Group of Controlling
SCOR Supply Chain Operations Reference
ZVEI Zentralverband Elektrotechnik- und Elektronikindustrie e.V.

Wiederholungsfragen:

- Wie definiert man in der Organisationslehre einen Prozess?
- Welche Konsequenz hatte die steigende Bedeutung der Prozessorganisation für das Controlling?
- Auf welcher Annahme beruht die Entwicklung von Prozessmodellen? Welchen Aufbau haben Prozessmodelle üblicherweise?
- Welchen Nutzen bringen Prozessmodelle wie zum Beispiel das Controlling-Prozessmodell der IGC für Unternehmen?

8 Instrumente des Controllings

8.1 Begriffsabgrenzung

Unternehmen können als Instrumente wirtschaftender Interessenträger zur Durchsetzung ihrer Ziele interpretiert werden (vgl. Becker 1996, S. 24). Wir verstehen Controlling hierbei als Führungsinstrument, das der Realisierung der Lokomotions-, Abstimmungs- sowie Informationsfunktion dient (siehe ▶ Kap. 3.2). Gleichzeitig verfügt Controlling wiederum selbst über ein bestimmtes Instrumentarium, das ein wichtiger Bestandteil jeder Controlling-Konzeption ist (siehe ▶ Kap. 3.1).

Während bei den übrigen Elementen von Controlling-Konzeptionen eine weitgehend einheitliche Terminologie verwendet wird, sind für die Instrumente des Controllings viele unterschiedliche, sich teils überschneidende Begriffe im Umlauf. So finden sich in der Literatur neben Instrument unter anderem auch die Termini ›Methode‹, ›Verfahren‹, ›Technik‹, ›Applikation‹, ›Werkzeug‹ oder ›Tool‹. Bevor wir also in den folgenden Kapiteln ausgewählte, wichtige Controlling-Instrumente näher vorstellen, erscheint es geboten, zunächst den Begriff Controlling-Instrument an sich zu analysieren.

Bedeutung von Controlling-Instrumenten

Den Instrumenten des Controllings kommt unter den verschiedenen konzeptionellen Elementen eine besondere Stellung zu. Wir haben bereits in ▶ Kap. 3.1 darauf hingewiesen, dass Hochschulprofessoren der Vermittlung von Wissen zu Controlling-Instrumenten eine herausragende Bedeutung beimessen. Dies spiegelt sich in den Abhandlungen zu Instrumenten innerhalb von Controlling-Lehrbüchern wider: Im Durchschnitt betreffen mehr als die Hälfte der Lehrbuchinhalte das Instrumentarium des Controllings (vgl. Wall 2002, S. 81 ff., Knauer/Nuss/Wömpener 2012, S. 68). Ein ähnliches Bild ergibt die Analyse von Controlling-bezogenen Zeitschriftenartikeln: Sowohl in wissenschaftlichen als auch in praxisorientierten Zeitschriften stellen Beiträge zum Instrumentarium des Controllings den Schwerpunkt dar (vgl. Binder/Schäffer 2005, S. 608 ff.).

Als Konsequenz der großen Bedeutung der Instrumente für die Controlling-Literatur ist jedoch mittlerweile kaum mehr überschaubar, was alles zum Instrumentarium des Controllings gezählt wird (und was nicht). Nur nebenbei sei erwähnt, dass sich eine ähnliche Feststellung bereits vor über 30 Jahren in der Literatur findet (vgl. Strobel 1978, S. 422). Wir wollen daher versuchen, Licht in den »Dschungel des Controllingsinstrumentariums« (Schäffer in Biel 2006, S. 373) zu bringen, indem wir die einzelnen Bestandteile einer typischen Definition von Controlling-Instrumenten analysieren.

Analyse des Begriffs Controlling-Instrument

Das *Handwörterbuch der Betriebswirtschaft* stellt eine wichtige Wissenssammlung der Betriebswirtschaftslehre im deutschsprachigen Raum dar. Hier findet sich die folgende Definition von Controlling-Instrumenten: »Controllinginstrumente sind damit alle methodischen Hilfsmittel, die zur Erfüllung von Controllingaufgaben herangezogen werden können.« (Horvath 1993, Sp. 670).

- ›**Hilfsmittel** zur Aufgabenerfüllung‹: Die etymologische Wurzel des Wortes Instrument liegt im Lateinischen, wo es die Bedeutung Werkzeug, Gerät oder im übertragenen Sinne auch (Hilfs-)Mittel hatte. Instrumente unterstützen Akteure also bei der Ausübung der ihnen übertragenen Aufgaben, d.h. sie stellen Mittel zum Zweck der Aufgabenerfüllung dar.
- ›**können** zur Aufgabenerfüllung herangezogen werden‹: Die Nutzung von Controlling-Instrumenten ist kein Muss, sondern eine Möglichkeit, d.h. die Aufgaben können grundsätzlich auch ohne Instrumente erfüllt werden. Darüber hinaus stehen für viele Aufgaben mehrere Instrumente zur Verfügung, die alternativ oder ergänzend genutzt werden können.
- ›**zur Erfüllung** von Controlling-Aufgaben‹: Instrumente werden nur dann zur Aufgabenerfüllung eingesetzt, wenn sie hierzu geeignet sind. Die grundsätzliche Eignung eines Mittels zur Zielerreichung wird als Effektivität bezeichnet (vgl. Wolf 2008, S. 211). Controlling-Instrumente müssen also eine »inhärente Effektivität« (Drews 2001, S. 76) zur Erfüllung mindestens einer Controlling-Aufgabe aufweisen.
- ›Erfüllung von **Controlling-Aufgaben**‹: Viele Controlling-Instrumente sind nicht nur für die Erfüllung einer einzelnen, sondern oftmals mehrerer verschiedener Controlling-Aufgaben geeignet. Darüber hinaus kann ein bestimmtes Instrument durchaus auch der Erfüllung anderer als nur von Controlling-Aufgaben dienen. So kann ein Controlling-Instrument durchaus gleichzeitig auch ein Organisations- oder ein Planungsinstrument sein (vgl. Schäffer/Steiners 2005, S. 118).
- ›**alle** methodischen Hilfsmittel‹: Eine vollständige Auflistung aller Controlling-Instrumente würde zunächst voraussetzen, dass auf Basis einer bestimmten Controlling-Konzeption alle relevanten Aufgaben stringent abgeleitet werden (siehe ▶ **Kap. 5.3**). Im nächsten Schritt müssten dann alle diejenigen Instrumente identifiziert werden, die zur Erfüllung mindestens einer dieser Aufgaben geeignet sind. Selbst wenn dies gelingt, so müsste diese Auflistung regelmäßig aktualisiert werden, da sowohl in der Wissenschaft als auch in der Praxis kontinuierlich neue Instrumente entwickelt werden. Ein Neuheitswert ist durchaus bereits dann gegeben, wenn bestehende Instrumente auf neue Kontexte übertragen werden. Zur Systematisierung des Controllings-Instrumentariums existieren in der Literatur unterschiedliche Kategorisierungen (vgl. Wall 2008, S. 472), so z. B. die Einteilung in strategische und operative Instrumente.
- ›zur Erfüllung von Controlling-Aufgaben **herangezogen**‹: Für die Einordnung als Controlling-Instrument ist der Aufgabenbezug entscheidend. Nicht relevant ist, wer das Instrument einsetzt, d.h. Controlling-Instrumente können von allen Trägern von Controlling-Aufgaben (siehe ▶ **Kap. 6**) eingesetzt werden.
- ›**methodische** Hilfsmittel‹: Von den methodischen, d.h. betriebswirtschaftlichen Instrumenten lassen sich die informationstechnischen Instrumente abgrenzen, die wir nicht zu den Instrumenten des Controllings zählen. IT-Instrumente stellen in der Regel keine eigenständigen Instrumente dar, sondern bilden betriebswirtschaftliche Instrumente informationstechnisch ab (siehe ▶ **Kap. 9.3**). In Abgrenzung von den betriebswirtschaftlich-methodischen Controlling-Instrumenten wollen wir Controlling-relevante IT-Instrumente daher als **Controlling-Werkzeuge** (vgl. Hess 2002,

S. 51) bezeichnen. So erhob etwa Amshoff (1993, S. 324 ff.) in seiner empirischen Studie den Grad der IT-Unterstützung einzelner Controlling-Instrumente.

Methodik von Controlling-Instrumenten

Wie in der obenstehenden Definition deutlich wurde, greifen Controlling-Instrumente auf eine bestimmte betriebswirtschaftliche **Methodik** zu, worunter Methoden, Verfahren und Techniken zu zählen sind (vgl. im Folgenden Töpfer 1976, S. 167 f.). Als **Methode** wird hierbei eine endliche Folge von Schritten verstanden, um einen Anfangs- in einen gewünschten Endzustand zu verwandeln. Die abstrakten Methoden werden durch **Verfahren** konkretisiert, die eine bestimmte methodische Vorgehensweise bezeichnen. Verfahren werden weiter durch **Techniken** konkretisiert, die einen bestimmten, verbindlich vorgegebenen Verfahrensablauf bezeichnen. Mit jedem Konkretisierungsschritt erhöht sich gleichzeitig auch die Praxisnähe. Jedes Controllings-Instrument stellt nun eine bestimmte Kombination von Methoden dar, während ein und dasselbe Controlling-Instrument in der Praxis mit verschiedenen Verfahren und Techniken umgesetzt werden kann. Wir wollen diese Zusammenhänge am Beispiel des Controllings-Instruments **Kalkulation** erläutern: Da mit der progressiven (vorwärts schreitenden) und der retrograden (rückwärts schreitenden) Methode zwei grundsätzlich verschiedene methodische Herangehensweisen existieren, ist es gerechtfertigt, von zwei unterschiedlichen Controlling-Instrumenten zu sprechen. Die klassische, progressive Kalkulation kann nun durch verschiedene Kalkulationsverfahren konkretisiert werden, so bspw. durch die Divisions-, die Äquivalenzziffern- oder die Zuschlagskalkulation. Hierbei handelt es sich um Varianten desselben Controlling-Instruments ›Progressive Kalkulation‹. Beim Einsatz einer Zuschlagskalkulation in der Unternehmenspraxis können wiederum verschiedenste Techniken Anwendung finden: So variieren die Kalkulationstechniken von Unternehmen zu Unternehmen bspw. hinsichtlich der Anzahl der Zuschlagssätze, angefangen von der einfachen summarischen Zuschlagskalkulation mit nur einem Zuschlagssatz bis hin zu einer differenzierten Zuschlagskalkulation mit einer Vielzahl unterschiedlicher Zuschlagssätze. Unabhängig von der konkreten Technik handelt es sich jedoch stets um die Variante ›Zuschlagskalkulation‹ des Controllings-Instruments ›Progressive Kalkulation‹.

Informationsverarbeitung in Controlling-Instrumenten

Die spezifische Methodik jedes Controllings-Instruments bestimmt, nach welchen Regeln Informationen verarbeitet werden. Bei erweiterter Betrachtung sind zu einem Controlling-Instrument also nicht nur dessen Methodik, sondern auch dessen **Informationsinput** sowie der generierte **Informationsoutput** zu zählen (siehe ▶ **Abb. 41** in Anlehnung an Jonen/Lingnau 2007, S. 8). Wenn der Informationsoutput eines Controlling-Instruments den Informationsinput eines anderen Instruments darstellt, so spricht man von einer Instrumentenkette.

Der Wert eines Controlling-Instruments besteht nun darin, dass die ausgehenden Informationen eine »höhere wissensökonomische Reife« (Jonen/Lingnau 2007, S. 7) aufweisen als die eingehenden Informationen. Der Informationsoutput hat also in Folge

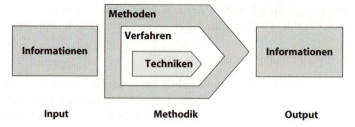

Abb. 41: Informationsverarbeitung in Controlling-Instrumenten

der methodischen Informationsverarbeitung einen größeren Nutzen für die Erfüllung einer bestimmten Controlling-Aufgabe, als es noch der Informationsinput hatte. Gemäß unserem wertschöpfungsorientierten Controlling-Verständnis verarbeiten Controlling-Instrumente **wertschöpfungsrelevante Informationen**, d.h. solche Informationen, die sich auf Erfolgspotenziale, Erfolg oder Liquidität beziehen.

Einsatz von Controlling-Instrumenten in der Unternehmenspraxis

Der Einsatz von Controlling-Instrumenten in Unternehmen erfolgt modellhaft in vier Phasen eines intra-organisationalen **Lebenszyklus** (vgl. im Folgenden Baltzer 2013, S. 90 ff.). Nachdem ein Unternehmen von einem Controlling-Instrument Kenntnis erhalten hat, wird dessen Einsatz in der Auswahlphase unter Berücksichtigung der unternehmensspezifischen Gegebenheiten evaluiert. Im Falle einer positiven Einführungsentscheidung wird das Instrument in der **Implementierungsphase** in das Unternehmen aufgenommen. Nach erfolgter Implementierung wird das Instrument zur Nutzung freigegeben und während der **Nutzungsphase** im Unternehmen verwendet. Gegebenenfalls wird nach einem mehr oder weniger langen Zeitraum die Entscheidung getroffen, das Instrument wieder auszumustern, was in der abschließenden Ausmusterungsphase geschieht.

In einer aktuellen empirischen Untersuchung sind wir unter anderem der Frage nachgegangen, durch welche Auslöser sich Unternehmen mit neuen, d.h. bislang noch nicht eingesetzten Controlling-Instrumenten beschäftigen.

Wie aus ▶ **Abb. 42** ersichtlich ist, stellen das Entstehen neuartiger Aufgabenstellungen sowie die Unzufriedenheit mit dem vorhandenen Instrumentarium die wichtigsten Impulse dar. Die geringste Bedeutung weisen die Lektüre von Fachliteratur sowie der Besuch von Fachveranstaltungen auf.

Während der Implementierungsphase können unterschiedliche Barrieren auftreten, welche die Implementierung erschweren oder sogar zum Scheitern bringen können. Hierbei können folgende Implementierungsbarrieren unterschieden werden (vgl. Schäffer in Biel 2007, S. 370 f.):

- **Strukturbarrieren**: Das neue Controlling-Instrument wird nur unzureichend mit den bereits vorhandenen Instrumenten, mit der IT-Infrastruktur sowie mit den organisatorischen Strukturen und Prozessen verknüpft.

8 Instrumente des Controllings

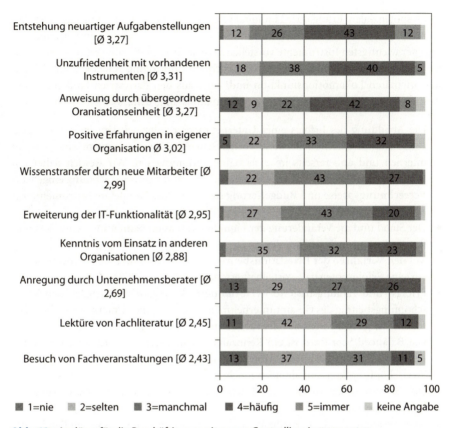

Abb. 42: Auslöser für die Beschäftigung mit neuen Controlling-Instrumenten (Baltzer 2013, S. 135)

- **Kulturbarrieren**: Das neue Controlling-Instrument passt nicht zur etablierten Kultur des Controllerbereichs bzw. des Unternehmens.
- **Qualifikations- und Motivationsbarrieren**: Den vom neuen Controlling-Instrument betroffenen Mitarbeitern wurde keine entsprechende Schulung zu Teil und es fehlen Anreize, um das Instrument zu nutzen.

Entsprechend den wichtigsten Trägern von Controlling-Aufgaben kam die genannte empirische Studie zu dem Ergebnis, dass insb. Controller und Manager Controlling-Instrumente nutzen. Kriterien oder Prozesse für die Ausmusterung von Controlling-Instrumenten existieren hingegen in den wenigsten Unternehmen.

8.2 Bedeutsame Instrumente des Controllings

Wir haben im vorangegangenen Kapitel erläutert, dass Controlling-Instrumente im Sinne unserer wertschöpfungsorientierten Controlling-Konzeption Informationen zu

Erfolgspotenzialen, Erfolg oder Liquidität verarbeiten und als Output bereitstellen. Aus dem breitgefächerten Instrumentarium des Controllings wollen wir im Folgenden einige der wichtigsten Instrumente vorstellen, welche diese Bedingung erfüllen. Sie erfüllen in unterschiedlichem Maße eine oder mehrere Controlling-Aufgaben, die sich aus der originären Lokomotionsfunktion und/ oder aus den derivativen Funktionen der Abstimmung und der Herstellung von Informationskongruenz ableiten lassen.

- Die Abbildung des Erfolgs eines Unternehmens erfolgt bei dem im deutschsprachigen Raum traditionellerweise vorherrschenden Zweikreissystem einerseits im internen und andererseits im externen Rechnungswesen. Wir werden daher auf **Bilanzkennzahlen** sowie auf die **Kosten-, Erlös- und Ergebnisrechnung** eingehen.
- **Verrechnungspreise** und **Budgetierung** stellen wichtige monetäre Instrumente zur Abstimmung dar.
- Der Stand und die Veränderung der Liquiditätssituation kann mittels einer **Kapitalflussrechnung** analysiert werden.
- Mit den **Verfahren der Investitionsbeurteilung** wird evaluiert, ob die Investition in einzelne Erfolgspotenziale vorteilhaft erscheint.
- Erfolgs- und zahlungsbasierte **wertorientierte Kennzahlen** beurteilen den Wertschöpfungsbeitrag des Gesamtunternehmens oder einzelner Unternehmensbereiche für eine vergangene Periode oder für zukünftige Perioden.
- Die **Balanced Scorecard** ist ein Kennzahlensystem, welches einen Bogen von den Erfolgspotenzialen bis hin zu Erfolg und Liquidität spannt und somit den gesamten Wertschöpfungskreislauf abbilden möchte.
- Das **Berichtswesen** ist ein zentral bedeutsames Instrument zur Realisierung der Informationsfunktion.
- **Anreizsysteme** dienen dazu, die Wertschöpfungsorientierung bis in den Bereich der einzelnen Mitarbeiter zu tragen.

Weiterführende Informationen:

Aktueller Überblick über die in anderen Controlling-Lehrbüchern behandelten Controlling-Instrumente:
Knauer/Nuss/Wömpener 2012
Ausführliche Diskussion der Charakteristika von Controlling-Instrumenten sowie empirische Erkenntnisse zum Einsatz von Controlling-Instrumenten:
Baltzer 2013, S. 62-78 bzw. S. 130–147
Diskussion unterschiedlicher Barrieren bei der Implementierung von Controlling-Instrumenten:
Parvis-Trevisany/Schäffer 2007

Wiederholungsfragen:

- Erläutern Sie wesentliche Aspekte von Controlling-Instrumenten.
- Übertragen Sie die methodischen Überlegungen zur Kalkulation auf das Controlling-Instrument Ergebnisrechnung: Welche Methoden, Verfahren und Techniken kennen Sie?

- In welchen Phasen verläuft der Einsatz von Controlling-Instrumenten in der Unternehmenspraxis?
- Welche Barrieren können bei der Implementierung von Controlling-Instrumenten auftreten?

8.2.1 Bilanzkennzahlen

Kennzahlen im Allgemeinen

Die stetigen Veränderungen im Wettbewerbsumfeld erfordern eine hohe Aktualität und Genauigkeit der Steuerungsinformationen. Eines der wichtigsten Controlling-Instrumente, mit dem die benötigten Steuerungsinformationen bereitgestellt werden, sind die verschiedenen Arten von Kennzahlen. Kennzahlen sind hierbei Daten, die durch bewusste Verdichtung der komplexen Realität über quantitativ erfassbare betriebswirtschaftliche Sachverhalte informieren und hierdurch die folgenden Funktionen erfüllen sollen (vgl. Weber/Schäffer 2011, S. 171 ff.):

- **Anregungsfunktion**: Erregung von Aufmerksamkeit für wichtige Führungstatbestände und Identifizierung von Auffälligkeiten und Veränderungen.
- **Operationalisierungsfunktion**: Konkretisierung von gesetzten Zielen und Möglichkeit zur Messung der Zielerreichung.
- **Vorgabefunktion**: Identifizierung kritischer Zielwerte als Vorgabe für unternehmerische Teilbereiche.
- **Steuerungsfunktion**: Vereinfachung von komplexen Steuerungs- und Regelungsprozessen.
- **Kontrollfunktion**: Vereinfachung von Soll-Ist-Analysen und Basis für Abweichungsanalysen sowie daran anknüpfende Empfehlungen.

Für ihre empirische Untersuchung haben Weber/Sandt Kennzahlen in die fünf inhaltsbezogenen Kategorien Finanzkennzahlen, Prozesskennzahlen, Markt-/Kundenkennzahlen, Mitarbeiterkennzahlen sowie Innovationskennzahlen eingeteilt. Die Ergebnisse der Studie (vgl. Weber/Sandt 2005, S. 381 ff.), basierend auf einer Fragebogenerhebung aus dem Jahr 2000 mit einer Stichprobe von 254 Probanden, ergaben eine hohe Verfügbarkeit und Verbreitung von finanziellen Kennzahlen (55 Prozent der Probanden verfügen über mehr als zehn finanziellen Kennzahlen), wohingegen alle anderen Kategorien eine wesentlich geringere Verbreitung aufweisen (siehe ▶ **Abb. 43**).

Kennzahlensysteme im Allgemeinen

Durch Verknüpfung mehrerer Kennzahlen versuchen Kennzahlensysteme ein höheres Aggregationsniveau zu erzielen als einzelne Kennzahlen. Die Verknüpfung der Kennzahlen kann in drei verschiedene Arten unterschieden werden. Die sachlogische Verknüpfung einzelner Kennzahlen basiert auf Verknüpfungen betriebswirtschaftlicher Sachzusammenhänge. Innerhalb der rechnerischen Systeme bildet die Spitzenkennzahl, welche die Grundaussage des Unternehmens wiedergibt, den Ausgangspunkt der Betrachtung.

Teil II: Elemente des wertschöpfungsorientierten Controllings

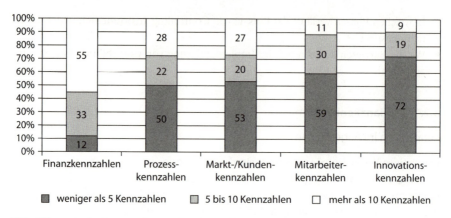

Abb. 43: Verfügbarkeit von Kennzahlen in der Unternehmenspraxis

Die mathematische Operationalisierung ergibt die Struktur einer Pyramide. Kennzahlensysteme die sowohl sachlogische als auch rechnerische Aspekte vereinen werden als Mischformen bezeichnet. Zwei der bekanntesten Kennzahlensysteme sind das DuPont-Kennzahlensystem und das RL-Kennzahlensystem. Beide Kennzahlensysteme werden als traditionell oder klassisch bezeichnet und im Folgenden kurz beschrieben.

Das **DuPont-Kennzahlensystem** ist wohl das älteste Kennzahlensystem in der Betriebswirtschaftslehre, findet jedoch in der Unternehmenspraxis weiterhin Verwendung. Der Ausgangspunkt des DuPont-Kennzahlensystems ist die Spitzenkennzahl **Return On Investment (ROI)**. Durch die mathematische Verknüpfung weiterer Kennzahlen ergibt sich ein Kennzahlenbaum. Das DuPont-Kennzahlensystem ist beliebt, da es ein relativ einfaches und somit leicht nachvollziehbares Analyseinstrument ist. Diese Einfachheit wird durch eine starke Komplexitätsreduzierung erreicht, hat jedoch auch einige Nachteile: So ermöglicht das DuPont-Kennzahlensystem nur eine einperiodige Betrachtungsweise und ist durch die Ausrichtung auf die Spitzenkennzahl ROI eindimensional und damit in seiner Aussagekraft beschränkt. ▶ **Abb. 44** zeigt den üblichen DuPont-Kennzahlenbaum.

Reichmann/Lachnit (1976, S. 705 ff.) entwickelten das im deutschsprachigen Raum sehr bekannte RL-Kennzahlensystem das seinen Fokus auf die Größen Rentabilität und Liquidität legt. Dabei unterscheidet das **RL-Kennzahlensystem** einen allgemeinen Teil und einen Sonderteil: Der allgemeine Teil ist unternehmensunabhängig, wohingegen der Sonderteil betriebsspezifische Besonderheiten berücksichtigt. Durch diese konzeptionelle Gestaltung weist das RL-Kennzahlensystem eine hohe Flexibilität auf. Zusätzlich ist die Ausrichtung auf Rentabilität und Liquidität als positiv zu bewerten. Ausgangspunkt für die Analyse der Rentabilität ist das ordentliche Betriebsergebnis (siehe ▶ **Abb. 45**), während die Analyse der Liquidität am Zahlungsmittelstand des Unternehmens ansetzt (siehe ▶ **Abb. 46**).

Die oben erwähnte Untersuchung von Weber/Sandt bestätigt die oben genannte Kritik an traditionellen Kennzahlensystemen und untermauert die Bedeutung von nichtfinanziellen Kennzahlen. Aus diesem Grund gehen wir im weiteren Verlauf des Buches noch auf wertorientierte Kennzahlen (siehe ▶ **Kap. 8.2.7**) sowie auf die

8 Instrumente des Controllings

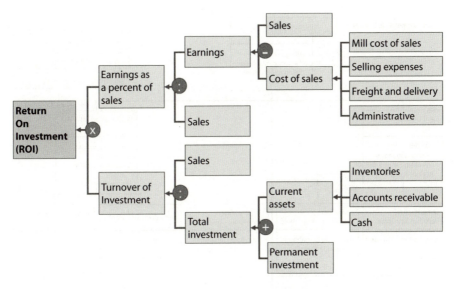

Abb. 44: Kennzahlenbaum des Du Pont-Kennzahlensystems

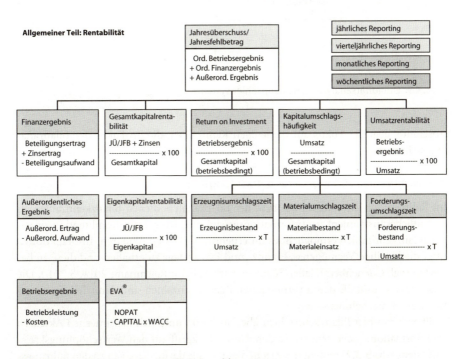

Abb. 45: Rentabilitätsanalyse im RL-Kennzahlensystem

integrative Betrachtung von finanziellen und nichtfinanziellen Kennzahlen im Rahmen der Balanced Scorecard (siehe ▶ **Kap. 8.2.8**) ein. Im weiteren Verlauf dieses

107

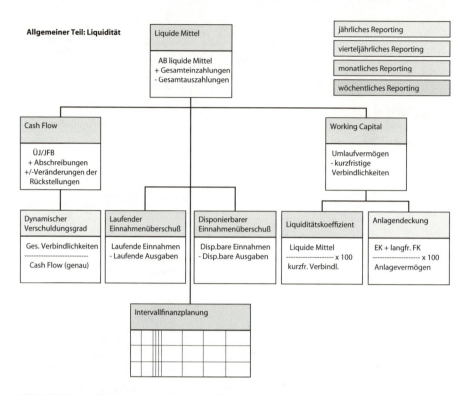

Abb. 46: Liquiditätsanalyse im RL-Kennzahlensystem

Abschnitts liegt der Fokus auf denjenigen Kennzahlen, die im Fokus der Bilanzanalyse stehen.

Bilanzkennzahlen als besonderes Betrachtungsobjekt

Im Rahmen der Jahresabschluss- bzw. der Bilanzanalyse dienen Bilanzkennzahlen als wesentliches Instrument zur Informationsgewinnung. Die gezielte Kombination einzelner Bilanzkennzahlen ermöglicht es unternehmensexternen Akteuren, **Informationen über** die jeweilige **Vermögens-, Finanz- und Ertragslage** zu erhalten und diese zu bewerten (vgl. Coenenberg/Haller/Schultze 2009, S. 1013; Reichmann 2011, S. 73 f.). Die Bilanzanalyse und die damit verbundenen Bilanzkennzahlen sind dann Teil einer umfassenden Unternehmensanalyse.

Ebenso können Bilanzkennzahlen aber auch von unternehmensinternen Akteuren als Informationsquelle genutzt werden. Unter Rückgriff auf den Wertschöpfungskreislauf (siehe ▶ **Kap. 3.2**) besteht das Ziel in diesem Falle darin, Aussagen zu den Führungsgrößen Liquidität, Erfolg und Erfolgspotentiale aus den Bilanzkennzahlen zu gewinnen.

Die Bilanzanalyse und die damit verbundenen Bilanzkennzahlen ermöglichen es im Wesentlichen, den Jahresabschluss eines Unternehmens in Bezug auf die operativen Führungsgrößen Erfolg und Liquidität zu analysieren (vgl. Coenenberg/Haller/Schultze

2009, S. 1015). Ermöglicht wird dies durch die zwei Perspektiven der finanzwirtschaftlichen und der erfolgswirtschaftlichen Bilanzanalyse, welche nachfolgend dargestellt und mit ausgewählten Kennzahlen beschrieben werden. Eine Analyse der Erfolgspotenziale ist durch Bilanzkennzahlen nur rudimentär möglich, da ausschließlich die im HGB definierten Vermögenswerte bilanziert werden dürfen und somit einer Bilanzanalyse zugänglich sind. Der Großteil der **Erfolgspotenziale** von Unternehmen ist hingegen **nicht bilanzierungsfähig** und damit durch die Bildung von Bilanzkennzahlen nicht erfassbar.

Finanzwirtschaftliche Bilanzanalyse

Die finanzwirtschaftliche Bilanzanalyse versucht durch die gezielte Aggregation von Daten, Informationen über die Finanzkraft des Unternehmens bereitzustellen. Die maßgeblichen Untersuchungsaspekte sind in diesem Zusammenhang die Unternehmensliquidität, die Struktur des Vermögens sowie die Struktur des Kapitals. Diese Charakteristik führt innerhalb der finanzwirtschaftlichen Bilanzanalyse zur Unterscheidung der drei Bereiche Investitionsanalyse (Kapitalverwendung), Finanzierungsanalyse (Kapitalaufbringung) und Liquiditätsanalyse (Zusammenhang zwischen Investition und Finanzierung) (vgl. Coenenberg/Haller/Schultze 2009, S. 1047).

Investitionsanalyse

Die Investitionsanalyse untersucht vorrangig die Konfiguration des Vermögens und die damit verbundene Dauer der Bindung des Vermögens. Unternehmen befinden sich im stetigen Zwiespalt zwischen einer langen Bindungsdauer, die tendenziell eine höhere Rendite verspricht, und der mit einer langen Bindungsdauer verbundenen Gefahr der Illiquidität, da die Vermögenswerte im Falle eines Liquiditätsengpasses dann nicht kurzfristig liquidiert werden können.

Die Analyse des Verhältnisses des Anlage- zum Umlaufvermögen spiegelt das Verhältnis des langfristig gebundenen Vermögens zum kurzfristig gebundenen Vermögen wider. Daneben können Kennzahlen gebildet werden, die den Anteil von Anlage- bzw. Umlaufvermögen am Gesamtvermögen abbilden (siehe ▶ **Abb. 47**).

$$\text{Vermögensintensität} = \frac{\text{Anlagevermögen}}{\text{Umlaufvermögen}}$$

$$\text{Anlagenintensität} = \frac{\text{Anlagevermögen}}{\text{Gesamtvermögen}}$$

$$\text{Umlaufintensität} = \frac{\text{Umlaufvermögen}}{\text{Gesamtvermögen}}$$

Abb. 47: Kennzahlen der finanzwirtschaftlichen Investitionsanalyse

Die **Interpretation von Bilanzkennzahlen** hat stets mit Bedacht zu erfolgen, wie das folgende Beispiel zeigen soll: Eine hohe Umlaufintensität kann einerseits im oben genannten Sinne positiv bewertet werden, da hierdurch die unternehmerische Flexibilität gewahrt bleibt. Andererseits kann eine hohe Umlaufintensität auch Schwachstellen im

Absatzprozess andeuten, wenn nämlich die produzierter Güter nicht abgesetzt werden konnten und daher den Lagerbestand erhöht haben. Zur Interpretation der statischen Bilanzkennzahlen sollten daher immer Vergangenheitswerte des Unternehmens selbst sowie Vergleichswerte von Unternehmen derselben Branche herangezogen werden.

Als weitere Kennzahlen insb. zur Analyse des Umlaufvermögens (siehe ▶ **Abb. 48**) dienen die Umschlagshäufigkeit sowie die Umschlagsdauer, die aufzeigen, mit welcher Intensität die Vermögensposten des Unternehmens innerhalb einer definierten Periode umgeschlagen werden (vgl. Temple 2007, S. 105 ff.).

$$\text{Umschlagshäufigkeit} = \frac{\text{Abgang in der Periode}}{\text{durchschnittliche Bestand}}$$

$$\text{Umschlagsdauer (in Tagen)} = \frac{\text{durchschnittlicher Bestand} \times 365}{\text{Abgang in der Periode}}$$

Abb. 48: Kennzahlen zur Analyse des Umlaufvermögens

Finanzierungsanalyse

Die Finanzierungsanalyse betrachtet die Kapitalstruktur des Unternehmens. Im Vordergrund der Betrachtung steht dabei die »Art, Sicherheit und Fristigkeit des Kapitals« (Coenenberg/Haller/Schultze 2009, S. 1054). Das Eigenkapital des Unternehmens steht diesem in der Regel langfristig und unkündbar zur Verfügung. Folglich geht eine hohe Eigenkapitalquote mit einer hohen finanziellen Unabhängigkeit einher. Eine hohe Fremdkapitalquote schränkt das Unternehmen in seiner Selbstständigkeit ein und beeinflusst maßgeblich die Bonitätsbeurteilungen potentieller Fremdkapitalgeber.

In Analogie zur Analyse der Vermögensstruktur werden hierbei Fremd- und Eigenkapital zueinander ins Verhältnis gesetzt (›statischer Verschuldungsgrad‹) sowie als Anteil am Gesamtkapital ausgedrückt (siehe ▶ **Abb. 49**).

$$\text{Eigenkapitalquote} = \frac{\text{Eigenkapital}}{\text{Gesamtkapital}}$$

$$\text{Fremdkapitalquote} = \frac{\text{Fremdkapital}}{\text{Gesamtkapital}}$$

$$\text{Statischer Verschuldungsgrad I} = \frac{\text{Fremdkapital}}{\text{Eigenkapital}}$$

Abb. 49: Kennzahlen zum Verschuldungsgrad im statischen Sinne

Liquiditätsanalyse

Bei der Liquiditätsanalyse wird versucht, den Zusammenhang zwischen der Investitionstätigkeit und der Finanzierung des Unternehmens zu analysieren. In den nachfolgenden ▶ **Abb. 50** und **51** werden die bedeutendsten Kennzahlen der Liquiditätsanalyse aufgezeigt.

8 Instrumente des Controllings

$$\text{Deckungsgrad I} = \frac{\text{Eigenkapital}}{\text{Anlagevermögen}}$$

$$\text{Deckungsgrad II} = \frac{\text{Eigenkapital + langfristiges Fremdkapital}}{\text{Anlagevermögen}}$$

Abb. 50: Lang- und mittelfristige Liquiditätskennzahlen

$$\text{Liquidität 1. Grades} = \frac{\text{liquide Mittel}}{\text{kurzfristiges Fremdkapital}}$$

$$\text{Liquidität 2. Grades} = \frac{\text{monetäres Umlaufvermögen}}{\text{kurzfristiges Fremdkapital}}$$

$$\text{Liquidität 3. Grades} = \frac{\text{monetäres Umlaufvermögen + Vorräte}}{\text{kurzfristiges Fremdkapital}}$$

Abb. 51: Kurzfristige Liquiditätskennzahlen

Innerhalb der Kennzahlen zur Liquiditätsanalyse wird zwischen Deckungsgraden und Liquiditätsgraden unterschieden. Deckungsgrade können als mittel- bis langfristig bezeichnet werden, während die Liquiditätsgrade eher kurzfristigen Charakter aufweisen (vgl. Temple 2007, S. 90 ff.).

Erfolgswirtschaftliche Bilanzanalyse

Durch die gewählte Perspektive »Bilanzkennzahlen« in diesem Abschnitt erscheint es sinnvoll, den Fokus auf die Bereiche Ergebnisanalyse, Rentabilitätsanalyse und zusätzlich verstärkt auf den Bereich der Wertschöpfungsanalyse zu richten. Der Bereich der Break-Even-Analyse kann in diesem Zusammenhang vernachlässigt werden. Die klassischen Bilanzkennzahlen tangieren diese Bereiche lediglich am Rande.

Ergebnisanalyse

Über den im Jahresabschluss explizit auszuweisenden Jahresüberschuss/-fehlbetrag hinaus erschweren die verschiedenen Rechnungslegungsstandards (IFRS, HGB etc.) und die damit verbundenen unterschiedlichen Bilanzierungsmöglichkeiten eine Einschätzung der stillen Reserven eines Unternehmens. Bei kapitalmarktorientierten Unternehmen kann dieser Problematik mittels eines Vergleichs zwischen Börsen- und Bilanzwert begegnet werden (siehe ▶ **Abb. 52**): Hierbei wird davon ausgegangen, dass der

$$\text{Bilanzkurs} = \frac{\text{bilanzielles Eigenkapital}}{\text{Zahl der Aktien}}$$

$$\text{stille Reserven} = \text{Zahl der Aktien} \times (\text{Börsenkurs} - \text{Bilanzkurs})$$

Abb. 52: Ausgewählte Kennzahlen zur Ergebnisanalyse

Börsenkurs im Gegensatz zum Bilanzkurs dem »echten« Wert des Unternehmens nahe kommt (vgl. Coenenberg/Haller/Schultze 2009, S. 1095).

Rentabilitätsanalyse

Die Rentabilitätsanalyse erleichtert es, das analysierte Unternehmen mit dem Branchendurchschnitt bzw. mit ausgewählten Unternehmen (Peer Group) zu vergleichen, da eine Relativierung des Erfolgs mit dem eingesetzten Kapital vorgenommen wird. Neben dem Jahresüberschuss dient dabei der EBIT (earnings before interest and taxes) als rechnerische Größe die auch als operatives Ergebnis bezeichnet wird. Die folgende ▶ **Abb. 53** zeigt die klassischen Rentabilitätskennzahlen, die im Rahmen der Bilanzanalyse Verwendung finden (vgl. Coenenberg/Haller/Schultze 2009, S. 1135).

$$\text{Eigenkapitalrentabilität (EKR)} = \frac{\text{Jahresüberschuss}}{\text{durchschnittliches Eigenkapital}}$$

$$\text{Gesamtkapitalrentabilität (GKR)} = \frac{\text{EBIT}}{\text{durchschnittliches Gesamtkapital}}$$

$$\text{Umsatzrentabilität (UR)} = \frac{\text{EBIT}}{\text{Umsatz}}$$

$$\text{Kapitalumschlag} = \frac{\text{Umsatz}}{\text{durchschnittliches Gesamtkapital}}$$

Abb. 53: Kennzahlen zur Rentabilität

Wertschöpfungsanalyse

Die Wertschöpfungsanalyse dient als zusätzliches Informationsinstrument in der externen Rechnungslegung. Als eine der zentralen Erfolgsgrößen liefert die Wertschöpfung Informationen über den zusätzlich geschaffenen Mehrwert einer wirtschaftlichen Einheit. Dieses nachhaltige Erfolgsmaß ermöglicht es, Aussagen über den möglichen Fortbestand des Unternehmens zu treffen. Daher wird der Wertschöpfungsanalyse eine Zukunftsorientierung attestiert. Die Wertschöpfung ist eine Vorsteuergröße und somit eine strategisch bedeutsame Größe. Durch die Stakeholderbetrachtung wird die Wertschöpfung auch als das Einkommen der Stakeholder bezeichnet. Die konzeptionelle Ausgestaltung der Wertschöpfungsrechnung (siehe ▶ **Abb. 54**) gliedert sich in die Entstehungs- (indirekte Ermittlung) und Verwendungsrechnung (direkte Ermittlung).

Basierend auf dem Ergebnis der Wertschöpfungsrechnung lässt sich die Wertschöpfung als Ertragsgröße in verschiedenen Produktivitätskennzahlen nutzen (siehe ▶ **Abb. 55**).

Praxisbeispiele

Um die dargestellten Kennzahlen in Bezug zur Praxis abzubilden, können exemplarisch die beiden Rentabilitätsanalysen der Volkswagen AG und der BASF Gruppe betrachtet werden (siehe ▶ **Abb. 56** und **57**). Beide Unternehmen veröffentlichen verschiedene Rentabilitätskennzahlen auf den Internetpräsenzen ihrer Investor Relations-Abteilungen.

8 Instrumente des Controllings

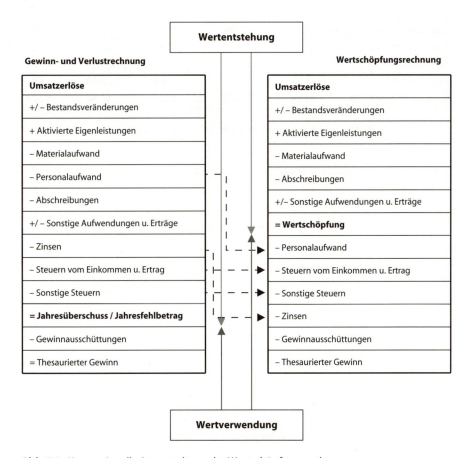

Abb. 54: Konzeptionelle Ausgestaltung der Wertschöpfungsrechnung

$$\text{Arbeitsproduktivität} = \frac{\text{Wertschöpfung}}{\text{durchschnittliche Beschäftigtenzahl}}$$

$$\text{Kapitalproduktivität} = \frac{\text{Wertschöpfung}}{\text{durchschnittliches Kapital}}$$

$$\text{Personalkostenproduktivität} = \frac{\text{Wertschöpfung}}{\text{Personalaufwand}}$$

Abb. 55: Wertschöpfungskennzahlen

Weiterführende Informationen:

Dieses Buch liefert einen umfassenden Überblick zu den bestehenden Bilanzkennzahlen: Coenenberg/Haller/Schultze 2009

Teil II: Elemente des wertschöpfungsorientierten Controllings

Rentabilitätskennzahlen	2008	2009	2010	2011	2012
Eigenkapitalrendite	13,58	2,72	14,87	26,78	28,02
Umsatzrendite	4,18	0,91	5,39	9,67	11,27
Gesamtrendite	2,83	0,54	3,43	6,08	7,01
Return on Investment	67,78	59,37	63,63	62,82	62,23

Abb. 56: Rentabilitätskennzahlen der Volkswagen AG (www.volkswagen.de)

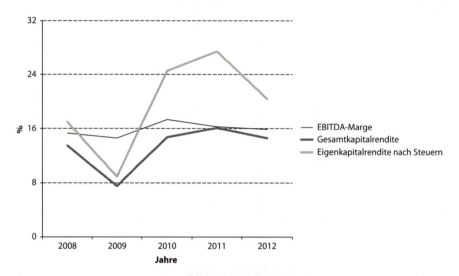

Abb. 57: Rentabilitätskennzahlen der BASF Gruppe (www.basf.de)

Dieses Werk liefert einen anschaulichen und praxisorientierten Kennzahlenüberblick:
Temple 2007

Abkürzungen:

EBIT   Earnings before Interest and Taxes
HGB   Handelsgesetzbuch
IFRS   International Financial Reporting Standards
ROI   Return on Investment

Wiederholungsfragen:

- Welche Funktionen sollen Kennzahlen im Allgemeinen erfüllen?
- Worin besteht der Vorteil von Kennzahlensystemen gegenüber einzelnen Kennzahlen?
- Beschreiben Sie die Zielsetzung der Bilanzanalyse!
- Was ist bei der Interpretation von Bilanzkennzahlen zu beachten?

- Erläutern Sie Kennzahlen, die in der finanzwirtschaftlichen Bilanzanalyse genutzt werden.
- Erläutern Sie Kennzahlen, die in der erfolgswirtschaftlichen Bilanzanalyse genutzt werden.

8.2.2 Kosten-, Erlös- und Ergebnisrechnung

Die Kosten-, Erlös- und Ergebnisrechnung ist, ebenso wie zahlreiche andere Controlling-Instrumente, Bestandteil des betrieblichen Rechnungswesens. Entsprechend lässt sich auch die Kosten-, Erlös- und Ergebnisrechnung im Wesentlichen als **Informationssystem** zur Abbildung ökonomisch relevanter Daten, hier im Speziellen in Form von Kosten-, Erlös- und Ergebnisdaten, charakterisieren.

Im Gegensatz zu anderen Instrumenten des betrieblichen Rechnungswesens lässt sich die Kosten-, Erlös- und Ergebnisrechnung von diesen allerdings anhand der (1) unternehmensinternen sowie (2) der erfolgsorientierten Ausrichtung abgrenzen (vgl. Schweitzer/Küpper 2011, S. 11). Die unternehmensinterne Orientierung impliziert dabei, dass für die Kosten-, Erlös- und Ergebnisrechnung **keine rechtliche Normierung** bezüglich Ihrer Durchführung besteht. Sie ist also eine **freiwillige Rechnung**, die sich vornehmlich an den Bedürfnissen und Interessen unternehmensinterner Informationsempfänger ausrichtet. Das Fehlen rechtlicher Vorgaben ermöglicht dabei eine weitestgehend zielorientierte Handlungsfreiheit hinsichtlich der spezifischen Ausgestaltung und Durchführung der Kosten-, Erlös- und Ergebnisrechnung (vgl. Deimel/Isemann/Müller 2006, S. 23).

Innerhalb der intern orientierten Instrumente des betrieblichen Rechnungswesens kann die Kosten-, Erlös- und Ergebnisrechnung ferner anhand ihrer Positionierung im Wertschöpfungskreislauf, bestehend aus Erfolgspotentialen, Erfolg und Liquidität, abgegrenzt werden. Während dabei die Investitionsrechnung verstärkt Erfolgspotentialinformationen und die Liquiditätsrechnung primär Liquiditätsinformationen generiert, so versucht die Kosten-, Erlös- und Ergebnisrechnung insb. **erfolgsrelevante Daten** abzuleiten.

Aus ihrer sowohl internen wie auch erfolgsorientierten Beschaffenheit ergibt sich ferner die von der Kosten-, Erlös- und Ergebnisrechnung verfolgte übergeordnete Zwecksetzung einer erfolgsorientierten **Entscheidungsunterstützung** sowie -beeinflussung unternehmensinterner Informationsempfänger. Hierunter fallen insb. die Aufgaben der erfolgsorientierten **Planung, Steuerung, Ermittlung, Dokumentation sowie Kontrolle betrieblicher Prozesse**. Konkretisiert lassen sich hierunter wiederum weitere Teilziele der Kosten-, Erlös- und Ergebnisrechnung, wie z. B. die Fundierung von Preis-, Standort- oder Produktportfolioentscheidungen subsumieren (vgl. Meyer 1992, S. 55).

Wie der Name Kosten-, Erlös- und Ergebnisrechnung bereits vorwegnimmt, sind unternehmensintern relevante Erfolgsgrößen, und folglich also das zentrale Erkenntnisobjekt der Kosten-, Erlös- und Ergebnisrechnung, Kosten, Erlöse und das, durch die Gegenüberstellung von Kosten und Erlösen ermittelte Ergebnis. Kosten können dabei grundsätzlich als der mit Preisen bewertete Verzehr von Produktionsfaktoren definiert werden. Darunter fallen der bewertete Verbrauch von Gütern und Dienstleistungen und der jeweilige bewertete Wertverlust von Betriebsmitteln. Folglich befasst sich die Kostenrechnung, als Teilinstrument der Kosten-, Erlös- und Ergebnisrechnung, mit der Erfassung und Verrechnung von Kosten auf Kostenträger oder Kostenstellen. Auf der anderen Seite können Erlöse als die mit Preisen bewertete betriebliche Leistung, d.h. als die mengenmäßige Ausbringung der betrieblichen Tätigkeit, umschrieben werden (vgl. Deimel/Isemann/Müller 2006, S.17). Die zugehörige Erlösrechnung liefert somit Informationen über die aus der Verwertung betrieblicher Leistung resultierenden Erlöse.

Die Ergebnisrechnung ergibt sich schließlich aus der Gegenüberstellung von Kosten- und Erlösrechnung und ermöglicht dadurch die Analyse des sich ergebenden Erfolgs. Im Zuge der Ergebnisrechnung lassen sich dabei im Wesentlichen zwei grundlegende, hinter der Ergebnisermittlung liegende Kostenrechnungssysteme, nämlich die **Vollkosten-** sowie die **Teilkostenrechnung**, unterscheiden (vgl. Becker/Kunz 2010, S.43). Je nach Zwecksetzung können eben jene Systematiken sowohl mit Ist-Daten als auch im Sinne einer Plankostenrechnung mit Plan-Daten Verwendung finden, sowie auf Basis normalisierter Daten als Normalkostenrechnung.

Zentrales Unterscheidungskriterium der beiden Systeme liegt vornehmlich in der Art und Weise der Verrechnung von Kosten auf Kostenträger oder auf sonstige Kosten-Bezugsobjekte. Historisch der Teilkostenrechnung vorausgehend, lag der originäre Zweck der **Vollkostenrechnung** anbieterorientiert in einer nachvollziehbaren und objektivierenden Preisfindung. Wirtschaftenden Betrieben war es insb. daran gelegen, über die Ermittlung von Selbstkosten eines Produkts, die eigenen Produktpreise vor der Nachfrage zu rechtfertigen. Nach dem **Verursachungsprinzip** sollten dabei möglichst alle im Unternehmen anfallenden Kosten den jeweiligen Kostenträgern, also den Produkten, zugeordnet werden. Es war folglich notwendig, **Ursache-Wirkungs-Beziehungen** zwischen den anfallenden Kosten und den jeweiligen Kostenträgern zu ermitteln, oder wenn dies nicht möglich war, Annahmen zu treffen, die eine Ursache-Wirkungs-Beziehung unterstellen. Um diese notwendige Vorgabe umzusetzen, wurde die Kostenrechnung in drei Teilgebiete bzw. in drei integrativ durchzuführende Teilschritte, die Kostenarten-, Kostenstellen- sowie Kostenträgerrechnung, untergliedert.

Die **Kostenartenrechnung** als erster zu vollziehender Schritt der Kostenrechnung dient vornehmlich dazu, die jeweiligen **Primärverbräuche** im Unternehmen nach Art und Wesen zu erfassen. Es soll folglich ermittelt werden, welche Produktionsfaktoren nach Menge und Wert eingesetzt werden. Typische Kostenarten umfassen dabei unter anderem Lohn- und Gehaltskosten, Materialkosten oder auch periodisierte Investitionsaufwendungen in Form von Abschreibungen und Zinsen. Die dafür notwendige Datenbasis wird gewöhnlich der Finanzbuchhaltung des jeweiligen Unternehmens und den darin enthaltenen **Zweckaufwendungen (Grundkosten)** entnommen. Unter Umständen müssen diese Daten dabei noch um etwaige, für interne Zwecke notwendige **Umbewertungen (Anderskosten)** oder um nicht in der Finanzbuchhaltung enthaltene **Kosten (Zusatzkosten)** ergänzt werden (vgl. Franz 1992, S.423). Neben der Erfassung der Art des jeweiligen Wertverzehrs ist ein weiterer wesentlicher Arbeitsschritt innerhalb der Kostenartenrechnung die Charakterisierung der jeweiligen Kosten nach deren **Beschäftigungsabhängigkeit** bzw. -veränderlichkeit (fixe vs. variable Kosten) sowie nach deren **Zurechenbarkeit auf Kostenträger** (Gemein- vs. Einzelkosten) notwendig. Da nicht alle Kosten direkt auf die jeweiligen Kostenträger zurechenbar sind, weil z.B. keine direkte Ursache-Wirkungs-Beziehung festgestellt werden kann oder weil die Ermittlung der Zurechenbarkeit zu aufwändig erscheint, gilt es in der Folge, Zurechenbarkeitsannahmen über die nicht direkt zurechenbaren Kosten mittels geeigneter Verfahren zu treffen.

Die dafür notwendige Grundlage wird in der sich der Kostenartenrechnung anschließenden **Kostenstellenrechnung** gelegt. Hierbei werden die Kosten, und hier insb. die nicht direkt zurechenbaren Gemeinkosten, festgelegten »Abrechnungsbezirken« (Kostenstellen) zugeordnet (vgl. Weber/Schäffer 2011 S.140). Es werden faktisch die Orte und die Verantwortlichkeit der **Kostenentstehung** ermittelt. Eine für den Zweck der Zuordnung von Kosten auf Kostenträger wesentliche Unterteilung eben jener Kostenstellen liegt in der Unterscheidung zwischen sog. **Vor- und Endkostenstellen** oder äquivalent zwischen **Hilfs- und Hauptkostenstellen** (vgl. Friedl 2004, S.147). Da Vorkostenstellen nicht direkt am Leistungserstellungsprozess und folglich nicht an der Erstellung von Kostenträgern beteiligt sind, sondern nur Vorleistungen für direkt am Leistungserstellungsprozess beteiligte Endkostenstellen erbringen, sind auch deren Gemeinkosten entsprechend »weit« von einem jeweiligen Kostenträger entfernt. Um aber auch die Gemeinkosten der Vorkostenstellen möglichst verursachungsgerecht auf die jeweiligen Kostenträger verrechnen zu können, ist es nötig, die Vorleistungen der Vorkostenstellen mittels interner Leistungsverrechnung auf die Endkostenstellen zu verteilen (vgl. Schweitzer/Küpper 2011, S.130ff.). Diese innerbetriebliche Leistungsverrechnung stellt deswegen innerhalb der Kostenstellenrechnung den wesentlichen Arbeitsschritt dar. Ergebnis der Kostenstellenrechnung sollte folglich die schlussendliche Kostenentlastung der Vorkostenstellen und die entsprechende Kostenbelastung der jeweiligen Endkostenstellen sein. Die prinzipiell nicht direkt zurechenbaren Gemeinkosten werden folglich möglichst »nahe« an den jeweiligen Erstellungsprozess der Kostenträger durch die Kostenstellenrechnung herangeführt.

In einem nächsten Schritt gilt es sodann, die jeweiligen Gesamtkosten der Endkostenstellen auf die Kostenträger möglichst verursachungsgerecht zu verrechnen. Der Arbeitsschritt der Verrechnung aller anfallenden Kosten auf die jeweiligen Kostenträger wird dabei innerhalb der **Kostenträgerrechnung** vollzogen (vgl. Deimel/Isemann/Müller 2006, S.203). Während die Einzelkosten relativ einfach auf die Kostenträger verrechnet werden können, ist es für die Verrechnung der Gemeinkosten notwendig, Annahmen über deren Zurechenbarkeit zu treffen. Dafür gibt es unterschiedliche Möglichkeiten, wie etwa die der Verteilung der jeweiligen Gemeinkosten im Verhältnis zur jeweiligen Belastung der Kostenträger durch Einzelkosten (**Zuschlagskalkulation**). Hierbei wird angenommen, dass ein Kostenträger umso mehr Gemeinkosten verursacht, je mehr Einzelkosten durch ihn verzehrt werden (Vgl. Coenenberg/Fischer/Günther 2009, S.111). Neben diesen **Wertbasen** kann es allerdings unter Umständen aus Plausibilitätsgründen notwendig sein, Leistungsbasen zur Verrechnung der

117

Gemeinkosten heranzuziehen. Insb. im Fertigungsbereich wird hierbei zumeist mit **Maschinenstundensätzen** und in fertigungsfernen Bereichen, sofern entsprechende Vorbedingungen erfüllt sind, mit **Prozesskostensätzen** gearbeitet. ▶ **Abb. 58** gibt den Gesamtzusammenhang von Kostenarten-, Kostenstellen- und Kostenträgerrechnung grafisch wieder.

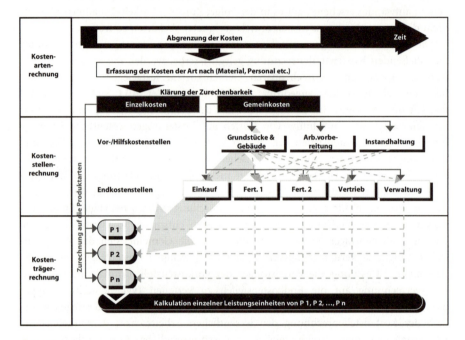

Abb. 58: Gesamtzusammenhang von Kostenarten-, Kostenstellen- und Kostenträgerrechnung (in Anlehnung an Becker 2011, S. 93)

Die über die Vollkostenrechnung ermittelten Selbstkosten eines Kostenträgers werden schließlich in der Ergebnisrechnung den jeweiligen Erlösen der Kostenträger gegenübergestellt. Die Vorzüge der Ergebnisrechnung auf Vollkostenbasis ergeben sich vornehmlich aus verhaltensorientierten Zwecksetzungen (vgl. Becker/Kunz 2010, S. 53). Aufgrund ihrer einfachen Ursache-Wirkungslogik sowie der Grundannahme, dass die jeweiligen Kostenträger alle im Unternehmen anfallenden Kosten zu decken haben, ist die Anwendung für die Anwender intuitiv verständlich und nachvollziehbar. Ferner kann durch die strikt festgelegte Zurechnung aller Kosten Interessenskonflikten im Vorhinein bereits begegnet werden. Definitorischen Auseinandersetzungen über nicht direkt zurechenbare Kosten werden dadurch vorgebeugt.

Trotz dieser eher verhaltensorientierten Vorteile stehen der Vollkostenrechnung allerdings wesentliche Mängel hinsichtlich ihrer entscheidungsorientierten Zwecksetzung entgegen. Diese Mängel ergeben sich dabei sowohl aus der undifferenzierten Betrachtung der Beschäftigungssituation sowie aus der Ungenauigkeit der notwendigen

Schlüsselungen. Da im Ergebnis der Vollkostenrechnung keine Unterscheidung zwischen beschäftigungsabhängigen und -unabhängigen Kosten getroffen wird, kann auch die **Auswirkung kurzfristiger Beschäftigungsabweichungen** nicht erkenntlich gemacht werden. Durch die vollständige Verteilung aller Kosten auf die jeweiligen Kostenträger würde etwa ein kurzfristiger Beschäftigungsrückgang zu höheren Selbstkosten der Kostenträger führen, da die nicht durch die Beschäftigungsmenge veränderlichen Fixkosten nun auf weniger Kostenträger zu verteilen sind. Unter Umständen kann eine damit implizierte Preissteigerung die Nachfrage weiter reduzieren, was wiederum eine weitere Erhöhung der Selbstkosten zur Folge hätte. Ein sich ›**aus dem Markt herauskalkulieren**‹ wäre somit die Folge. Darüber hinaus kann auch die undifferenzierte Behandlung von Einzel- und Gemeinkosten in der Ergebnisrechnung falsche Entscheidungsannahmen provozieren. Durch die Verrechnung von Gemeinkosten auf einzelne Kostenträger kann leicht der Eindruck erweckt werden, dass z. B. die Elimination einzelner Kostenträger sowohl Auswirkungen auf die dazugehörigen Einzel- wie auch auf die verrechneten Gemeinkosten hat. Allerdings sind von einer **Eliminationsentscheidung** eines Kostenträgers nur die jeweiligen Einzelkosten betroffen, während die Gemeinkosten, unabhängig der Existenz eines Kostenträgers, weiterhin anfallen (vgl. Riebel 1990 S.36 f.). Um entsprechende Fehlentscheidungen nicht zu provozieren, ist es folglich sinnvoll, in der Ergebnisrechnung auf entsprechende Zusammenhänge Rücksicht zu nehmen.

Eine diese Problemstellungen berücksichtigende Kostenrechnungssystematik stellt hierbei die sog. Teilkostenrechnung dar. Von Beginn an orientiert sich die **Teilkostenrechnung** im Gegensatz zur Vollkostenrechnung an den am Markt erzielbaren Erlösen und ermittelt von diesen ausgehend retrograd den jeweiligen Erfolg des Unternehmens (vgl. Becker/Kunz 2010, S.47). Entscheidend ist hierbei allerdings, dass die im Unternehmen anfallenden Kosten nicht wie in der Vollkostenrechnung als undifferenzierter Block, sondern »geteilt«, nach entscheidungsrelevanten Kriterien, stufenweise von den Erlösen subtrahiert werden. Als entscheidungsrelevante Kriterien sind hierbei, wie bereits aus der Kritik zur Vollkostenrechnung ableitbar, insb. die Abhängigkeit der Kosten von der jeweiligen Beschäftigung sowie die Zurechenbarkeit der Kosten zu bestimmten Bezugsobjekten (z. B. Produkten) definiert. Diese differenzierte Erfolgsorientierung ermöglicht somit ein Denken in Bruttoerfolgen, d. h. in Teilerfolgsgrößen (oder Deckungsbeiträgen), die z. B. sichtbar machen können, welchen Beitrag eine bestimmte Erzeugnisart leistet, um die im Unternehmen nicht direkt zurechenbaren fixen Kosten zu decken. Die Auswirkungen von Unternehmensentscheidungen hinsichtlich eines möglichen Erfolges, wie z. B. von Produkteliminationen oder Preisfestsetzungen, werden dadurch unweigerlich transparenter und nachvollziehbarer gemacht als dies durch die Vollkostenrechnung möglich erscheint.

Innerhalb der Teilkostenrechnung lassen sich dabei verschiedene Varianten voneinander unterscheiden, die je nach Entscheidungsnotwendigkeit Verwendung finden können bzw. sollen. Die jeweiligen Varianten lassen sich deswegen primär anhand der Orientierung an entscheidungsrelevanten Kriterien, also der Beschäftigungsabhängigkeit sowie Zurechenbarkeit, sowie anhand der Anzahl der differenzierten Stufen unterscheiden. Als Basiskonzept der Teilkostenrechnung gilt dabei die sog. **einstufige**

Deckungsbeitragsrechnung (**Direct Costing**) die lediglich eine einstufige Unterscheidung zwischen fixen und variablen Kosten zulässt (vgl. Kloock 1997, S. 318 ff.). Die einstufige Deckungsbeitragsrechnung trennt zwar gemäß Beschäftigungsabhängigkeit zwischen fixen und variablen Kosten, differenziert aber innerhalb der fixen Kosten nicht weiter. Durch die einstufige Deckungsbeitragsrechnung kann also nur bestimmt werden, ob eine Erzeugnisart dazu beiträgt, die gesamten, im Unternehmen »übriggebliebenen« Fixkosten zu decken.

Allerdings kann es unter Umständen nützlich sein, neben der Bruttoerfolgsstärke einzelner Erzeugnisse auch die Bruttoerfolgsstärke höher aggregierter Entscheidungsobjekte (wie z. B. ganzer Sparten oder Unternehmensbereiche) in Erfahrung zu bringen. Aus diesem Grund versucht eine **mehrstufige Deckungsbeitragsrechnung** den gesamthaften Fixkostenblock weiter in Hierarchieebenen stufenweise zu differenzieren. Je nachdem wie die Fixkostenstruktur in einem Unternehmen demnach vorliegt, können Fixkosten bestimmten Aggregationsstufen, wie z. B. **Produktgruppen oder Sparten**, zugerechnet werden. Damit ist es bspw. möglich, dass Abschreibungskosten für eine Maschine fix sind, allerdings diese Maschine nicht für alle Produkte eines Unternehmens genutzt wird, sondern nur für Produkte einer bestimmten Sparte. Diese Fixkosten sind folglich exakt einer bestimmten Sparte zurechenbar, was es ermöglicht diese Fixkosten auch nur den Erlösen der jeweiligen Sparte gegenüberzustellen. Wenn nun alle Fixkosten einer Sparte zusammengefasst werden und von den Erzeugnisdeckungsbeiträgen der jeweiligen Spartenprodukte abgezogen werden, kann als Ergebnis abgelesen werden, inwieweit diese Sparte dazu beiträgt, die auf höherer Aggregationsebene übriggebliebenen (Unternehmens-)Fixkosten zu decken.

Die mehrstufige Deckungsbeitragsrechnung ermöglicht es folglich, neben der reinen Erzeugnisbetrachtung, Entscheidungsgrundlagen auf höheren Aggregationsebenen transparent zu machen. Allerdings weisen diese Aggregationsebenen im Rückschluss immer Erzeugnisbezug auf. In Anbetracht der Vielgestaltigkeit unternehmerischer Entscheidungen, die oftmals weit über den reinen Erzeugnisbezug hinausgehen (man denke z. B. an Entscheidungen über Standorte oder Kundengruppen), erscheint es notwendig, auch den Erfolg anderer Dimensionen durch ein Kostenrechnungssystem abbildbar zu machen. Das von Riebel entwickelte Konzept einer **mehrdimensionalen Einzelkostenrechnung** trägt dieser Anforderung Rechnung, indem es versucht, relative Einzelkosten für jegliche, als relevant erachtete **Analysedimensionen** im Unternehmen, wie z. B. Produkte, Aufträge, Kunden, Standorte, Funktionsbereiche, Perioden zu ermitteln (vgl. z. B. Riebel 1990, 1992). Sind die direkt zurechenbaren Kosten einer Dimension, bspw. einer bestimmten Kundengruppe bekannt, ist es möglich, die Auswirkungen zu ermitteln, die ein Verzicht auf die Bedienung der jeweiligen Kundengruppe auf das Unternehmensergebnis hätte. Abbildung grenzt nochmals grafisch die verschiedenen Arten der Teilkostenrechnung voneinander ab.

Zusammenfassend kann also der Teilkostenrechnung attestiert werden, dass es durch sie, je nach Ausgestaltung, möglich ist, eine Vielzahl unterschiedlicher, **entscheidungsrelevanter Kennzahlen** abzuleiten, die z. B. Transparenz hinsichtlich der Förderungswürdigkeit von Produkten, Sparten, Regionen oder Kundengruppen ermöglichen. Gleichzeitig macht eine solche differenziertere Entscheidungsorientierung

8 Instrumente des Controllings

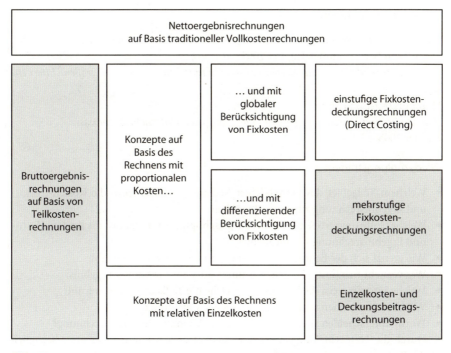

Abb. 59: Mehrstufigkeit und Mehrdimensionalität der Teilkostenrechnung (in Anlehnung an Becker 2011, S. 280)

Kostenverbundeffekte deutlich sichtbar, was nicht zuletzt in der Preispolitik eine erhöhte Flexibilität ermöglicht. Es können bspw. in Zeiten eines Nachfragerückgangs kurzfristig die jeweiligen proportionalen Kosten als Preisuntergrenze eines Erzeugnisses angesetzt werden, um der rückläufigen Nachfrage entgegenzuwirken. Nachteilig könnte sich hierbei allerdings auswirken, dass diese Möglichkeit unter Umständen von den jeweiligen Produktverantwortlichen zu stark in Anspruch genommen wird, und sich dadurch im Unternehmen eine zu nachgiebige Preispolitik verbreitet, welche wiederum den längerfristigen Erfolg des Gesamtunternehmens gefährden kann (vgl. Becker/Kunz 2010, S. 50). Neben dieser Problematik ist im Zuge der Teilkostenrechnungen ebenso einschränkend zu erwähnen, dass deren Anwendung hohe Anforderungen sowohl an die jeweiligen ausführenden Mitarbeiter als auch an die notwendige informationstechnische Unterstützung stellt. Einerseits ist die Berechnungslogik der Teilkostenrechnung im Vergleich zur Vollkostenrechnung wesentlicher komplexer, was im Umkehrschluss entsprechendes Know-how der Anwender voraussetzt, andererseits bedarf es, insb. im Fall der relativen Einzelkostenrechnung, einer enormen Mess- und Berechnungsleistung, die nur mit der entsprechenden IT-Unterstützung umsetzbar erscheint. Aus Gründen eines Ausgleichs zwischen Kurz- und Langfristorientierung sowie aus Gründen der Umsetzbarkeit ist es deswegen in Praxis häufig zu beobachten, dass sowohl die Voll- als auch die Teilkostenrechnung parallel Einsatz finden.

Weiterführende Literatur:

Eine Studie zum Stand der Kostenrechnung in deutschen Großunternehmen:
Friedl/Frömberg/Hammer/Küpper 2009
Eine vergleichende Studie zur Kostenrechnung in mittelständischen und großen Unternehmen:
Homburg/Karlshaus 1999
Eine Studie zum Kostenmanagement in der deutschen Unternehmenspraxis:
Kajüter 2005

Wiederholungsfragen:

- Welchem Teilgebiet des betrieblichen Rechnungswesens kann die Kosten-, Erlös- und Ergebnisrechnung zugeordnet werden?
- Welcher Führungsgröße gemäß dem Wertschöpfungskreislauf ist die Kosten-, Erlös- und Ergebnisrechnung zuzuordnen?
- Wie grenzt sich der Begriff der Leistung vom Begriff des Erlöses ab?
- Was versteht man unter Kosten, was unter Erlös und was unter Ergebnis?
- Welche Vorteile weist die Vollkosten-, welche die Teilkostenrechnung auf?
- Worin unterscheiden sich Voll- und Teilkostenrechnung?
- Worin unterscheiden sich die verschiedenen Arten der Teilkostenrechnung?
- Durch die Unterscheidung welcher Kostenkategorien können Aussagen bezüglich der Beschäftigungsabhängigkeit gemacht werden?
- Durch die Unterscheidung welcher Kostenkategorien können Aussagen bezüglich der Zurechenbarkeit gemacht werden?

8.2.3 Verrechnungspreise

Definition und Anwendungsfälle von Verrechnungspreisen

Preise sind der **Koordinationsmechanismus** zwischen voneinander unabhängigen Anbietern und Nachfragern, die auf Märkten aufeinandertreffen. Gemäß der Transaktionskostentheorie (siehe ▶ **Kap. 2.3**) werden Unternehmen jedoch gerade deshalb gegründet, weil die Koordination innerhalb eines Unternehmens vorteilhafter, d.h. kostengünstiger erscheint als zwischen zwei Unternehmen über den Markt. Nichtsdestotrotz versucht man mittels Verrechnungspreisen, den Marktmechanismus innerhalb von Unternehmen zu simulieren. Verrechnungspreise sind somit **Preise für Dienstleistungen oder Produkte**, die von einer Organisationseinheit erstellt und von einer anderen, rechnerisch abgegrenzten Organisationseinheit bezogen werden. Im Hinblick auf die Beziehung zwischen leistender und empfangender Organisationseinheit können drei Fälle unterschieden werden (siehe ▶ **Abb. 60**):

- **Fall 1**: Verrechnungspreise zwischen einer leistenden (Vor-)Kostenstelle und einer empfangenden (End-)Kostenstelle desselben Profit Centers wurden im Kontext der Kostenstellenrechnung behandelt (siehe ▶ **Kap. 8.2.2** sowie Coenenberg/Fischer/Günther 2009, S. 107 ff. und S. 188 ff.) und stehen in diesem Kapitel nicht im Fokus.

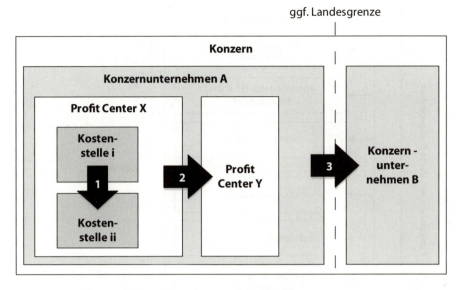

Abb. 60: Anwendungsfälle von Verrechnungspreisen

- **Fall 2**: Verrechnungspreise zwischen zwei Profit Centern innerhalb desselben Unternehmens werden in Anlehnung an Pfaff/Stefani (2006, S. 518) auch als **Transferpreise** bezeichnet.
- **Fall 3**: Verrechnungspreise werden für Leistungen benötigt, die ein Unternehmen von einem anderen Unternehmen desselben Konzerns (siehe ▶ **Kap. 12.1**) bezieht. Während bei den Fällen 1 und 2 die Verrechnungspreise rein nach betriebswirtschaftlichen Überlegungen festgelegt werden können, kommen beim Fall 3 zusätzlich steuerliche Aspekte ins Spiel: Da es sich um eigenständige Unternehmen handelt, können für diese unterschiedliche ertragssteuerliche Vorschriften gelten, z. B. wenn diese Unternehmen unterschiedliche Rechtsformen haben oder sich in unterschiedlichen Ländern befinden. Die enorme Bedeutung dieses Falles wird durch die Schätzung deutlich, dass sich ca. 70 % des Welthandels innerhalb von Konzernen abspielt (vgl. Brähler 2010, S. 407).

Funktionen von Verrechnungspreisen

Unter Rückgriff auf die drei oben genannten Fälle sollen Verrechnungspreise sowohl interne, betriebswirtschaftlich motivierte als auch externe, insb. steuerlich motivierte Funktionen erfüllen. Einen einleitenden Überblick gibt ▶ **Abb. 61**.

Die wesentlichen internen Funktionen von Verrechnungspreisen sind:

- **Abstimmung dezentraler Einheiten**: Durch den Preismechanismus soll Angebot und Nachfrage innerbetrieblicher Leistungen so gesteuert werden, dass aus Sicht der übergeordneten Gesamtorganisation ein Optimum erreicht wird.

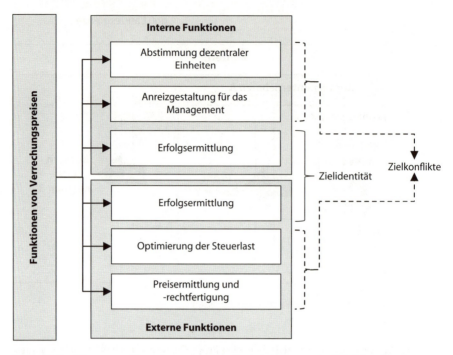

Abb. 61: Funktionen von Verrechnungspreisen (in Anlehnung an Stoffels/Kleindienst 2005, S. 94)

- **Erfolgsermittlung:** Da die leistende Einheit in Höhe des Verrechnungspreises Erlöse erzielt und der Verrechnungspreis für die empfangende Einheit Einstandskosten darstellt, wird der Erfolg beider Organisationseinheiten beeinflusst.
- **Anreizgestaltung für das Management:** Viele Manager sind durch variable Gehaltsanteile am Erfolg ihrer Organisationseinheit beteiligt und haben somit eine Motivation, diesen zu mehren (siehe auch ▶ **Kap. 8.2.10**). Da Verrechnungspreise erfolgsrelevant sind, können sie Anreize für die Manager geben, Entscheidungen im Sinne der Unternehmensziele zu treffen.

Die empirisch im Jahr 2005 unter börsennotierten Schweizer Unternehmen ermittelte Bedeutung der internen Funktionen von Verrechnungspreisen zeigt ▶ **Abb. 62**. Es zeigt sich, dass die Erfolgsermittlung mit deutlichem Abstand am wichtigsten ist.
Die wesentlichen externen Funktionen von Verrechnungspreisen sind:

- **Erfolgsermittlung:** Verrechnungspreise beeinflussen das handelsrechtliche Ergebnis von Unternehmen und wirken sich somit auf die Entscheidungen von Banken zur Kreditvergabe, von Kunden und Lieferanten zur Aufnahme von Geschäftsbeziehungen oder von Investoren zur Bereitstellung von Eigenkapital aus. Verrechnungspreise dienen im externen Rechnungswesen zudem der Bestandsbewertung bezogener Produkte.

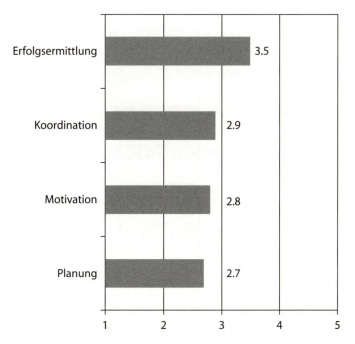

Abb. 62: Bedeutung interner Funktionen in der Praxis (vgl. Pfaff/Stefani 2006, S. 520)

- **Optimierung der Steuerlast**: Direkt oder über den Umweg des handelsrechtlichen Ergebnisses wirken sich Verrechnungspreise auch auf das steuerliche Ergebnis und damit auf die Höhe der an den jeweiligen Fiskus zu entrichtenden Ertragssteuern aus. Jedes Unternehmen ist bemüht, im Rahmen der gesetzlich zulässigen Möglichkeiten seine Steuerlast zu minimieren. Die Gestaltung von Verrechnungspreisen kann folglich dazu beitragen, die Steuerbelastung zu reduzieren. Dies ist vor allem für international tätige Konzerne von Relevanz, bei denen Leistungsbeziehungen zwischen Konzernunternehmen in Hochsteuerländern und Konzernunternehmen in Niedrigsteuerländern bestehen.
- **Preisermittlung und -rechtfertigung**: Verrechnungspreise bezogener Produkte und Dienstleistungen gehen in die Kosten der eigenen Leistungen ein und beeinflussen somit eine kostenbasierte Preissetzung. Bei regulierten Märkten oder bei der Beteiligung an Ausschreibungen um öffentliche Aufträge dienen Verrechnungspreise zudem der Rechtfertigung dieser Preise.

Die in der genannten Studie erhobene Bedeutung der verschiedenen externen Funktionen von Verrechnungspreisen zeigt ▶ **Abb. 63**. Hier ist wiederum die Erfolgsermittlung, die Preisrechtfertigung sowie insb. die Steueroptimierung von hoher Wichtigkeit.

Zielbeziehungen und Verrechnungspreissysteme

Da die Erfolgsermittlung sowohl eine interne wie auch eine externe Funktion von Verrechnungspreisen darstellt, liegt diesbezüglich Zielidentität vor. Zwischen den übrigen

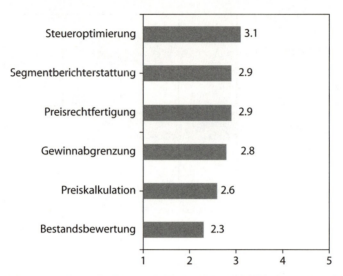

Abb. 63: Bedeutung externer Funktionen in der Praxis (vgl. Pfaff/Stefani 2006, S. 519)

internen und externen Funktionen können jedoch **Zielkonflikte** auftreten. Wir wollen dies an einem Beispiel erläutern und greifen hierzu die interne Funktion ›Abstimmung dezentraler Einheiten‹ und die externe Funktion ›Optimierung der Steuerlast‹ heraus: Konzernunternehmen A ist in einem Niedrigsteuerland ansässig und stellt bestimmte Halbfertigerzeugnisse her. Konzernunternehmen B mit Sitz in einem Hochsteuerland benötigt diese Halbfertigerzeugnisse und steht vor einer **Make or buy-Entscheidung**: Entweder es bezieht das Halbfertigerzeugnis konzernintern von A, oder aber es bezieht ein vergleichbares Produkt von einem externen lokalen Anbieter. Der Verrechnungspreis des Halbfertigerzeugnisses wurde so hoch wie zulässig gewählt, um möglichst viel Umsatz und damit Gewinn im Niedrigsteuerland auszuweisen. Hierdurch erweist sich für B jedoch der Fremdbezug beim lokalen Anbieter als kostengünstiger. Aus Sicht des Konzerns wäre es hingegen besser gewesen, wenn B das Halbfertigprodukt bei A bezieht, da A hierdurch seine Produktionskapazitäten auslasten könnte. Die steuerlich motivierte Gestaltung von Verrechnungspreisen kann also aus Sicht des Gesamtkonzerns suboptimale Management-Entscheidungen auf Ebene der einzelnen Konzernunternehmen nach sich ziehen.

Angesichts der potentiellen Konflikte zwischen internen und externen Funktionen stehen Unternehmen vor der Wahl, Ein- oder Mehrkreissysteme von Verrechnungspreisen einzurichten.

- **Einkreissysteme**: Hier existiert für eine innerbetriebliche Leistung nur ein einheitlicher Verrechnungspreis. Den Vorteilen eines geringen Aufwands zur Pflege des Verrechnungspreissystems sowie einer guten Kommunizierbarkeit steht der Nachteil entgegen, dass mit einem einheitlichen Verrechnungspreis ggf. nicht alle internen und externen Funktionen in gleicher Wiese erfüllt werden können.

- **Mehrkreissysteme**: Hier existieren für dieselbe innerbetriebliche Leistung mehrere verschiedene Verrechnungspreise, um hiermit jeweils spezifische Funktionen zu erfüllen. Da mit der Anzahl paralleler Verrechnungspreise der Aufwand für die Systempflege steigt und die Nachvollziehbarkeit des Systems sinkt, finden sich zumeist Zweikreissysteme mit je einem Preis für betriebswirtschaftliche und für steuerliche Zwecke. Da die Steuerbehörden im Falle von Betriebsprüfungen ein umfangreiches Zugriffsrecht auf die Unternehmensdaten haben, besteht bei einem Zweikreissystem die Gefahr, dass die steuerlichen Verrechnungspreise nicht anerkannt und stattdessen die betriebswirtschaftlichen Verrechnungspreise zur Steuerermittlung herangezogen werden. Im internationalen Kontext besteht des Weiteren die Gefahr einer Doppelbesteuerung, falls die Steuerbehörde im Land der Leistungserbringung den Verrechnungspreis anpasst, ohne dass jedoch die Steuerbehörde im Land des Leistungsempfangs eine entsprechende entgegen gerichtete Anpassung akzeptiert.

In der Praxis erscheinen Zweikreissysteme kaum praktikabel (vgl. Clemens 2008, S. 291). Da bei Einkreissystemen die Compliance, d. h. das gesetzeskonforme Handeln oberste Priorität hat, werden die Verrechnungspreise zumeist nach steuerlichen Erwägungen festgelegt. Unternehmen nehmen daher vermehrt davon Abstand, mit Verrechnungspreisen betriebswirtschaftliche Funktionen erfüllen zu wollen und greifen stattdessen ersatzweise auf andere Kennzahlen zu (vgl. für ein aktuelles Praxisbeispiel Sen/Fallscheer 2013).

Methoden für die Ermittlung von Verrechnungspreisen

Aus betriebswirtschaftlicher Sicht existieren drei grundsätzliche Methoden für die Bildung von Verrechnungspreisen:

- **Marktorientiert**: Als Verrechnungspreis wird der Marktpreis einer vergleichbaren, extern erhältlichen Leistung herangezogen. Ein solcher Preis ist zwar objektiv, allerdings ist für viele innerbetrieblich erstellte Leistungen gerade keine vergleichbare Leistung am Markt verfügbar. Da sich Unternehmen im Sinne der Transaktionskostentheorie durch Kostenvorteile gegenüber Markttransaktionen auszeichnen, kann vom Marktpreis auch ein Abschlag vorgenommen werden (**marktorientierter Verrechnungspreis**).
- **Kostenorientiert**: Hier werden die Daten der unternehmensinternen Kostenrechnung für die Ermittlung der Verrechnungspreise herangezogen. Da der abgebende Bereich langfristig alle seine Kosten decken muss, besteht eine Möglichkeit darin, vollkostenorientierte Verrechnungspreise zu bilden. Gesteht man dem abgebenden Bereich zudem eine Marge zu, so spricht man von ›Kosten plus‹-Verrechnungspreisen. Als nachteilig erweist sich hierbei, dass der erbringende Bereich bei Abnahme seiner Leistungen zu Vollkosten keinen Druck für Effizienzsteigerungen verspürt. Eine andere Möglichkeit besteht darin, den Verrechnungspreis in Höhe der kurzfristig relevanten **Grenzkosten** zu setzen. Hier besteht jedoch die Gefahr, dass der abgebende Bereich langfristig nicht alle (Fix-)Kosten decken kann.

- **Verhandlungsbasiert**: Hier wird der Verrechnungspreis zwischen dem liefernden und dem abnehmenden Bereich ›fair‹ ausgehandelt. Die Untergrenze aus Sicht des liefernden Bereichs stellen die Grenzkosten, die Obergrenze aus Sicht des abnehmenden Bereichs der Marktpreis dar. Problematisch erweist sich bei dieser Vorgehensweise, dass das Resultat auch vom Verhandlungsgeschick und von der Macht der Verhandlungspartner abhängig sein kann. Darüber hinaus kann die regelmäßige Verhandlung sämtlicher Verrechnungspreise ein Unternehmen regelrecht lähmen und den Blick vom eigentlich relevanten externen Endkunden ablenken.

▶**Abb. 64** entstammt ebenfalls der genannten Studie (vgl. Pfaff/Stefani 2006, S. 521 f.) und gibt einen Überblick über die Bedeutung der soeben erläuterten Ermittlungsmethoden für Verrechnungspreise, getrennt nach steuerrelevanten Verrechnungspreisen und steuerneutralen Transferpreisen (je größer die Zahl, desto höher die Bedeutung):

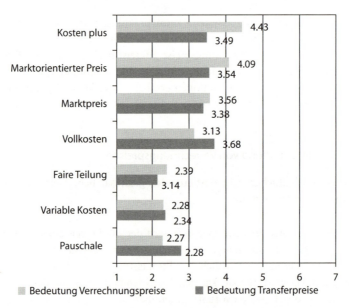

Abb. 64: Bedeutung von Verrechnungspreisarten in der Praxis (vgl. Pfaff/Stefani 2006, S. 521 f.)

Von grundlegender Bedeutung für die steuerliche Ermittlung von Verrechnungspreisen ist der **Fremdvergleichsgrundsatz** (Dealing at arm's length-Prinzip, vgl. Brähler 2010, S. 409): Der Verrechnungspreis zwischen Konzernunternehmen ist so zu setzen, als ob unabhängige Dritte ein Geschäft am Markt eingehen würden. Diese unterliegen einem natürlichen Interessengegensatz, da der Anbieter möglichst teuer verkaufen und der Nachfrager möglichst billig einkaufen will. Da jeder Staat ein Interesse an einem gerechten Steueraufkommen hat, existieren jeweils Vorschriften der nationalen Steuerbehörden zur Ermittlung und Dokumentation von Verrechnungspreisen sowie darüber hinaus auch internationale Gestaltungsempfehlungen der OECD. Aus steuerlicher Sicht werden **grundsätzlich transaktionsbezogene Methoden** und **Gewinnaufteilungsmethoden** zur Bestimmung von Verrechnungspreisen unterschieden. Gewinnaufteilungsmethoden finden dann Anwendung, wenn sich aufgrund der engen Verflechtungen zwischen den beteiligten Konzernunternehmen die Ermittlung von Verrechnungspreisen für einzelne Transaktionen schwierig gestaltet. Von den verschiedenen, nachfolgend vorgestellten Methoden soll diejenige angewendet werden, die den tatsächlichen Verhältnissen am besten entspricht und für die Daten zur Verfügung stehen. Bei Anwendung mehrerer Methoden ergibt sich in der Regel eine Bandbreite, innerhalb der der zulässige Verrechnungspreis liegt.

Die transaktionsbezogenen Methoden zur Ermittlung von Verrechnungspreisen lauten:

- **Preisvergleichsmethode** (comparable uncontrolled price method): Hier wird der Verrechnungspreis auf Basis vergleichbarer Geschäfte des Unternehmens mit Dritten (innerer Preisvergleich) oder zwischen Dritten (äußerer Preisvergleich) ermittelt. Falls die Leistungen vollständig vergleichbar sind, so spricht man von einem direkten Preisvergleich. Wenn die Verrechnungspreise aufgrund nicht vollständig vergleichbarer Leistungen angepasst werden müssen, so spricht man von einem indirekten Preisvergleich.
- **Wiederverkaufsmethode** (resale price method): Hier stellt der Verrechnungspreis die Differenz zwischen dem marktüblichen Preis der Leistung sowie einem Abschlag für Verkaufskosten und angemessene Marge des empfangenden Unternehmens dar.
- **Kostenaufschlagsmethode** (cost plus method): Der Verrechnungspreis stellt die Selbstkosten des liefernden Unternehmens zuzüglich einer angemessenen Marge dar.

Der Grundgedanke der **gewinnorientierten Methoden** lautet, dass ein Konzernunternehmen denjenigen Gewinn erwirtschaften sollte, der ihm unter Berücksichtigung seiner innerhalb des Konzerns ausgeübten Funktionen und übernommenen Risiken zusteht. Hierbei gilt: Je mehr Funktionen ein Konzernunternehmen übernimmt und je mehr Risiken es trägt, desto höher der angemessene Gewinn. Für die Funktionsanalyse kann das Konzept der Wertschöpfungskette genutzt werden (siehe ▶ **Kap. 3.2**, vgl. Clemens 2008, S. 299 f.). Für die Risikoanalyse kann auf das Risiko-Management-System der einzelnen Konzernunternehmen bzw. der Konzernzentrale zugegriffen werden (siehe ▶ **Kap. 11.2.2**).

- **Gewinnvergleichsmethode** (comparable profit split): Vergleicht den Gewinn des zu beurteilenden Konzernunternehmens mit dem Gewinn von hinsichtlich Funktionen und Risiken ähnlicher Unternehmen und leitet hieraus die Angemessenheit der verwendeten Verrechnungspreise ab.
- **Gewinnaufteilungsmethode** (residual profit split): Zunächst wird für die beteiligten Konzernunternehmen ein fremdüblicher Gewinn für die Übernahme von Routinefunktionen ermittelt. In einem zweiten Schritt wird dann der vom gesamten Konzerngewinn noch verbleibende Residualgewinn unter Berücksichtigung von Funktions- und Risikoaspekten individuell unter den Konzernunternehmen verteilt.

- **Transaktionsbezogene Nettomargenmethode** (transactional net margin method): Es werden Produkt- bzw. Dienstleistungsbezogene Nettogewinne ermittelt und zu einer geeigneten Bezugsgröße (z. B. Umsatz, Kosten oder eingesetztes Kapital) ins Verhältnis gesetzt. Diese Verhältniszahlen werden dann mit ähnlichen externen Unternehmen verglichen.

Weiterführende Informationen:

Praxisbeispiel für ein Einkreissystem von Verrechnungspreisen und die ergänzend für betriebswirtschaftliche Zwecke genutzten Kennzahlen:
Sen/Fallscheer 2013

Abkürzungen:

OECD   Organisation for Economic Cooperation and Development

Wiederholungsfragen:

- In welchen Konstellationen treten Verrechnungspreise auf?
- Welche internen und externen Funktionen von Verrechnungspreisen kennen Sie?
- Welche Vor- und Nachteile weisen Ein- bzw. Mehrkreissysteme von Verrechnungspreisen auf?
- Welche betriebswirtschaftlichen und steuerlichen Methoden zur Ermittlung von Verrechnungspreisen kennen Sie?

8.2.4 Budgetierung

Im folgenden Abschnitt werden wir uns mit dem Thema der Budgetierung auseinandersetzen. Bei der Budgetierung handelt es sich um ein Controlling-Instrument zur Durchsetzung von Entscheidungen, das in den Prozess der Planung, Entscheidung und Kontrolle eingebettet ist. Hierfür beinhaltet es alle Aktivitäten die zur Erstellung, Genehmigung, Kontrolle und Revision von Budgets notwendig sind. Ziel ist es, die gesamten betrieblichen Planungsabsichten einer zukünftigen Periode – in der Regel ein (Geschäfts-)Jahr – in eine wertmäßige Form zu bringen. Das Budget als Resultat der Budgetierung stellt diesen wertmäßig formalisierten Plan dar.

Es können die folgenden fünf Funktionen bzw. Wirkungseffekte bei der Budgetierung unterschieden werden:

- Abstimmungsfunktion,
- Planungs- und vor allem Prognosefunktion,
- Vorgabe- und Motivationsfunktion,
- Steuerungsfunktion und
- Kontroll- und Lernfunktion.

Erinnern wir uns an die Funktionen und Aufgabenfelder des wertschöpfungsorientierten Controllings, so erkennen wir, dass die Budgetierung ein zentrales Controlling-Instrument darstellt.

Aufbau eines Budgetierungssystems

Ein Budgetierungssystem kann grundlegend in vier Teile aufgegliedert werden. Dabei werden Budgetsystem, Aufbauorganisation, Ablauforganisation sowie Informationsbasis und Budgetierungstechniken unterschieden.

Das Budgetsystem wird durch die Budgetart (z.B. Einzel- oder Gesamtbudget), die Budgetdifferenzierung (z.B. Finanz- oder Beschaffungsbudget), der Geltungsdauer der Budgets (z.B. Monat, Quartal, Jahr), dem Verbindlichkeitsgrad (niedrig, hoch), der Flexibilität (starr, flexibel) und dem Formalisierungsgrad (informal, formal) näher beschrieben. Die Aufbauorganisation enthält Aussagen über die Budgetierungsorgane und -aufgaben, die Aufgabenanalyse, den Zentralisierungsgrad, die Koordinationsprogramme sowie über die Formalisierung bzw. Standardisierung. Gestaltungselemente der Ablauforganisation sind die Ableitungsrichtung, die Phasen innerhalb des Budgetierungsprozesses, die Koordinationsprozesse, die Anpassungsrhythmik sowie die Formalisierung und Standardisierung.

Bei der Informationsbasis und den Budgetierungstechniken wird an Hand der Informationsquellen, der EDV-Unterstützung, des Berichtswesens sowie des Formal- und Standardisierungsgrades differenziert (vgl. Horváth, P./Dambrowski, J./Hermann, J./ Posselt, S., 1985, S.142.).

Die Phasenstruktur des Budgetierungsprozesses

Im Folgenden widmen wir uns kurz den einzelnen Phasen eines idealtypischen klassischen Budgetierungsprozesses, wie er in ▶ **Abb.65** dargestellt ist.

In der **ersten Phase** wird die Unternehmenssituation untersucht und Ziele für die kommende Budgetperiode festgelegt. Den Input für diese Ziele liefern die Vorgaben der strategischen Pläne sowie daraus abgeleitete, übergeordnete Budgets, Unternehmens- und Umweltinformationen sowie die Erkenntnisse zu den Budgetabweichungen der Vorperiode.

Die **zweite Phase** befasst sich mit der Planung der Teilbudgets. Hierbei kann grundlegend zwischen dem Budgetierungsprozess von »oben nach unten« (Top-down) und von »unten nach oben« (Bottom-up) unterschieden werden. Während bei ersterem das Gesamtbudget durch die Unternehmensleitung festgelegt und dann auf die Budgetverantwortlichen der jeweiligen Abteilungen heruntergerechnet wird, erfolgt bei der zweiten Methode die Erstellung der Teilbudgets durch die jeweiligen Budgetverantwortlichen selbst. Das Verfahren der Budgetierung im Gegenstrom kombiniert beide Ansätze indem vorläufige Ziele zuerst Top-down vorgegeben werden und anschließend die Teilbudgets Bottom-up zusammengefasst werden. Auf die Budgetierung im Gegenstrom wird im Verlauf dieses Abschnitts noch näher eingegangen.

Innerhalb der **dritten Phase** erfolgt die Überprüfung der Teilbudgets auf ihre formale Richtigkeit und Konsistenz sowie auf die Einhaltung der vorgegeben Ziele und Prämissen. Bevor die Teilbudgets zur kurzfristigen Erfolgsrechnung, zur Gewinn- und Verlustrechnung sowie zur budgetierten Bilanz zusammengefasst werden, können diese nochmals revidiert und gegebenenfalls neu geplant werden.

In der **vierten Phase** werden die Budgets genehmigt. Vor der eigentlichen Genehmigung durch die Geschäftsleitung oder einem Budgetkomitee erfolgt eine Überprüfung,

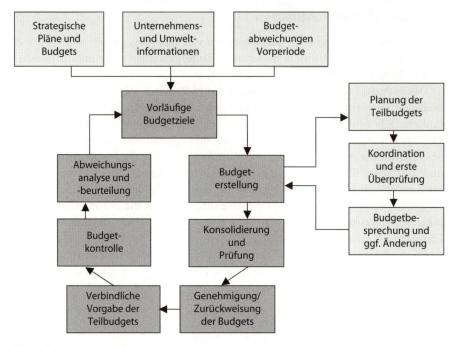

Abb. 65: Idealtypischer Budgetierungsprozess (vgl. Dambrowski 1986, S. 57)

um gegebenenfalls noch Änderungen vornehmen zu können. Die Genehmigung an sich erfolgt formell durch Unternehmensgesamtbudgets sowie an Hand verschiedener Einzelbudgets.

Mit der **fünften Phase** erfolgt die verbindliche Vorgabe der Teilbudgets für die einzelnen Entscheidungseinheiten, so dass diese mit der Durchsetzung der Ziele unter Berücksichtigung der Budgets beginnen können. Neben dem finanziellen Rahmen, welcher durch die Budgets für deren Arbeit vorgegeben ist, tragen sie auch die Verantwortung für die Durchsetzung der vorgegebenen Ziele.

Den Kern der **sechsten Phase** stellt die Budgetkontrolle dar, bei der die dem Budget zugrunde liegenden Maßnahmen nachverfolgt werden. Insb. durch Soll-Ist- und Soll-Wird-Vergleiche können Abweichungen, die zur Verletzung der vorgegeben Budgets führen, rechtzeitig erkannt werden. Identifizierten Abweichungen kann durch den gezielten Einsatz geeigneter Steuerungsmaßnahmen, die in der siebten Phase festgelegt werden, begegnet werden.

Für die Auswahl der passenden Steuerungsmaßnahmen sind in der **siebten Phase** Abweichungsanalysen und -beurteilungen notwendig. Bei Abweichungen liegen die Ursachen einerseits in Fehlern bei der Durchführungsphase sowie andererseits auch bei Veränderungen der Planungsprämissen oder vorausgegangenen Planungsfehlern. Je nach dem um welche Abweichungsursachen es sich handelt, werden die Budgets angepasst oder Maßnahmen korrigiert (vgl. Dambrowski 1986, S. 57 ff.).

Budgetierung im Gegenstrom

Wie bereits beschrieben kann bei der Budgetierung grundsätzlich zwischen der Top-Down-Ableitung und der Bottom-Up-Ableitung unterschieden werden. Beim Top-Down-Prinzip legt die Geschäftsleitung für das Unternehmen Ziele, die aus der Markt- und Auftragssituation resultieren, fest. Diese Ziele werden anschließend in Kosten- und Erlösvorgaben übertragen und auf die einzelnen Werke heruntergebrochen. In einem nächsten Schritt erfolgt die weitere Verfeinerung der Budgets für die einzelnen Kostenstellen im Unternehmen. Der Bottom-Up-Ansatz ist durch die entgegengesetzte Reihenfolge gekennzeichnet, so dass auf Basis der jeweiligen Kostenplätze im Unternehmen Budgets festgelegt und zu einem Gesamtbudget im Werk konsolidiert werden. Anschließend erfolgt die Zusammenfassung der einzelnen Werkbudgets auf ein Gesamtunternehmensbudget. Bei der Budgetierung im Gegenstrom handelt es sich um eine Vereinigung beider Varianten (siehe ▶ **Abb. 66**), wobei zuerst jede einzeln durchgeführt wird und die beiden Ergebnisse anschließend im Rahmen der Budgetvereinbarung zu einem Budget zusammengeführt werden. Durch dieses Verfahren können Informationslücken sowie Abstimmungsprobleme verhindert werden.

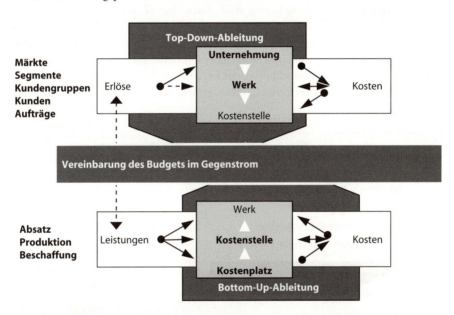

Abb. 66: Budgetierung im Gegenstrom (Becker 2012, S. 135)

Kritische Würdigung

Der Budgetierung wird oft vorgeworfen, dass sie Dysfunktionalitäten begünstige. Ein Beispiel hierfür ist das sog. Etatdenken, auch ›Budget Wasting‹ oder ›**Dezemberfieber**‹ genannt. Dieses führt dazu, dass am Ende von Budgetfristen die gegebenenfalls verfügbaren Mittel noch verbraucht werden, da die Budgetverantwortlichen befürchten, dass sich nicht verbrauchte Budgets negativ auf das Folgebudget auswirken, d.h. in einer

Reduzierung desselben. Ein weiteres Problem entsteht durch das starre Etatdenken Einzelner, wodurch die Gefahr der Vernachlässigung der Gesamtunternehmensperspektive wächst. Ein weiterer Vorwurf besteht im zu hohen Zeit- und Kostenaufwand. Weiterhin wird die Budgetierung als zu inflexibel und zu wenig mit den strategischen Zielen verknüpft betrachtet. Zudem gilt sie als zu stark auf die finanziellen Steuerungsgrößen ausgerichtet und zu wenig am Markt orientiert.

Neuere Formen der Budgetierung

Auf Grundlage der aufgeführten Kritik entstanden Verbesserungsvorschläge der klassischen Budgetierung (**Better Budgeting**) sowie neue Formen (**Beyond Budgeting**) die stellenweise ganz auf Budgets verzichten. Im Rahmen des Better Budgeting wurde durch steigende Orientierung am Markt sowie einer Entfeinerung der Budgets versucht den Prozess der Budgetierung flexibler und einfacher zu gestalten. Weber/Lindner/Hirsch (2004) versuchten zudem durch eine gesteigerte analytische Neuplanung sowie mit der Verbindung von Rolling Forecasts die Prognosegüte zu verbessern und somit eine engere Verzahnung mit der Strategie zu erreichen.

Der Ansatz des Beyond Budgeting stellt durch den Verzicht auf die klassischen Budgets eine komplett neue Form der Budgetierung dar. Zur Erreichung dieses Zieles wurden von Hope/Fraser (2003) 12 Prinzipien zur Gestaltung eines flexiblen Ansatzes für die Prognose, Koordination und Motivation aufgestellt: Die ersten sechs Prinzipien stellen dabei als Voraussetzung auf die in der folgenden Abbildung dargestellten Performance-Kultur ab. Auf das Performance-Management beziehen sich dagegen die Prinzipien 7 bis 12.

		Voraussetzung:
1.	Gemeinsame Werte und Self-Governance	**Performance-Kultur**
2.	Empowerment dezentraler Führungskräfte	
3.	Dezentrale Ergebnisverantwortung	
4.	Netzwerkorganisation	
5.	Marktorientierte Koordination	
6.	Coaching und Challenging	

		Voraussetzung:
7.	Relative Zielvorgaben	**Performance-Management**
8.	Rollierende Strategieprozesse	
9.	Früherkennung und rollierende Prognosen	
10.	Flexible Ressourcenallokation	
11.	Selbstkontrolle	
12.	Teambasierte Vergütungssysteme	

Abb. 67: Konzept des Beyond Budgeting-Modells (vgl. Hope/Fraser 2003, S. 439)

Im Vergleich zur klassischen Budgetierung verzichtet das Beyond Budgeting auf eine dominante Koordination durch vorgegebene Budgets sowie Pläne und beruht auf einer Selbstabstimmung sowie auf internen Märkten.

Weiterführende Literatur:

Ausführliche Beispiele zur Budgetierung:
Weber/Schäffer 2011, S. 289 ff.
Rottke 2001, S. 365 ff.

Wiederholungsfragen:

- Erläutern Sie den Ablauf eines idealtypischen klassischen Budgetierungsprozesses!
- Wo liegen die Kritikpunkte bei der klassischen Budgetierung?
- Welche neuen Formen der Budgetierung existieren?

8.2.5 Working Capital-Kennzahlen und Liquiditätsplan

Im folgenden Abschnitt wenden wir uns Instrumenten zu, die tendenziell eher der **Finanzierungsrechnung** und dem **Finanzcontrolling** zugerechnet werden können: den Working Capital-Kennzahlen und dem Liquiditätsplan. Wie wir in ▶ **Kap. 3.2** bereits gezeigt haben, müssen Unternehmensführung und Controlling simultan an der **Optimierung des strategischen und des operativen Gleichgewichts**, repräsentiert durch die Führungsgrößen Erfolgspotenziale, Erfolg und Liquidität, arbeiten. Momentan bewegen wir uns im Bereich des operativen Gleichgewichts aus Erfolg und Liquidität. Nachdem wir im ▶ **Kap. 8.2.2** mit der Kostenrechnung bereits ein zentrales Instrument der Erfolgsperspektive thematisiert haben, vervollständigen wir nun diese Sicht, indem wir die für die Steuerung der Liquidität notwendigen Informationen instrumentell abbilden.

Definition der Liquidität

Liquidität ist die Eigenschaft einer Wirtschaftseinheit, in einem bestimmten zukünftigen Zeitraum sämtliche ab dem Ausgangsstichtag zu erwartenden Abflüsse an liquiden Mitteln aus dem Bestand an liquiden Mitteln, den gegebenen Liquiditätsreserven und den erwarteten Zuflüssen an liquiden Mitteln abzudecken. In diesem Kontext ist auf die Verbindung der Liquidität mit der Insolvenz zu verweisen. Bei fehlender Liquidität droht Zahlungsunfähigkeit und somit auch ein **Insolvenzverfahren**.

Working Capital-Kennzahlen

Der Begriff des Working Capitals stammt eigentlich aus dem Bereich der **Unternehmensfinanzierung**. Diese Sichtweise geht auf Lough (1917, S. 355) zurück, der betonte, dass Unternehmen genug kurzfristige Vermögensgegenstände bzw. Kapital aufweisen müssten, um den operativen Bestell- und Lieferprozess im unternehmerischen Geschehen

> **§ 17 Insolvenzordnung**
>
> (1) Allgemeiner Eröffnungsgrund ist die **Zahlungsunfähigkeit**.
> (2) Der Schuldner ist zahlungsunfähig, wenn er nicht in der Lage ist, die fälligen Zahlungsverpflichtungen zu erfüllen. Zahlungsunfähigkeit ist in der Regel anzunehmen, wenn der Schuldner seine **Zahlungen eingestellt** hat.
>
> **§ 18 Insolvenzordnung**
>
> (1) Beantragt der Schuldner die Eröffnung des Insolvenzverfahrens, so ist auch die **drohende Zahlungsunfähigkeit** Eröffnungsgrund.
>
> **Zahlungsunfähigkeit** (BGH-Urteil vom 05.11.1956)
> »Zahlungsunfähigkeit ist das auf dem Mangel an Zahlungsmitteln beruhende dauernde Unvermögen des Schuldners, seine sofort zu erfüllenden Geldschulden noch im Wesentlichen zu berichtigen.«

Abb. 68: Verbindungen von Liquidität und Insolvenzordnung

abwickeln zu können. Obgleich das Verständnis des Working Capitals in der Literatur nicht einheitlich ist – hier können sowohl enge als auch weite Ansätze unterschieden werden – wollen wir in der Folge des Working Capital als Differenz zwischen kurzfristigem Umlaufvermögen und kurzfristigem Fremdkapital definieren (siehe ▶ **Abb. 69**):

kurzfristiges Umlaufvermögen (innerhalb eines Jahres liquidierbar oder abbaubar)

./.(kurzfristiges) Fremdkapital (innerhalb eines Jahres rückzuzahlen)

Working Capital in % des Umsatzes

Abb. 69: Berechnung des Working Capital in Prozent

Während das Working Capital in der angloamerikanischen (im Vergleich zur deutschen) und in der Bilanzierungsliteratur (im Vergleich zur Controlling-Literatur) einen hohen Stellenwert besitzt und auch in der Unternehmenspraxis als ein Einflussfaktor der Liquidität gesehen wird, spielt es in deutschen Lehrbüchern zum Controlling bisher nur eine eher untergeordnete Rolle. Explizit taucht es insofern nur sehr vereinzelt auf. Häufiger anzufinden ist eine Verbindung des Working Capitals mit anderen, rechnerisch verwandten Größen wie z. B. der Cashflow-Rechnung oder dem Weighted Average Cost of Capital (WACC) im Rahmen wertorientierter Kennzahlenbäume (vgl. Graumann 2008, S. 639 f.; siehe auch ▶ **Kap. 8.2.7** im vorliegenden Buch).

Für das vorliegende Buch soll dem Working Capital eine größere Bedeutung beigemessen werden. In diesem Sinne gibt das Working Capital an, ob und inwieweit ein Überschuss des Umlaufvermögens über das **kurzfristige Fremdkapital** besteht. Eine Interpretation ließe zu, bei einem positiven Working Capital davon auszugehen, dass ein Teil des Umlaufvermögens langfristig finanziert ist, während bei einem negativen Working Capital davon auszugehen ist, dass eine kurzfristige Finanzierung langfristigen Anlagevermögens vorliegen könnte (vgl. Meyer 2007, S. 26). Die Aussagekraft des

Working Capitals zielt hierbei auf die Gläubiger eines Unternehmens. Da Gläubiger eine Rückzahlung der kurzfristigen Verbindlichkeiten erwarten, sollte ein Unternehmen solche Verbindlichkeiten durch kurzfristiges Vermögen absichern. Das Working Capital sollte folglich zumindest positiv sein und 30-50 % des Umlaufvermögens betragen (vgl. Preißler 2008, S. 42). Dies lässt sich als Entsprechung zur **Goldenen Bilanzregel** deuten, nach der langfristige Aktivposten auch langfristig finanziert sein sollten (vgl. Wöltje 2013, S. 526). Aus dem Working Capital lassen sich folgende **Kennzahlen** ableiten (siehe ▶ **Abb. 70**), die auch schon in ▶ **Kap. 8.2.1** zu Bilanzkennzahlen angedeutet worden sind.

$$\text{Working Capital in \% des Umsatzes} = \frac{\text{Working Capital per ultimo} \times 100}{\text{(Monats- bzw. Jahres-) Umsatz}}$$

$$\text{Working Capital Ratio} = \frac{\text{Umlaufvermögen} \times 100}{\text{kurzfristige Verbindlichkeiten}}$$

$$\text{Current Ratio} = \frac{\text{Umlaufvermögen} \times 100}{\text{laufende Verbindlichkeiten}}$$

$$\text{Quick Ratio} = \frac{(\text{Umlaufvermögen} - \text{Vorräte}) \times 100}{\text{laufende Verbindlichkeiten}}$$

Abb. 70: Wichtige Kennzahlen im Kontext des Working Capital

Die genannten Kennzahlen können als Indikatoren für die Liquidität von Unternehmen verwendet werden und gelten **Bank- und Kreditanalysten** als Anhaltspunkte für die Einschätzung der Kreditwürdigkeit von Unternehmen. Für die Current Ratio wird bspw. ein Richtwert von 1 vorgegeben, den die Kennzahl möglichst nicht unterschreiten sollte (vgl. Stickney et al. 2010, S. 266). Das Working Capital steht in der Praxis im Fokus von Optimierungsbestrebungen, die unter dem Oberbegriff des Working Capital Managements (WCM) diskutiert werden. Neben den genannten Bedingungen, die aus Sicherheitsbestrebungen und der Goldenen Bilanzregel abgeleitet sind, kommt im Kontext des WCM auch der Gedanke der Kapitalbindung zum Tragen. Im Working Capital gebundenes Kapital verursacht **Opportunitätskosten** und kann ggf. durch Freisetzung zur Renditesteigerung oder für mögliche alternative Investitionen genutzt werden. Möglichkeiten zur Reduktion des Working Capitals stellen bspw. eine kunden- und wettbewerberorientierte Dimensionierung der Lagerbestände, die geschäftsprozessabhängige Optimierung der Lagerbestände für Roh-, Hilfs- und Betriebsstoffe sowie ein geeignetes Forderungsmanagement dar (vgl. Krause/Arora 2010 S. 61 f.).

Liquiditätsplan

Ein weiteres, im Zuge des WCM genutztes Instrument, ist der Liquiditätsplan. Dieser stellt alle ein- und ausgehenden Zahlungsströme innerhalb des Gesamtbudgets eines Unternehmens zusammen und ist somit dem Finanzcontrolling im engeren Sinne zuzuordnen (vgl. ▶ **Kap. 11.2.2**).

Im Bereich der betrieblichen Teilpläne ist der Liquiditätsplan im Rahmen der Finanzplanung prinzipiell als **Einnahmen-/Ausgabenplan** zu sehen, wobei Schnittstellen zum Erfolgs-, Investitions-, Produktions- und Lagerplan bestehen. Aufgrund von durch die Unternehmensleitung prognostizierten Vorgaben (Umsätze, Zahlungsziele bei Kunden und bei Lieferanten, Einkäufe, nicht ausgenutzte Kreditlinien von Betriebsmittelkrediten, anstehende Investitionen und noch nicht valutierte Darlehen, Darlehenstilgungen etc.) wird geplant, zunächst in der Form eines mittelfristigen (ein bis vier Jahre) Rahmenplans, der alle erwarteten Zahlungsflüsse in der Prognoseperiode aufnimmt. Dabei nimmt die Planungsunsicherheit mit wachsender Entfernung der Planperiode vom Planungszeitpunkt stetig zu. Die kurzfristigen Liquiditätspläne (bis zu einem Jahr) fügen sich dann in diesen Rahmenplan ein. Die Aufstellung und regelmäßige Pflege des Liquiditätsplans basiert auf dem Cash Controlling (siehe ▶ Abb. 71).

Zahlungsstrom	IST	PLAN			
		Februar	März	April	Mai	Juni
Umsatz (Buchhaltungsdaten!)	–	96.000	94.000	98.000	92.000	82.000
Geldeingänge (Umsätze des lfd. Monats)	40 %	38.400	37.600	39.200	36.800	32.800
Geldeingänge (Umsätze vor 1 Monat)	50 %	46.000	48.000	47.000	49.000	46.000
Geldeingänge (Umsätze vor 2 Monaten)	10 %	9.400	9.200	9.600	9.400	9.800
Summe: Einzahlungen aus Umsatz	–	93.800	94.800	95.800	95.200	88.600
Kundenskonti	3,0 %	1.152	1.128	1.176	1.104	984
Reklamationen	0,5 %	469	474	479	476	443
Forderungsausfälle	2,0 %	1.876	1.896	1.916	1.904	1.772
Summe: Einzahlungsschmälerungen	–	3.497	3.498	3.571	3.484	3.199
Summe: Sonst. Einzahlungen	–	11.987	11.588	9.891	9.474	5.969
Summe: Laufende Einzahlungen	–	102.290	102.890	102.120	101.190	91.370
...						
Summe: Laufende Auszahlungen	–	91.980	91.930	96.990	92.440	105.020

Abb. 71: Cash Controlling

Hier werden – aus der Buchhaltung kommend – die **Geldeingänge aus verschiedenen Tatbeständen** – z. B. Umsätze des aktuellen Monats und vorheriger Monate – den Geldausgängen gegenübergestellt. Auf dieser Basis kann der aktuelle Stand der Liquidität erfasst und geplant werden.

Wie aus Abbildung 72 erkennbar ist, können analog zum WCM Kennzahlen der Liquidität abgeleitet werden. Die Liquiditätsplanung funktioniert dann als rollierende Planung, indem aus einem monatsorientierten Soll-Ist-Vergleich eine Hochrechnung abgeleitet wird (siehe ▶ Abb. 73).

8 Instrumente des Controllings

Liquidität 1 = laufende Einzahlungen – laufende Auszahlungen
Liquidität 2 = L 1 + Saldo der erfolgsneutralen Mittel
Liquidität 3 = L 2 +/- Bestand an liquiden Mitteln
Liquidität 4 = L 3 + Liquiditätsreserven

Liquidität [EUR]	IST	PLAN			
	Februar	März	April	Mai	Juni
lfd. Einzahlungen (aus Umsatz)	102.290	102.890	102.120	101.190	91.370
lfd. Auszahlungen (aus Aufwand)	91.980	91.930	96.990	92.440	105.020
Saldo	10.310	10.960	5.130	8.750	-13.650
Liquidität 1	10.310	21.270	26.400	35.150	21.500
erfolgsneutrale Einz. (Darlehen)	0	0	0	0	60.000
erfolgsneutrale Ausz. (Invest)	0	0	0	20.000	150.000
Saldo	0	0	0	-20.000	-90.000
Liquidität 2	10.310	21.270	26.400	15.150	-88.500
liquide Mittel (Kasse/Bank)	55.000	--			
Liquidität 3 (oder Unterliquidität)	65.310	76.270	81.400	70.150	-33.500
Liquiditätsreserven (freie Kreditlinie)	150.000	--			
Liquidität 4 (oder Illiquidität)	215.310	226.270	231.400	220.150	116.500

Abb. 72: Erfassung und Planung der Liquidität

Die Liquiditätsplanung kann schließlich durch Einbauen von Plan-Ist-, Soll-Ist- und anderen Abweichungsanalysen zu einem funktionierenden Finanzcontrolling ausgebaut werden (siehe ▸ Abb. 74).

In ▸ Kap. 8.2.7 werden wir darüber hinaus zeigen, dass auch ein Teil der wertorientierten Kennzahlen liquiditätsbasiert ist und somit auf den hier vorgestellten Grundlagen beruht.

Weiterführende Informationen:

Interview mit Niko Hofmann (Horváth & Partners) zum Thema Liquidität:
Horváth & Partners 2010, S. 1 ff.

Abkürzungen:

WCM   Working Capital Management

Wiederholungsfragen:

- Erläutern Sie den Zusammenhang zwischen Liquidität und Insolvenz.
- Definieren Sie die Größe ›Working Capital‹!
- Warum spielt das Working Capital bei Optimierungsbestrebungen eine besondere Rolle? Welche Optimierungsmaßnahmen sind hierbei möglich?

Teil II: Elemente des wertschöpfungsorientierten Controllings

Liquidität [EUR]	IST	PLAN				
	Februar	März	April	Mai	Juni	Juli
lfd. Einzahlungen (aus Umsatz)	102.290	102.890	102.120	101.190	91.370	
lfd. Auszahlungen (aus Aufwand)	91.980	91.930	96.990	92.440	105.020	
Saldo						
Liquidität 1	10.310	10.960	5.130	8.750	-13.650	
	10.310	21.270	26.400	35.150	21.500	
erfolgsneutrale Einz. (Darlehen)	0	0	0	0	60.000	
erfolgsneutrale Ausz. (Invest)	0	0	0	20.000	150.000	
Saldo	0	0	0	-20.000	-90.000	
Liquidität 2	10.310	21.270	26.400	15.150	-88.500	
liquide Mittel (Kasse/Bank)	55.000	--				
Liquidität 3 (oder Unterliquidität)	65.310	76.270	81.400	70.150	-33.500	
Liquiditätsreserven (freie Kreditlinie)	150.000	--				
Liquidität 4 (oder Illiquidität)	215.310	226.270	231.400	220.150	116.500	

Aufbau als Rolling Forecast

Plan-Ist-Vergleich: März ↑ Ist

Plan: Juli

Abb. 73: Erstellung einer Liquiditätsplanung

Finanztableau [EUR]	ABWEICHUNG					
	Quartal 1	Quartal 2	Quartal 3	Quartal 4	Jahr	
	IST					
	Quartal 1	Quartal 2	Quartal 3	Quartal 4	Jahr	
	PLAN					
	Quartal 1	Quartal 2	Quartal 3	Quartal 4	Jahr	
Zahlungsmittelbestand (Vorperiode)	220.000	245.000	85.000	90.000	**220.00**	
Einzahlungen aus lfd. Geschäft	140.000	150.000	175.000	180.000	**645.000**	
Einzahlungen aus Desinvestitionen	0	0	0	0	**0**	
Einzahlungen aus finanz. Geschäften	15.000	15.000	10.000	10.000	**50.000**	
Auszahlungen aus lfd. Geschäft	115.000	125.000	145.000	155.000	**540.000**	
Auszahlungen aus Investitionen	10.000	180.000	10.000	0	**200.00**	
Auszahlungen aus finanz. Geschäften	5.000	20.000	25.000	25.000	**75.000**	
Saldo	245.000	85.000	90.000	100.000	**100.000**	
Liquiditätsreserven	(150.000)				**150.000**	
Finanzplansaldo	395.000	235.000	235.000	250.000	**250.000**	

Abb. 74: Erweiterung der Liquiditätsplanung zum Finanzcontrolling

- Ordnen Sie den Liquiditätsplan in die allgemeine Unternehmensplanung ein!
- Wie kann ein Liquiditätsplan zum Finanzcontrolling weiterentwickelt werden?

8.2.6 Verfahren der Investitionsbeurteilung

Unter einer Investition wird eine Abfolge von Zahlungen verstanden, deren erster Zahlungsstrom typischerweise eine Auszahlung darstellt, auf die im Zeitverlauf weitere Zahlungsströme folgen, deren Saldo üblicherweise jedoch positiv ist. **Investitionsentscheidungen** kommt eine hohe Bedeutung zu, da sie auf den Aufbau oder Erhalt der Erfolgspotentiale des Unternehmens abzielen, mit deren Hilfe Erfolg realisiert, Liquidität erzeugt und so die Existenz des Unternehmens langfristig gesichert werden soll. Vor dem Hintergrund von Ressourcenknappheit, die dazu führt, dass nicht alle möglichen Investitionsoptionen wahrgenommen werden können, ist stets eine kriteriengeleitete und somit intersubjektiv nachprüfbare Auswahl innerhalb des Investitionsspektrums zu treffen. Wirtschaftliches Handeln geht somit mit einer Wahlerfordernis Hand in Hand (vgl. Schmalenbach 1925, S. 9). Das Streben nach Rationalität erfordert es, die Investitionsoptionen anhand der grundsätzlichen betriebswirtschaftlichen Dimensionen Kosten und Nutzen zu beurteilen, wozu Verfahren der Investitionsbeurteilung dienen.

Zunächst ist eine grobkörnige Bewertung und darauf aufbauende Selektion vorzunehmen, die zu einer ersten Elimination der zahlreichen Investitionsoptionen führt. Hierbei ist auf einen ersten **kriterienbasierten Grobfilter mit Kosten-Nutzen-Gesichtspunkten** zurückzugreifen. Denkbar wäre auch eine umständliche Herangehensweise mit einem dreidimensionalen Filter mit Kriterien aus den drei Dimensionen Wert, Liquidität und Technik. Weniger umständlich, aber dennoch mitunter zweckdienlich, könnten sich auch einfache Checklisten erweisen, anhand derer die Investitionsoptionen hinsichtlich einer Anforderungserfüllung geprüft werden. In nachfolgender ▶ **Abb. 75** ist ein solcher Grobfilter mit Kosten- und Nutzendimensionen dargestellt.

Zu sehen ist ein zweidimensionales Diagramm, wobei auf der Ordinate die Kosten und auf der Abszisse die Nutzenausprägungen einzelner Investitionsoptionen (kleine Kästchen) abgetragen sind. Wenngleich kein allgemeingültiger Zusammenhang zwischen Kosten und Nutzen existiert, so sollte sich doch ein **tendenzielles Anordnungsmuster** der Investitionsoptionen innerhalb dieses Diagramms erkennen lassen: Steigender Nutzen resultiert prinzipiell in einem Kostenanstieg und umgekehrt. In Abbildung 75 ist ein Investitionsobjekt deshalb mit einem Kreis versehen worden, da die Gefahr von ›zu gut, um wahr zu sein‹ besteht und daher eine intensivierte Prüfung von Kosten und Nutzen erfolgen sollte.

Weiterhin ist aus der Abbildung ersichtlich, dass in Bezug auf den Nutzen eine bestimmte Mindestanforderung gesetzt wurde, die zum Ausschluss von Investitionsoptionen führt. Gleichzeitig ist auch die Definition eines Höchstnutzens empfehlenswert, durch den Investitionsoptionen ausgeschlossen werden, die nicht benötigte Eigenschaften aufweisen. Somit ist der Nutzen auf der einen Seite durch **Mindestanforderungen** (›zu schlecht‹) und auf der anderen Seite durch einen **Höchstnutzen** (›überdimensioniert‹) begrenzt. In Bezug auf die Kostendimension wird in aller Regel eine Budgetgrenze bestehen, sodass oberhalb dieser Schwelle liegende Investitionsmöglichkeiten als ›zu

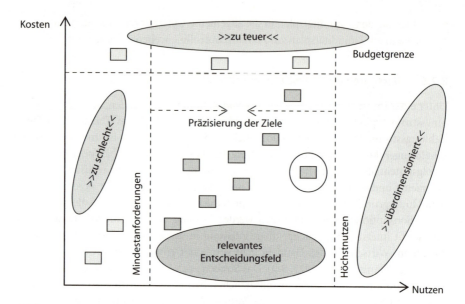

Abb. 75: Zweidimensionaler Grobfilter

teuer‹ ausgeschlossen werden. Im Endergebnis wird so ein relevantes Entscheidungsfeld mit Investitionsmöglichkeiten zugeschnitten, die in einem zweiten Schritt mit Verfahren der Investitionsbeurteilung genauer zu bewerten sind. Hierbei sollte auf eine Heterogenität der Verfahren geachtet werden, um auf diesem Wege Sensitivitäten des Bewertungsergebnisses in Abhängigkeit des gewählten Verfahrens zu erkennen.

Insofern Investitionen zur unternehmerischen Zielerreichung beitragen sollen, ist es wichtig zu wissen, dass sich diese den Prinzipien der Minimierung, der Maximierung oder der Satisfizierung zuordnen lassen, die sich auf verschiedene Zielgrößen beziehen können. Die wichtigsten Zielgrößen sind zwar Kosten und Nutzen, die sich jedoch in Risiko, Kosten, Gewinn, Rendite oder auch Wert konkretisieren lassen. In ▸ **Abb. 76** ist dieser Zusammenhang für die wichtigsten quantitativen, d. h. rechnerischen **Investitionsbeurteilungsverfahren** überblicksartig dargestellt. Hierbei wird unterschieden zwischen statischen Verfahren, die periodisierte Rechengrößen der Kosten- und Ergebnisrechnung verwenden, sowie dynamischen Verfahren, die auf der Diskontierung von Zahlungen beruhen.

Ein sehr gängiges dynamisches Verfahren ist die **Kapitalwertmethode**, die in nachfolgender ▸ **Abb. 77** visualisiert ist und nachfolgend exemplarisch näher erläutert wird.

Die Kapitalwertmethode entstammt ursprünglich der anglo-amerikanischen Unternehmensbewertungspraxis, lässt sich aber auch auf einzelne Investitionen übertragen, da sich eine Unternehmung ebenfalls als Einzelinvestition auffassen lässt. Ex ante zeigt diese Methode den erwarteten Gegenwarts- bzw. Barwert der in Verbindung mit der Investition erwarteten Aus- und Einzahlungen an. Der Kapitalwert wird daher auch als **Nettobarwert** bezeichnet. Die Berechnungslogik der Kapitalwertmethode lautet folglich, die Salden aus Ein- und Auszahlungen jeder zukünftigen Periode auf den heutigen

8 Instrumente des Controllings

Kriterium	Quantitative Verfahren	Prinzip	Funktionsweise	Realitätsnähe
Risiko	Amortisationsrechnung, Szenario-Analyse	Minimierung, Satisfizierung	statisch	fern
Kosten	Kostenvergleichsrechnung	Minimierung, Satisfizierung	statisch	fern
Gewinn	Gewinnvergleichsrechnung	Maximierung, Satisfizierung	statisch	fern
Rendite	Rentabilitätsvergleichsrechnung, Interner Zinsfuß	Maximierung, Satisfizierung	statisch dynamisch	fern/mittel
Wert	Kapitalwertmethode	Maximierung, Satisfizierung	Dynamisch	nah

Abb. 76: Quantitative Investitionsbeurteilungsverfahren (in Anlehnung an Weber/Schäffer 2011, S. 343)

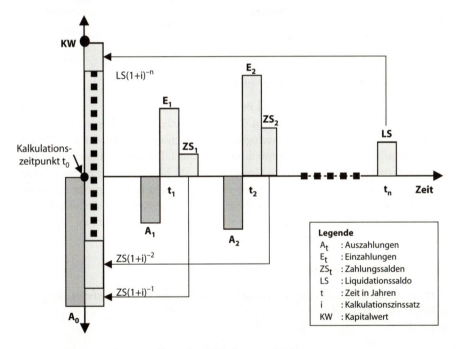

Abb. 77: Schematische Darstellung der Kapitalwertmethode

Bewertungszeitpunkt zu diskontieren und diese Teilergebnisse anschließend zu kumulieren, sodass als Endergebnis der Nettobarwert der Investition vorliegt.

Ein positiver Kapitalwert zeigt an, dass bei Durchführung der Investition zusätzlicher Wert für das Unternehmen geschaffen werden kann. Der umgekehrte Fall eines negativen Kapitalwerts signalisiert, dass im Falle einer Durchführung der Investition in entsprechender Höhe Wert vernichtet werden würde. Errechnet sich ein Kapitalwert von null, so bewirkt die Investition keine Wertänderung, weshalb der Investor in diesem Fall indifferent in Bezug auf Vornahme oder Unterlassung der Investition ist.

Neben quantitativen Verfahren existieren auch **qualitative Verfahren der Investitionsbeurteilung**, um Informationen zu verarbeiten, die nur schwerlich monetär bewertet werden können. Hierbei wird auf Basis einzelner Kriterien, die wiederum den bekannten Meta-Kriterien zugeordnet werden können, intuitiv bis argumentativ die Vorteilhaftigkeit bzw. Nachteilhaftigkeit einer Investitionsalternative begründet. Es ist zu beachten, dass die qualitativen Verfahren der Investitionsbeurteilung zwar eine größere Bandbreite an Beurteilungskriterien in die Investitionsentscheidung einfließen lassen, hierdurch jedoch unvermeidbar eine vergleichsweise stärker ausgeprägte subjektive Komponente in die Beurteilung Einzug hält. ▶ **Abb. 78** nennt wichtige qualitative Verfahren der Investitionsbeurteilung.

Metakriterien	Qualitative Verfahren	Prinzip	Funktionsweise
Risiko Kosten Gewinn Rendite Wert	Checklisten, Argumentenkatalog, Argumentenbilanz, Scoring-Modelle	Minimierung, Satisfizierung, Maximierung	Intuitiv bis argumentativ

Abb. 78: Quantitative Investitionsbeurteilungsverfahren

Bei Scoring-Modellen (vgl. vertiefend Becker/Weber 1982) wird im Kern eine Zuordnung von Punktwerten (z.B. zwischen 0 und 5) zu unterschiedlich gewichteten qualitativen Kriterien (z.B. Ersatzteilverfügbarkeit) vorgenommen, woraus sich für jede Investitionsalternative eine Gesamtpunktzahl errechnet. Die vorteilhafteste Alternative ist dann diejenige mit der höchsten Gesamtpunktzahl. Vorab können bereits Alternativen ausgesondert werden, die bei einem Kriterium nicht den definierten Mindestpunktwert erreichen. In Summe sollen die zu bewertenden Kriterien alle wesentlichen, für die Investitionsentscheidung relevanten Aspekte erfassen, gleichzeitig zueinander jedoch möglichst überschneidungsfrei sein.

Weiterführende Informationen:

Vertiefendes Lehrbuch, in dem alle gängigen Verfahren der Investitionsbeurteilung ausführlich behandelt werden:
Götze 2008

Wiederholungsfragen:

- Erläutern Sie die Bedeutung von Investitionen für Unternehmen!
- Wie kann eine Eingrenzung aller denkbaren Investitionsoptionen auf ein relevantes Entscheidungsfeld erfolgen?
- Erläutern Sie die Vorgehensweise der Kapitalwertmethode.
- Worin unterscheiden sich quantitative und qualitative Verfahren der Investitionsbeurteilung?

8.2.7 Wertorientierte Kennzahlen

Ein für das wertschöpfungsorientierte Controlling besonders bedeutsames Controlling-Instrument stellen die verschiedenen wertorientierten Kennzahlen dar. Ein bedeutsames Instrument stellen in diesem Kontext **wertorientierte Kennzahlen** dar.

Die Verwendung wertorientierter Kennzahlen geht auf den aus den USA stammenden **Shareholder Value-Gedanken** (vgl. Rappaport 1998) zurück, welcher die Unternehmensaktivitäten aus der Sicht der Anteilseigner betrachtet. Demnach bestimmt sich der Unternehmenswert anhand der zukünftig zufließenden Netto-Zahlungen. Eine Kennzahl kann auf Basis dieses Grundgedankens als wertorientiert bezeichnet werden, wenn eine Ausrichtung am **Unternehmenswert** erfolgt.

Wertorientierte Kennzahlen sind durch die **Kritik an den traditionellen, i.d.R. jahresabschlussgebundenen Steuerungskennzahlen** (siehe ▶ **Kap. 9.2.1**) entstanden. Die Kritikpunkte an den traditionellen Steuerungskennzahlen sind bspw. die Verzerrung des buchhalterischen Gewinns durch die Vielzahl von Ansatz- und Bewertungswahlrechten oder die rein periodische Betrachtungsweise (vgl. Weber/Schäffer 2011, S. 176). Außerdem erfolgt die Berechnung generell in Bezug zu vergangenheitsorientierten Buchwerten, wodurch zukunftsweisende Aussagen kaum möglich sind. Des Weiteren führt die statische Betrachtungsweise zu einer Vernachlässigung des Zeitwertes des Geldes aufgrund fehlender Diskontierung der zu verschiedenen Zeitpunkten anfallenden Erfolgsgrößen. Wertorientierte Kennzahlen bieten demgegenüber eine objektivere Aussage über die zukünftige Vermögens-, Finanz- und Ertragslage eines Unternehmens. Da die Anzahl wertorientierter Kennzahlen sehr groß ist, daher werden an dieser Stelle stellvertretend die vier in ▶ **Abb. 79** aufgeführten, besonders bedeutsamen Kennzahlen erörtert.

Ermittlungsbasis	Wertbeitrag (absolute Kennzahl)	Rentabilität (relative Kennzahl)
Cashflow-Größen	Cash Value Added (CVA)	Cash Flow Return on Investment (CFRO)
Ergebnis-Größen	Economic Value Added (EVA)	Return on Capital Employed (ROCE)

Abb. 79: Wertorientierte Erfolgskennzahlen im Überblick (vgl. Wagenhofer/Ewert 2007, S. 524)

Cashflows (Zahlungsströme) entstehen durch die Geschäftstätigkeiten eines Unternehmens und können daher als beobachtbare Größen bezeichnet werden. Ergebnisgrößen aggregieren hingegen Geschäftsvorfälle und andere Ereignisse aufgrund von Rechnungslegungsvorschriften oder kalkulatorischer Regeln und sind daher als theoretisches Konstrukt zu verstehen. Dies kommt im bekannten Ausspruch »cash is a fact, profit is an opinion« zum Ausdruck. Wertbeitragskennzahlen sind absolute Kennzahlen, die die **Wertänderung** einer oder mehrerer Perioden messen. Rentabilitätskennzahlen sind dagegen relative Kennzahlen, die eine Erfolgsgröße ins Verhältnis zum eingesetzten Kapital oder Vermögen setzen.

Der Economic Value Added (EVA) ist ein Residualgewinnkonzept, welches von der Strategieberatung Stern Stewart & Co. entwickelt wurde. Der EVA ist eine periodenbezogene Kennzahl, welche die Differenz zwischen dem betriebswirtschaftlichen Gewinn einer Periode und den Kosten des damit verbundenen Kapitaleinsatzes ermittelt. Es kann somit periodenbezogen das Wertsteigerungsziel konkretisiert werden.

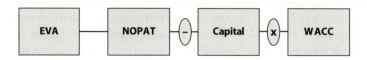

Abb. 80: Berechnungsweise des Economic Value Added

NOPAT steht für Net Operating Profit After Taxes und entspricht dem operativen Ergebnis nach Steuern. Capital bezeichnet das Nettovermögen oder das investierte Kapital. Der WACC entspricht dem gewichteten Kapitalkostensatz und setzt sich aus dem Eigenkapitalkostensatz und dem Fremdkapitalkostensatz zusammen. Der Eigenkapitalkostensatz kann z.B. durch das Capital Asset Pricing Model (CAPM) ermittelt werden, das zeigt, welche Rendite ein Investor in Abhängigkeit vom Risiko am Kapitalmarkt fordert, um in ein bestimmtes Unternehmen anstatt in eine alternative Anlagemöglichkeit zu investieren (vgl. Schmeisser 2010, S. 18).

Nach dem EVA-Konzept wird immer dann Wert geschaffen, wenn der NOPAT die Kosten übersteigt, die für das zu seiner Erzielung eingesetzte Kapital anfallen. Dies bedeutet, dass die erzielte Gesamtkapitalrendite höher ist als der gewichtete Kapitalkostensatz. Grundsätzlich betrachtet der Ansatz die nachträgliche Beurteilung des Wertbeitrages und erlaubt auf diese Weise eine Kontrolle von Unternehmen und Geschäftseinheiten.

Eine Abschätzung zukünftiger EVA, abgezinst mit einem Kapitalkostensatz, ermöglicht darüber hinaus die Ermittlung eines Market Value Added (MVA). Der MVA berechnet die Differenz zwischen dem Marktwert und dem Buchwert eines Unternehmens. In der folgenden ▶ Abb. 81 wird die Ermittlung des EVA von Volkswagen dargestellt.

Angaben in Mio. €	2011	2010
Operatives Ergebnis nach Steuern (NOPAT) (a)	9.342	5.859
Durchschnittlich investiertes Nettovermögen (b) (CAPITAL)	52.863	43.525
Kapitalrendite (RoI) in %	17,7	13,5
Kapitalkostensatz in % (c) (WACC)	7,0	6,3
Kapitalkosten des investierten Vermögens d = (c * b)	3.700	2.742
Wertbeitrag/EVA (a-d)	5.641	3.117

Abb. 81: Der EVA von Volkswagen (Zahlen entnommen aus den Geschäftsberichten von Volkswagen der Jahre 2010 und 2011)

Neben dem Economic Value Added (EVA) stellt auch der Cash Value Added (CVA) eine weitere wichtige wertorientierte Kennzahl dar. Der CVA, welcher wie der EVA ein

Residualgewinnkonzept darstellt, ermittelt die Veränderungen des Unternehmenswertes auf einer Cashflow-Basis. Entwickelt wurde die Kennzahl von der Strategieberatung Boston Consulting Group.

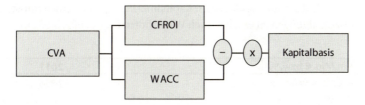

Abb. 82: Berechnungsweise des Cash Value Added

Der Cash Value Added ist das Produkt aus einer Kapitalbasis und dem Saldo aus CFROI und Kapitalkosten. Die Kapitalkosten werden wie beim EVA als gewichteter, durchschnittlicher Gesamtkapitalkostensatz angesetzt (WACC).

Der Cash Value Added gibt Auskunft darüber, ob die Renditeforderungen der Eigen- und Fremdkapitalgeber erfüllt wurden. In ▶ **Abb. 83** wird die Ermittlung des CVA der Lufthansa dargestellt.

Angaben in Mio. €	2011	2010
Cashflow (EBITDA) (Operatives Ergebnis + Überleitungspositionen)	3.052	3.272
Mindest-Cashflow (Kapitalbasis x Kapitalkosten) + (abschreibbare Kapitalbasis x Kapitalwiedergewinnungsfaktor)	2.953	3.201
Cash Value Added (CVA)	99	71

Abb. 83: Der CVA der Lufthansa (Zahlen entnommen aus den Geschäftsberichten der Lufthansa der Jahre 2010 und 2011)

Wie in der obigen Formel des Cash Value Added ersichtlich ist die Ermittlung des **Cash Flow Return on Investment (CFROI)** notwendig. Beim CFROI handelt es sich um eine Renditekennzahl auf Basis von Cashflows, die zur Performance-Messung bzw. zur Optimierung der Ressourcenallokation dient.

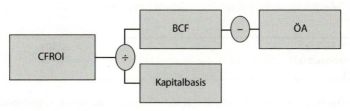

Abb. 84: Cash Flow Return on Investment

Bei der Berechnung des CFROI werden vom Brutto-Cashflow (BCF) die ökonomischen Abschreibungen (ÖA) subtrahiert und durch das investierte Kapital dividiert. Der Brutto-Cashflow wird als Cashflow vor Zinsen und nach Steuern definiert. Die ökonomische Abschreibung bezeichnet konzeptionell denjenigen, jährlich konstanten Betrag, der bis zum Ende der Nutzungsdauer am Kapitalmarkt angelegt werden müsste, um die Investitionsauszahlungen zu erhalten (vgl. Wagenhofer/Ewert 2007, S. 532 f.).

Angaben in Mio. € bzw. %	2011	2010
Operativer Cashflow (a)	2.356	2.992
Mindest-Cashflow (Kapitalbasis x Kapitalkosten) + (abschreibbare Kapitalbasis x Kapitalwiedergewinnungsfaktor) (b)	2.953	3.200
CFROI (a/b)	8,0	9,4

Abb. 85: Der CFROI der Lufthansa (Zahlen entnommen aus den Geschäftsberichten der Lufthansa der Jahre 2010 und 2011)

Der **Return on Capital Employed (ROCE)** stellt eine weitere Hauptkennzahl in der wertorientierten Unternehmensführung dar. Der ROCE ergibt sich aus dem Verhältnis einer Erfolgsgröße, wie bspw. der EBIT, zum eingesetzten Kapital (Capital Employed). Die Kennzahl ist frei von kurzfristigen Schwankungen im Umlaufvermögen bzw. im kurzfristigen Kapitalbereich, da das Capital Employed das langfristig investierte Kapital bzw. Vermögen darstellt (vgl. Müller-Stewens/Lechner 2011, S. 618). Der ROCE stellt eine sinnvolle Variante der Darstellung der Kapitalrendite dar. Es wird die Rendite des eigentlichen Leistungserstellungsprozesses aufgezeigt, da nicht zur Rendite-erzielung erforderliche Größen wie z. B. das nicht betriebsnotwendige Vermögen vom Gesamtkapital in Abzug gebracht werden (vgl. Preißler 2008, S. 99).

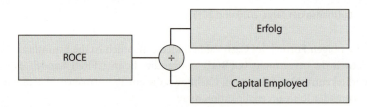

Abb. 86: Berechnungsweise des Return on Capital Employed

Bereinigtes EBIT (a)	2.309	1.866
Capital Employed (a)	31.732	31.312
ROCE (a/b)	7,3	6,0

Abb. 87: Der ROCE der Deutschen Bahn (Zahlen entnommen aus den Geschäftsberichten der Lufthansa der Jahre 2010 und 2011)

Die Nutzung wertorientierter Kennzahlen hat sich seit der Veröffentlichung von Rappaport zum Shareholder-Value sowohl in der universitären Ausbildung als auch in der Praxis etabliert. Der Economic Value Added stellt die bedeutendste Kennzahl dar, wie eine durchgeführte Studie, der Beratungsgesellschaft KPMG zeigt.

Wertorientierte Spitzenkennzahl	2002/2003
Economic Value Added (EVA) und Varianten	54%
Discounted Cashflow	9%
Cash Value Added (und Varianten)	7%
Return On Equity (ROE)	6%
Return On Investment (ROI)	6%
Cash Flow Return On Investment (CFROI) und Varianten	5%
Return On Sales (ROS)	3%
Return On Risk Adjusted Capital (RORAC) / Risk Adjusted Return On Capital (RAROC)	1%
Return On Net Assets (RONA) ... Capital Employed (ROCE) ...Invested Capital (ROIC)	0%
Studie der KPMG über die Nutzung wertorientierter Spitzenkennzahlen der DAX 100-Unternehmen im Jahr 1999/2000 (mit 56 antwortenden Unternehmen) und im Jahr 2002/2003 (mit 38 antwortenden Unternehmen)	

Abb. 88: Wertorientierte Kennzahlen in der Praxis

Weiterführende Informationen:

Coenenberg/Salfeld 2007, S. 250 ff.
Weber/Bramsemann/Heineke/Hirsch 2004, S. 39 ff.

Abkürzungen:

BCF	Brutto-Cashflow
CAPM	Capital Asset Pricing Model
CFROI	Cashflow Return on Investment
CVA	Cash Value Added
EVA	Economic Value Added
MVA	Market Value Added
NOPAT	Net Operating Profit After Taxes
ÖA	Ökonomische Abschreibung
ROCE	Return on Capital Employed
WACC	Weighted Average Cost of Capital

Wiederholungsfragen:

- Was besagt der Shareholder-Value-Gedanke?
- Welche Unterschiede bestehen zwischen traditionellen und wertorientierten Kennzahlen?

- Beschreiben Sie die Berechnungslogik und den Aussagegehalt der Kennzahlen EVA, CVA, CFROI und ROCE.

8.2.8 Balanced Scorecard

Die in den 1980er Jahren genutzten Performance-Instrumente wurden in der industriellen Ära an ihre Grenzen getrieben. Die Kostenführerschafts- und die Differenzierungsstrategie nach Porter (1980, S. 300 ff.) waren durch adäquate finanzielle oder operative Kennzahlen gestützt und die dahinterliegenden Methoden und Instrumente wurden als für damalige Zeiten effektiv und effizient betrachtet.

Vom Standpunkt des **Performance-Measurement** aus bedeutete diese Entwicklung eine Fokussierung einzelner Unternehmen auf entweder finanziell oder operativ geprägte Performance-Measurement-Systeme, die schon bald den steigenden Anforderungen der zunehmend dynamischeren und differenzierteren Unternehmensumwelt jeweils für sich betrachtet nicht mehr gerecht werden konnten. Kaplan/Norton bemängelten die selektive Sichtweise der beiden bis dato vorherrschenden Systeme und entwickelten 1992 die Balanced Scorecard – »a set of comprehensive measures that gives top managers a fast but comprehensive view of the business« (Kaplan/Norton, 1992, S. 71). Dieses Instrument gab den Managern einen neuen Blickwinkel auf wichtige Geschäftsbereiche, deren Verknüpfungen und damit dem Gesamtbild der unternehmerischen Performance (vgl. Kaplan/Norton, 1992, S. 71 ff.).

Die Balanced Scorecard dient im Rahmen der strategischen Planung der Koordination, Steuerung und Kommunikation im Unternehmen. Dadurch zwingt sie zu einer expliziten Erklärung der Vision und Strategie des Unternehmens, fördert deren Operationalisierung im Unternehmen und ermöglicht es, einzelne Ziele, Projekte und Maßnahmen an den strategischen Unternehmenszielen zu orientieren und im Rahmen der strategischen Kontrolle Fortschritte in der **Zielerreichung** messbar zu machen. Zudem bietet sie die Grundlage für eine Anpassung der strategischen Zielsetzung an veränderte Rahmenbedingungen, wie sie bspw. im Zuge der Prämissenkontrolle oder strategischen Überwachung festgestellt werden können. In der Unternehmenspraxis werden unterschiedliche Typen von Balanced Scorecards implementiert (vgl. Schäffer/Matlachowsky, 2008, S. 209 f.):

- **Typ I der Balanced Scorecard** bildet dabei die Basis, auf der sich die weiteren Typen als Entwicklungsstufen begründen. Dieser Typ wird auch als multidimensionales Kennzahlsystem bezeichnet, das sowohl finanzielle als auch nicht finanzielle strategische Kennzahlen in einer Betrachtung vereint.
- **Typ II der Balanced Scorecard** beschreibt die Unternehmensstrategie zusätzlich durch Abbildung von Ursache-Wirkungsketten.
- **Typ III** implementiert die Unternehmensstrategie und konkretisiert strategische Ziele und Maßnahmen. Darüber hinaus ist diese komplexeste der genannten Ausprägungen häufig direkt oder indirekt mit dem Anreizsystem (siehe ▶ **Kap. 8.2.10**)

des betrachteten Unternehmens verbunden (vgl. Schäffer/Matlachowsky, 2008, S. 209 f.).

Durch die Entwicklung der Balanced Scorecard vom integrierten Kennzahlsystem zum komplexen Management-System über die drei Typen sind die Verwendungsmöglichkeiten des Konzepts der Balanced Scorecard für Unternehmen heute beinahe unbegrenzt und in ihrer Individualität häufig einmalig, wobei die grundsätzliche Wirkungskette der Balanced Scorecard bestehen bleibt. Das Potenzial der Balanced Scorecard lässt sich jedoch nur dann voll nutzen, wenn das Instrument als strategisches Management-System verstanden wird, um die Unternehmensstrategie langfristig zu verfolgen. Mit Hilfe der Balanced Scorecard können dann kritische Managementprozesse bewältigt werden. Diese sind u.a. die Klärung der Strategie, die Kommunikation im Unternehmen, die Anpassungen von Zielen an die Strategie, die Verknüpfung der strategischen Ziele mit langfristigen Zielen und Jahresbudget oder auch die Durchführung systematischer Strategie-Bewertungen sowie Feedback und Lernen über die Verbesserungsmöglichkeiten der Strategie.

Der Aufbau der Balanced Scorecard untergliedert sich in die Betrachtung von üblicherweise vier Perspektiven, wodurch eine »Balance« zwischen qualitativen und quantitativen Größen geschaffen werden soll:

- die **Prozessperspektive** (interne Perspektive), zur Identifikation und Weiterentwicklung erfolgskritischer Prozesse;
- die **Ressourcenperspektive** (Lern- und Entwicklungsperspektive), zur Sicherstellung des langfristigen Erfolges durch Lernen und Innovation;
- die **Marktperspektive** (Kundenperspektive), zur Definition der Leistungen, welche am Markt angeboten werden sowie die Zufriedenstellung und Beurteilung durch die Kunden;
- und die **Wertperspektive** (Finanzperspektive) zur Sicherstellung der finanziellen Stabilität.

Jeder Perspektive sind zusätzlich spezifische **Ziele, Indikatoren und Maßnahmen** zugeordnet. Die Ziele der einzelnen Perspektiven werden dabei aus der übergeordneten Vision und Strategie des Unternehmens abgeleitet. Dabei müssen die Ziele der Perspektiven der Strategie des Unternehmens unbedingt entsprechen (»fit«). Früh- und Spätindikatoren messen dann, inwieweit diese Ziele erreicht werden. Gibt es Hinweise auf ein potentielles oder faktisches Verfehlen von Zielvorgaben, sind geeignete Maßnahmen zu ergreifen, um diese Performance-Lücke zu schließen.

Zwischen den einzelnen Perspektiven besteht dabei ein kausaler Zusammenhang. Allgemein gesprochen ermöglichen Ressourcen und Potentiale dem Unternehmen die Durchführung von Prozessen, und wirken so entweder direkt auf die finanzielle Performance ein, oder aber sie sichern den Markterfolg von Produkten und wirken so indirekt auf die Wertsphäre. Zugleich können Ressourcen auch direkt zum Markterfolg beitragen, welcher sich dann schließlich ebenfalls auf die finanzielle Performance des Unternehmens auswirkt. Die dabei zugrunde gelegten Kausalbeziehungen

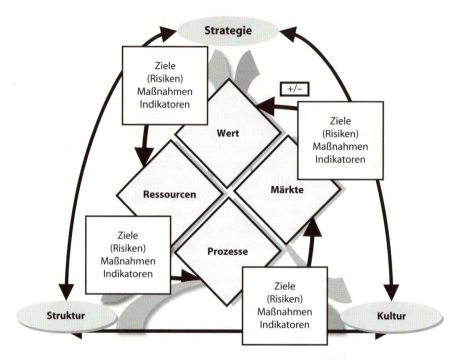

Abb. 89: Perspektiven der Balanced Scorecard (in Anlehnung an Kaplan/Norton 1996)

müssen allerdings detailliert analysiert werden, da ihre **Wirkungsrichtungen** oftmals nicht eindeutig zu bestimmen sind und es im Rahmen von mehreren Indikatoren bestehenden Kausal-Netzwerken zu gegenläufigen Wirkungen kommen kann. Zur Verdeutlichung der wesentlichen Zielsetzung und ihrer Beziehung untereinander findet dabei die ebenfalls von Kaplan/Norton als eine Weiterentwicklung des Balanced Scorecard publizierte **Strategy Map** Anwendung. Mit Hilfe von Strategy Maps soll insb. die strategische Ausrichtung von Unternehmen illustrativ und leicht kommunizierbar dargestellt werden.

Schließlich kann die Balanced Scorecard auch als ein Instrument zum Austarieren von operativ-kurzfristigen und strategisch-langfristigen Zielsetzungen genutzt werden, d.h. neben der Betrachtung eher kurzfristiger finanzwirtschaftlicher gegenwartsorientierter Kennzahlen der Wertperspektive müssen gleichzeitig auch eher qualitative und langfristig ausgerichtete Zielsetzungen und Indikatoren der anderen Perspektiven, welche zukünftige Entwicklungen herausstellen sollen, Berücksichtigung finden.

Die Implementierung einer Balanced Scorecard sollte zunächst auf den Erkenntnissen eines ›Readiness-Checks‹ aufbauen. Dieser prüft anhand verschiedener Kriterien der Sach- und Verhaltensperspektive, ob ein Unternehmen grundsätzlich zur Einführung einer Balanced Scorecard geeignet ist und welcher Typ der Balanced Scorecard

8 Instrumente des Controllings

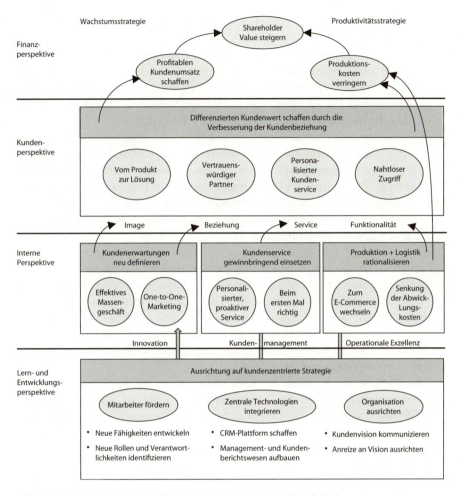

Abb. 90: Strategy Map (in Anlehnung an Kaplan/Norton 2004, S. 329)

implementiert werden sollte. Der Prozess zur Implementierung einer Balanced Scorecard lässt sich in mehrere Grobphasen unterteilen:

- Nach dem eigentlichen Start des Projektes muss in einem ersten Überprüfungsschritt, falls noch nicht vorhanden, die Strategie verabschiedet werden.
- Hieran schließt sich die Erarbeitung des konkreten und unternehmens-individuellen Konzeptes der Balanced Scorecard an sowie die Vereinbarung der Ziele, Festlegung der Indikatoren und Konkretisierung der Maßnahmen. Die Konzipierung der Balanced Scorecard sollte einem vorgegeben und zeitlich angemessen dimensionierten Zeitschema folgen.
  - Der im Rahmen der Konzipierung durchzuführende Prozess der Zielbildung strebt nach dem Auffinden von insb. an der Portfolio-Darstellung orientierten

Methoden, die es bspw. ermöglichen, Nutzen- und Risikoaspekte simultan zu berücksichtigen.
- Die aus der Zielbildung abgeleiteten **Maßnahmen** müssen im Rahmen der Maßnahmen- und Projektplanung in Einklang mit der Ressourcendimensionierung gebracht werden, welche in direkter Verbindung mit der Investitions- und Kostenplanung steht. Die Anzahl der auszuwählenden Maßnahmen hängt auch von der Höhe der insgesamt zur Verfügung stehenden Ressourcen ab.
- Die **Indikatoren** umfassen finanzwirtschaftliche und nicht-finanzwirtschaftliche Werte. Zudem besteht durch ihren Einsatz die Möglichkeit, Umfeldsignale und Wert- bzw. Erfolgstreiber für die Unternehmensführung nutzbar zu machen und somit die Performance des Unternehmens zu steigern. Früh- und Spätindikatoren messen dann, inwieweit diese Ziele erreicht werden.
- Dieser gesamte Abstimmungszusammenhang ist im Zuge der **Budgetierung** (siehe ▶ **Kap. 8.2.4**) vorzunehmen.

Ein aufgrund der hohen Komplexität und vor dem Hintergrund immer häufiger auftretender Trendbrüche notwendiges **Risiko-Management-System** kann ebenfalls durch eine Balanced Scorecard unterstützt werden. Hierzu können spezifische risikorelevante Indikatoren in die Balanced Scorecard integriert werden. Auf diesem Wege kann das Instrument dann den Risikomanagementprozess unterstützen. Zudem können mittels der Balanced Scorecard die identifizierten und für relevant erachteten Risiken dauerhaft gesteuert und überwacht werden.

Schließlich ist die Balanced Scorecard mittels eines Roll-Out verbindlich vom Implementierungsprojekt in das Tagesgeschäft zu überführen. Dieser befasst sich inhaltlich mit der aus hierarchischer Sicht Top-Down angelegten Konzeptualisierung und Detaillierung der Balanced Scorecard. Hieran schließt sich eine Bottom-Up orientierte Abstimmung an, in welcher die Vorgaben der höheren Hierarchieebenen an die Gegebenheiten der Ausführungsebene innerhalb des vorgegebenen Handlungsspielraums angepasst werden können. Nach Abschluss dieser Abstimmung kann die Balanced Scorecard in ihrer endgültigen Form als Vorgabe für alle Hierarchieebenen verabschiedet werden und in diesem Zusammenhang bspw. durch die Anbindung an ein Anreizsystem ihre Wirkung auf das unternehmerische Handeln im Unternehmen entfalten.

Die letzte Phase des Implementierungsprozesses ist die **Bewertung** der Balanced Scorecard und bei gegebenem Anlass eventuell auch der Beginn eines neuen Implementierungsprozesses. Diese Bewertung gibt Hinweise auf den Erfolg oder Misserfolg der Projektdurchführung. Um die Aktualität des Steuerungsinstrumentes sicherstellen zu können, ist vor allem eine jährliche Bewertung zu empfehlen, die sich schwerpunktmäßig mit den genutzten Methoden, den Inhalten und der Handhabung also bspw. der Nutzungsintensität, auseinandersetzt. Die Nutzungserfahrungen bzw. die Ergebnisse der kontinuierlichen Überwachung der verwendeten Indikatoren und gesetzten Ziele ermöglichen ein **Erfahrungslernen** und versetzen ein Unternehmen somit in die Lage, die Balanced Scorecard situationsadäquat anzupassen.

Die Balanced Scorecard wird auch als Instrument des IT-Controllings (siehe ▶ **Kap. 11.2.3**) genutzt, um die IT-Strategie anhand von Kennzahlen zu operationalisieren und eine verbesserte Planung, Kontrolle und Steuerung der IT-Landschaft im Unternehmen zu realisieren. **IT-Kennzahlensysteme** werden zur Verbindung der IT-Strategie und dem operativen IT-Betrieb genutzt, um somit eine integrierte Sicht auf die Unternehmens-IT sicherzustellen. Zudem dient es als Instrument zum **IT-Reporting** und die darauf aufbauende Steuerungsmaßnahmen. Diese speziellen Systeme lassen sich losgelöst von anderen IT-Systemen nutzen und unterscheiden sich hinsichtlich ihrer Darstellungsform von Zielen, Kennzahlen und Maßnahmen sowie der Ursache-Wirkungs-Zusammenhänge, in der Integration von Planung und Budgetierung sowie der Steuerung von Zugriffsrechten und Sicherheit. (vgl. Barthélemy 2011, S. 111; Hess 2006, S. 176 f.)

Die Balanced Scorecard ist ein wertvolles Instrument zur Strategiebewertung sowie zur Verbindung der strategischen, taktischen und operativen Managementebene. Die Betrachtung der finanziellen Perspektive wird erweitert, damit eine gesamthafte Beurteilung der unternehmerischen Tätigkeit gewährleistet wird. Somit dient das Instrument zur Erhöhung der Transparenz und Handhabbarkeit der Strategie. Eine das Top-Management übergreifende Erstellung sowie eine konsequente Kommunikation gelten als Erfolgsfaktor für die Implementierung des Instruments. Kritisch ist die dominante Fokussierung auf Kennzahlen sowie die Problematik der Operationalisierung einiger Perspektiven zu sehen. Außerdem basiert das Instrument auf vergangenheitsorientierten Daten (vgl. Hungenberg 2008. S. 318 f.; Welge/Al-Laham 2008, S. 841 f.).

Die **Anwendung in der Praxis** der Balanced Scorecard wurde im deutschsprachigen Raum in mehreren Studien untersucht, wobei die Ergebnisse zwischen einem Implementierungsgrad von 7 bis zu 50 Prozent schwanken. Diese Inkonsistenz begründet sich durch unterschiedliche Zeitpunkte der jeweiligen Untersuchungen sowie der stark unterschiedlichen Grundgesamtheiten. Durch die Operationalisierung wird zudem eine Homogenität der Anwendung des Instruments in verschiedenen Unternehmen unterstellt, welche in der Unternehmenspraxis jedoch nicht gegeben ist (vgl. Schäffer/Matlachowsky, 2008, S. 208 f.). Die Gründe, warum die Balance Scorecard in der Unternehmenspraxis eingeführt werden sollte, identifizierten Gaiser/Gaydoul. Das Instrument unterstützt sowohl die Strategieumsetzung und verbessert die Strategiekommunikation. Außerdem sind die Stärkung des funktionsübergreifenden Denkens und die Schaffung eines gemeinsamen Strategieverständnisses als Vorteile zu sehen (vgl. Gaiser/Gaydoul 2012, S. 19).

Weiterführende Informationen:

Horváth & Partners (Hrsg.) 2007

Wiederholungsfragen:

- Erklären Sie den Aufbau der Balanced Scorecard!
- Was ist bei der Umsetzung der Balanced Scorecard zu beachten?

8.2.9 Berichtswesen

Im folgenden Abschnitt möchten wir ein Instrument skizzieren, das die von uns in ▶ **Kap. 5.2** skizzierte Informationsfunktion in besonderer Weise unterstützt und in der

Unternehmenspraxis zu denjenigen Instrumenten gehört, die am weitesten verbreitet sind und zugleich am stärksten mit den Aufgaben des Controllers (Controllership) in Verbindung gebracht werden: das Berichtswesen (vgl. Taschner 2013, S. 2 ff.). Dieses Instrument ist in besonderer Weise mit der Informationsfunktion verknüpft, da es sämtliche Einrichtungen, Mittel und Maßnahmen eines Unternehmens umfasst, die der Erarbeitung, Verarbeitung, Weiterleitung und Speicherung von Informationen in der Unternehmenspraxis dienen (vgl. Weber/Schäffer 2011, S. 221 ff.). Im Folgenden wollen wir die beiden Begriffe Berichtswesen und Reporting synonym verwenden.

Abgrenzung von Management Reporting und Financial Reporting

Im Kontext unseres Buchs erscheint es uns allerdings noch notwendig, im Bereich des Berichtswesens/Reportings kursierende Begriffe voneinander abzugrenzen. Dies ist in besonderem Maß für die beiden Begriffe des **Management Reportings** und des **Financial Reportings** notwendig, da diese teilweise synonym verwendet werden (vgl. Weide 2009b, S. 5 ff.). Nach der hier gewählten Sicht (vgl. ▶ **Abb. 91**). umfasst der Begriff Reporing/Berichtswesen als Unterkonstrukte diese beiden Themenbereiche. Das Financial Reporting steht nicht näher im Fokus unseres Lehrbuchs und befasst sich mit allem, was im heutigen Unternehmensumfeld in den Kapitalmarktkontakt kapitalmarktorientierter Unternehmen fällt. In der Praxis wird dies auch dem Aufgabengebiet **Creditor/Investor Relations** zugeordnet (vgl. Kunz 2011, S. 88 ff.). Wir konzentrieren uns im Folgenden auf den Bereich des Management Reportings, der führungsorientierte (interne) Berichte für Manager der Konzern- und Einzelunternehmensebene beschreibt (vgl. Taschner 2013, S. 1 ff.).

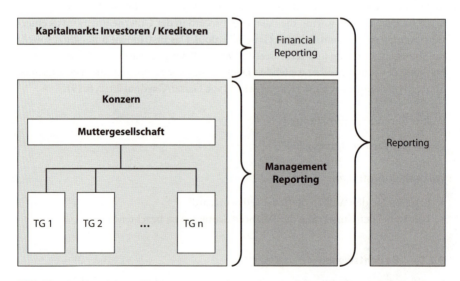

Abb. 91: Abgrenzung von Management Reporting und Financial Reporting (in Anlehnung an Weide 2009b, S. 5-12)

Ursprünge und Grundverständnis des Berichtswesens

Wie wir bereits an mehreren Stellen unseres Buchs gezeigt haben, hängt die Art und Weise, wie das Controlling zum **Unternehmenserfolg** beitragen kann, in besonderem Umfang von den durch das Controlling und die Controller zur Verfügung gestellten Informationen ab (vgl. Pastwa 2010, S. 5 ff.). In ▶ **Kap. 5.2** haben wir auch bereits darauf hingewiesen, dass es heutzutage in der Unternehmenspraxis weniger an Informationen mangelt, sondern dass vielmehr die nicht immer gegebene Informationskongruenz aus Informationsbedarf, -angebot und -nachfrage die meisten Probleme generiert. In der Praxis werden Informationen durch Controller zwar auch durch direkte, persönliche Kommunikation, aber mehrheitlich in Form von sog. Berichten zur Verfügung gestellt. Die Gesamtheit aller Controlling-Berichte in Unternehmen wird hierbei unter dem Oberbegriff des Berichtswesens subsumiert. Das Herzstück des Berichtswesens – vor allem in Großkonzernen – ist hierbei der monatliche Geschäftsbericht oder **Monatsbericht**.

Die Thematik des Berichtswesens ist in Deutschland seit Anfang an, d. h. bereits seit 1970 einer der Kernaspekte innerhalb des Controllings, was sich auch in empirischen Untersuchungen zu Controlleraufgaben immer wieder bestätigt. Dies liegt insb. daran, dass die frühen Controlling-Konzeptionen einen besonderen Fokus auf die Informationsfunktion legten (siehe ▶ **Kap. 3.3**). Definitorisch unterscheiden mehrere Autoren weite und enge Definitionen des Berichtswesens: In der engen Sicht beschränkt sich das Berichtswesen auf den Teil der Informationsversorgung, welcher der Übermittlung von Informationen dient. Dies können im Speziellen innerbetriebliche Informationen sein (vgl. Weide 2009b, S. 5 ff.). In einer weiten Sicht werden auch die prozessuale und IT-seitige Gestaltung des Informationsaustauschs unter dem Begriff des Berichtswesens subsumiert. Wir werden der weiteren Sicht folgen.

Prozess des Berichtswesens

Das Berichtswesen kann als Hauptprozess des Controllings (siehe ▶ **Kap. 7**) charakterisiert werden, der nach einem festgelegten Schema (vgl. ▶ **Abb. 92**) verläuft. Prozessual verstanden beginnt das Berichtswesen mit einer Anfrage durch eine Person oder das Erreichen eines bestimmten Ereignisses, bspw. der vorab festgelegten Frist zum Monats-, Quartals- oder Jahresende. Die Anlässe beziehen sich jeweils auf spezifische Ereignisse, so dass systematisch festgelegt ist, welche Daten im Sinne eines Inputs in den Bericht einzufließen haben. Dies können quantitative Daten aus Vorsystemen und/oder qualitative Informationen (z. B. Einschätzung des Berichtspflichtigen) sein. Der eigentliche **Reportingprozess** zerfällt wiederum in Teilprozesse, von denen die wichtigsten die folgenden sind: Set-up des Prozesses, Management der Reportingsysteme und Datenprozesse, Erstellen des Berichts (Fokus Zahlenteil), Erstellung des Berichts (Fokus Abweichungsanalyse und Kommentare) sowie Durchführung einer Bewertung und Initiierung von Maßnahmen. Der Prozess endet, sobald die Berichte mit dem Berichtsempfänger besprochen und die Maßnahmen abgeleitet wurden. Als mögliche Outputgrößen können Standard-Berichte und Ad-hoc-Berichte entstehen.

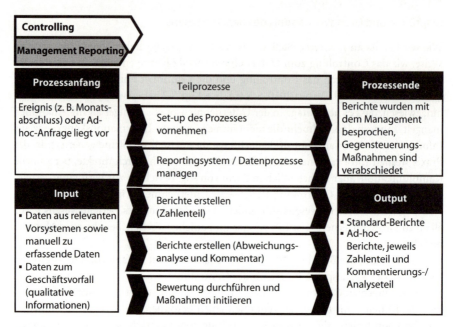

Abb. 92: Grundlegendes Prozessschema eines Controllingberichts (vgl. IGC 2011, S. 34)

In der Literatur werden zudem Gütekriterien im Sinne von Grundanforderungen diskutiert, die das Berichtswesen erfüllen muss:

- Einfachheit in der Handhabung;
- Übersichtlichkeit;
- Datenwahrheit und Datenklarheit;
- Nutzenstiftung;
- Aktualität.

Determinanten und Elemente des Berichtswesens

Da das Berichtswesen keinem Selbstzweck dienen soll, sondern v.a. der Erfüllung der Informationsfunktion des Controllings, sind beim Aufbau des Berichtswesens folgende grundlegende Fragen zu beantworten:

- Wozu soll berichtet werden?
- Was soll berichtet werden?
- Wer soll berichten?
- Wann soll berichtet werden?
- Wie soll berichtet werden?

Diese Fragen bilden die Basis für das Grundschema des Berichtswesens, das in ▶ **Abb. 93** aufgezeigt ist und im Folgenden erläutert wird.

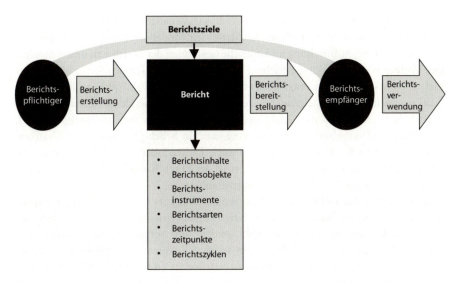

Abb. 93: Determinanten und Elemente des Berichtswesens

Dieses Schema kann horizontal und vertikal gelesen werden, zunächst horizontal: Ein **Berichtspflichtiger** – diese Rolle ergibt sich meist aufgrund der organisatorischen Zuordnung einer Aufgabe zur entsprechenden Stelle oder durch hierarchische Über-Unterordnungsverhältnisse – erstellt einen Bericht und stellt diesen im Anschluss für den **Berichtsempfänger** bereit, der diesen dann für bestimmte Zwecke – bspw. zur Weiterleitung an unternehmensexterne Informationsadressaten oder zur internen Entscheidungsfundierung – verwendet. Berichtsersteller ist zumeist ein Controller, kann aber auch ein sonstiger Controlling-Aufgabenträger (vgl. ▶ **Kap. 6**) sein. Berichtsempfänger sind meist ein oder mehrere dem Controller übergeordneter Manager.

Bei vertikaler Lesart lässt sich ein Bericht durch die Elemente Berichtsinhalte, Berichtsobjekte, Berichtsinstrumente, Berichtsarten, Berichtszeitpunkte und Berichtszyklen näher beschreiben. Der **Berichtsinhalt** als erstes Gestaltungselement lässt sich anhand der Kriterien Informationsstruktur, Informationsgegenstand, Informationsart und Informationsbezug weiter konkretisieren (vgl. Weber/Schäffer 2011, S. 223). Der erste Aspekt bezieht sich darauf, ob die Informationen unstrukturiert oder – weitaus üblicher – in einer leitenden Struktur wie z. B. einem **Trichtermodell** dargestellt werden. Informationsgegenstände können Umwelteinheiten (z. B. Akteure der Unternehmensumwelt und deren Handlungen) oder Unternehmenseinheiten sein und die Informationen können aktuelle Informationen und/oder Vergangenheitswerte beinhalten. Nach der Informationsart können insb. faktische, explanatorische, normative sowie prognostische Informationen unterschieden werden (siehe ▶ **Kap. 5.2**). Der Informationsbezug gibt an, auf welche Größen sich die im Bericht enthaltenen Informationen beziehen, d. h. was das Vergleichsobjekt ist. Erst durch diesen Schritt ist die Interpretation von Soll-Ist-Abweichungen sinnvoll möglich. Berichtsobjekte sind in dieser Klassifikation eine Teilmenge des Berichtsinhalts und geben die Informationsgegenstände des Berichts wieder.

Das Merkmal der **Berichtsinstrumente** bezieht sich vor allem auf die Form der verwendeten Berichte und die dahinterliegenden Methoden, Modelle, Verfahren und Techniken. Hier sind Umfang, Aufmachung und optische Gestaltung der Berichte zu unterscheiden. Der Umfang von Controlling-Berichten kann von einer bis wenigen Seiten bis zu einer Vielzahl von Seiten (in der Praxis meist bis zu 40-50 Seiten, vgl. Pollmann/Rühm 2007, S. 182 ff.) variieren. Mit steigender Seitenzahl und zunehmender Informationsdichte steigt jedoch tendenziell die Gefahr des Auseinanderfallens von Informationsbedarf, -nachfrage und -angebot. Die Aufmachung kann in beliebiger Form Texte, Grafiken, Tabellen, statistische Auswertungen und auch Farben oder andere Stilelemente zur Schaffung von Aufmerksamkeit beinhalten. In der Praxis hat sich jedoch ein ausgewogenes Verhältnis von Tabellen und Grafiken etabliert.

Im Kontext der **Berichtsarten** werden Standardberichte (jeweils zu einem bestimmten Zeitpunkt zu erstellen) und Sonder- bzw. Ad-hoc-Berichte unterschieden. Berichtszeitpunkte können individuell gewählt werden und somit sehr verschieden sein. Berichtszyklen geben in der Folge an, in welcher Frequenz die Standardberichte zu erstellen sind. Um angesichts der Vielzahl zu erstellender und abzuliefernder Berichte im Unternehmen nicht die Übersicht zu verlieren, bietet es sich an, den Controlling-Kalender (siehe ▶ Kap. 7) zur Strukturierung von Berichten und Berichtszyklen zu verwenden.

Typisches Layout eines Controlling-Berichts

Zuletzt möchten wir noch auf das typische Layout eines Controlling-Berichts eingehen, das in ▶ **Abb. 94** abgebildet ist. Hier möchten wir insb. auf die Gestaltungsmerkmale hinweisen. So umfasst ein typischer Controlling-Bericht unter anderem Zahlen und Tabellen (jeweils aktuelle Werte, ggf. Vergleichswerte und Planwerte), Hochrechnungen und Kommentarfelder.

Abschließend geben wir einige Hinweise für die Unternehmenspraxis. Das Ausufern des Berichtswesens (und damit auch der Berichtspflichten!) haben in der Praxis dazu geführt, dass der an sich sinnvolle Gedanke bedarfsgerechter Berichte häufig hinter den reinen Selbstzweck der Datengenerierung zurückgefallen ist. Hier bietet es sich an, in festgelegten Abständen das Berichtswesen eines Unternehmens zu überprüfen und sich auf das Wesentliche zu konzentrieren. Dies bedeutet meist: Weniger ist mehr! Eine besondere Rolle nimmt die IT-Unterstützung ein. Berichte werden zwar manchmal in gedruckter Form, aber meist doch auf Basis von IT-Systemen wie z. B. Excel oder SAP erstellt. Die IT spielt jedoch nicht nur für die Berichtsdarstellung, sondern vor allem auch für die Datengenerierung eine wichtige Rolle: Berichte können nur dann effizient und effektiv erstellt und genutzt werden, wenn die möglichen Automatisierungspotenziale auch genutzt werden. Deswegen werden wir im Folgenden der IT-Unterstützung im Controlling einen eigenen Abschnitt widmen.

Weiterführende Informationen:

Grundsätzliche Gestaltungsarten des Berichtswesens:
Ein »Klassiker«: Blohm 1974, S. 11-35
Ein aktuelleres Werk: Koch 1994, S. 53-71

8 Instrumente des Controllings

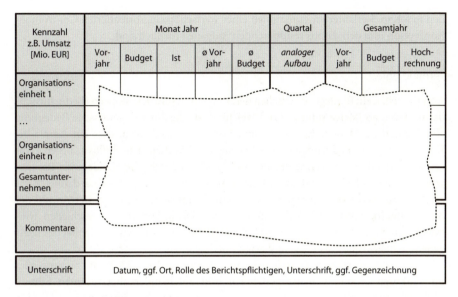

Abb. 94: Layout eines Controlling-Berichts

Eine ausführliche Dissertation zum Berichtswesen:
Weide 2009a
Ein umfangreicher Sammelband zum Thema Management Reporting:
Gleich/Horváth/Michel 2008

Abkürzungen:

IGC   International Group of Controlling

Wiederholungsfragen:

- Diskutieren Sie die enge und weite Sicht des Berichtswesens!
- Wie kann das Berichtswesen als Controlling-Prozess verstanden werden?
- Welche Gütekriterien muss das Berichtswesen erfüllen?
- Erläutern Sie grundlegende Gestaltungsmerkmale des Berichtswesens!
- Grenzen Sie Financial Reporting und Management Reporting voneinander ab.
- Wie sieht ein typischer Controlling-Bericht aus?

8.2.10 Anreizsysteme

Anreizsysteme werden in unterschiedlichen Kontexten diskutiert. Um die hinter Anreizsystemen stehenden Ideen nachzuvollziehen, ist es zunächst erforderlich, sich mit einigen Termini vertraut zu machen. Wir werden uns im Folgenden mit Anreizsystemen als Instrument des Controllings beschäftigen und der Frage nachgehen, inwiefern diese den in ▶ **Kap. 5** erläuterten Funktionen einer wertschöpfungsorientierten Controlling-Konzeption und den daraus resultierenden Aufgaben dienlich sind.

Terminologie

Anreize stellen ein Bindeglied zwischen der Motivation und den Motiven (Bedürfnissen) dar und sind als höchst subjektiv zu bezeichnen, da die ihnen zugemessene Bedeutung von Mensch zu Mensch variieren kann. Dem Grundgedanken, dass ein Anreiz bei Entsprechung des Bedürfnisses einer Person deren Verhalten beeinflusst, liegen zahlreiche Motivationstheorien zugrunde, welche das menschliche Handeln als Resultat von Anreizen und Motiven thematisieren. Eine Differenzierung kann u.a. dahingehend erfolgen, als dass zwischen extrinsischen und intrinsischen Anreizen, der Anzahl der Anreizempfänger oder materiellen und immateriellen Anreizen unterschieden wird (vgl. Lehmann 2006, S. 21; Ulrich 2011, S. 97), wobei im vorliegenden Kapitel das letztgenannte Begriffspaar als Ausgangsbasis dient.

Unter **Anreizsystemen** verstehen Berthel/Becker (2010, S. 536) »die Summe aller im Wirkungsverbund bewusst gestalteten und aufeinander abgestimmten Stimuli (Arbeitsbedingungen i.w.S.), die bestimmte Verhaltensweisen (durch positive Anreize, Belohnungen) auslösen bzw. verstärken, die Wahrscheinlichkeit des Auftretens unerwünschter Verhaltensweisen dagegen mindern (durch negative Anreize, Sanktionen) sowie die damit verbundene Administration«.

Diese Definition folgt der Auffassung eines Anreizsystems im weiteren Sinne welche sich Anreizwirkungen innerhalb des Führungsinstrumentariums zunutze macht. Folgt man in Abgrenzung dazu der Sichtweise des Anreizsystems im weitesten Sinne, so ist der Betrieb selbst ein Anreizsystem. Werden Anreizsysteme dagegen individuell auf einzelne Mitarbeiter bezogen ausgestaltet, entspricht dies der Auffassung der Anreizsysteme im engeren Sinne (vgl. Berthel/Becker 2010, S. 536).

Ziel und Funktionen

Unternehmen verfolgen mit der Gestaltung und dem Einsatz von Anreizsystemen als immanenter Bestandteil der Managementkonzeption prinzipiell das Ziel, das Verhalten der Mitarbeiter gezielt im Sinne der Erreichung der gesetzten Unternehmensziele zu beeinflussen. Als Funktionen von Anreizsystemen können demnach die **Aktivierung, Steuerung, Information und die Veränderung des Mitarbeiterverhaltens** genannt werden (vgl. Berthel/Becker 2010, S. 538 f.). Die Mitarbeiter sollen geführt und durch eine attraktive Anreizkombination motiviert werden, um letztlich zum Erfolg des Unternehmens beizutragen.

In diesem Kontext erinnern wir uns an die Lokomotionsfunktion sowie die Informations- und Abstimmungsfunktionen des Controllings: Als integrierte Aufgabe der Unternehmensführung initiiert und richtet das Controlling das betriebliche Handeln auf den Zweck der Wertschöpfung aus. Anreizsysteme können hierbei dienlich sein, indem Mitarbeiter durch die gegebenen Anreize in ihrem Verhalten im Sinne der Unternehmensziele aktiviert und beeinflusst werden.

Anreizformen

▶ **Abb. 95** zeigt die verschiedenen Anreizformen und soll die nachstehenden Ausführungen in ihren Zusammenhängen visualisieren:

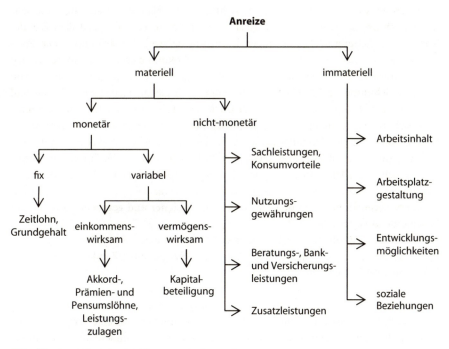

Abb. 95: Anreizformen (Holtbrügge 2007, S. 181).

Zunächst kann zwischen immateriellen Anreizen, wozu attraktive Möglichkeiten zur Arbeitszeitgestaltung oder Entwicklungsperspektiven zählen, sowie materiellen Anreize differenziert werden. Immaterielle Anreize können unter anderem durch die Ausübung bestimmter Führungsstile Anwendung finden, wohingegen die Modellierung der materiellen Anreize in erster Linie mit Hilfe von Entlohnungssystemen erfolgt, die folglich ein Teilgebiet der Anreizsysteme bilden.

Nachdem wir uns nun einen Überblick verschafft und mit grundlegenden Begrifflichkeiten auseinandergesetzt haben, wollen wir im nächsten Schritt die materiellen Anreize genauer betrachten.

Materielle Anreize

Unter der Personalentlohnung werden in Anlehnung an die Anreiz-Beitrags-Theorie alle materiellen Anreize, also die monetären und die nicht-monetären Anreize, subsumiert. Nach Jung (2011, S. 562) stellen monetäre Zahlungen eine Gegenleistung für die erbrachte Leistung des Arbeitnehmers an der betrieblichen Wertschöpfung dar. Monetäre Zahlungen sind mit anderen Worten der den Arbeitnehmern zustehende Anteil an der durch das Unternehmen generierten Wertschöpfung. An dieser Stelle sollten wir uns das Ziel betrieblicher Anreizsysteme erneut in Erinnerung rufen: Das Leistungsverhalten des Mitarbeiters soll im Sinne der Erreichung der Unternehmensziele beeinflusst werden. Das Generieren von Wertschöpfungsbeiträgen als wesentlicher Zweck unternehmerischen Handelns befriedigt einerseits die Bedürfnisse des Unternehmers selbst, welcher durch seine Tätigkeit dem Ziel der Selbstverwirklichung Rechnung tragen kann, was der verhaltensökonomischen Perspektive des Wirtschaftens entspricht. Aus der sachökonomischen Sichtweise werden durch Produkte und Dienstleistungen Bedarfe gedeckt und Entgelt (in Form von Steuern, Gebühren und Abgaben, sowie Löhne und Gehälter aber auch Zinsen und Gewinne) erzielt (vgl. Becker 2011 S. 28). Die Tragweite betrieblicher Anreizsysteme lässt sich bereits erahnen. Aus diesem Grunde wird **wertorientierten Anreizsystemen** sowohl in der Literatur als auch in der betrieblichen Praxis eine hohe Bedeutung zuteil (vgl. Becker/Kunz 2008, S. 290; Ulrich 2011, S. 52). Für deren Einsatz eignen sich vor allem monetäre variable Vergütungsbestandteile. Vor allem Großunternehmen bedienen sich diesen im Rahmen der variablen Führungskräftevergütung, um deren Handeln an den Zielen der Anteilseigner und gegebenenfalls anderer Stakeholder auszurichten.

Bei der Konzeption von (wertorientierten) Anreizsystemen sind jedoch einige wichtige Anforderungen zu beachten (vgl. Bleicher 1992; Femppel/Zander 2005, S. 45 ff.; Lehmann 2006, S. 16 ff.):

- **Leistungsorientierung**: ... *durch Orientierung am Output unter Berücksichtigung der nicht beeinflussbaren Umwelteinflüsse.* Erläuterung: Die variable Vergütung eines Vertriebsleiters wird bspw. auf Grundlage neu gewonnener Kundenaufträge ermittelt. Im Fall einer Wirtschaftskrise, wie wir sie in den Jahren 2009/2010 erlebt haben, sind die Bedingungen zur Neuauftragsgewinnung offenkundig ungünstig. Diese Umstände hat der Vertriebsleiter jedoch nicht zu verantworten, was berücksichtigt werden sollte.
- **Zielausrichtung**: ... *unter Berücksichtigung der hierarchischem Beeinflussbarkeit durch die betroffene Führungsebene.* Erläuterung: Die mit dem Vertriebsleiter vereinbarten ambitionierten und zugleich realistischen Ziele sollten sich auf seinen Verantwortungsbereich beziehen und die formulierten Unternehmensziele in deren Erreichung unterstützen. Wichtig ist, dass die Führungskraft über die erforderlichen Befugnisse verfügt, um die erforderlichen Entscheidungen zur Einflussnahme im Sinne der Zielerreichung treffen zu können. Hier treffen wir wieder auf den in ▶ **Kap. 1.2** erläuterten Begriff der »Controllability«.
- **Anreizkompatibilität**: ... *zur Gewährleistung der zielorientierten Entlohnung.* Erläuterung: Die Vergütung sollte den Grad der Zielerreichung wiederspiegeln. Bei einer Verschlechterung der Zielerreichung wäre eine steigende Entlohnung der Führungskraft nicht zielführend; die Anreize wären nicht kompatibel.
- **Wirtschaftliches Prinzip**: ... *als Voraussetzung erfolgreichen unternehmerischen Handelns.* Erläuterung: Der Nutzen des Anreizsystems sollte größer als die hierfür entstehenden Kosten sein. Dabei ist die Ermittlung der Kosten auf Basis der Manage-

mententlohnung und anfallenden Verwaltungskosten relativ problemlos möglich, wohingegen sich der Nutzen durch ein dynamisches Unternehmensumfeld nicht ohne weiteres eruieren lässt.

- **Flexibilität**: ... *zur adäquaten Reaktion in der jeweiligen Situation*. Erläuterung: Grundsätzlich sollten Anreizsysteme für einen längeren Zeitraum Gültigkeit besitzen. Zugleich ist aber deren Anpassung an die sich verändernden Rahmenbedingungen der Unternehmen und die daraus resultierenden unternehmerischen Zielsetzungen innerhalb der unterschiedlichen Geschäftsbereiche erforderlich, um wirkliche *Anreize* in der jeweiligen Situation zu schaffen.
- **Leistungsgerechtigkeit**: ... *zur Förderung zielorientierten Verhaltens*. Erläuterung: Empfindet der Mitarbeiter den Anreiz im Hinblick auf die erbrachte oder noch zu erbringende Leistung als gerecht, so fördert dies das gewünschte Verhalten. In diesem Zusammenhang sei jedoch nochmals ausdrücklich auf die höchst subjektive Wahrnehmung der dargebotenen Anreize und die damit verbundene divergierende Einschätzung der Gerechtigkeit hingewiesen.
- **Marktgerechtigkeit**: ... *zur Mitarbeiterbindung*. Erläuterung: Es ist einleuchtend, dass Mitarbeiter die ihnen angebotenen Anreize mit den marktüblichen Gegebenheiten vergleichen. Entsprechen die Anreize im Unternehmen mindestens den marktüblichen Konditionen, so trägt dies zum (subjektiven) Gerechtigkeitsempfinden des Betroffenen bei.
- **Transparenz**: ... *zur Nachvollziehbarkeit und Motivation*. Erläuterung: Kann der betroffene Mitarbeiter die Höhe der Belohnung nachvollziehen, trägt dies zum Gerechtigkeitsempfinden und letztlich damit zur Motivation bei. Transparenz ist dabei nicht nur zur ex post Betrachtung dienlich, sondern trägt auch dazu bei, die mögliche Belohnung ex ante abschätzen zu können.

Auch wenn die genannten Anforderungen erfüllt sind, so ist letztlich die Kombination der dargebotenen Anreize als Gesamtpaket erfolgsentscheidend.

Fixe und variable Entgeltkomponenten als monetäre Bestandteile können im Zusammenhang mit **nicht-monetären Anreizen**, wie der Nutzung eines Geschäftswagens, in ihrer Wirkung zusätzlich unterstützt werden. Als Beispiel soll uns ein Vertriebsleiter dienen, der neben einem monatlichen Fixgehalt eine leistungsabhängige Prämie erhält, welche auf Basis von neu abgeschlossenen Kundenverträgen ermittelt wird. Zusätzlich steht der Führungskraft ein Geschäftswagen zur Verfügung, der einerseits Dienstfahrten komfortabel werden lässt, andererseits als Statussymbol gilt. Hier handelt es sich in allen Fällen um materielle Anreize.

Eine eindeutige Abgrenzung der materiellen und immateriellen Anreize ist jedoch nicht immer ohne weiteres bei allen Maßnahmen möglich, da bspw. im Fall einer Beförderung beide Anreizarten zugleich vorliegen können: Neben dem monetären Anreiz in Form der Entgelterhöhung wird dem Wunsch nach Karriereperspektiven Rechnung getragen, ebenso können weitere Vorteile im Rahmen der Arbeitszeit- und Arbeitsplatzgestaltung inkludiert sein. Unser Vertriebsleiter könnte bspw. bisher für eine regionale Dienststelle tätig sein und nun überregionale Verantwortung erhalten.

Kritische Würdigung – »Geld oder Freizeit?«

Monetäre Anreizsysteme werden in der Literatur kontrovers diskutiert. Innerhalb der Neuroökonomie werden Zweifel bezüglich der leistungsabhängigen Vergütung in Form variabler monetärer Komponenten angeführt. Hier wird statt der motivierenden Funktion die Gefahr der Demotivation gesehen, da in vielen Fällen die zu Grunde liegende Beurteilung der Mitarbeiter weniger nutzenstiftend als vielmehr schädlich sei (vgl. Breisig 2003, S. 52 f., Rischar 2007, S. 154). Dem kann entgegnet werden, dass überall beurteilt wird, wo Menschen zusammentreffen. Die Frage ist nur, ob es ein Beurteilungssystem gibt, welches zur Objektivierung beiträgt oder nicht (vgl. Femppel/Zander 2005, S. 47).

Ebenso beschäftigen sich Studien mit der Bedeutung der materiellen und immateriellen Anreize im Vergleich. Derzeit kann ein Trend hin zu den immateriellen Anreizen festgestellt werden, welchen folglich auch eine stärkere motivationale Wirkung zugesprochen wird (vgl. Pleier 2006, S. 7 f.; Berthel/Becker 2010, S. 540). In diesem Zusammenhang spielt der Wertewandel eine Rolle: Klassische Werte der Leistungsgesellschaft treten hinter dem Streben nach Selbstverwirklichung und der Vereinbarkeit von Familie und Beruf zunehmend zurück (vgl. Büning/Marchlewski 2009, S. 58 f.).

Doch dieser Trend kann nicht auf alle Individuen übertragen werden, da die Präferenzen der Mitarbeiter höchst unterschiedlich sein können und auch von deren aktueller Lebenssituation abhängig sind. Hierzu ein Beispiel: Ein junger Familienvater mit einem nicht abbezahlten Kredit für das jüngst erworbene Eigenheim könnte andere Präferenzen haben als ein berufserfahrener, dem Renteneintrittsalter nahekommender Mitarbeiter, dessen Immobilie abbezahlt ist und dessen Kinder bereits auf eigenen Beinen stehen. In der Praxis bedient man sich zur Berücksichtigung der individuellen Präferenzen sog. **Cafeteria-Systemen** (vgl. Bleicher 1992). Basis bildet dabei ein fixes Grundentgelt, welches als Absicherung fungiert. Darauf aufbauend werden verschiedene variable Komponenten angeboten und der Mitarbeiter kann, je nach Ausgestaltung des Anreizsystems, seine favorisierten variablen Bestandteile auswählen.

Es kann abschließend festgehalten werden, dass Anreizsysteme ein wertvolles Instrument zur Verhaltensbeeinflussung der Mitarbeiter sind. Die Beschäftigten sollen motiviert werden, sich im Sinne der Erreichung der Unternehmensziele zu verhalten und so ihren Beitrag zur Generierung von Wertschöpfung zu leisten. Diese wird wiederum in Teilen in Form von Entgelt an die Belegschaft zurückgegeben, sodass Anreizsystemen im Wertschöpfungskreislauf eine herausragende Bedeutung zugesprochen werden kann.

Wiederholungsfragen:

- Erläutern Sie den Zusammenhang zwischen den Begrifflichkeiten Anreiz, Motiv und Motivation.
- In welche Kategorien lassen sich Anreize grundsätzlich einteilen?
- Nennen Sie Beispiele für immaterielle Anreize.
- Erläutern Sie, worauf bei der Konzeption wertorientierter Anreizsysteme geachtet werden sollte.
- Diskutieren Sie auf Basis von Funktionen, inwiefern Anreizsysteme ein Instrument des wertschöpfungsorientierten Controllings sein können.

8.3 IT-Unterstützung im Controlling

In der Unternehmenspraxis werden Controlling-Instrumente immer häufiger IT-gestützt eingesetzt. Eine erste empirische Untersuchung zu diesem Sachverhalt findet sich bei Amshoff (1993, S. 324 ff. und 493 ff.), der die Einsatzintensität und die IT-Unterstützung von Controlling-Instrumenten in der (mittelständischen) Unternehmenspraxis erstmals untersucht hat.

Controlling-Instrument	Einsatz-intensitätsindex	IT-Unterstützung
Budgetierung	85,84	86,0 %
Kostenstellenrechnung	84,68	89,7 %
Kostenartenrechnung	84,07	90,3 %
Kalkulationsverfahren/BAB	78,28	80,8 %
Kostenträgerrechnung	75,54	81,2 %
Deckungsbeitragsrechnung	74,02	78,5 %
Kennzahlensysteme	68,01	74,6 %
Kosten-Nutzen-Analyse	58,96	49,1 %
dynamische Investitionsrechnung	58,39	51,1 %
Break-Even-Analyse	54,16	50,3 %
statische Investitionsrechnung	53,93	40,0 %
Fixkostendeckungsrechnung	48,02	52,7 %
Checklisten	42,34	22,4 %
Grenzplankostenrechnung	42,14	43,7 %
ABC-Analyse	40,60	56,4 %
flexible Plankostenrechnung auf Vollkostenbasis	39,98	42,9 %
Frühwarnsysteme	37,59	42,5 %
starre Plankostenrechnung auf Vollkostenbasis	37,04	40,0 %
Gleitende Durchschnitte	36,73	46,0 %
Stärken-Schwächen-Analyse	33,26	16,7 %
Sensitivitätsanalyse	32,68	29,3 %
Wertanalyse	30,01	20,0 %
Ablaufdiagramme	29,74	30,3 %
Input-Output-Analyse	28,03	29,2 %

Abb. 96: Einsatzintensität und IT-Unterstützung von Controlling-Instrumenten

Abb. 96: Fortsetzung

Controlling-Instrument	Einsatz-intensitätsindex	IT-Unterstützung
Risikoanalyse	27,60	19,6%
historische Analogie	27,16	35,1%
relative Einzelkostenrechnung	24,11	27,0%
Trendexpolation	23,19	30,6%
Funktionsanalysen	22,15	17,8%
Nutzwertanalyse	20,15	15,4%
Informationskataloge	18,69	14,9%
Systemanalyse	17,92	12,2%
Regressionsanalyse	17,49	26,0%
Mathematische Entscheidungsmodelle	17,42	30,6%
Netzplantechnik	16,12	20,6%
Lücken-/Gap-Analyse	14,98	16,0%
Entscheidungstabellentechnik	13,78	18,1%
Exponential Smoothing	9,84	16,9%
Mathematische Programmierung	7,91	15,0%
Environmental Scanning	7,83	6,3%
Kepner-Tregoe-Technik	4,94	2,0%

Hierbei ist ersichtlich, dass die IT-Unterstützung v.a. bei den eher operativen Instrumenten deutlich höher ist als bspw. bei Regressionsanalysen und dem Environmental Scanning. Die Unterstützung durch IT gewinnt vor allem vor dem Hintergrund zunehmender Datenmengen (**Big Data**) in der Praxis immer mehr an Bedeutung (vgl. Becker/Ulrich/Vogt 2013), da vom Controlling die Unterstützung des Managements trotz ansteigendem Datenvolumens in üblicher Art und Weise aufrechterhalten werden muss. Dies zeigt sich nicht zuletzt durch die Tatsache, dass die IT immer wieder als wichtigstes Zukunftsthema des Controllings genannt wird (vgl. Schäffer/Weber/Mahlendorf 2012, S. 225).

Abstrahierend von der oben skizzierten Studie von Amshoff können nicht nur einzelne Controlling-Instrumente durch IT unterstützt werden, sondern auch das Controlling als gesamte Unternehmensfunktion. Wie empirische Studien zeigen, konzentrieren sich viele Unternehmen jedoch noch immer vor allem auf Tabellenkalkulationen und individuell programmierte Software (vgl. ▶ **Abb. 97**).

Wird das Controlling jedoch gesamthaft durch IT unterstützt, sprechen wir von sog. Controlling-Informationssystemen (CIS), die in den Kontext der **Business Intelligence (BI)** eingeordnet werden können. Dies möchten wir im Folgenden näher erläutern (die folgenden Ausführungen greifen auf Becker/Ulrich/Kollacks 2011, S. 223 ff. zurück).

8 Instrumente des Controllings

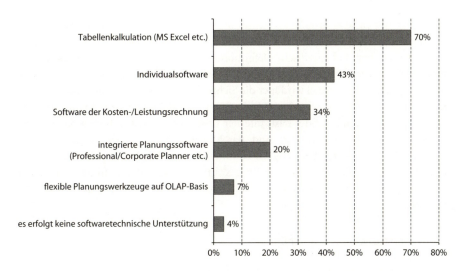

Abb. 97: Genutzte IT in der Unternehmenspraxis (vgl. Becker/Ulrich 2013, S. 48)

Begriff der BI

Der Begriff BI wurde 1958 erstmals vom deutschen Computerwissenschaftler Hans-Peter Luhn im IBM Journal verwendet und geht in seiner Gänze auf Überlegungen der *Gartner Group* zurück. Jedoch konnten sich sowohl der Begriff als auch die damit verbundenen Verfahren erst um das Jahr 1990 in Theorie und Praxis durchsetzen. Trotz – oder vielleicht gerade wegen – seiner relativ langen Geschichte ist der Begriff BI äußerst vielschichtig und nicht genau definiert (vgl. Hilbert/Schönbrunn 2008, S. 162). Während in der Praxis das Begriffsverständnis recht einheitlich ist, variieren in der Theorie sowohl Begriff als auch Inhalt der Definition von BI.

Die Konnotation des englischen Wortes ›Intelligence‹ ist nicht deckungsgleich mit dem deutschen Begriffsverständnis der Intelligenz. Es handelt sich hierbei nicht lediglich um einen Aspekt der Einsicht oder des Erkenntnisvermögens. Vielmehr fokussiert BI primär das Sammeln und Aufbereiten gewonnener Informationen und Erkenntnisse, welche letztendlich die Entscheidungsqualität von Entscheidungsträgern in Unternehmen verbessern sollen. Dies ist mit der Wortbedeutung vergleichbar, wie sie beim amerikanischen Geheimdienst CIA (Central Intelligence Agency) verwendet wird. Auch dort stehen unter dem Oberbegriff ›Intelligence‹ die Gewinnung sowie Aufbereitung von Informationen aus vielfältigen Quellen im Vordergrund.

Das Konstrukt BI besitzt viele Facetten und kann unterschiedlich weit aufgefasst werden. In diesem Kontext werden allgemeine und spezifische Definitionen unterschieden. Ein Großteil der allgemeinen Definitionen grenzt BI über die verwendeten Systeme ab. So wird BI oftmals als **Synonym für Managementinformationssysteme, Frühwarnsysteme, Data Warehouse-Architekturen** oder einfach als Filter der gesamten Informationsflut in einem Unternehmen verstanden (vgl. Mertens 2002,

S. 4). Hier stehen also diverse Konzepte und Ansätze zur Auswertung und Analyse entscheidungsrelevanter Informationen im Vordergrund.

Demgegenüber sind spezifische Definitionen zumeist technisch geprägt und fokussieren einzelne Aspekte der bereits genannten Systeme wie z. B. des Managementinformationssystems. Als Beispiel wird hier die Sichtweise von Chamoni/Gluchowski (2004, S. 119) angeführt. Diese verstehen BI als einen Sammelbegriff »zur Kennzeichnung von Systemen (…), die auf der Basis interner Leistungs- und Abrechnungsdaten sowie externer Marktdaten in der Lage sind, das Management in seiner planenden, steuernden und koordinierenden Tätigkeit zu unterstützen«. Die Entscheidungsunterstützungsfunktion der BI steht in diesem Kontext im Vordergrund, d. h. BI ist nach diesem Verständnis eine der Datensammlung und -aufbereitung nachgelagerte betriebliche Funktion.

Wesen und Notwendigkeit der BI

In einer ersten Annäherung werden im hier verfolgten weiten Verständnis im Unterschied zur skizzierten Sichtweise von Chamoni/Gluchowski durch BI Verfahren und Prozesse zur systematischen und entscheidungsorientierten Sammlung, Analyse und Darstellung von Daten in elektronischer Form beschrieben (vgl. Schrödl 2006, S. 12). Weber/Schäffer (2011, S. 98 ff) beschreiben BI – diesem Vorschlag folgend – als Oberbegriff für »alle Hilfsmittel, die den Prozess aus Datenbereitstellung, Informationsentdeckung und Kommunikation unterstützen«.

Ein wichtiges Ziel der BI besteht in der **Verbesserung der Entscheidungsgrundlage** aller Management-Ebenen, um operative und strategische Unternehmensziele besser erfüllen zu können. Dies geschieht durch einen analytischen Prozess, welcher die Transformation von Unternehmens-, Lieferanten- und Kundendaten in betriebswirtschaftlich verwertbares Wissen zum Gegenstand hat und auf eine Verbesserung der strategischen Wettbewerbsposition eines Unternehmens gerichtet ist. Grundsätzlich kann BI somit als ein unternehmensindividueller Entwicklungs- und Lernprozess verstanden werden, der zum Erkennen, Verstehen und Nutzen betriebswirtschaftlich verwertbaren Wissens führt. Es handelt sich dabei um einen analytischen Transformationsprozess, welcher fragmentarisierte Unternehmens- und Wettbewerbsdaten in handlungsgerichtetes Wissen über die Fähigkeiten, Positionen, Handlungen und Ziele der betrachteten internen oder externen Handlungsfelder überführt.

Im Mittelpunkt stehen im hier verfolgten Verständnis die entscheidungsorientierte Sammlung und Aufbereitung von Daten zur Darstellung geschäftsrelevanter Informationen und die Verbesserung der Entscheidungsgrundlage für das Management. Aus den gesammelten Rohdaten werden Informationen generiert, die dann wiederum von den Empfängern als Wissen in **Geschäftsaktionen** umgesetzt werden können. Während dieses Prozesses werden Daten zueinander in Beziehung gesetzt, Expertenwissen in Form von Regeln implementiert und mathematische Verfahren auf die gewonnenen Daten angewendet, um daraus werthaltige Informationen zu erzeugen.

Die zunehmend komplexer werdende Umweltsituation fordert von Unternehmen proaktives Handeln (vgl. Becker/Fuchs 2004, S. 7). Es liegen immer mehr Informationen von verschiedenen Anbietern in den unterschiedlichsten Formen vor. Um rational fundierte Entscheidungen treffen zu können, muss diese Informationsflut bewältigt und für die Erfüllung von Unternehmenszwecken nutzbar gemacht werden. Dabei kann der Einsatz von BI sehr hilfreich sein. Den Kern von BI im hier verfolgten Verständnis bilden sog. **BI-Tools oder -Werkzeuge**, die einen einfach zu bedienenden Zugang zu den Unternehmensdaten innerhalb der verschiedenen Datenlager bereitstellen. BI-Tools stellen folglich eine instrumentelle Konkretisierung der geschilderten Verfahren und Prozesse der Erkenntnisgewinnung dar (vgl. Oehler 2006, S. 33).

Aufgrund ihrer vielseitigen Analyse- und Präsentationsmöglichkeiten erlauben diese Software-Werkzeuge die teilautomatische Überwachung, Interpretation und Steuerung erfolgskritischer Informationen und können somit das Verständnis des eigenen Wertschöpfungsgefüges verbessern. Diese hohe Bedeutung von BI ist zwar in den meisten Unternehmen bekannt, jedoch fehlt es teilweise an der wertschöpfungsorientierten Umsetzung und Ausrichtung.

BI als Teil des Controllings

Auch aus Sicht des Controllings spielt BI eine wichtige Rolle, da die betriebswirtschaftliche Bedeutung der Ressource Information stetig anwächst (vgl .Becker/Fuchs 2004, S. 7). Der Mehrwert von BI kommt insb., aber nicht nur im Rahmen der **Informationsfunktion** des Controllings zum Tragen. Aufgabe der Informationsfunktion des Controllings ist es, betriebliche Informationskongruenz zu schaffen und zu erhalten. Dafür ist es erforderlich, diejenigen Informationen, die für das Erreichen der Wertschöpfungszwecke benötigt werden, zu erkennen und zur Verfügung zu stellen. Demnach müssen Informationsbedarf, -nachfrage und -angebot in ein informationswirtschaftliches Gleichgewicht überführt werden. Da dies, wie bereits erläutert, Aufgabe des Controllings ist, kann die Nutzung von BI durch das Controlling dazu beitragen, das Management mit zuverlässigen und transparenten Informationen schnell und insb. bedarfsgerecht zu versorgen.

Durch die Implementierung von BI und Schnittstellen zu den restlichen Teilen des betrieblichen Informationssystems, wie z. B. dem Enterprise-Resource-Planning-System (ERP-System), wird die Schaffung und Nutzung wertschöpfungsgerichteten Wissens ermöglicht (vgl. Berthel 1975, S. 27 ff.). Dieser Prozess, welcher sich als **Erkenntnis- oder auch Wertgenerierungsprozess** interpretieren lässt, wird in der folgenden veranschaulicht ▶ **Abb. 98**.

Die zunehmende **Komplexität** des unternehmerischen Geschehens sorgt dafür, dass die Bereitstellung von Informationen alleine nicht ausreicht. Aus einer lerntheoretischen Perspektive ist die Definition von BI im Kontext von Unternehmensführung und Controlling deshalb zu erweitern bzw. zu ergänzen. Daten sind in einem Transformationsprozess in Informationen umzuwandeln und müssen, um vom Management nutzbar zu sein, bewusst gemacht werden. BI ist somit das zunächst stets Subjekt-bezogene, letztlich aber durchaus rollenspezifisch objektivierbare Ergebnis eines auf das unternehmerische Handeln bezogenen Entwicklungs- bzw. Lernprozesses, welcher zum Erkennen, Verstehen und Nutzen von betriebswirtschaftlich verwertbarem Wissen führt und auf die

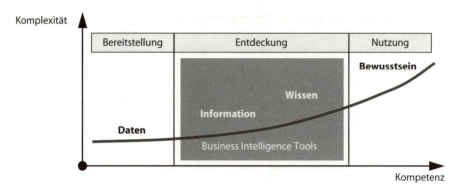

Abb. 98: Konzept der BI (in Anlehnung an Grothe/Gentsch 2000, S. 273)

Verbesserung der strategischen Wettbewerbsposition eines Unternehmens gerichtet ist. BI-Tools sind folglich Werkzeuge, welche diesen Lernprozess unterstützen.

BI-Tools und CIS

Um den oben diskutierten Lernprozess durch BI zu veranschaulichen, werden BI-Tools nun mit betrieblichen Informationssystemen in Verbindung gebracht. Ferstl/Sinz (2006, S. 6) bezeichnen zunächst das gesamte informationsverarbeitende Teilsystem eines Unternehmens als betriebliches Informationssystem (IS). CIS sind spezifische **Management-Unterstützungssysteme**, welche analytisch geprägt sind und den betrieblichen Wertschöpfungsprozess abbilden. Sie stellen somit die häufig automatisierten Teile eines umfassenden Informationssystems dar, welche das für Unternehmensführung und Controlling relevante Wertschöpfungswissen adäquat (vor allem also zweckgerecht, zeitgerecht, ortsgerecht, empfängergerecht etc.) zur Verfügung stellen. Die folgende ▶ **Abb. 99** veranschaulicht die Referenzarchitektur für Controlling-Informationssysteme.

Die Datenerfassung wird vornehmlich durch Vorsysteme, bspw. ERP- sowie **Produktionsplanungs- und -steuerungs-Systeme (PPS-Systeme)** durchgeführt. Zur Nutzbarkeit dieser Informationen sowie externer Datenquellen wie z. B. Datenbanken durch das Controlling-Informationssystem müssen Schnittstellen zur Datenübertragung etabliert werden, mit deren Hilfe Daten aus den Vorsystemen exportiert werden. Diese Informationen werden dann durch meist **automatisierte Extraktions-, Transformations- und Ladewerkzeuge (ETL)** in ein einheitliches Datenlager, das **Data Warehouse (DW)**, übertragen.

DW-Systeme zeichnen sich durch die Bereitstellung einer entscheidungsorientierten, horizontal sowie vertikal integrierten und konsistenten Datenbasis aus, welche konsequent von operativen Datenbeständen getrennt sein sollte (vgl. Oehler 2006, S. 19). Sowohl historische als auch aktuelle Daten sind verfügbar, was einen sehr umfangreichen und zudem nicht volatilen (veränderbaren bzw. überschreibbaren) Datenbestand garantiert. Die Datenqualität kann durch Transformationen zusätzlich gesteigert

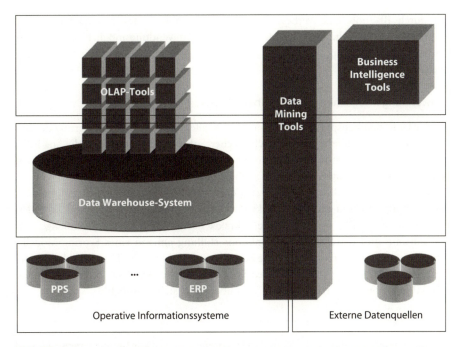

Abb. 99: Referenzarchitektur für CIS (in Anlehnung an Bange et al. 2003, S. 17; Chamoni/ Gluchowski 2006, S. 12)

werden. Dies ist unter anderem deshalb nötig, da sich die unterschiedlichen Datenbestände in den operativen Systemen nicht für entscheidungsorientierte Auswertungen eignen. Letztlich werden durch die zentrale Datenhaltung für Analysen bzw. Reports operative Informationssysteme entlastet und deren Abfrage- und Antwortzeiten für den jeweiligen Nutzer verkürzt.

Online Analytical Processing (OLAP)-Systeme gehen auf konzeptionelle Arbeiten von Codd zurück, welcher die Grundlagen relationaler Datenbanken geschaffen hat. Diese Systeme ermöglichen es, auf Basis des DW Analysen durchzuführen und multidimensional (in Abhängigkeit mehrerer Dimensionen gleichzeitig) auszuwerten. So verbessern OLAP-Systeme die Analysemöglichkeiten der Benutzer und stellen eine Basis für die Durchführung von zweckgerichteten Analysen in großen Datenbeständen zur Verfügung (vgl. Alpar et al. 2009, S. 258). **Data Mining-Tools** befähigen Anwender dazu, je nach Bedarf Querschnittsanalysen des gesamten Datenbestands oder nur eines spezifizierten Teilbereichs des CIS durchzuführen und schaffen so Möglichkeiten zur frühzeitigen Überwachung sowie Analyse von Trends und Veränderungen (vgl. Chamoni/ Gluchowski 2006, S. 12).

BI-Tools stellen sich in Konkretisierung der bisher dargestellten Sichtweise von BI als Ergebnis eines Lernprozesses dar. Sie zeichnen sich durch einfach zu bedienende Anzeige- und Auswertungs-Tools zum Datenmaterial des Data Warehouse-Systems und des OLAP-Systems aus. Durch eine Vielfalt an Analyse- und Präsentationsmöglichkeiten ist durch BI-Tools eine Verbesserung des Verständnisses des eigenen Wertschöpfungsgefüges möglich. Im Folgenden werden die Anwendungsmöglichkeiten von BI in der Unternehmenspraxis dargestellt, wobei BI-Software im Fokus der Betrachtung stehen soll.

Anwendungsmöglichkeiten von BI in der Praxis

In der Unternehmenspraxis bezieht sich BI vor allem auf die Automatisierung des Berichtswesens mit Hilfe betriebswirtschaftlicher Software. Dabei werden die aus ERP-Systemen gewonnenen Informationen verwendet, um aus verschiedenen Blickwinkeln die Situation eines Unternehmens zu analysieren.

Das **Business Application Research Center (BARC)** beschäftigt sich seit 1994 als unabhängiges Institut mit dem Markt für Business Applications. In einem Leitfaden überprüft das BARC wichtige, in der Praxis nachgefragte Funktionsumfänge von BI-Software und bewertet deren Funktionserfüllung anhand eines Scoring-Modells. Die thematisierten Funktionsbereiche beziehen sich insb. auf die Themenfelder Reporting, Analyse, Planung sowie Balanced Scorecard (vgl. BARC 2006, S. 20 f.). Folgende Funktionalitäten werden hierbei im Detail überprüft (siehe ▶ **Abb. 100**):

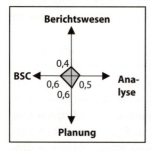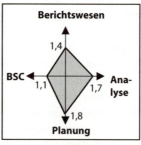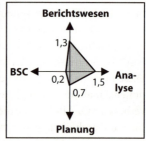

Legende: Die angegebenen Werte sind jeweils Mittelwerte.
0 = keine, 1 = gute, 2 = exzellente Funktionserfüllung.

Abb. 100: Bedeutsame Funktionsumfänge von Controlling-Software

Der ermittelte Grad der Funktionserfüllung von Business-Intelligence-Software ist in der folgenden ▶ **Abb. 100** dargestellt. Die Daten basieren auf einer 2005/2006 vom BARC durchgeführten Analyse der Funktionserfüllung der untersuchten Software. Da die zitierte Statistik der Funktionserfüllung auf Daten aus 2005/2006 beruht, sind auch einige inzwischen nicht mehr eigenständig am Markt tätige Unternehmen wie z. B. Business Objects, MIS, Hyperion und Cartesis enthalten, welche im Rahmen der Konsolidierung des Marktes für Business Intelligence von anderen Unternehmen akquiriert wurden. Da die Funktionen der Software jedoch von den jeweils übernehmenden Unternehmen (Oracle, SAP, IBM) weitgehend beibehalten wurden, verbleiben die genannten Unternehmen in der Darstellung.

Die Einschätzung des jeweiligen Grads der Funktionserfüllung wurde von den BARC-Experten anhand eines festgelegten Kriterienkatalogs sowie eines Scoringmodells durchgeführt. Während die Funktionalität der Software kleinerer Anbieter beschränkt ist, weisen insb. die Software-Lösungen großer Anbieter wie IBM, Oracle und SAP detaillierte Funktionsumfänge auf.

Der Markt für BI in Deutschland ist sehr dynamisch. Von 2007 auf 2008 wuchs er trotz Beeinträchtigung durch die Finanz- und Wirtschaftskrise um 6,2 Prozent gegenüber dem Jahr 2007 auf ein Marktvolumen von nun insgesamt 754 Millionen Euro. Die vier größten Anbieter SAP, Oracle, IBM und SAS teilen sich etwa 50 Prozent dieses Marktes (vgl. BARC 2009, S. 3).

Die Informationsflut und kontinuierliche Zunahme von Datenabfragen in allen Unternehmen resultieren in einer zunehmenden Unzulänglichkeit und Fehleranfälligkeit herkömmlicher Berichtssysteme. BI ist eine der Lösungen, die an dieser Stelle Abhilfe schaffen können. Durch die Implementierung von BI werden Qualität, Akzeptanz und Nutzung von Daten erhöht. Informationsangebot, -nachfrage und -bedarf können somit aufeinander abgestimmt und optimiert werden. BI sorgt dafür, dass Daten und Informationen in wertschöpfungsgerichtetes Wissen transformiert werden und zur Entscheidungsfindung beitragen. Viele Unternehmen haben die Notwendigkeit einer BI-Unterstützung erkannt, einige sind aber noch nicht in der Lage, diese auch umzusetzen. Erst wenn dies der Fall ist, kann ein umfangreiches, auch IT-seitig unterstütztes Corporate Performance-Management (CPM) zur Anwendung kommen (vgl. Oehler 2006, S. 13).

Die Abgrenzung von BI und Corporate Performance-Management ist in der Literatur noch immer unklar. Während für ersteren Begriff Beiträge zu eher technischen Aspekten dominieren, werden für letzteren Begriff betriebswirtschaftliche Konzepte der Planung, Steuerung und Kontrolle diskutiert. In der Praxis ist eine vermehrte Integration der beiden Themenbereiche zu beobachten. So bieten bspw. SAP und Microsoft Software zum Corporate Performance-Management an, welche unter anderem Funktionalitäten zur Unternehmensplanung, Konsolidierung, Budgetierung und Erstellung von Scorecards aufweisen (vgl. Seuffert/Oehler 2009, S. 25 ff.).

Die Nutzung von BI ist bisher aufgrund der hohen Anforderungen an die betriebliche Datenstruktur und betriebliche Controlling-Informationssysteme meist auf Großunternehmen beschränkt. Oehler (2006, S. 6 ff.) unterscheidet folgende Anforderungen an die Bereitstellung von Entscheidungsinformationen: Relevanz, Genauigkeit, Flexibilität, sprachliche Adäquanz und zeitliche Adäquanz. Die Informationsbasis vieler Unternehmen kann die genannten Anforderungen bisher nicht erfüllen, was insb. für kleine und mittlere Unternehmen (KMU) gilt. Mehrere empirische Studien haben gezeigt, dass vor allem dieser Betriebstyp Verfahren und Methoden der BI gegenüber skeptisch eingestellt ist. In einer Studie des BARC zum Thema ›Business Intelligence im Mittelstand‹ gaben nur 49 Prozent der Befragten an, in ihrem Unternehmen BI-Software einzusetzen. Zudem sind etwa 50 Prozent der Befragten mit den zur Verfügung gestellten Informationen nicht zufrieden. Hinzu kommt, dass 79 Prozent der Unternehmen weniger als 20 Prozent der Mitarbeiter mit den Informationen aus BI-Werkzeugen versorgen (vgl. BARC 2007, S. 10 f.). Da der Markt für BI in den nächsten Jahren weiter wachsen dürfte, bleibt die Frage spannend, ob und inwiefern das Phänomen BI nicht nur für Großunternehmen, sondern auch für den Mittelstand handhabbar gemacht werden kann.

Exkurs: Controlling mit SAP/R3

Controlling-Aufgaben und –Instrumente können sowohl mit Tabellenkalkulationen, Individualsoftware oder spezifischen Standard-Programmen unterstützt werden. Das bekannteste Standard-Programm ist SAP R/3, in seiner aktuellsten Version in SAP ERP umbenannt. Das Programm wird von der SAP AG mit Sitz in Walldorf seit 1993 geführt und ist ein umfassendes IT-System für die Abbildung des gesamten Geschäftsbetriebs eines Unternehmens.

SAP/R3 ist als integrierte Standard-Anwendungssoftware zu charakterisieren und bietet unter anderem die Module Logistik & Produktion, Personalwirtschaft sowie Rechnungswesen. Die folgende ▶ **Abb. 101** zeigt die im Bereich Rechnungswesen einschlägigen Module.

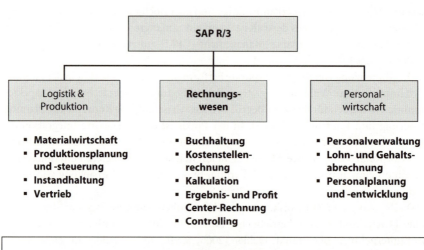

Abb. 101: Module in SAP R/3

Insofern können mit der Lösung der SAP AG sämtlichen betriebswirtschaftlichen Standardprobleme im Controlling bearbeitet werden. Kritik wurde jedoch an den hohen Kosten von SAP/R3 für Unternehmen geäußert. In der Folge wurden neuere, auf Cloud-Dienstleistungen basierende Mietlösungen wie z.B. SAP by Design entwickelt. Ob sich diese Lösungen im Markt durchsetzen können, hat sich bisher noch nicht klar gezeigt.

R/3 Modul	Funktionen
Finanzwesen (FI)	Finanzbuchhaltung
Corporate Finance	z.B. Wertpapier-/Devisen-Management, Risiko-Management
Bank-Anwendungen	z.B. Kontokorrent- und Darlehensverwaltung
Treasury	z.B. Cash-Management, Finanzmittel-Management
Controlling (CO)	z.B. Kostenarten-/Kostenstellenrechnung, Produktkosten-Controlling, Ergebnis-und Marktsegmentrechnung
Unternehmenscontrolling	z.B. Unternehmensplanung, EIS, Konsolidierung
Investitionsmanagement	für Investitionsprojekte, Anlagen usw.
Projektsystem	z.B. Kapazitätsplanung, Arbeitsverteilung auf Personalressourcen
Provisionsmanagement	Provisionsverwaltung
Immobilienmanagement	z.B. Mietverwaltung, Nebenkostenbuchhaltung
Public Sector Management	Haushaltsmanagement (öffentlicher Bereich)

Abb. 102: SAP/R3 – Teilbereich Rechnungswesen

Ausblick

Die IT-Unterstützung bleibt ein großes Zukunftsthema im Controlling. Im bereits zitierten Controllerpanel der WHU äußerten die Befragten, dass eine stärkere IT-Unterstützung die Informationsverdichtung, Informationsverarbeitung und -präsentation sowie Informationsfilterung verbessern könnten (vgl. Schäffer/Weber/Mahlendorf 2012, S. 226). Die Qualitätssicherung der Daten, der Anstieg der Informationsmenge sowie die erforderlichen Mehrqualifikationen der Mitarbeiter wurden jedoch zeitgleich als Probleme gesehen. Eine Reduktion der Größe der Controlling-Abteilung oder Kostensenkungen werden in Folge der stärkeren IT-Nutzung nicht erwartet. Auch erwarten nur 24% der Befragten eine Zeitersparnis.

Weiterführende Informationen:

Ein einführendes Buch zur Business Intelligence:
Oehler 2006

Abkürzungen:

BI	Business Intelligence
CIS	Controlling-Informationssystem
DW	Data Warehouse
ERP	Enterprise Resource Planning
ETL	Extraktion, Transformation und Laden
IS	Informationssystem
IT	Informationstechnologie
OLAP	On-Line Analytical Processing
PPS	Produktionsplanung und -steuerung

Wiederholungsfragen:

- Welche Unterstützung kann die IT im Controlling liefern?
- Definieren Sie den Begriff der Business Intelligence! Unterscheiden Sie enge und weite Ansätze!
- Skizzieren Sie die Architektur von Controlling-Informationssystemen!
- Diskutieren Sie gängige Funktionsumfänge von Controlling-Software in der Unternehmenspraxis!

9 Organisation des Controllerbereichs

Im Verlauf dieses Buches wurde immer wieder versucht, die Unterscheidung zwischen dem Führungsinstrument Controlling und der organisatorischen Perspektive, personifiziert durch den Controller, anschaulich zu machen. Nachdem wir zunächst gezeigt haben, welche Personen grundsätzlich im Unternehmen als Aufgabenträger des Controllings in Frage kommen (▶ **Kap. 6**), haben wir in ▶ **Kap. 7** die prozessuale Gestaltung der vorher gezeigten Aufgabenperspektive thematisiert. Die Instrumentenperspektive des Controllings stand dann im Fokus von ▶ **Kap. 8**.

Wenn wir die eingangs skizzierte generische Controlling-Konzeption wieder aufgreifen, müssen wir nun die gezeigten Teilabschnitte wieder zu einem großen Ganzen zusammenfügen, dass sich als Organisation des Controllings oder – im Speziellen – als Organisation des Controllerbereichs charakterisieren lässt. In diesem Kontext zu klärende Fragen betreffen insb. die Einordnung des Controllerbereichs in das Unternehmen, die Binnenstruktur des Controllerbereichs, die Anforderungen an die Person des Controllers sowie die Zusammenarbeit des Controllerbereichs mit inhaltlich verwandten Bereichen wie dem Externen Rechnungswesen, der Internen Revision, der Strategieabteilung und dem internen Consulting.

All dies geschieht vor dem Hintergrund der Schaffung von **Organisationskongruenz im Controlling** in der Person des Controllers. Hier sollen Aufgaben, Kompetenz und Verantwortung in der Person des Controllers und der Institution des Controllerbereichs zusammengeführt werden (siehe ▶ **Abb. 103**), da bspw. Aufgaben nicht durchgeführt werden können, wenn keine Verantwortlichkeiten hinterlegt sind oder sich Mitarbeiter für die Aufgaben nicht verantwortlich fühlen.

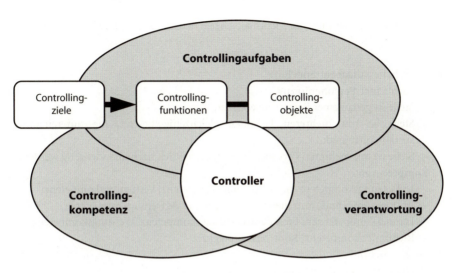

Abb. 103: Organisationskongruenz im Controlling

9.1 Einordnung in das Unternehmen

Zur Skizzierung der organisatorischen Perspektive des Controllings ziehen wir zunächst die grundlegende Definition von David (2005, S. 12), heran, der den Controllerbereich als «diejenige organisatorische Einheit innerhalb des Unternehmens [definiert], die die Mitarbeiter mit der Bezeichnung ‹Controller› umfasst, d. h. all diejenigen Mitarbeiter, die in einer Abteilung ‹Controlling› organisiert sind». Prinzipiell ist davon auszugehen, dass es von solchen Abteilungen ab einer bestimmten Betriebsgröße mehrere gibt, z. B. in der Muttergesellschaft und in den Tochtergesellschaften oder in den verschiedenen Geschäftsbereichen. Deshalb wollen wir uns nicht nur mit der Gestaltung und Bildung dieser Einheiten an sich, sondern auch mit der Zusammenarbeit dieser als Controllerbereiche definierten Abteilungen untereinander beschäftigen. Hierzu gab es in den letzten Jahren einige ausführliche Forschungsarbeiten (vgl. u. a. Knollmann 2007, Birl 2007, Schlüter 2009, Grieshop 2010, Rambusch 2012).

Insgesamt ist die Frage der organisatorischen Gestaltung des Controllerbereichs und dessen Einordnung in das Unternehmen dem Führungsinstrument der Organisation zuzuordnen, die vornehmlich der Gestaltungsfunktion der Unternehmensführung dient. Die Notwendigkeit der organisatorischen Gestaltung resultiert aus dem Dilemma der **Analyse und Synthese von Einzelaufgaben**, sobald eine Organisation die kritische Größe erreicht hat, ab der nicht mehr alle Aufgaben von einer einzelnen Person ausgeführt werden können. Hier schließt sich in der Folge die Thematik der **Bildung von Stellen** an. Stellen sind hierbei die kleinsten Organisationseinheiten, die durch eine dauerhafte Zuordnung von Teilaufgaben auf eine oder mehr gedachte Personen entstehen. In der Folge werden dann Stellen zu Abteilungen zusammengeführt.

Stellen können durch mehrere Merkmale abgegrenzt werden (vgl. Dillerup/Stoi 2011, S. 56 ff.):

- Dauerhafte Aufgabenbündelung;
- Versachlichter **Personenbezug**:
  - Stelle ist genau einer Person zugeordnet;
  - Stelle ist mit mehreren Personen gleichzeitig besetzt, die untereinander austauschbar sind;
  - Stelle ist mit mehreren Personen besetzt, die zeitlich nacheinander tätig werden.
- **Kompetenzen**:
  - Umsetzungskompetenzen: Ausführungskompetenz, Verfügungskompetenz;
  - Antragskompetenz, Entscheidungskompetenz, Vertretungskompetenz;
  - Leitungskompetenzen: Fremdentscheidungskompetenz, Weisungskompetenz;
  - Richtlinienkompetenz, Kontrollkompetenz;
- **Verantwortung**:
  - Handlungsverantwortung;
  - Ergebnisverantwortung;
  - Führungsverantwortung.

Stellen können zudem nach verschiedenen Kriterien gebildet werden, u. a. ad rem (Orientierung an einer gedachten, idealisierten Person mit Durchschnittsqualifikationen, d. h. dem ‹typischen› Stelleninhaber), ad personam (direkte Zuschneidung auf eine konkrete Person), ad instrumentum (Stellenbildung nach technischer Ausstattung) sowie aufgrund rechtlicher Normen (z. B. Brandschutz).

Wie wir bereits in ▶ **Kap. 6** gezeigt haben, nimmt die Etablierung spezieller Controllerstellen tendenziell mit steigender Unternehmensgröße zu. Die Organisation des Controllerbereichs hängt jedoch nicht nur mit der Betriebsgröße zusammen, sondern auch mit zahlreichen anderen Gestaltungsvariablen oder Kontextfaktoren wie z. B. Branche und Familieneinfluss (vgl. Becker/Ulrich/Zimmermann 2012, S. 208 ff.). Grundsätzliche Arbeiten zu Kontextfaktoren der Controllingorganisation hat Khandwalla (1975) durchgeführt. Wir wollen uns im Folgenden jedoch nicht auf die Forschungsseite konzentrieren, sondern insb. herausheben, wie der Controllerbereich in der Unternehmenspraxis gestaltet werden kann und welche Vor- und Nachteile diese Organisationsformen jeweils haben. In diesem Kontext sind folgende Fragen zu klären (vgl. Hill/Fehlbaum/Ulrich 1989, S. 170 ff.; Ossadnik 2009, S. 68):

- In welchem Ausmaß und nach welchen Aufgabenmerkmalen werden die Controllingaufgaben in der Organisation verteilt (**Dezentralisierungsgrad**)?
- Welche Stellung und Kompetenz hat der Controller in der Führungsstruktur eines Unternehmens (**Funktionalisierungsgrad**)?
- Welche Formen der Aufgabendelegation sind für Controllingaufgaben möglich (**Delegationsgrad**)?
- Welche Formen der Kompetenzverteilung gibt es für die Controllingaufgaben (**Partizipationsgrad**)?

- Inwieweit lassen sich Controllingaktivitäten im Voraus regeln (**Standardisierungsgrad**)?
- Welche Möglichkeiten und Formen der personellen Arbeitszerlegung gibt es für die Controllingaufgaben (**Grad der Arbeitsteilung**)?

Eine erste Möglichkeit der organisatorischen Gestaltung besteht darin, keinen eigenständigen Controller bzw. Controllerbereich zu etablieren. Dies geschieht v. a. aus Kostengründen und mehrheitlich in kleinen und mittleren Unternehmen. Hier werden die Controllingaufgaben dann von der Geschäftsleitung oder von externen Aufgabenträgern wie z. B. Steuerberatern oder Wirtschaftsprüfern mit übernommen. Des Weiteren haben wir im Buch in Kap. 6 bereits gezeigt, dass auch andere Aufgabenträger Konkurrenten des Controllers um anfallende Controlleraufgaben sein können. Die wichtigsten Konkurrenten werden wir in ▶ **Kap. 9.4** diskutieren.

Eine weitere Möglichkeit der Organisation des Controllers bzw. Controllerbereichs (in den folgenden Abbildungen jeweils durch den Hinweis «Controlling» gekennzeichnet) ist die Organisationsform der **Stabsstelle** (siehe ▶ **Abb. 104**). Für diese Variante werden in der Literatur typischerweise die folgenden Vor- und Nachteile genannt: Als Vorteile sind u. a. eine starke Spezialisierung und eine inhaltliche Freistellung von Linienverantwortlichkeiten zu nennen, als Nachteile u. a. der fehlende Leumund aufgrund der nicht vorhandenen hierarchischen Macht innerhalb der Organisation sowie die Ferne zum operativen Geschäft.

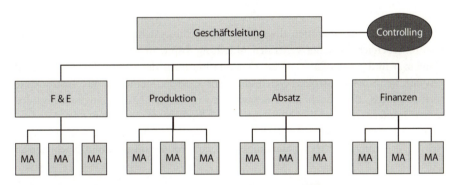

Abb. 104: Controllerbereich als Stabsstelle der Unternehmensleitung

Wird der Controllerbereich nicht als Stabsstelle organisiert, so sind mehrere Varianten der organisatorischen Anordnung des Controllerbereichs in der Linienorganisation denkbar. Wir möchten zunächst von der Einordnung in einer divisionalen oder spartenartigen Form sprechen. Hier wird jedem Funktionsbereich eines Unternehmens oder jeder divisionalen Sparte ein **eigenständiger Controllerbereich** zugeordnet (siehe ▶ **Abb. 105**). Die jeweiligen Controllerbereiche unterstehen hierarchisch den jeweiligen Leitern der Funktionsbereiche oder Sparten. Nachteile dieser Organisationsform liegen in dem Entstehen eines «Eigenlebens» der Sparte, so dass häufig die Loyalität des Controllerbereichs weniger beim Gesamtunternehmen als vielmehr bei der Sparte liegt. Des

Weiteren kann es zu Uneinheitlichkeiten bzgl. der durch die Controller anzuwendenden Methoden, Werkzeuge und Instrumente kommen. Als Vorteile können die breite Aufstellung des Controllerbereichs sowie die daraus resultierenden Spezialkenntnisse gesehen werden, die dem Controllerbereich eine stärkere Marktnähe und Flexibilität als bei anderen Organisationsformen ermöglichen. Derartige Organisationskonzepte werden meist angewandt, wenn die einzelnen Funktionsbereiche, Regionen oder Kunden so speziell sind, dass es vorteilhafter ist, Controllerspezialisten in diesen Bereichen ansässig zu haben.

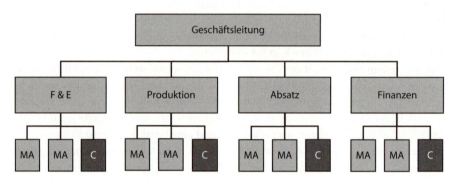

Abb. 105: Divisional aufgestellte Struktur des Controllerbereichs

Ein Gegensatz zur genannten divisionalen Aufstellung steht die Konzentration des Controllerbereichs in einer **zentralen Abteilung**, bspw. in ▸ **Abb. 106** die Abteilung «Finanzen und Controlling». Diese Organisationsform des Controllings wird dann gewählt, wenn der Controllerbereich über sehr spezielle Methoden und Instrumente verfügen muss, die jedoch im Unternehmen kontextunabhängig eingesetzt werden sollen. Insofern spielen die Unterschiede von Funktionen, Regionen oder Kundengruppen keine besondere Rolle. Diese Organisationsform des Controllerbereichs findet sich v. a. in kleineren Unternehmen mit einfachem Produktionsportfolio. Nachteilig an

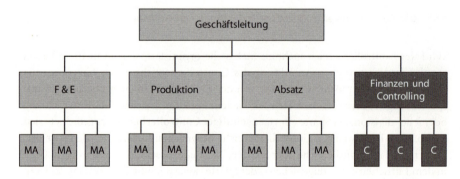

Abb. 106: Funktionale Spezialisierung des Controllerbereichs

dieser Organisationsform ist, dass keine besonders große Flexibilität ermöglicht wird. Häufig wird zudem eine starke Innenorientierung des Controllerbereichs unterstellt. Als Vorteile lassen sich das Entstehen von Controllerspezialisten, die klare Trennung des Controllerbereichs von anderen Bereichen sowie mögliche Skalen- und Verbundeffekte (economies of scale und economies of scope) anführen.

Einen Versuch, die Vor- und Nachteile verschiedener Möglichkeiten der organisatorischen Gestaltung des Controllerbereichs auszugleichen, stellt die **Stab-Linien-Organisation** dar. Hier gibt es sowohl eine Stabsstelle Controlling als auch Elemente der anderen bisher diskutierten Konzepte (siehe ▶ **Abb. 107**). Eine Zentralabteilung «Finanzen und Controlling» mit eigenständigen Controllern existiert parallel zu eigenständigen Controllerstellen in den Funktionsbereichen, Sparten oder Divisionen des Unternehmens. Die Controller der Sparten sind hierarchisch dem Leiter der Sparte, fachlich jedoch dem Leiter der Organisationseinheit Finanzen und Controlling unterstellt. Nachteile sind – ähnlich wie bei der regulären Matrixorganisation in der «normalen» Organisationslehre – in der Tatsache zu sehen, dass die Controller in den Sparten zwei Herren gleichzeitig dienen müssen. Hier entsteht ein im negativen Fall schwieriger, im positiven Fall synergetischer Konflikt durch den ständigen Austausch mit zwei Vorgesetzten. Zudem sind Mängel in der Akzeptanz dieser Organisationsform im Unternehmen zu nennen. Als Vorteile sind die große Flexibilität sowie die gesteigerte Bedeutung des Controllings in der Organisation anzuführen.

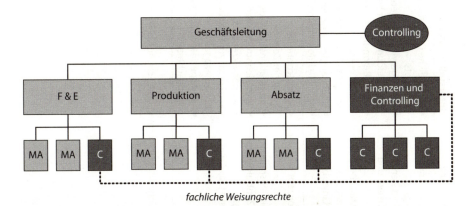

Abb. 107: Stab-Linien-Organisationsform des Controllerbereichs

Die folgende ▶ **Abb. 108** stellt die Vor- und Nachteile der einzelnen Organisationsformen des Controllerbereichs nochmals überblicksartig zusammen.

Neben der grundsätzlichen Frage der Einrichtung und Einordnung des Controllerbereichs ist auch die hierarchische Positionierung des Controllerbereichs im Unternehmen von Interesse, da diese einen Rückschluss auf die Bedeutung und Einflussnahme durch das Controlling ermöglicht. Dies ist vor allem aus den folgenden drei Gründen notwendig (vgl. Ossadnik 2009, S. 71):

Teil II: Elemente des wertschöpfungsorientierten Controllings

	Unterstellung Linieninstanz	**Unterstellung Zentralcontroller**	**«dotted-line-Prinzip»**
positiv	• gute und vertrauliche Zusammenarbeit mit der Linieninstanz • schnelle Information der Zentrale • guter Zugang zu formellen und informellen Quellen • Möglichkeit, Linieninstanz bei Entscheidungen zu unterstützen • starkes Eingehen auf Linienbedürfnisse	• einheitliche Durchführung des Controlling-Konzepts • Gegengewicht bei Beteiligung an Entscheidungen der Linieninstanz • starke Betonung des integrativen Koordinationsaspekts • schnelle Durchsetzung neuer Konzepte • Unabhängigkeit gegenüber Linieninstanzen • schnelle Information der Zentrale	• Kompromiss zwischen zwei Extremen • Möglichkeit, Linienerkenntnisse mit Notwendigkeiten des Controlling zu verbinden • flexible Einflussnahme auf Spezialcontroller
negativ	• Controlling-Gesamtkonzept wird vernachlässigt • Verstärkung des Partikularismus • Berichterstattung an Zentralcontroller wird vernachlässigt • mangelnde Distanz und Objektivität zu Linienaktivitäten	• Spezialcontroller = Spion der Zentrale • Informationsblockade der Linie • Spezialcontroller wird isoliert • geringe Akzeptanz • wird nicht zur Entscheidungsunterstützung herangezogen • linienspezifische Besonderheiten werden wenig beachtet	• Doppelunterstellung = Dauerkonflikt • wird weder von der Linie noch vom Zentralcontrolling akzeptiert • Objektivität und Neutralität nicht gegeben

Abb. 108: Vor- und Nachteile von Organisationsformen (vgl. Schüller 1984, S. 210)

9 Organisation des Controllerbereichs

- **Innovationsbedarf des Unternehmens**: Je größer der Bedarf an Innovationen, desto höher muss der Controller oder der Controllerbereich in der Organisation angesiedelt sein, um Innovationen anstoßen zu können;
- **Entscheidungsbeteiligung des Controllers**: Um sich an Entscheidungen aktiv beteiligen zu können, ist eine exponierte hierarchische Stellung des Controllers oder Controllerbereichs notwendig;
- **Forderung nach Unabhängigkeit und Neutralität**: Diese ist nur zu gewährleisten, wenn der Controller oder der Controllerbereich einer ressortlosen Einzelperson oder einem Gremium als Ganzes unterstellt ist.

Eine aktuelle empirische Studie zeigt, dass in der Mehrheit der befragten Unternehmen der Controllerbereich auf der zweiten Hierarchieebene angesiedelt war (vgl. Becker/Ulrich 2013, S. 38 und ▶ Abb. 109):

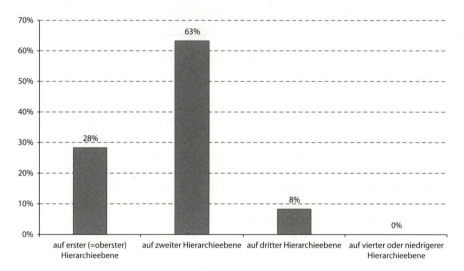

Abb. 109: Hierarchische Anordnung des Controllerbereichs

Eine besondere Bedeutung für die organisatorische Perspektive des Controllings kommt darüber hinaus dem **Chief Financial Officer (CFO)** zu, da dieser häufig als «oberster Controller» in Unternehmen gesehen wird und die inhaltlichen Bereiche Rechnungswesen, Finanzierung und Controlling in seiner Person vereint (vgl. im Folgenden Becker/Ulrich 2012, S. 73 ff. und ▶ Abb. 110).

Die Bedeutung der Position des CFO in der heutigen Unternehmenspraxis sollte als sehr bedeutsam eingeschätzt werden, was jedoch nicht immer so war. Früher war die Funktion des Finanzchefs eher nach innen gerichtet und eher durch administrative Tätigkeiten geprägt. Die Tätigkeit ähnelte – der Tendenz nach – der Aufgabe eines obersten Buchhalters für das Unternehmen. Der fehlende Rückhalt des CFO, der damals meist noch kaufmännischer Geschäftsführer oder Finanzvorstand hieß, im Unternehmen ging mit dem oftmals beschränkten Verständnis der Öffentlichkeit bezüglich

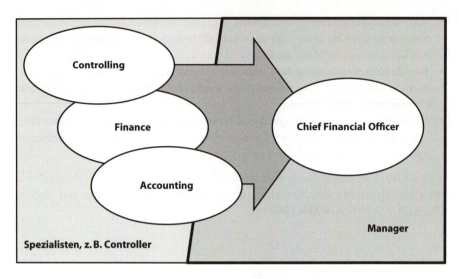

Abb. 110: Organisatorische Bündelung in der Person des CFO

der Themenbereiche Controlling, Finanzen und Rechnungswesen einher. Zudem galten Kenntnisse in den genannten Themen als vollkommen ausreichend für die Übernahme der Position als Finanzvorstand Weitere Fähigkeiten – v. a. die im heutigen Kontext immer wieder genannten sozialen Kompetenzen (siehe ▶ **Kap. 9.3**) – wurden von den jeweiligen Aufgabenträgern nicht oder nur in geringerem Ausmaß gefordert. Diese enge Auslegung der CFO-Tätigkeit erscheint in der heutigen Praxis jedoch nicht mehr angebracht, so dass das Aufgabengebiet des CFO in der Gegenwart eine deutliche Aufwertung und simultane Ausbreitung erfahren hat.

Neben den traditionellen Bereichen Controlling, Finanzen (heute: Finance) und Rechnungswesen (heute: Accounting) treten die strategische Planung, Aufgaben im Rahmen gestiegener Compliance-Anforderungen (siehe ▶ **Kap. 14.3**) sowie Kommunikationsaufgaben mit anderen Mitgliedern der Führungsebene, Kreditgebern, Gesellschaftern und Investoren. Häufig wird der heutige CFO als «zweiter Mann» in Vorstand oder Geschäftsführung gesehen. Er steht dem Vorsitzenden beratend und unterstützend zur Seite und ist dessen **Business Partner**.

Eine der Hauptaufgaben des modernen CFO ist die Verbindung einer soliden Basis aus Controlling, Finance und Accounting mit dem Ziel der Performancesicherung und -steigerung. Als Anreiz für den CFO bieten sich neben der gestiegenen Bedeutung im Unternehmen zusätzlich auch erweiterte Karriereperspektiven. So ist in jüngster Zeit im In- und Ausland zu beobachten, dass sich der CFO als möglicher Nachfolger für die Leitung eines großen Geschäftsbereichs oder auch für die Nachfolge eines ausscheidenden CEO anbietet (vgl. bspw. den Wechsel bei der Siemens AG, bei der der Vorstandsvorsitzende Peter Löscher im August 2013 durch den Finanzvorstand Joe Kaeser abgelöst wurde). Der CFO ist zudem – aus Sicht der Übernahme betriebswirtschaftlicher Funktionen für das Unternehmen – als Change

9 Organisation des Controllerbereichs

Agent das Mitglied des Exekutivgremiums, das in seiner Hauptfunktion der fortschreitenden Integration der Themenbereiche Controlling, Finance und Accounting Rechnung tragen kann.

Nicht nur die Aufgabengebiete des modernen CFO, sondern vor allem das Rollenverständnis des CFO stellen aktuelle Schwerpunkte der CFO-Forschung dar. Dieser neue Forschungsbereich ist an der Schnittstelle von Management und Controlling angesiedelt und befasst sich dezidiert mit Aspekten, die den CFO im Vergleich zu anderen Aufgabenträgern auf derselben Hierarchieebene auszeichnen.

Von der US-amerikanischen Wirtschaftsprüfungs- und Unternehmensberatungsgesellschaft *Deloitte* stammt ein Modell zum Rollenverständnis des modernen CFO. Dieses weist dem CFO vier mögliche Facetten im Rahmen der Ausübung seiner Aufgaben zu (siehe ▶ **Abb. 111**). Zwei der Facetten des Modells werden aus Sicht der Literatur als eher traditionell, zwei als eher modern gesehen. Die Facette des **Operator**, welche die Ausrichtung des CFO auf die Verbesserung der Effizienz in den Vordergrund stellt, spricht dem CFO die Aufgabe zu, die Finanzeffizienz und das Serviceniveau innerhalb des gesamten Unternehmens sicherzustellen. Dies ist die Sichtweise, die auch dem traditionellen deutschen Verständnis entspricht. Die Facette des **Stewards** fokussiert die Kapitalsicherung. Eine reibungsfreie Abwicklung von Accounting und Controlling ermöglicht es dem CFO, seiner Funktion als Treuhänder der Unternehmenseigentümer nachzukommen und die Vermögenswerte des Unternehmens zu sichern.

Die beiden Facetten des **Strategist** und des **Catalyst** wurden bisher in dieser Form nicht oder nur selten als Bestandteile des Rollenbilds des CFO gesehen und sind daher

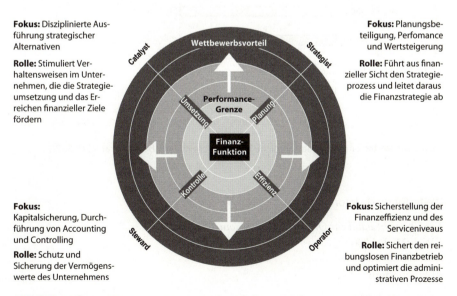

Abb. 111: Rollenmodell des modernen CFO (vgl. Deloitte/Economist Intelligence Unit, 2007, S. 4)

als modern zu bezeichnen. Ansätze finden sich z.B. in der Wahrnehmung des CFO als sog. Business Navigator, welcher profitables Wachstum vorantreiben soll. Die Facette des Strategist teilt dem CFO die Rolle zu, für Business Performance und Wertsteigerung federführend verantwortlich zu sein. Dies äußert sich insb. durch die starke Beteiligung des CFO am Prozess der operativen und strategischen Planung. Aus der sehr innovativen Facette des Catalyst ließe sich die Anforderung an CFOs ableiten, nicht nur vorbereitende Aktivitäten zu übernehmen, sondern Veränderungen auch aktiv anzustoßen und somit auch in Bereiche vorzustoßen, die einst dem CEO vorbehalten waren. Insofern wird der CFO zum obersten Architekten des Change Managements im Unternehmen. Strategischen Themen wie der Unternehmens- und Personalentwicklung kommt in diesem Zusammenhang große Bedeutung zu.

Eine Studie des Deloitte Mittelstandsinstituts an der Universität Bamberg zur Organisation des CFO-Bereichs konnte einige interessante organisatorische Aspekte herausfiltern. Bspw. hat im CFO-Bereich der Aufgabenbereich des Controllings mit 88 Prozent die bedeutendste Stellung.

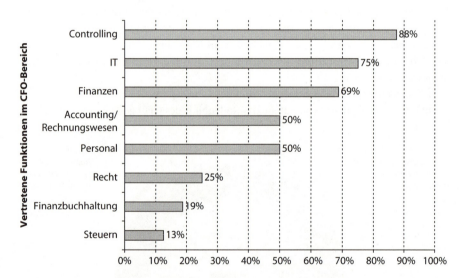

Abb. 112: Vertretene Aufgabenbereiche im CFO-Bereich (vgl. Becker et al. 2011, S. 49)

Weiterführende Informationen:

Ein Übersichtsband zur Organisation des Controllings:
Gleich/Michel 2007

Abkürzungen:

CEO   Chief Executive Officer
CFO   Chief Financial Officer

Wiederholungsfragen:

- Wie entsteht Organisationskongruenz im Controlling?
- Welche unterschiedlichen Gestaltungsvarianten des Controllerbereichs kennen Sie? Erläutern Sie auch Vor- und Nachteile dieser Varianten.
- Welche Bedeutung hat der CFO in der aktuellen Unternehmensumwelt? Diskutieren Sie den Rollenwandel des CFO!

9.2 Binnenorganisation des Controllerbereichs

Der folgende Abschnitt widmet sich den bereits kurz aufgeworfenen Fragen zur Binnenorganisation des Controllerbereichs. Die Frage nach der Binnenstruktur verläuft analog zu Organisationsfragen anderer Funktionsbereiche. Wie bei jedweder organisatorischen Gestaltung geht es auch hierbei letztlich um die Zuordnung von Aufgaben zu Aufgabenträgern, die im Folgenden hinsichtlich der bereits genannten Kriterien wie u. a. Dezentralisierungsgrad und Funktionalisierungsgrad, diskutiert werden.

Dezentralisierungsgrad

Dieses Kriterium zielt auf die Klärung der Frage ab, in welchem Ausmaß und nach welchen weiteren Gesichtspunkten Controlling-Aufgaben innerhalb der Controlling-Organisation verteilt werden. Es geht daher um die Gestaltung der Beziehungen zwischen den jeweiligen Controller-Einheiten in einem Unternehmen.

In Bezug auf das Ausmaß können die Extremtypen einer vollständigen Dezentralisierung sämtlicher Controlling-Aufgaben einerseits und einer vollständigen Bündelung im Sinne einer Zentralisierung andererseits unterschieden werden. In der Praxis sind darüber hinaus selbstverständlich unterschiedlichste Zwischenformen anzutreffen. Als übergeordnetes Kriterium, um sich für eine der beiden Richtungen zu entscheiden, ist letztlich das **Aufgabenerfüllungspotential** anzusehen, das etwa durch eine unzureichende Detailkenntnis von aufgabenrelevanten Tatbeständen verringert ist. Dies kulminiert daher in der Fragestellung, welche Aufgaben eher dem Funktions- bzw. Sparten- und welche dem Zentralcontrolling obliegen sollten.

Im Hinblick auf das Zusammenspiel dieser beiden Organisationseinheiten ist festzuhalten, dass das **Zentralcontrolling** als übergeordnete und damit rahmengebende Controlling-Einheit zu sehen ist, indem es u. a. ein Leitbild für die Ausgestaltung des Controllings formuliert, Richtlinien für Controlling-Aufgaben aufstellt, das Controlling-Instrumentarium pflegt und weiterentwickelt und sich übergreifender Problematiken sowie bedeutender Sonderfälle annimmt. Der wesentliche Vorteil der dezentralen Controlling-Einheiten besteht hingegen in der guten Kenntnis der ‹vor Ort› herrschenden Spezifika, die ein situationsadäquates Erfüllen der jeweiligen Controlling-Aufgaben ermöglicht.

Funktionalisierungsgrad

Bei dem Kriterium des Funktionalisierungsgrades geht es um die Klärung von **Stellung und Kompetenz von Controllern innerhalb der Führungsstruktur** eines

Unternehmens. Entsprechend stehen die Über- und Unterordnungverhältnisse von Funktions-/Spartencontrolling und Zentralcontrolling im Vordergrund, die nicht ohne Auswirkungen auf die Verankerung in ihren jeweiligen Funktionsbereichen bzw. Sparten bleiben (vgl. zu Vor- und Nachteilen Schüller 1984, S. 210.).

Grundsätzlich kann das vorstandsnahe Zentralcontrolling den Controlling-Einheiten im Funktionsbereich bzw. in der Sparte übergeordnet und diesen gegenüber weisungsbefugt sein, um die dezentralen Controlling-Einheiten zum Zwecke einer bestmöglichen Wertschöpfung aus der Gesamtunternehmensperspektive heraus zu koordinieren. Obgleich dieser Aspekt für eine Unterstellung von Funktions- und Spartencontrolling unter das Zentralcontrolling spricht, so ergeben sich hieraus Konfliktsituationen aufgrund deren organisatorischen Verankerung im Funktionsbereich bzw. in der Sparte. So besteht bei einer ausschließlichen Unterstellung unter das Zentralcontrolling als erstem idealtypischen Fall das Risiko, vom Funktionsbereich bzw. von der Sparte nicht akzeptiert und daher isoliert zu werden, was im schlechtesten Fall die Aufgabenerfüllung verhindert und sich somit nachteilig auf die gesamtunternehmerische Wertschöpfung auswirkt.

Hingegen erscheint auch der zweite idealtypische Fall, nämlich die ausschließliche Unterstellung unter den Funktionsbereich bzw. unter die Sparte, nicht sinnvoll, da im Extremfall stark unterschiedliche Herangehensweisen an die Aufgabenerfüllung von den in den jeweiligen Funktionsbereichen bzw. Sparten verorteten Controlling-Einheiten auftreten können. So besteht bspw. die Gefahr, dass Investitionen im Produktionsbereich anhand von Break-Even-Analysen auf ihre Vorteilhaftigkeit hin untersucht werden, wohingegen forschungs- und entwicklungsbezogene Investitionen anhand von Discounted-Cashflow-Rechnungen beurteilt werden. In der Konsequenz wäre eine investitionsübergreifende Vergleichbarkeit aufgrund der methodischen Unterschiede nur schwer möglich, was die Wertschöpfungsoptimale, gesamtunternehmerische Ressourcenallokation erschwert.

Zur Lösung dieses Dilemmas bietet es sich an, zwischen einer auf die Art der Aufgabenerfüllung bezogenen, fachlichen und einer auf Rahmenbedingungen der Aufgabenerfüllung bezogenen, disziplinarischen Unterstellung zu differenzieren. So kann prinzipiell empfohlen werden, dass Funktions- und Spartencontrolling dem Zentralcontrolling fachlich, wie etwa in Bezug auf die zu nutzenden Instrumente, und dem Funktionsbereich bzw. der Sparte disziplinarisch, bspw. in Bezug auf Arbeitszeiten, zu unterstellen ist. Gleichwohl darf dies nicht als starre, allgemeingültige Gestaltungsvariante interpretiert werden, da unter Umständen in Bezug auf einzelne Aspekte von dieser Norm abweichende Gestaltungsmöglichkeiten zweckmäßiger erscheinen können.

Delegationsgrad

Hinsichtlich des dritten Kriteriums, des Delegationsgrades, kann idealtypisch zwischen einer vollständigen Delegation von Controlling-Aufgaben auf der einen und keiner Delegation auf der anderen Seite unterschieden werden. Tendenziell lässt sich hier die Aussage treffen, dass mit zunehmender (abnehmender) Bedeutung einer Aufgabe die

Delegationswürdigkeit sinkt (steigt). Die Bedeutung kann etwa durch den potentiellen Wertschöpfungsbeitrag operational handhabbar gemacht werden. Entsprechend lässt sich daraus ableiten, dass sehr bedeutsame Aufgaben wie etwa das Portfolio-Management vom Zentralcontrolling wahrgenommen werden sollten, wohingegen Aufgaben mit geringerer Bedeutsamkeit wie bspw. das Erstellen von Monatsreports für den jeweiligen Funktionsbereich bzw. für die jeweilige Sparte im jeweiligen Funktions- bzw. Spartencontrolling angesiedelt sein sollten und dem Zentralcontrolling anschließend zu übermitteln sind. Entsprechend resultieren aus einem zunehmenden Delegationsgrad steigende Anforderungen an die Informationsflüsse zwischen Funktions- bzw. Sparten- und Zentralcontrolling. Schließlich bedarf es eines Hinweises auf die notwendige Eignungsprüfung von Aufgaben hinsichtlich ihrer Delegierbarkeit: Delegationsfähige Aufgaben müssen klar strukturiert sein, eindeutige Teilaufgaben umfassen, ihnen müssen entsprechende Kompetenzen durch den potentiellen Aufgabenträger gegenüberstehen und die Verantwortung für die Aufgabenerfüllung muss geklärt sein (vgl. Höhn/ Böhme 1969, S. 226).

Partizipationsgrad

Das Kriterium des Partizipationsgrades wird insofern mit dem Führungsstil assoziiert, als dass grundsätzlich zwischen einer **autoritären und einer kooperativen Art der Führung** als Extremtypen mit verschiedenen dazwischenliegenden Abstufungen unterschieden werden kann (vgl. grundlegend Tannenbaum/Schmidt 1958). Diese Frage lässt sich auch auf die Binnenorganisation des Controllerbereichs übertragen, d.h. wie sollte innerhalb des Controllings die Art der Führung ausgestaltet sein?

Während bei einem strikt autoritären Führungsstil das Verhalten des Vorgesetzten dadurch gekennzeichnet ist, dass er seine Entscheidung trifft und ihre Umsetzung anordnet, entscheidet bei einem kooperativen oder demokratischen Führungsstil die Gruppe und der Vorgesetzte fungiert lediglich als Moderator. Da sich das Controlling als Subsystem des Unternehmens begreifen lässt, könnte davon ausgegangen werden, dass der unternehmensweite Führungsstil und der Führungsstil innerhalb des Controllings weitestgehend miteinander übereinstimmen. Nicht außer Acht gelassen werden darf jedoch die Tatsache, dass es sich beim Controlling um einen eher intellektuell geprägten Bereich handelt und insofern autoritär geprägte Führungsstile auf Widerstand stoßen können, obgleich sie für andere Subsysteme des Unternehmens wie z. B. der Fertigung durchaus zweckmäßig erscheinen können.

Standardisierungsgrad

Mit Hinblick auf die **Art der Problemlösung** kann zwischen standardisierten und individualisierten Herangehensweisen unterschieden werden, deren Anwendbarkeit und Attraktivität in Abhängigkeit der Charakteristika des zu lösenden Problems variieren. Für erstmalig auftretende Problemstellungen können etwa keine im Vorhinein formulierten Lösungsschemata existieren, so dass neuartige Probleme im ersten Lösungsversuch individualisiert anzugehen sind. Gleichwohl können bekannte Teilprobleme innerhalb des Gesamtproblems durchaus standardisiert angegangen werden, sodass von einer Teilstandardisierung gesprochen werden kann. Ebenso spielt die **Komplexität der Problemstellung** bei der Frage nach der Standardisierbarkeit eine wesentliche Rolle: Es liegt auf der Hand, dass sich komplexe, mit hohen Freiheitsgraden versehene Probleme, mit denen sich das Controlling konfrontiert sieht, selten mittels einer standardisierten Herangehensweise lösen lassen.

Beispielhaft wäre als standardisierte Herangehensweise in Bezug auf Fragen zur Zusammensetzung des Unternehmensportfolios aus Geschäftsaktivitäten die Anwendung und Befolgung der Handlungsempfehlungen aus Portfolio-Instrumenten wie der BCG-Matrix zu nennen. Dies erscheint jedoch nicht immer zweckmäßig, vielmehr müssen die pauschalen Handlungsempfehlungen aufgrund des vereinfachenden Charakters dieses Instruments (es werden nur zwei Erfolgsfaktoren betrachtet) stets einzelfallbezogen hinterfragt werden (vgl. Eggeling/Ulrich, 2013, S. 781). Somit erscheint allenfalls eine Teilstandardisierung im Sinne der prinzipiellen Anwendung der BCG-Matrix sinnvoll. Einfache, mit geringen Freiheitsgraden versehene Probleme wie etwa die Ermittlung von Fertigungskosten können und sollten hingegen durchaus standardisiert angegangen werden. In diesem Zuge soll auf die Möglichkeit der Verlagerung von zumindest teilweise standardisierbaren Aufgaben, die zudem weder standort- noch geschäftsbereichsgebunden sind, in sog. **Shared Service Center (SSC)** hingewiesen werden. SSC können dabei transaktions- und expertisebasierte Services erbringen (vgl. Becker/Ulrich/Eggeling 2013).

Grad der Arbeitsteilung

Das Prinzip der Arbeitsteilung als letztes Kriterium ermöglichte im Zeitalter der Industrialisierung insb. in der Fertigung enorme Produktivitätssteigerungen. Hinsichtlich der Zerlegbarkeit von Aufgaben in Teilaufgaben und ihrer Verteilung innerhalb des Controllerbereichs ist letztlich zu prüfen, bei welchen Aufgaben eine arbeitsteilige Erfüllung sinnvoll erscheint und wie diese Arbeitsteilung infolgedessen auszugestalten ist. Hinter dieser Frage steht letztlich die ökonomische Abwägung, ob und ab wann die durch die Arbeitsteilung gewonnene Effizienz die unweigerlich mit der Arbeitsteilung verbundenen Nachteile der entstehenden Schnittstellen zwischen den Teilaufgaben übersteigt. Zu einer arbeitsteiligen Erfüllung kommen vorrangig Aufgaben des Tagesgeschäfts wie die Ermittlung von Deckungsbeiträgen für verschiedene Unternehmenssparten in Frage. So können etwa Vorarbeiten wie die Datenerhebung vom dezentralen Controlling übernommen werden, die dann an das zentrale Controlling übermittelt werden, das wiederum die eigentliche Berechnung und Auswertung vornimmt, um etwa Portfolio-Entscheidungen weiter fundieren zu können. Insgesamt ist zu konkludieren, dass insb. klar strukturierte und damit unproblematisch zerlegbare Aufgaben für eine Arbeitsteilung in Frage kommen.

Weiterführende Informationen

Ein einführender Beitrag zum Role Making von Controllerbereichen:
Knollmann/Hirsch/Weber 2008, S. 365-386

Abkürzungen:

SSC   Shared Service Center

Wiederholungsfragen:

- Worin besteht die Ähnlichkeit zwischen Fragen der Binnenorganisation und der Gesamtorganisation eines Unternehmens?
- Was ist unter dem Grad an Dezentralisierung im Rahmen der Binnenorganisation des Controllings zu verstehen?
- Welches ist die wesentliche Restriktion im Zuge der Standardisierung der Aufgabenerfüllung?
- Aus welchen Gründen ist eine arbeitsteilige Aufgabenerfüllung nicht unproblematisch?

9.3 Anforderungen an die Person des Controllers

Im Folgenden soll der Schwerpunkt der Betrachtungen auf den Anforderungen an den «idealen» Controller und folglich dessen Soll-Profil liegen. Konkret gehen wir in diesem Teilkapitel der Frage nach, mit welchen Anforderungen sich der Controller konfrontiert sieht. Seine tatsächlichen individuellen Qualifikationen lassen wir bei unseren Betrachtungen demnach außen vor.

Das bedeutet, die Ausführungen befassen sich mit Anforderungen, nicht jedoch mit Qualifikationsprofilen:

- **Anforderungsprofile** beschreiben Anforderungen, welche gegenwärtig oder künftig an einen Stelleninhaber gestellt werden (Soll-Ausprägung) und formulieren, was der ideale Mitarbeiter zur effizienten und effektiven Wahrnehmung seiner Aufgaben können sollte (Vgl. Staehle (1999), S. 804; Stock-Homburg (2008), S. 12; Nicolai (2009), S. 42).
- **Qualifikationsprofile** (auch: Eignungs- oder Fähigkeitsprofil) beschreiben die tatsächlichen Fähigkeiten, Fertigkeiten und Kenntnisse (Ist-Ausprägung). Für eine ausführliche Begriffsabgrenzung der in diesem Zusammenhang relevanten Termini Fähigkeiten, Fertigkeiten und Kenntnisse wird an dieser Stelle auf Staehle (1999), S. 179 ff.) verwiesen.

Grundsätzlich können Anforderungsprofile auf Basis unterschiedlicher Kategorisierungen erstellt werden. Eine Analyse der Anforderungen aus organisationaler Perspektive hat jedoch in jedem Fall die zugrunde gelegten Funktionen und Aufgaben der Controlling-Konzeption zu berücksichtigen. Hierauf wird noch im Detail zurück zu kommen sein.

Bereits Deyhle (1980, S. 40) beschäftigte sich mit den Anforderungen an die Person des Controllers und differenziert zwischen methodisch-fachlichen Anforderungen und Verhaltensanforderungen. Weber/Schäffer (2011, S. 474) verfolgten wiederum einen anderen Ansatzpunkt und analysierten im Rahmen einer Längsschnittanalyse

Stellenanzeigen im Zeitraum von 1949 bis 1994. Die Autoren resümieren, dass die darin genannten Anforderungen an Controller im Zeitverlauf stetig an Umfang gewinnen, sodass von der Suche nach der «eierlegenden Wollmichsau» gesprochen werden könnte.

In ▶ **Kap. 5** haben wir uns mit den Funktionen des Controllings beschäftigt und einen ersten Überblick über die Bedeutung und Reichweite der daraus abgeleiteten Aufgaben erhalten. Die Lokomotion als originäre Funktion des wertschöpfungsorientierten Controllings zielt auf die Initialisierung wertschöpfungsorientierter Aktivitäten und Ausrichtung der unternehmerischen Tätigkeit auf den Zweck der Wertschöpfung ab. Voraussetzung hierfür sind die derivativen Funktionen, der Abstimmung- und Information. Resultat dieser vielfältigen und komplexen Funktionen sind erhebliche Anforderungen in Bezug auf die Fähigkeiten, Fertigkeiten und Kenntnisse des Controllers.

Um also sowohl Unter- als auch Überforderung eines Controlling-Aufgabenträgers zu vermeiden und folglich eine effiziente Stellenbesetzung zu ermöglichen, erscheint es notwendig, die Anforderungen, welche an einen Controller gestellt werden, situativ aus dessen Aufgaben abzuleiten.

Neuere Ansätze, so z. B. von Küpper (2008, S. 570 ff.), haben deswegen versucht, sowohl fachliche als auch persönliche Anforderungen für den Controller ausgehend von den jeweiligen Controlling-Funktionen und -Aufgaben herzuleiten (vgl. Weber/Schäffer (2011, S. 474 f.)).

Da insb. der Controller, in Abgrenzung zum Manager, vornehmlich mit der Erfüllung der Abstimmungs- und Informationsfunktionen betraut wird, gilt es hierauf besonderes Augenmerk zu legen. Vor dem Hintergrund der Aufrechterhaltung des Wertschöpfungskreislaufes und der Abstimmung zwischen den einzelnen Führungsgrößen ist es deswegen notwendig, dass Controller die entsprechenden Instrumente zur Erfassung und Bewertung der Führungsgrößen Liquidität, Erfolg und Erfolgspotentiale beherrschen. So erscheint es im Hinblick auf die Generierung und Bewertung von Erfolgspotentialen notwendig, dass ein Controller mit dem Instrument der Investitionsplanung umzugehen weiß. Gleichsam darf zur Erfolgsbestimmung die Anwendung der Kosten-, Erlös- und Ergebnisrechnung im Repertoire eines Controllers ebenso wenig fehlen, wie die Liquiditätsrechnung zur Generierung von Liquiditätsinformationen. Zu Abstimmungszwecken ist es ferner notwendig, dass entsprechende Koordinationsinstrumente, etwa wie Ziel-, Kennzahlen- oder Budgetierungsinstrumente durch den Controller beherrscht werden.

Da die entsprechenden Instrumente weitestgehend auf mathematischen Berechnungen basieren, ist es selbstverständlich, dass für den Controller ein grundlegendes Mathematik- und Zahlenverständnis unabdingbar ist. Darüber hinaus ist es ebenfalls gemeinsames Charakteristikum der oben genannten Instrumente, dass Daten meist EDV-technisch gespeichert und verarbeitet werden. Folglich ist die Beherrschung gängiger Anwendungsprogramme ebenfalls als Grundvoraussetzung des Controllers zu sehen.

Das Wissen um die Funktionsweise betriebswirtschaftlicher Instrumente allein wird aber einen Controller nicht ausreichen, um die ihm aufgetragenen Aufgaben zufriedenstellend zu erfüllen. Vielmehr ist es notwendig, dass der Controller die mit den jeweiligen Instrumenten gewonnenen Informationen vor dem Hintergrund situativer Bedingungen des Unternehmens einordnen und interpretieren kann (vgl. Weber/Preis/

Fachlich-methodische Fähigkeiten

- Zahlenverständnis
- Rechnungslegung
- Kostenrechnung
- Investitionsrechnung
- IT
- Fremdsprachen
- Hochschulstudium

Geschäftskenntnis

u.a.
- Produktverständnis
- Produktionsverständnis
- Technisches Wissen
- Geschäftsprozesskenntnis

Persönliche Fähigkeiten

- Kommunikationsfähigkeit
- Teamfähigkeit
- Analytisches Denkvermögen/Erkennen von Schwachstellen
- Standfestigkeit/Rückgrat
- Neutralität
- Leadership
- Flexibilität
- Selbstständigkeit

Abb. 113: Fachliche, persönliche und berufliche Anforderungen an den Controller (in Anlehnung an Weber/Preis/Böttger 2010, S. 23)

Böttger (2010, S. 29). Neben der persönlichen Fähigkeit des analytischen Denkvermögens ist es hierfür unabdingbar, dass der Controller je nach Unternehmen und Aufgabenbereich gute Kenntnisse über die jeweilige Branche, die eigenen Geschäftsprozesse oder über das eigene Produkt besitzt. Darüber hinaus erscheint es für jeden Controller sinnvoll, einen Überblick auch über Sachverhalte und Zusammenhänge anderer Abteilungen und benachbarter Fachbereiche zu gewinnen. Insb. hinsichtlich der Synergien und Interdependenzen zum externen Rechnungswesen sollten auch hier grundlegende Kenntnisse als Anforderung an den Controller gestellt werden.

Neben diesen formal-methodischen sowie weiterführenden Berufskenntnissen sollte zudem beachtet werden, dass der Controller, nicht zuletzt aufgrund seiner Abstimmungsaufgabe, im Zentrum eines sozialen Gefüges und damit im Spannungsfeld verschiedenster sozialer Akteure steht. Innerhalb dieses sozialen Gefüges ist eine angemessene Aufgabenerfüllung für Controller nur in Zusammenarbeit mit bzw. unter Berücksichtigung von anderen menschlichen Akteuren möglich. So ist es z.B. oftmals der Fall, dass die Informationen, die ein Controller durch Instrumenteneinsatz ermittelt, nicht direkt von ihm selbst verwertet werden, sondern, als Entscheidungshilfe einem jeweiligen Entscheider näher gebracht werden müssen. Ausgeprägte

Kommunikationsfähigkeiten sollten deswegen in diesem Zusammenhang eine wesentliche Grundvoraussetzung für Controller darstellen.

Geht man ferner davon aus, dass der Controller mit der Aufgabe betraut ist, die Aufrechterhaltung des Wertschöpfungskreislaufs für das Gesamtunternehmen sicherzustellen, kann es unter Umständen vorkommen, dass dies mit den Interessen anderer Unternehmensmitglieder kollidieren kann Ist es z. B. aus Liquiditätsüberlegungen notwendig, Budgetkürzungen vorzunehmen, so folgt darauf meist, dass ein Controller den betroffenen Unternehmensmitgliedern diese unangenehmen Wahrheiten überbringen muss. In diesem Zusammenhang erscheint es daher wesentlich, dass sich ein Controller bei Übermittlung dieser Informationen und Handlungsanweisungen möglichst unabhängig, auch gegen persönliche Vorlieben oder Autoritätsdruck, verhält. Rückgrat, Unabhängigkeit oder Neutralität sind hier besonders geforderte Eigenschaften, die ein Controller besitzen muss (vgl. Preis 2012, S. 243). ▶ **Abb. 114** gewährt resümierend einen Überblick darüber, inwieweit die hier angesprochenen persönlichen Eigenschaften und Fähigkeiten auch in Praxis gefordert werden.

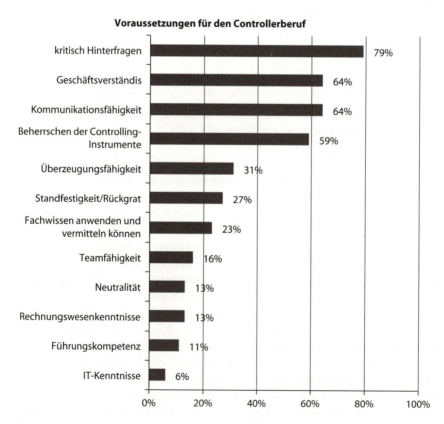

Abb. 114: Voraussetzungen an den Controllerberuf (in Anlehnung an Weber/Schäffer 2011, S. 479)

Führt man den Gedanken von oben weiter, dass Anforderungen möglichst situativ gestellt sein müssen, um eine möglichst effiziente Stellenbesetzung zu gewährleisten, so ist zu beachten, dass die Anforderungen in einen situativen Aufgabenkontext zu bringen sind. Für ein exaktes Anforderungsprofil wird es folglich in Zukunft notwendig sein, situative und damit aufgabendeterminierende Faktoren, wie z. B. Unternehmensgröße, -art, Branche, Controllerposition, in die Ableitung notwendiger Fähigkeiten und Eigenschaften miteinfließen zu lassen. Erste Ansätze findet man hier etwa bei Weber/Preis/Böttger (2010) oder Preis (2011). Es ist bspw. anzunehmen, dass je dezentraler Controller im Gesamtunternehmen angesiedelt sind, desto weniger allgemeine Geschäfts-, sondern umso mehr spezifische Produktkenntnisse benötigt werden. Ebenso kann bei hochkomplexer Einzelfertigung ebenfalls ein höheres produktspezifisches Know-how gefragt sein, als dies bei Massen- oder Serienfertigungen der Fall ist.

Schon aus diesen wenigen Beispielen wird deutlich, dass nicht an jeden Controller die gleichen Anforderungen gestellt werden sollten. Vielmehr ist es so, dass sich Controller je nach Situation, wie z. B. Branche, organisationaler Eingliederung, Hierarchiestufe, Fertigungsart, etc. ganz unterschiedlichen Herausforderungen gegenübergestellt sehen. Der situative Kontext spielt also eine wesentliche Rolle bei der Bestimmung adäquater Anforderungen an den Controller. ▶ **Abb. 115** versucht deswegen wesentliche Punkte darzustellen, die Einfluss auf die Signifikanz wesentlicher Controller-Anforderungen nehmen können.

Nebst den bisher betrachteten Fähigkeiten, die ein Controller aufweisen sollte, kommt in der jüngeren Zeit auch den strategischen Anforderungen, die als Kernkompetenzen des Controllerbereichs gesehen werden, ein immer höherer Stellenwert zu. Grundlegend wird hierzu zwischen einer operativen und einer strategischen Führung unterschieden, wobei die Trennung zwischen den beiden Führungsebenen nicht als idealtypisch zu sehen ist, da sich unternehmerisches Handeln nicht exakt abgrenzen lässt und Wechselwirkungen zwischen beiden Ebenen bestehen. Die operative Führung hat das Ziel, das Unternehmen auf Erfolgserzielung auszurichten und dabei die Liquidität zu sichern. Die strategische Führung hat dagegen dafür Sorge zu tragen, dass Erfolgspotentiale für die Erfolgserzielung und Liquidität auch in der Zukunft vorhanden sind.

David (2005, S. 149 ff.) entwickelte vor diesem Hintergrund **fünf strategische Anforderungen**, die ein Controllerbereich aufweisen solle.

Hierzu zählt er zum einen die Kompetenz der Datenhoheit, welche dem Controlling das Zugriffs- und Methodenbestimmungsrecht für die Ermittlung der führungsrelevanten Informationen zuspricht. Zweitens die Kompetenz der monetären Bewertung, die sich vor allem in den aufgezeigten Anforderungen an den Controller widerspiegelt und ihn durch sein Methodenwissen dazu befähigt. Als dritte Kompetenz nennt David (2005) die Transparenzerzeugung, die dazu dient die betriebswirtschaftlichen Sachverhalte verständlich und klar an die Informationsempfänger zu übermitteln. Dabei stehen die Gewinnung und Aufbereitung der erforderlichen Daten sowie die klare Kommunikation der Daten an die Entscheider im Mittelpunkt dieser Kompetenz.

Die Kompetenz des kritischen Sparringspartners setzt auf das tiefe Geschäftsmodellverständnis und Unabhängigkeit des Controllers, wodurch betriebswirtschaftliche

Situationsfaktor	Wichtige Anforderungen
Dezentrales Controlling	Produktkenntnisse, Produktionsablaufkenntnisse, technisches Verständnis, möglichst Wirtschaftsingenieur, Kommunikationsfähigkeit
Zentrales Controlling (operativ)	Überblicksartige Geschäftskenntnisse, Markt und Wettbewerbskenntnisse, Standfestigkeit, mittlere Produktkenntnisse, Reisebereitschaft, Flexibilität, Strategiekenntnisse
Zentrales Controlling (strategisch)	Standfestigkeit, analytisches Denken, Kommunikationsfähigkeiten, Flexibilität
Starke Internationalisierung	Fremdsprachenkenntnisse, interkulturelle Kompetenzen, internationale Rechnungslegung
Große Unternehmen	Spezialisierungsgrad
Hohe Komplexität	Detaillierte Produktkenntnisse, technisches Wissen
Starker wirtschaftlicher Druck	Standfestigkeit, Kommunikationsfähigkeit, Flexibilität, Geschäftsprozesskenntnisse, Trendkenntnis, Unabhängigkeit, Strategiekenntnis
Hohe Innovationslastigkeit	Kostenrechnungskenntnisse, Teamfähigkeit, Kommunikationsfähigkeit

Abb. 115: Situative Einflussfaktoren mit Wirkung auf die Anforderungen an einen Controller (Weber/Preis/Böttger 2010, S. 40 ff.)

Entscheidungen zwischen Managern und Controllern, ähnlich dem «Vier-Augen-Prinzip» diskutiert werden können, um eine qualitativ bessere Entscheidung treffen zu können. Eng mit der vorherigen verbunden, befasst sich die letzte Kompetenz mit der betriebswirtschaftlichen Beratung durch den Controllerbereich. Dementsprechend soll der Controllerbereich auf Grundlage der Planungs-, Kontroll- und Informationstätigkeiten Verbesserungsvorschläge ableiten und an die Entscheider kommunizieren. Insgesamt zeigt sich, dass die Anforderungen an einen Controller auch an Hand der Kernkompetenzen, über die der Controlling-Bereich verfügen sollte, abgeleitet werden können.

Weiterführende Literatur:

Aktuelle empirische Untersuchungen zu den Rollen von Controllern:
Becker et al. 2012a
Becker et al. 2012b

Wiederholungsfragen:

- Welchen Zweck erfüllen Anforderungsprofile? Erläutern Sie, weshalb Anforderungen situativ aus den jeweiligen Aufgaben des Controllers abgeleitet werden sollten und beziehen Sie sich dabei auf die Funktionen der wertschöpfungsorientierten Controlling-Konzeption. Worin unterscheiden sich Anforderungsprofile von Qualifikationsprofilen?
- In welche Kategorien können die Anforderungen an Controller eingeordnet werden?
- Was sind typische Anforderungen an den Controllerberuf?

9.4 Zusammenarbeit des Controllerbereichs mit anderen Bereichen

Unter dem Oberbegriff der Coopetition wird in der Literatur die Zusammenarbeit, aber auch gleichzeitige Konkurrenz (deshalb die Verbindung der Begriffe cooperation und competition) des Controllerbereichs mit anderen, inhaltlich teilweise verwandten Bereichen diskutiert, welche die Manager ebenfalls mit entscheidungsrelevanten Informationen versorgen, Transparenz im Unternehmen herstellen und insgesamt die Aufgabenerfüllung des Managements unterstützen (vgl. Weber/Schäffer 2011, S. 431 ff.). Unter dem Aspekt der Coopetition werden v. a. die (externe oder interne) Unternehmensberatung, das Externe Rechnungswesen, die Strategieabteilung, die Interne Revision und der Investor Relations-Bereich untersucht. Wir wollen uns in der Folge mit den Akteuren Externes Rechnungswesen, Treasury/Finanzen und Internes Consulting auseinandersetzen.

9.4.1 Controllerbereich und Externes Rechnungswesen

Einen Aspekt der Zusammenarbeit von Controllerbereich und Externem Rechnungswesen haben wir bereits ganz zu Beginn unseres Buchs thematisiert: Das Controlling als Funktion hat sich aus den beiden Aufgabenbereichen Treasurership und Controllership heraus entwickelt, die in den Anfängen institutionell durch Mitarbeiter des Rechnungswesens verrichtet wurden (siehe ▶ Kap. 1.2).

In den letzten Jahren wird verstärkt diskutiert, ob und inwieweit eine Rivalität zwischen dem Controllerbereich und dem Externen Rechnungswesen besteht (vgl. Weber 2008, S. 167). Letztlich bleibt festzuhalten, dass beide organisatorische Bereiche für die Verrichtung ihrer Aufgaben auf das gleiche Datenmaterial zurückgreifen, das prinzipiell auf der Buchführung und auf dem Finanz- und Rechnungswesen im Allgemeinen beruht. Der Controllerbereich wandelt jedoch traditionellerweise in einem zweiten Schritt die Daten des Externen Rechnungswesen für seine Zwecke in das Interne Rechnungswesen um. Eine Zusammenarbeit von Controllerbereich und Externem Rechnungswesen ist vor allem in kleineren Unternehmen zu beobachten, so dass bspw. im Kontext von Investitionsentscheidungen Controller als Verantwortliche der Investitionsrechnung bestimmte zahlungsrelevante Größen wie z. B. Steuern von Mitarbeitern des Externen Rechnungswesens erhalten.

Eine besondere Relevanz erhält die Thematik der Kooperation zwischen Controllerbereich und Externem Rechnungswesen durch die in den vergangenen Jahren im Zuge der Verbreitung der *International Financial Reporting Standards* (IFRS) angestoßene Debatte, ob und inwieweit diese angloamerikanisch geprägten Rechnungslegungsstandards zu einer Harmonisierung der Instrumente Controlling und Externes Rechnungswesen und somit ggf. auch zu einer organisatorischen Zusammenlegung oder zumindest stärkeren Verzahnung des Controllerbereichs und des Externen Rechnungswesens führen können.

Unter der Harmonisierung des Rechnungswesens ist eine Angleichung bis hin zu einer Vereinheitlichung der in beiden Rechnungssystemen vorhandenen Daten und Bewertungsmaßstäbe zu verstehen. Eine solche Angleichung erscheint jedoch nur in solchen Bereichen sinnvoll, die sich durch identische Zwecke auszeichnen. Dies kann bspw. für die Informationsfunktion des Internen und Externen Rechnungswesens sowie die Steuerungs- und Kontrollfunktion bejaht werden. Für die Steuer- und Ausschüttungsbemessungsfunktion des Externen Rechnungswesens sowie für die Planungs- und Entscheidungsfunktion des Internen Rechnungswesens ist nicht von einer Vorteilhaftigkeit der Harmonisierung auszugehen (siehe ▶ **Abb. 116**).

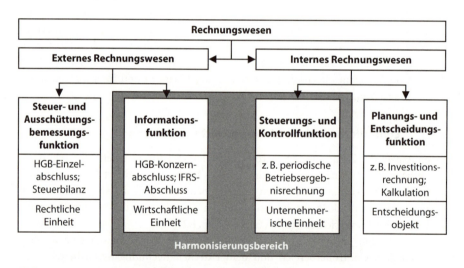

Abb. 116: Harmonisierungsbereiche im Rechnungswesen (vgl. Coenenberg/Fischer/Günther 2009, S. 28)

Die empirischen Belege und Meinungen zur Harmonisierung des Rechnungswesens divergieren stark. Sicherlich werden in Großkonzernen immer mehr entscheidungsrelevante Informationen auch durch das Externe Rechnungswesen bereitgestellt, die angekündigte organisatorische Konvergenz hat sich jedoch bislang kaum eingestellt (vgl. Kunz 2010, S. 301 ff.). Eine zweite grundsätzliche Auswirkung der IFRS auf das Controlling ist in ▶ **Abb. 117** dargestellt.

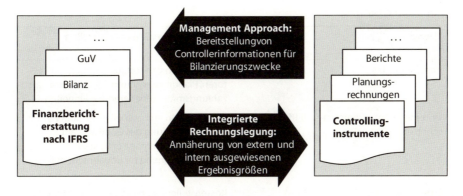

Abb. 117: Beziehungen zwischen IFRS und Controlling (vgl. IGC 2006, S. 29)

Der Management Approach besagt, dass bei der Bilanzierung an zahlreichen Stellen die Perspektive des Managements eingenommen werden soll, d.h. diejenigen Informationen werden für den externen Bilanzadressaten als relevant und interessant erachtet, die auch innerhalb des Unternehmens dem Management vorliegen. Wichtige Regelungen der IFRS zum Management Approach können aus ▶ **Abb. 118** entnommen werden.

Thema	Einschlägige IFRS	Implikationen für das Controlling
Bestandsbewertung (un-)fertiger Erzeugnisse	IAS 2	Kostenstellenrechnung zur Umsetzung des »produktionsorientierten Vollkostenbegriffs«, Möglichkeit zur Verwendung von Standardkosten
Langfristige Auftragsfertigung	IAS 11	Projektcontrolling zur Ermittlung von Fortschrittsgrad, angefallenen Kosten und Gesamtkosten
Segmentberichterstattung	IFRS 8	Reporting interner Strukturen und interner Vermögens- und Ergebnisgrößen gemäß dem Management Approach
Planmäßige Abschreibung von Sachanlagen	IAS 16	Bestimmung von Nutzungsdauern, Komponentenansatz, Bestimmung von Wiederbeschaffungskosten bei Neubewertung
Immaterielle Vermögenswerte	IAS 38	Projektcontrolling bei Entwicklungsprojekten
Ertragsrealisation	IAS 18	Aufteilung des Umsatzes von Mehrkomponentenverträgen auf Basis interner Kalkulationen

Abb. 118: Management Approach als Schnittstelle von IFRS und Controlling (vgl. Weißenberger 2007, S. 179).

Abb. 118: Fortsetzung

Thema	Einschlägige IFRS	Implikationen für das Controlling
Impairment Test	IAS 36	Identifikation von testauslösenden Indikatoren, Planungsrechnung, Bestimmung von zahlungsmittelgenerierenden Einheiten
Unternehmenszusammenschlüsse	IFRS 3	Identifikation immaterieller Vermögenswerte, Zuordnung des Goodwills auf zahlungsgenerierende Einheiten, Planungsrechnung für Impairment only-Ansatz
Ergebnisausweis	IAS 1	Kostenstellenrechnung bei Anwendung des Umsatzkostenverfahrens

Aus theoretischer Sicht ist somit zu konstatieren, dass sich aufgrund der **Konkurrenzsituation** zwischen Controllerbereich und Externem Rechnungswesen durchaus die Frage stellt, ob ein kooperatives Verhalten seitens des Controllerbereichs zu empfehlen ist. Die empirische Untersuchung von Grieshop/Weber (2007, S. 13) zeigt, dass die Zufriedenheit der Manager mit den durch den Controllerbereich zur Verfügung gestellten Informationen dann höher war, wenn letzterer gut mit dem Externen Rechnungswesen kooperierte.

Weiterführende Informationen:

Ein einführendes Handbuch für an IFRS interessierte Controller
Weißenberger 2007

Abkürzungen:

IFRS   International Financial Reporting Standards
IGC   International Group of Controlling

Wiederholungsfragen:

- Warum kommt es zwischen Controllerbereich und Externem Rechnungswesen zur Rivalität?
- Gibt es Bereiche, in denen beide Akteure zusammenarbeiten?
- Was ist unter der Harmonisierung des Rechnungswesens zu verstehen?
- Was ist mit dem Begriff ‹Management Approach› gemeint? Nennen Sie beispielhaft einen IFRS-Standard zu diesem Thema.

9.4.2 Controllerbereich und Treasury/Finanzen

Der nachstehende Abschnitt thematisiert die Zusammenarbeit des Controllerbereichs mit dem Bereich **Treasury/Finanzen** und inkludiert auch das Themengebiet des

Finanzcontrollings. Dass die Bereiche Finanzen und Treasury kaum unterscheidbar und somit meist im Verbund zu nennen sind, ist in der Begrifflichkeit begründet. Dies führt bspw. dazu, dass die USA ihr Finanzministerium als *U.S. Department of the Treasury* bezeichnen. Es sei angemerkt, dass eine trennscharfe funktionale und institutionale Abgrenzung insofern äußerst schwierig erscheint, als insb. in der Unternehmenspraxis den Bereichen Treasury/Finanzen und Finanzcontrolling ähnliche Handlungsobjekte zukommen.

Begriffliche Grundlagen

Eine ältere, dennoch häufig im deutschsprachigen Raum zu findende Unterscheidung von Controllership und Treasurership (vgl. bspw. Weber/Schäffer 2011, S.5; Barth/Barth 2008, S.6), die auf die Übersetzung der vom Financial Executives Institute im Jahr 1962 vorgenommenen Einteilung des Financial Managements zurückgeht (vgl. Aghte 1969, Sp. 353 ff.), wurde bereits in ▶ **Kap. 1.2** thematisiert.

Da diese Abgrenzung mittlerweile über 50 Jahre alt ist, vermag sie neuere Entwicklungen wie die zunehmende Globalisierung und verstärkte Tendenzen zur unternehmerischen Harmonisierung mit seinem sozio-kulturellem Umfeld (vgl. Hahn 1998, S.564f.) nicht zu berücksichtigen. So waren damals **Investor Relations** oder **Finanzderivate** weitestgehend unbekannt. Weiterhin entstammt dieser Unterscheidungsversuch dem anglo-amerikanischen Wirtschaftsraum, der durch ein von deutschen Auffassungen durchaus divergierendes Controllings-Verständnis gekennzeichnet ist. Dennoch ist ein grundlegendes Muster weiterhin gültig: Handlungen des Treasury-Bereichs beziehen sich vorrangig auf die **Sicherung der Finanzkapitalbeschaffung** durch Kontakt zu Geldgebern und auf die **Risikoabwälzung** mithilfe von Versicherungen. Handlungen des Controllerbereichs sind hingegen vorgelagert zu sehen, da sie gemäß der Darstellung im Kern einen **Planungscharakter** aufweisen. Deutlich wird dies an zwei Aspekten: So kann es zur Durchführung von als vorteilhaft beurteilten Investitionstätigkeiten erforderlich sein, Kapital durch das Treasury beschaffen zu lassen. Ebenso zeigt sich dies bei Risikoentscheidungen: Bei denjenigen Risiken, bei denen eine Risikoüberwälzung am vorteilhaftesten erscheint, sind entsprechende Policen abzuschließen.

Einordnung des Bereichs Finance/Treasury

Gemäß neuerer Auffassung ist der Bereich Treasury dadurch zu charakterisieren, dass er sich insb. mit dem Management der im operativen Geschäftsbetrieb entstehenden finanzbezogenen Risiken auseinandersetzt (vgl. Löffler/Buschinger 2004, S.214). Dem Finance/Treasury-Bereich kommt aufgrund dieser Kompetenz insb. im Bankgewerbe eine besondere Stellung hinzu, er wird jedoch auch für Unternehmen anderer Branchen zunehmend bedeutsamer, da sich z.B. die Beschaffungspreise vieler zur Produktion erforderlicher Materialien Güter (z.B. Silber, Nickel, Palladium, Kakao etc.) zunehmend volatiler verhalten und daher mitunter erhebliche Preisrisiken bergen.

Zwar stehen nach wie vor Liquiditäts- und Wechselkursrisiken im Fokus, jedoch ist aufgrund der geschilderten Tendenzen eine Verstärkung der Aktivitäten im Bereich sonstiger Güter wie z.B. Industriemetalle und Energie zu erwarten (vgl. Deloitte 2012, S.4). Eine Quantifizierung von Risiken wird vornehmlich über Szenario-Analysen und Risikoklassifizierungen gelöst; Urteilen von Ratingagenturen kommt hingegen bei Kontrahentenausfallrisiken nach wie vor eine sehr starke Bedeutung zu (vgl. Deloitte 2012, S.8) Bei der organisatorischen Angliederung zeigen sich Unterschiede: Während das Management von Zins- und Währungsrisiken überwiegend zentral vorgenommen wird, werden Rohstoff- und Energierisiken dezentral gehandhabt (vgl. Deloitte 2012, S.5).

Über das Management von Risiken hinaus ist beobachtbar, dass der Bereich Treasury/Finanzen auch als In-House Bank fungieren kann, um das Liquiditäts- und Risikomanagement zentral zu bündeln. Dies ist bei rund zwei von drei Großunternehmen beobachtbar (vgl. Deloitte 2012, S.5). Aufgrund dieser Merkmale ist schließlich festzuhalten, dass Treasury/Finance Schnittstellen zur anderen Funktionsbereichen aufweist: Zum einen bestehen Schnittstellen zum Einkauf und zum Vertrieb, da diese Bereiche aufgrund ihrer Aktivitäten als bedeutsame Risikoerzeuger gesehen werden müssen. Zum anderen existieren Schnittstellen zu einem wertschöpfungsorientierten Controlling, da mit dem Themengebiet Finanzcontrolling prinzipiell gleiche Objekte angesprochen werden.

Charakteristika des Finanzcontrollings

Das Finanzcontrolling ist derjenige Bereich des Controllings, welcher sich an die Finanzsphäre als übergeordnetes Objekt richtet. Innerhalb der Finanzsphäre weist insb. die Liquidität als generische Führungsgröße der Unternehmensführung eine zentrale Bedeutung für das Controlling auf sowie Ein- und Auszahlungen, da sie sich aus dem Erfolg als weiterer generische Führungsgröße ableiten und auf den Liquiditätsstatus einwirken. Bei der Liquidität muss somit zwischen aktueller (Bestand an Zahlungsmitteln) und zukünftiger Liquidität (Bestand an Zahlungsmitteln und Summe der bis dato erwarteten Zahlungsstromsalden) unterschieden werden.

Das Finanzcontrolling muss hierbei im Spannungsfeld zwischen Optimierung der Liquidität und Optimierung des Erfolgs arbeiten: Aufgrund der grundsätzlichen Antinomie von Liquidität und Erfolg muss sowohl eine Mindestliquidität zur Vermeidung der Zahlungsunfähigkeit als auch ein Mindesterfolg (und damit eine Höchstliquidität) zur Zufriedenstellung der Anteilseigner definiert werden. Für das Finanzcontrolling ergibt sich somit eine Zielhierarchie: Das Finanzcontrolling hat dafür Sorge zu tragen, dass diese definierten Handlungsgrenzen nicht verletzt werden, und dass innerhalb dieser Handlungsgrenzen ein optimaler Beitrag zur Wertschöpfung des Unternehmens geleistet wird. Die Handlungsmaxime des Finanzcontrollings lässt sich also wie folgt formulieren: «Die Liquidität ist vor dem Hintergrund der Existenzsicherung stets so groß wie (für die Investitionen in Erfolgspotentiale und zur Insolvenzvermeidung) nötig und gleichzeitig (für höchstmögliche Wertschöpfung) so gering wie möglich zu halten.»

Als zweite Führungsgröße des Finanzcontrollings sind Ein- und Auszahlungen (Cashflows) aufgrund ihrer rechnerischen Beziehung zur Liquidität zu sehen. Da der

Wertschöpfungskreislauf dauerhaft aufrecht zu erhalten ist, ist ein kontinuierliches Überführen von Liquidität (Verringerung der Liquidität) in Erfolgspotentiale erforderlich, um aus deren Nutzung Erfolg und Einzahlungen (Erhöhung der Liquidität) zu erzeugen. Prinzipiell handelt es sich somit um ein risikobehaftetes Tauschgeschäft: Heutige Auszahlungen werden in der Hoffnung auf zukünftige Einzahlungen getätigt.

Üblicherweise bestehen vielfältige Investitionsmöglichkeiten, weshalb sich dieser Tausch in die werthaltigste dieser Investitionsoptionen vollziehen sollte. Aus absoluter Perspektive liegt eine werthaltige Investition dann vor, wenn in einer Zeitpunktbetrachtung die kumulierten diskontierten Einzahlungen die kumulierten diskontierten Auszahlungen übersteigen. Aus relativer Perspektive ist die werthaltigste Investitionsalternative diejenige, welche den absolut größten positiven Zahlungsüberschuss erwirtschaftet Üblicherweise kommt hierbei Kapitalwertrechnungen zur Anwendung, wenn die Ein- und Auszahlungskonsequenzen einer Investition gut bestimmbar sind. Andernfalls stehen qualitative Verfahren wie z.B. die Nutzwertanalysen zur Verfügung (siehe ▶ **Kap. 9.2.6** zu Verfahren der Investitionsbeurteilung).

Kapitalwertrechnungen greifen auf das **Prinzip des Diskontierens** zurück, gemäß dem ein zukünftiger Zahlungsstrom unter Berücksichtigung des Zinseffekts in einen Gegenwartswert übersetzt wird. Hierbei wird in aller Regel mit einem gewichteten Mischkapitalkostensatz (Weighted Average Cost of Capital, WACC) diskontiert, der Eigen- und Fremdkapitalkosten entsprechend ihres Anteils am Gesamtkapital zusammenfasst. Dadurch, dass ein höherer Kapitalkostensatz im Vergleich zu einem geringeren Kapitalkostensatz für den gleichen Gegenwartswert mehr Einzahlungen erfordert, gilt es für das Finanzcontrolling, eine insgesamt günstige Finanzierung sicherzustellen.

Zusammenfassend ergeben sich für das Finanzcontrolling mehrere grundlegende Aufgabenbereiche (vgl. Gillenkirch 2008, S. 20 ff.): Als erstes ist die Sicherung von Liquidität und Innenfinanzierungskraft unter Berücksichtigung von finanziellen Risiken zu nennen. Der eng damit verbundene zweite Bereich entspricht der Sicherstellung eines wertorientierten Kapitalgebrauchs durch die Wahrnehmung von Abstimmungs- und Informationsaktivitäten. Schließlich bildet die Kommunikation mit derzeitigen und potentiellen Investoren den dritten Aufgabenbereich, um Finanzierungskosten durch eine verstärkte Transparenz zu senken. Für diesen Bereich kann es jedoch nicht das Ziel sein, vollständige Transparenz zu schaffen, da dies zu Lasten von Wettbewerbsvorteilen gehen könnte.

Weiterführende Informationen:

Ein einführendes Werk zu Veränderungen im CFO-Bereich und damit auch zum Bereich Treasury/Finanzen:
Keuper/Neumann 2008

Abkürzungen:

WACC   Weighted Average Cost of Capital

Wiederholungsfragen:

- Durch welche Aufgaben zeichnet sich der Finance/Treasury-Bereich aus?
- Warum benötigen Unternehmen zukünftig verstärkte Treasury-Aktivitäten?
- Welche Aufgaben hat das Finanzcontrolling?
- Weshalb ist eine Liquiditätsmaximierung nicht sinnvoll?

9.4.3 Controllerbereich und Internes Consulting

Das interne Consulting als betriebswirtschaftliche Disziplin wurde in der jüngeren Vergangenheit als Gegenpol zum externen Consulting entwickelt und erfreut sich seither zunehmender Beliebtheit. Gegenüber der Beauftragung externer Berater werden dem internen Consulting geringere Kosten sowie ein integratives und unternehmensspezifisches Problemverständnis unterstellt. Realitätsnahe Verbesserungskonzepte in Kombination mit der Sicherung unternehmensspezifischen Know-hows werden daher implizit als zentrale Vorteile von internen Consultingabteilungen gesehen. Die Generierung zusätzlicher Unternehmensumsätze durch die internen Consultingabteilungen wird hingegen mehrheitlich nicht als entscheidungsrelevantes Kriterium für ihre Einrichtung angesehen (vgl. Armbrüster 2006, S. 101 f.; Mohe 2005, S. 303 f.; Kubr 2002, S. 35; Hoyer 2000, S. 56 ff.).

Einordung des Internen Consultings in die Unternehmensstruktur

Für die Eingliederung des internen Consultings in die bestehende Unternehmensstruktur lassen sich in die folgenden vier Möglichkeiten unterscheiden:

1. **Stabsstelle:** In der Organisationstheorie ist eine Stabsstelle einem bestimmten Bereich direkt zugeordnet. Die organisatorische Implementierung des internen Consultings als Stabsstelle hat daher zur Folge, dass es durch die anderen Organisationseinheiten als eine Art ‚Hilfsstelle angesehen wird. Ausgehend von dieser Annahme kann die Stabsstelle nicht die optimale Organisationsstruktur für das interne Consulting darstellen, da es i. d. R. für eine Vielzahl von Bereichen Beratungstätigkeiten anbietet und somit nicht an einen einzelnen Bereich gebunden ist (vgl. Oefinger 1986, S. 22 ff.).
2. **Dienstleistungsstelle**: Eine Dienstleistungsstelle hat die Eigenschaft, dass diese keinem Unternehmensbereich direkt zugeordnet ist. Daher kann das interne Consulting in diesem Zusammenhang als eigenständige Organisationseinheit agieren. Die Distanz zu den anderen Fachabteilungen und im Besonderen zur Unternehmensleitung kann zu einer positiven Akzeptanz im Unternehmen führen, da das interne Consulting nicht als Detektiv der Unternehmensführung wahrgenommen wird (vgl. Oefinger 1986, S. 26 ff.).
3. **Nicht-eigenständiger Geschäftsbereich**: Die Gründung einer Tochtergesellschaft und die damit verbundene Ausgliederung des internen Consultings kann als Lösungsansatz gelten, wenn das interne Consulting ähnliche Strukturen wie das externe Consulting erhalten soll (vgl. Crispino 2007, S. 218).

4. **Eigenständiger Geschäftsbereich:** Die Ausgliederung des internen Consultings in einen eigenen Geschäftsbereich ist sinnvoll, wenn die Absicht besteht, auch externe Beratungsaufträge zu generieren. Die Ausgliederung geht jedoch nicht mit einer Weisungsungebundenheit von der Unternehmensleitung einher (vgl. Crispino 2007, S. 218).

Die organisatorische Eingliederung des internen Consultings muss situationsgerecht auf die aktuellen und zukünftigen Bedürfnisse und Anforderungen ausgerichtet werden. Diese situationsgerechte Ausrichtung befindet sich somit in einem Spannungsfeld zwischen angemessener Flexibilität und notwendiger Stabilität (vgl. Crispino 2007, S. 217 ff.). In der Vergangenheit haben gerade die internen Consultingabteilungen einen organisatorischen Wandel durchlebt. Der Aufbau von internen Consultingabteilungen geschieht vornehmlich in einem mehrstufigen Prozess, bei dem sich die Organisationsstruktur zunehmend weiterentwickelt. In den deutschen Großunternehmen war zu beobachten, dass die internen Consultingabteilungen maßgeblich aus den Revisions- und Organisationsabteilungen hervorgingen (vgl. Moscho et al. 2010, S. 32).

Aufgaben und Ziele des internen Consultings

Die zentrale Aufgabe des internen Consultings kann als die Initiierung und Realisierung von Veränderungsprozessen im Unternehmen definiert werden. Bedingt durch die große Vielfalt möglicher Veränderungsprozesse kommt dem internen Consulting hierbei auch die Aufgabe zu, sich inhaltlich auf ein oder mehrere Aufgabengebiete zu fokussieren, wobei eine solche Fokussierung niemals angrenzende Aufgabengebiete ausschließen kann. Idealtypisch lassen sich die folgenden vier zentralen Aufgabenbereiche der internen Beratung definieren (vgl. ▶ **Abb. 119**).

Die thematische Ausrichtung des internen Consultings kann als größenabhängig verstanden werden, weswegen eine Unterscheidung zwischen kleinen und mittleren sowie großen internen Beratungen vorzunehmen ist. Die kleinen und mittleren internen Consultingabteilungen – idealtypisch mit bis zu 75 Mitarbeitern – konzentrieren sich mehrheitlich auf Struktur- und Prozessthemen. Der problemorientierten Lösungskonzeption und der anschließenden Implementierung kann ein ausgeglichenes Verhältnis unterstellt werden. Das Aufgabenspektrum der großen internen Consultingabteilungen – idealtypisch mit mehr als 75 Mitarbeitern – wird dagegen mehrheitlich durch Strategie- und Organisationsthemen bestimmt. Ähnlich wie bei den externen Strategieberatungen liegt der Fokus der großen internen Beratungen primär auf der konzeptionellen Ebene (vgl. Galal/Richter/Steinbock 2010, S. 16 f.).

Neben der problemorientierten Lösungskonzeption für die vier zentralen Aufgabenbereiche verantworten die internen Consultingabteilungen noch weitere wichtige Aufgaben. Durch den gezielten Aufbau von Netzwerken im Unternehmen haben die Consultingabteilungen ein hohes Wissen über die informelle Unternehmensstruktur und -kultur. Diese hochgradig relevanten Informationen können zur Identifikation von Optimierungspotentialen im Unternehmen dienen und sind somit die Grundlage für Innovationen. Zusätzlich ermöglicht das interne Consulting eine projektorientierte

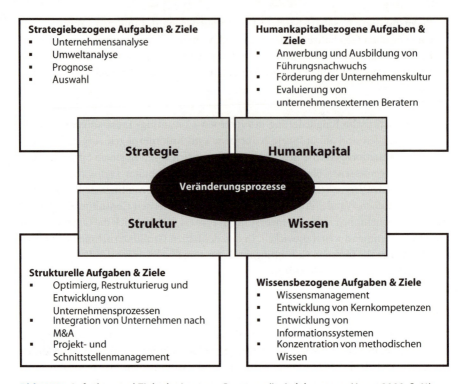

Abb. 119: Aufgaben und Ziele der internen Beratung (in Anlehnung an Hoyer 2000, S. 61)

Kapazitätserweiterung, da die Fachabteilungen durch Consultingprojekte entlastet werden (vgl. Allanson 1985, S. 22 ff.; Blunck 1993, S. 60 ff.; Baier 2008, S. 110 f.).

Inhaltliche Einordnung des internen Consultings

Die Gründung einer internen Consultingabteilung hat nicht zwangsläufig zur Folge, dass andere Abteilungen ihre Beratungsfunktion verlieren. Ebenso können interne Consultingabteilungen nicht den kompletten Beratungsbedarf eines Unternehmens abdecken. Hochspezifische Fragestellungen oder kritische Umsetzungsmaßnahmen, die mit negativen Folgen für die Mitarbeiter behaftet sind, werden z. B. vornehmlich von externen Beratungen durchgeführt. Der gesamte Beratungsbedarf des Unternehmens bzw. des Managements wird somit durch eine gezielte Kombination verschiedener Akteure bereitgestellt. Das interne Consulting ist dabei ein Teilelement, welches jedoch seinerseits auf die Informationen anderer Fachabteilungen abgewiesen ist (vgl. ▶ **Abb. 120**).

Zusammenarbeit zwischen dem internen Consulting und dem Controlling

Der hohe Leistungsanspruch, der an das interne Consulting gestellt wird, kann von diesem also nur durch eine angemessene Kooperation mit anderen Fachabteilungen erfüllt

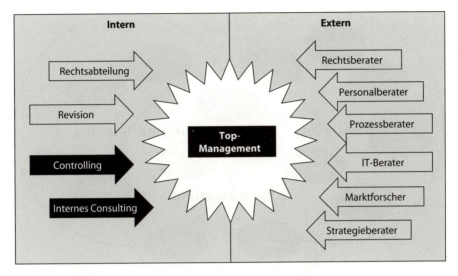

Abb. 120: Inhaltliche Einordnung des internen Consultings (in Anlehnung an Roth 2000, S. 131)

werden. Da der Controllerbereich ebenfalls eine beratende Instanz im Unternehmen ist, kann er als sinnvoller Kooperationspartner der internen Beratung angesehen werden: Ausgehend von der originären Funktion der Lokomotion und den derivativen Funktionen der Abstimmung und Information haben wir in ▶ **Kap. 5.3** vier Aufgabenfelder des Controllings abgeleitet, zu denen auch Berichts- und Beratungsaufgaben zählen.

Durch eine zielorientierte Gestaltung der Ablauf- und Aufbauorganisation des Unternehmens sollte jedoch sichergestellt werden, mögliche Interessenskonflikte zwischen Controlling und Interner Beratung zu vermeiden. Die Schwerpunkte des Controllings sind in diesem Zusammenhang vornehmlich in planerischen Aktivitäten zu sehen. Die Interne Beratung fokussiert sich in seiner inhaltlichen Ausgestaltung auf innerbetriebliche Optimierungspotentiale. Eine hohe Übereinstimmung mit den innerbetrieblichen Themen kann der Externen Beratung attestiert werden, ergänzt werden diese durch die Themenschwerpunkte Kernkompetenzanalyse und Kundenzufriedenheit. Die ▶ **Abb. 121** soll die inhaltlichen Schnittstellen des Controllings mit der internen sowie der externen Beratung verdeutlichen.

In Kombination können der Controllerbereich und das interne Consulting somit einen bedeutenden Wertbeitrag für das Unternehmen leisten und zum Unternehmenserfolg beitragen (vgl. Scheffner/Pham Duc 2012, S. 136 ff.).

Weiterführende Informationen:

Dieses Buch liefert einen umfassenden Überblick zum Internen Consulting:
Niedereichholz 2000
Dieses Lehrbuch beschäftigt sich mit den Kernthemen des Consultings im Allgemeinen:

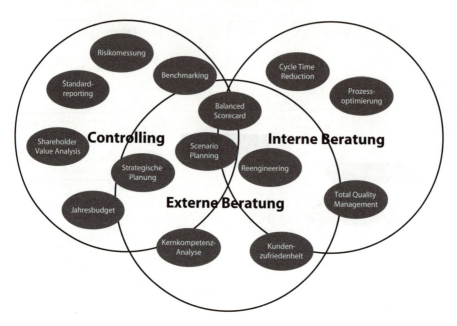

Abb. 121: Inhaltliche Zuordnung der Themenbereiche (in Anlehnung an Roth 2000, S. 137)

Niedereichholz/Niedereichholz 2006
Dieser Sammelband beschäftigt sich mit dem Rollenverständnis des modernen Controllings in Bezug auf das Interne Consulting:
Krings 2012

Wiederholungsfragen:

- Welche organisatorischen Eingliederungsmöglichkeiten gibt es für das interne Consulting und worin unterscheiden sich diese?
- Erläutern Sie die Aufgaben und Ziele des internen Consultings und nehmen Sie Bezug auf größenspezifischenBesonderheiten.
- Charakterisieren Sie die Beziehung zwischen dem Controlling und dem internen Consulting.

10 Erfolgsanalyse des Controllings

Als letztes Element der wertschöpfungsorientierten Controlling-Konzeption betrachten wir im Folgenden den Erfolg des Controllings. Wenn wir uns die Aussagen des situativen Ansatzes (siehe ▶ Kap. 2.2) in Erinnerung rufen, so wird allerdings deutlich, dass sich der Erfolg in einem wichtigen Aspekt von den übrigen generischen Elementen einer Controlling-Konzeption unterscheidet: Der Erfolg ist selbst kein Gestaltungselement des Controllings, sondern das Element zur Messung der Güte des Controllings.

Begrifflichkeiten

Der Begriff Erfolg ist für die Betriebswirtschaftslehre von grundlegender Bedeutung. So besagt das ökonomische Prinzip, dass der Zielerreichungsgrad und der Mitteleinsatz in einem bestmöglichen Verhältnis zueinander stehen sollen (vgl. Sigloch/Egner/Wildner 2011, S. 20). Der Grad der Zielerreichung wirtschaftlicher Handlungen wird hierbei als **Effektivität** bezeichnet: Wurden die richtigen Handlungen vorgenommen? Die **Effizienz** fragt hingegen danach, inwieweit der zur Zielerreichung aufgewendete Mitteleinsatz frei von Verschwendung war: Wurden die Handlungen richtig vorgenommen?

Effektivität und Effizienz stellen somit nach diesem Verständnis die beiden **Dimensionen des Erfolgs** dar und sind grundsätzlich gleichrangig. Erfolgreich ist also nur, wer zugleich effektiv und effizient handelt: Die richtigen Handlungen müssen also richtig vorgenommen werden! Beide Erfolgsdimensionen sind zudem prinzipiell voneinander unabhängig, d.h. eine zielwirksame Handlung ist nicht notwendigerweise effizient, genauso wenig wie durch verschwendungsfreies Handeln automatisch die gesetzten Ziele erreicht werden.

Das soeben dargestellte Verständnis von Erfolg, Effizienz und Effektivität hat in der Betriebswirtschaftslehre weitgehende Verbreitung gefunden (vgl. Ahn/Dyckhoff 1997, S. 3). Nichtsdestotrotz stellen die obenstehenden Definitionen lediglich eine erste Annäherung an die Konstrukte Erfolg, Effektivität und Effizient dar. Um eine Messbarkeit zu ermöglichen, ist eine weitere Spezifizierung dieser Konstrukte notwendig. Mit anderen Worten: Wann genau gilt ein Unternehmen als ›erfolgreich‹? Wie kann beurteilt werden, ob in einem Unternehmen wirklich ›effektiv‹ und ›effizient‹ gehandelt wird? Sind die Überlegungen ebenso auf das Führungsinstrument Controlling oder auf den Aufgabenträger Controller übertragbar?

Es ist davon auszugehen, dass die Spezifizierung des Konstrukts Erfolg objektabhängig vorgenommen werden muss, d.h. der Erfolg des Unternehmens als Ganzes muss mit anderen Messgrößen erhoben werden als der Erfolg des Controllings oder der Erfolg eines oder mehrerer Controller. Die Spezifizierung des zunächst noch unscharfen Konstrukts Erfolg bis hin zu operationalisierten Messgrößen erfolgt in mehreren Konkretisierungsschritten (vgl. Becker/Benz 1997, S. 659f.). Effizienz und Effektivität sind hierbei nie dichotom aufzufassen, sondern immer graduell: Erfolg ist nicht entweder vorhanden oder abwesend, sondern er weist stets eine Vielzahl von Abstufungen auf.

Erfolgsdenken im Controlling

Die Führungsfunktion der Lokomotion dient dazu, den Wertschöpfungskreislauf – bestehend aus der strategischen Führungsgröße Erfolgspotenziale sowie den operativen Führungsgrößen (monetärer) Erfolg sowie Liquidität – in Gang zu setzen und in Gang zu halten. Da das Führungsinstrument Controlling der Realisierung der Lokomotionsfunktion dient, ist die Erfolgsorientierung ein zentrales Merkmal der wertschöpfungsorientierten Controlling-Konzeption. In diesem Sinne stellen die Optimierung der Effizienz und der Effektivität unternehmerischen Handelns grundlegende Ziele des Controllings dar (siehe ▶ **Kap. 4**).

Diese Auffassung teilen wir mit den meisten anderen Controlling-Konzeptionen des deutschsprachigen Raums. Dyckhoff/Ahn (2001, S. 111) stellen die »Sicherstellung der Effektivität und Effizienz der Führung« (siehe auch ▶ Kap. 3.3) sogar in den Mittelpunkt ihrer Controlling-Konzeption.

Während das Controlling somit seit jeher die Messung und Verbesserung des Erfolgs des Gesamtunternehmens und seiner Teilbereiche im Fokus hat, wurde die Frage nach dem eigenen Erfolg des Controllings lange Zeit nicht gestellt. Dieses Manko wurde jedoch inzwischen erkannt, so dass der Erfolg des Controllings aktuell wie auch in Zukunft eines der wichtigsten Themen innerhalb des Controllings darstellt (vgl. Schäffer/Weber 2012, S. 79 ff.).

Facetten des Controlling-Erfolgs

Der Erfolg des Controllings kann auf zwei verschiedenen Ebenen untersucht werden (siehe ▶ Abb. 122).

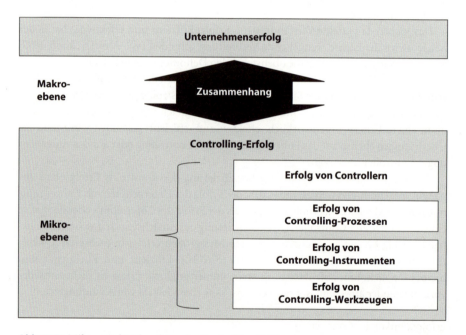

Abb. 122: Mikro- und Makroebene des Controlling-Erfolgs

Auf der Makroebene wird das Controlling als Ganzes betrachtet und die Frage gestellt, welchen Beitrag das Controlling zum Unternehmenserfolg leistet. Auf der Mikroebene werden die einzelnen Elemente des Controllings für sich betrachtet und deren jeweiliger Erfolg beurteilt. Ausgehend von den Funktionen und Zielen als konzeptionellen Kernelementen des Controllings wird der Erfolg der verschiedenen Gestaltungselemente des Controllings untersucht, d. h. es werden insb. die folgenden Fragen gestellt:

- Ist es lohnenswert mit Controllern spezifische Stelleninhaber für die Erfüllung (eines Teils) der Controlling-Aufgaben einzustellen?
- Erscheint die prozessuale Durchführung einer Controlling-Aufgabe vorteilhaft?
- Sollte für die Erfüllung einer Controlling-Aufgabe ein bestimmtes Controlling-Instrument genutzt werden?
- Ist es sinnvoll, die Controlling-Instrumente durch Controlling-Werkzeuge zu unterstützen?

Wie erläutert, können diese Fragen nur dann beantwortet werden, wenn das Konstrukt Erfolg für das jeweilige Untersuchungsobjekt in geeigneter Weise konzipiert und operationalisiert wird.

Erfolg von Controllern

Die der Bestimmung des Erfolgs einzelner Controller bzw. des gesamten Controllerbereichs zu Grunde liegende Logik lässt sich wie folgt formulieren: »Unter der Annahme, dass Entscheidungen in Unternehmen auf Basis ökonomischer Überlegungen getroffen werden, müssten Controller aufgrund besonderer Fähigkeiten, der von Ihnen erfüllten Aufgaben und der daraus resultierenden Ergebnisse einen Beitrag zur Wertschöpfung und somit zum Unternehmenserfolg leisten.« (Weber/Goretzki/Zubler 2010, S. 322).

Gemäß dem Konzept von Sill (2008, S. 78 ff.) kann der Erfolg von Controllerbereichen mit den folgenden Dimensionen erschöpfend erfasst werden:

- **Wirtschaftlicher Erfolg**, d.h. wirtschaftlicher Umgang mit den zur Verfügung gestellten Ressourcen.
- Kundenzufriedenheit und Dienstleistungsqualität als Aspekte des **kundenbezogenen Erfolgs**.
- **Marktbezogener Erfolg**, der sich in der Nachfrage nach den Leistungen der Controller durch die Manager ausdrückt.
- **Anpassungsfähigkeit** des Controllerbereichs an sich ändernde Unternehmensinterne und -externe Gegebenheiten.
- Einschätzungen der Manager, in welchem Maße sie die Leistungen der Controller bei der **Entscheidungsfindung** berücksichtigen.

Interessant ist die Analyse, inwieweit wichtige Kontextfaktoren auf den Erfolg der Controllerbereiche einwirken (vgl. Weber 2009, S. 55 ff.): Während das Alter des Controllerbereichs einen signifikanten Einfluss aufweist, kann ein solcher Effekt weder für die Unternehmensgröße noch für die Branche, in der ein Unternehmen tätig ist, nachgewiesen werden. Weitere Analysen haben zudem ergeben (vgl. Weber 2010, S. 91 ff.), dass sich erfolgreiche und nicht erfolgreiche Controller weder durch ein anderes Aufgabenportfolio noch durch unterschiedliche Arbeitszeiten voneinander unterscheiden. Allerdings schätzen die erfolgreichen Controller ihr gesamtes Aufgabenportfolio wichtiger ein als die nicht erfolgreichen Controller!

Erfolg von Controlling-Prozessen

Wenn für die Prozesse des Controllings Kennzahlen zu Kosten, Zeit und Qualität erhoben werden, so kann hiermit ein Benchmarking vorgenommen werden. Der Begriff **Benchmarking** stammt ursprünglich aus der Landvermessung und wurde erstmals 1979 von der Firma *XEROX* auf das Gebiet der Betriebswirtschaftslehre übertragen (vgl. Tucker/Ziven/Camp 1987, S. 8). Die erhobenen Prozesskennzahlen werden mit den Ergebnissen anderer Abteilungen oder Standorte des eigenen Unternehmen (**internes Benchmarking**) oder aber mit den Resultaten von Wettbewerbern oder branchenfremden Unternehmen (**externes Benchmarking**) verglichen. Benchmarking beruht also auf dem Gedanken der Best Practice: Wenn andere Organisationseinheiten denselben Prozess schneller, kostengünstiger oder besser ausführen können, dann gilt es zu untersuchen, ob die eigenen Organisationseinheit dieses Niveau nicht ebenfalls erreichen kann.

Elementar wichtig ist hierbei jedoch, die Vergleichbarkeit der untersuchten Prozesse bei allen Benchmarking-Teilnehmern sicherzustellen, was insb. durch die Verwendung von Prozessmodellen (siehe ▶ **Kap. 7**) erreicht werden kann. Im deutschsprachigen Raum existieren verschiedene Panels, an denen Unternehmen in regelmäßigen Abständen teilnehmen und ihre Controlling-Prozesse einem Benchmarking unterziehen können: das CFO-Panel von *Horváth & Partners Management* Consultants (vgl. Heimel/Meier/Schmidt 2009), das Controlling-Panel des *Österreichischen Controller-Instituts* (vgl. Waniczek 2012) sowie das Controllerpanel der *WHU-Otto Beisheim School of Management*. (vgl. Schäffer/Weber/Mahlendorf 2012). In ▶ **Abb. 123** werden einige Ergebnisse dieser Panels miteinander verglichen:

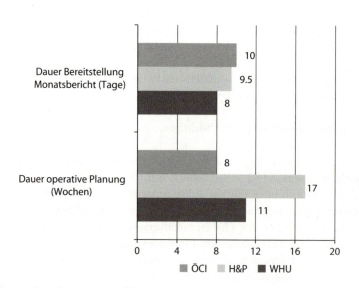

Abb 123: Benchmarks von Controlling-Prozessen

Während sich bei der Frage nach der Dauer für die Bereitstellung des Monatsberichts (Tage nach Ultimo) ein relativ homogenes Bild ergibt, weichen die Ergebnisse bei der Frage nach der Dauer der operativen Planung (Wochen) deutlich voneinander ab. Dies könnte unter anderem an einer diesbezüglich unterschiedlichen Prozessdefinition liegen.

Erfolg von Controlling-Instrumenten

Baltzer (2013, S. 163 ff.) hat ein Konzept entwickelt, mit dem der Erfolg der in einem Unternehmen eingesetzten Controlling-Instrumente beurteilt werden kann. Das Konzept beinhaltet insgesamt zehn Ansätze, mittels derer sich die Effizienz und die Effektivität von Controlling-Instrumenten umfassend messen lässt. Gemäß dem in ▶ Kap. 9.1 vorgestellten intra-organisationalen Lebenszyklus von Controlling-Instrumenten sind in Unternehmen bezüglich des Einsatzes von Controlling-Instrumenten zu drei Zeitpunkten Entscheidungen zu treffen, die mit den entwickelten Ansätzen fundiert werden können:

- Soll ein Controlling-Instrument nach seiner Evaluation im Unternehmen eingeführt werden?
- Soll das Controlling-Instrument nach erfolgter Implementierung für die Nutzung freigegeben werden?
- Soll das Controlling-Instrument weiterhin im Unternehmen genutzt oder vielmehr ausgemustert werden?

In Anlehnung an die vier grundsätzlichen Perspektiven der Balanced Scorecard (siehe ▶ Kap. 8.2.8) kann eine Einordnung der zehn Ansätze als kostenorientiert, ressourcenorientiert, prozessorientiert sowie abnehmerorientiert erfolgen:

- Mit dem kostenorientierten **Total Cost of Ownership-Ansatz** ist eine Effizienzbeurteilung bei der Einführungsentscheidung möglich. Hierbei wird eine strukturierte Erfassung der mit dem Controlling-Instrument voraussichtlich verbundenen Kosten vorgenommen.
- Mittels der kostenorientierten **Earned-Value-Methode** kann eine Effizienzbeurteilung bei der Entscheidung über die Nutzungsfreigabe erfolgen. Die Earned-Value-Methode unterstützt die Implementierung des Controllings-Instruments unter Kosten-, Zeit- und Qualitätsaspekten.
- Mit der kosten- und prozessorientierten **Prozesskostenrechnung** wird eine Effizienzbeurteilung bei der Entscheidung über die Weiternutzung bzw. Ausmusterung ermöglicht. Hierbei werden alle Kosten erfasst, die mit jeder Nutzung des Controllings-Instruments entstehen.
- Mit dem prozessorientierten Ansatz der **Prozessqualität** erfolgt eine Effizienzbeurteilung bei der Entscheidung über die Weiternutzung bzw. Ausmusterung. Hier wird die Güte der Instrumentennutzung aus prozessualer Sicht beurteilt.

- Mit dem ressourcenorientierten Ansatz der **Implementierungsbarrieren** (siehe ▶ **Kap. 9.1**) erfolgt eine Effizienzbeurteilung bei den Entscheidungen über die Einführung und Nutzungsfreigabe.
- Mit dem ressourcenorientierten Ansatz der **Potentialqualität** erfolgt eine Effizienzbeurteilung bei der Entscheidung über die Weiternutzung bzw. Ausmusterung. Hier wird die Güte der für die Instrumentennutzung benötigten Ressourcen beurteilt.
- Mit dem abnehmerorientierten Ansatz der **Informationsverwendung** erfolgt eine Effektivitätsbeurteilung bei der Entscheidung über die Weiternutzung bzw. Ausmusterung. Hierbei wird erhoben, auf welche Art und Weise die durch das Controlling-Instrument generierten Informationen Verwendung finden.
- Mit dem abnehmerorientierten Ansatz der **Ergebnisqualität** erfolgt eine Effektivitätsbeurteilung bei der Entscheidung über die Weiternutzung bzw. Ausmusterung. Hier wird die Güte der durch das Controlling-Instrument generierten Informationen beurteilt.
- Mit dem abnehmerorientierten Ansatz der **Kundenzufriedenheit** erfolgt eine Effektivitätsbeurteilung bei der Entscheidung über die Weiternutzung bzw. Ausmusterung. Hierbei wird die subjektive Zufriedenheit der Informationsempfänger mit dem Controlling-Instrument erfragt.
- Mit dem abnehmerorientierten Ansatz der **Nutzeffektkette** erfolgt eine Effektivitätsbeurteilung bei den Entscheidungen zu Einführung und Nutzungsfreigabe. Hierbei wird eine strukturierte Erfassung der mit dem Controlling-Instrument voraussichtlich verbundenen Nutzeffekte vorgenommen.

Erfolg von Controlling-Werkzeugen

Das IT-Controlling (siehe ▶ **Kap. 11.2.3**) verfolgt das Ziel eines effektiven und effizienten Einsatzes der Informationstechnologie im Unternehmen. Die hierfür im IT-Controlling entwickelten Ansätze können gleichermaßen auch auf die IT-Unterstützung des Controllings, d.h. auf die Controlling-Werkzeuge angewendet werden.
Wir wollen hier beispielhaft den von Müller/Lang/Hess (vgl. im Folgenden Müller/Lang/Hess 2005, S. 61 ff.) entwickelten **Multiperspektiven-Ansatz** vorstellen, der sich durch eine umfassende Konzipierung des Erfolgs von Controlling-Werkzeugen auszeichnet. Bei diesem Ansatz werden sowohl die Kosten als auch der Nutzen von Controlling-Werkzeugen erfasst, wobei die Bewertung auf den Ebenen Arbeitsplatz, Abteilung/Bereich sowie Gesamtunternehmen stattfindet.

- Die Kosten von Controlling-Werkzeugen werden mit Hilfe einer **Kostenvergleichsrechnung** erfasst, die ein Standardverfahren der monetären Investitionsbeurteilung darstellt (siehe ▶ **Kap. 8.2.6**). Für die Erfassung der unterschiedlichen Kostenarten von Controlling-Werkzeugen liegen IT-spezifische Kategorisierungen vor.
- Der Nutzen von Controlling-Werkzeugen auf Arbeitsplatzebene wird mittels des Hedonic Wage-Ansatzes ermittelt. Da Controlling-Werkzeuge insb. einfachere Routinetätigkeiten wie z.B. Abweichungsanalysen übernehmen, können sich Controller

und Manager verstärkt mit anspruchsvolleren und damit höherwertigen Tätigkeiten befassen. Dieser Produktivitätsgewinn wird vom Hedonic Wage-Ansatz erfasst und monetär bewertet.
- Der Nutzen von Controlling-Werkzeugen auf Abteilungsebene wird mit der **Nutzwertanalyse**, einem Standardverfahren der qualitativen Investitionsbeurteilung (siehe ▶ **Kap. 8.2.6**) analysiert. Wichtig ist hierbei, dass die potenziellen Nutzenkategorien vollständig und überschneidungsfrei erfasst werden.
- Der Nutzen von Controlling-Werkzeugen auf Unternehmensebene wird mit dem **Realoptionsansatz** beurteilt. In Analogie zur Bewertung von Finanzoptionen wird hierbei der Wert von realwirtschaftlichen Handlungsspielräumen gemessen, d.h. von Reaktionsmöglichkeiten auf zukünftige positive wie auch negative Entwicklungen.
- Ein weiterer Ansatz zur Bestimmung des Nutzens von Controlling-Werkzeugen auf Abteilungs- oder Unternehmensebene ist die **Wirkungskettenanalyse**, die Prozessveränderungen aufzeigt, mit Mengen und Zeiten bewertet und schließlich monetarisiert.

Zusammenhang zwischen Controlling-Erfolg und Unternehmenserfolg

Es ist davon auszugehen, dass jeder Unternehmensbereich einen Beitrag zum Erfolg des Unternehmens leisten kann. Aufgrund des komplexen Zusammenspiels der vielen Bereiche ist es jedoch schwierig, diesen Beitrag zu isolieren und exakt zu quantifizieren. Der Erfolg des Controllings ist jedoch nur dann aussagekräftig, wenn davon ausgegangen werden kann, dass sich durch einen erhöhten Controlling-Erfolg ein positiver Effekt auf den Unternehmenserfolg einstellt. Insofern erscheint es nicht ausreichend, lediglich den Erfolg des Controllings zu bestimmen, sondern es sollte auch der Nachweis erbracht werden, dass ein positiver Zusammenhang zwischen Controlling-Erfolg und Unternehmenserfolg besteht.

In einer Befragung der Mitglieder des ICV aus dem Jahr 2006 wurde dieser Zusammenhang untersucht. Der Controlling-Erfolg wurde hierbei als Erfolg des Controllerbereichs nach der oben beschriebenen Methodik ermittelt. Auch der Unternehmenserfolg wurde anhand der Dimensionen kundenbezogener Erfolg, marktbezogener Erfolg, Anpassungsfähigkeit sowie wirtschaftlicher Erfolg durch Selbsteinschätzung der Studienteilnehmer relativ zum Wettbewerb gemessen. Controllerbereiche wie auch Unternehmen wurden dann in die beiden Gruppen ›erfolgreich‹ und ›nicht erfolgreich‹ eingeteilt. Die Gegenüberstellung dieser Gruppen ist aus ▶ **Abb. 124** ersichtlich.

Es zeigt sich, dass erfolgreiche Controllerbereiche deutlich häufiger in erfolgreichen Unternehmen anzutreffen sind als in nicht erfolgreichen Unternehmen. Bei diesem sehr erfreulichen Ergebnis gilt es jedoch eines zu bedenken: Der Nachweis eines positiven Zusammenhangs sagt noch nichts über die Wirkungsrichtung aus. Auch wenn alle Controller überzeugt sein werden, dass eine erfolgreiche Controllerarbeit den Unternehmenserfolg positiv beeinflusst, so kann die gegenteilige Kausalität nicht widerlegt werden: Es wäre ebenso denkbar, dass erst finanziell erfolgreiche Unternehmen die Mittel haben, um dem Controllerbereich die für ein erfolgreiches Arbeiten notwendigen Ressourcen zur Verfügung zu stellen.

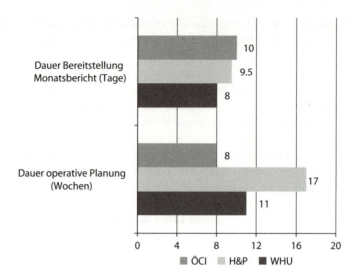

Abb. 124: Zusammenhang zwischen Controlling-Erfolg und Unternehmenserfolg (in Anlehnung an Weber 2006, S. 68)

Weiterführende Informationen:

Die wesentlichen Problemfelder der kontingenztheoretischen Erfolgsanalyse sind zusammengefasst bei:
Wolf 2008, S. 210–215
Einen Überblick über unterschiedliche Interpretationen der Erfolgsdimensionen Effektivität und Effizienz geben:
Ahn/Dyckhoff 1997
Erkenntnisse zum Erfolg der Controller bzw. Controllerbereiche aus einer Befragung der Controlling-Leiter der DAX 30-Unternehmen:
Weber 2008, S. 285–294
Homepages bekannter Controlling-Panels im deutschsprachigen Raum:
CFO-Panel von Horváth & Partners Management Consultants: www.cfo-panel.de
Controlling-Panel des Österreichischen Controller-Instituts: http://www.controller-institut.at/mitgliedschaft/mitgliederleistungen/information-schafft-mehrwert/controlling-panel/
Controllerpanel der WHU-Otto Beisheim School of Management: http://www.whu.edu/forschung/fakultaet/accounting-and-control-group/institut-fuer-management-und-controlling/business/whu-controllerpanel/controllerpanel-d-a-ch/
Fallstricke bei der Nachahmung von Best Practices beschreibt der folgende Beitrag:
Szulanski/Winter 2002

Abkürzungen:

H&P	Horváth & Partners Management Consultants
ICV	Internationaler Controller Verein
ÖCI	Österreichisches Controller-Institut
WHU	Wissenschaftliche Hochschule für Unternehmensführung - Otto Beisheim School of Management

Wiederholungsfragen:

- Erläutern Sie die Bedeutung und den Zusammenhang der beiden Erfolgsdimensionen Effizienz und Effektivität!
- Welche Rolle spielt die Erfolgsorientierung in der wertschöpfungsorientierten Controlling-Konzeption?
- Worin unterscheiden sich die Mikro- und die Makroebene des Controllings-Erfolgs?
- Mit welchen Ansätzen lässt sich der Erfolg von Controllern erfassen?
- Welcher Grundgedanke steht hinter dem Benchmarking von Controlling-Prozessen?
- Mit welchen Ansätzen lässt sich der Erfolg von Controlling-Instrumenten erfassen?
- Mit welchen Ansätzen lässt sich der Erfolg von Controlling-Werkzeugen erfassen?
- Was gilt es beim Zusammenhang zwischen dem Erfolg des Controllings und dem Unternehmenserfolg zu beachten?

Teil III: Anwendungsfelder

11 Controlling in Funktionsbereichen

In ▶ **Kap. 3** haben wir die grundsätzlichen Elemente der wertschöpfungsorientierten Controlling-Konzeption skizziert. Den Objekten des Controllings kam hier eine wichtige Bedeutung zu, die sich in Produkten, Potentialen, Prozessen, Projekten, Portfolios und Programmen konkretisierte. Neben den bisher skizzierten Methoden, Instrumenten und Werkzeugen des Controllings ist in bestehenden Lehrbüchern und der Unternehmenspraxis auch immer wieder die Unterscheidung des Controllings in verschiedenen betrieblichen Funktionsbereichen von Interesse. Diese Sichtweise basiert auf der von Porter erstmals eingeführten Perspektive auf die Wertschöpfungskette, in der der Autor primäre Aktivitäten und unterstützende Aktivitäten unterscheidet (siehe ▶ **Abb. 125**).

	Unternehmensinfrastruktur				
	Personalwirtschaft				Gewinn-spanne
	Technologieentwicklung				
	Beschaffung				
Eingangs-logistik	Operationen	Ausgangs-logistik	Marketing & Vertrieb	Kundendienst	

Abb. 125: Wertschöpfungskette nach Porter (vgl. Porter 1999, S. 97ff.)

Wir gehen davon aus, dass das Controlling in einem Funktionsbereich einem Subsystem des Controllings entspricht, in dem viele, vielleicht auch sämtliche Elemente der wertschöpfungsorientierten Controlling-Konzeption Spezifika aufweisen können. Aus diesem Grund werden wir in der Folge die wichtigsten betrieblichen Funktionsbereiche getrennt nach primären und unterstützenden Aktivitäten im Detail beleuchten.

11.1 Primäre Aktivitäten

11.1.1 Supply-Chain- und Logistik-Controlling

Im folgenden Abschnitt werden wir uns mit dem Thema des Logistik-Controllings auseinandersetzen. Beispielhaft werden wir uns an dieser Stelle zudem die Schritte bei der Einführung von Controlling in einem Funktionsbereich ansehen.

Logistikcontrolling ist als ein Subsystem des Controllings zu sehen, bei dem Controlling-Aufgaben aus dem Logistikbereich zusammengefasst werden. Hierbei handelt es sich in erster Linie um die Koordination innerhalb der Logistik, die übergreifende Koordination der Logistik mit anderen Führungs- und Controllingbereichen sowie der zwischenbetrieblichen Koordination zur Optimierung der gesamten Wertschöpfungskette. Letzteres erweitert dabei unter dem Namen Supply-Chain-Controlling den Blick des logistischen Zusammenwirkens von mehreren Unternehmen in einer Wertschöpfungskette.

Im Zuge der Wertschöpfungsorientierung muss das Logistik-Controlling die Ausrichtung der Logistik auf Leistungsfähigkeit und Effizienz verfolgen. Es hat dabei die Aufgabe, logistische Leistungsprozesse zu erfassen, zu analysieren, zu planen, zu steuern und zu überprüfen, um dadurch kritische Größen wie Bestand, Durchlaufzeit, Betriebskosten, Anzahl und Grund von Kundenreklamationen transparent darzustellen (vgl. Nollau/Keller/Merkel 2005, S. 27).

Aufgaben des Logistik-Controllings

Dem Logistik-Controlling werden folgende Aufgaben zugewiesen (vgl. Czenskowski/ Pinotek 2007, S. 37):

- Unterstützung bei Entscheidungen des Logistikmanagements durch das Bereitstellen von Informationen.
- Zielorientierte Koordination der Prozesse innerhalb der betrieblichen Logistik sowie zwischen der Logistik und anderen Unternehmensbereichen.
- Erstellung von Entscheidungsgrundlagen für die Auswahl optimaler logistischer Verfahren.
- Sicherstellung logistischer Verfahren durch kostenarten-, kostenstellen- und kostenträgerbezogene Planung und Steuerung.
- Unterstützung der Planung von Logistikleistungen und -kosten.
- Vor- und Nachkalkulation von Logistikleistungen.
- Kontrolle und Steuerung der Logistikkosten mit Hilfe von Vergleichsanalysen.
- Bereitstellung von Logistikkennzahlen.

Die hier genannten Aufgaben des Logistik-Controllings stützen die Funktionen des wertschöpfungsorientierten Controllings durch die einerseits resultierende Bereitstellung zielgerichteter Informationen (Informationsfunktion) sowie andererseits durch die Abstimmung von Prozessen und Bereichen (Abstimmungsfunktion). Beide Funktionen bilden somit die Grundlage der Lokomotionsfunktion, die für eine wertschöpfungsorientierte Ausrichtung des Funktionsbereiches Logistik Sorge zu tragen hat.

Supply Chain-Controlling

Innerhalb der Logistik wird in einem letzten Entwicklungsschritt der Blick nicht mehr nur auf die Prozesse im eigenen Unternehmen, sondern auf die unternehmensübergreifenden Prozesse und das Zusammenwirken mehrerer Unternehmen gerichtet. Das

Supply-Chain-Controlling muss daher die oben aufgeführten Aufgaben der Planung, Steuerung und Kontrolle auf alle Unternehmenspartner über die gesamte Wertschöpfungskette hinweg ausweiten. Das kooperative Zusammenwirken dient jedoch nicht einem Selbstzweck, sondern der Wertschöpfung, die im Vergleich zu einer Wertschöpfungskette ohne Supply-Chain-Controlling, einen höheren Wert erreicht (Weber 2002, S. 16 sowie Neher 2003, S. 29).

Wichtige Kennzahlen des Logistik-Controllings

Im Rahmen des Logistik-Controllings kommt insb. Kennzahlen eine hohe Bedeutung zu, da sie einen wesentlichen Beitrag zur Erfüllung der Aufgaben des Logistik-Controllings leisten. Kennzahlen ermöglichen es, Leistungen und Ziele operationalisierbar zu machen und dadurch Auffälligkeiten oder Probleme aufzudecken. Gleichzeitig bilden Kennzahlen die Basis für Ziel- und Plangrößen sowie kritische Werte innerhalb der logistischen Leistungsbereiche. In der folgenden ▶ Abb. 126 findet sich eine Aufstellung typischer Logistik-Kennzahlen.

$$\text{Durchschnittliche Logistikkosten} = \frac{\text{Gesamtkosten}}{\text{Bezugsgröße (z.B. Anzahl der Lieferungen)}}$$

$$\text{Lieferbereitschaft} = \frac{\text{Anzahl fertige Lieferungen nach x Tagen}}{\text{Gesamtzahl Lieferungen}}$$

$$\text{Umschlagshäufigkeiten} = \frac{\text{Abgesetzte Stückzahl}}{\text{Durchschnittlicher Lagerbestand}}$$

$$\text{Leistung je Mitarbeiter} = \frac{\text{Leistungsmenge (z.B. Anzahl Lieferungen)}}{\text{Anzahl Mitarbeiter}}$$

$$\text{Anteil der Personalkosten} = \frac{\text{Personalkosten}}{\text{Gesamtkosten}}$$

$$\text{Durchschnittliche Lieferzeit} = \frac{\text{Anzahl x Lieferzeit}}{\text{Gesamtzahl Lieferungen}}$$

$$\text{Verderblichkeitsquote} = \frac{\text{Verdorbene Einheiten}}{\text{Ausgelieferte Einheiten}}$$

$$\text{Reklamationsquote} = \frac{\text{Reklamationen}}{\text{Gesamtzahl Lieferungen}}$$

Abb. 126: Wichtige Kennzahlen des Logistik-Controllings (Piontek 2003, S. 224.)

Idealerweise werden Logistik-Kennzahlen aus den Zielen des Logistiksystems eines Unternehmens unter der Berücksichtigung von neutralen, komplementären sowie konfliktären Beziehungen abgeleitet und sachlogisch zu einem Kennzahlensystem verknüpft. Dieses ermöglicht dann sowohl eine vertikale (über die hierarchischen Planungs-, Steuerungs- und Kontrollebenen), sowie auch eine horizontale (zwischen den Leistungsstellen entlang des Material- und Warenflusses) Koordination (vgl. Göpfert, S. 227 f.).

Einführung eines Logistik-Controllings

Die erfolgreiche Einführung eines Logistik-Controllings ist im Wesentlichen von einer genauen Planung der Implementierung abhängig, da in den beteiligten Abteilungen eines Unternehmens bzw. beim Supply-Chain-Controlling zwischen den Unternehmen für eine Akzeptanz der neuen Aufgaben gesorgt werden muss. Der Ablauf einer Einführung kann, wie in der ▶ **Abb. 127** dargestellt, idealtypisch in fünf Phasen unterteilt werden.

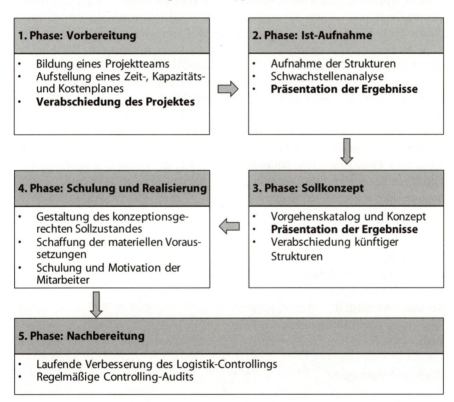

Abb. 127: Phasen bei der Einführung des Logistik-Controllings (in Anlehnung an: Czenskowski/Pinotek 2007, S. 54 f.)

Innerhalb der ersten Phase muss zuerst ein Projektteam gebildet werden, das idealerweise aus Personen der Controlling- sowie Logistikabteilung besteht. Deren primäre

Aufgabe ist die Entwicklung eines Zeit-, Kapazitäts- und Kostenplans für die Folgeschritte der gesamten Implementierung. Darauf aufbauend erfolgt eine Präsentation mit anschließender Diskussion der Ergebnisse vor den für die Einführung Verantwortlichen. Die erste Phase endet mit der Verabschiedung des Projektes als erstem Meilenstein.

Die zweite Phase ist durch die Ist-Aufnahme der vorhandenen, für Logistik und Controlling relevanten Strukturen sowie Abteilungen, Mitarbeiter und Instrumente gekennzeichnet. Daran anknüpfend erfolgt eine Schwachstellenanalyse. Das Ende der zweiten Phase bildet die Präsentation der Ergebnisse vor den Verantwortlichen, was wiederum als Meilenstein zu sehen ist.

Den inhaltlichen Kern der dritten Phase bildet die Entwicklung eines Vorgehenskataloges (Plan) und des Soll-Konzeptes. Die Inhalte befassen sich mit Aussagen zu den Zielen, der strategischen Planung und Steuerung, der operativen Planung, dem Ist-Daten- und Soll-Vergleich, der Organisation sowie der Datenverarbeitungsunterstützung. Dabei kann bei der Konzepterstellung grundsätzlich zwischen einem Grob- und Feinkonzept, welches sich nach dem Detaillierungsgrad richtet, unterschieden werden. Die anschließende Präsentation der Ergebnisse stellt einen Meilenstein der dritten Phase, die mit der Verabschiedung des künftigen Logistik-Controlling-Systems endet, dar.

In der vierten Phase stehen die Realisierung des Konzeptes sowie die Schulung der Mitarbeiter im Mittelpunkt. Hierbei müssen sowohl die wichtigen Controlling- sowie Logistikinhalte vermittelt werden. Ziel ist die Realisierung eines mit dem zugrundeliegenden Konzept vereinbaren und anwenderspezifischen Sollzustandes durch Schaffung der materiellen Voraussetzungen (z. B. Software, Arbeitsanweisungen) und durch die Schulung sowie Motivation der Mitarbeiter.

Der Integrationsprozess wird durch die Nachbereitungsphase abgeschlossen. In dieser fünften Phase findet eine laufende Verbesserung des Logistik-Controllings statt. Hierfür werden regelmäßige Controlling-Audits, die den Zustand des Logistik-Controllings im Unternehmen überprüfen, durchgeführt (Czenskowski/Pinotek 2007, S. 54 f.).

Weiterführende Informationen:

Zum Logistik-Controlling:
Gollwitzer/Karl 1998, S. 28 ff.
Lochthowe 1990, S. 36 ff.
Vermast 1995, S. 108 ff.
Zum Supply Chain Management:
Bacher 2004, S. 169 ff.

Wiederholungsfragen:

- Welche Aufgaben übernimmt das Logistik-Controlling?
- Beschreiben Sie wichtige Kennzahlen des Logistik-Controllings und ihre Aussagekraft!
- Welche Phasen werden bei der Einführung eines Logistik-Controllings unterschieden? Beschreiben Sie die einzelnen Phasen!

11.1.2 Produktions-Controlling

In diesem Abschnitt soll zunächst der Frage nachgegangen werden, für welche Unternehmen Produktions-Controlling vor dem Hintergrund der heutigen Herausforderungen relevant ist. Dies wird verdeutlicht, indem auch das Produktions-Controlling konsequent aus der Perspektive der wertschöpfungsorientierten Controlling-Konzeption betrachtet wird. Die Darstellung der Aufgabenschwerpunkte und Instrumente des Produktions-Controllings leitet schließlich zu organisatorischen Überlegungen über.

Begriffsabgrenzung und Bedeutung

Die Planung, Steuerung und Kontrolle des Produktionsbereichs obliegt dem Produktionsmanagement. Das Produktions-Controlling als Subsystem des Produktmanagements unterstützt dieses maßgeblich bei der Produktionsplanung, -steuerung und -kontrolle durch die zielgerichtete Bereitstellung von Instrumenten (vgl. Horváth 1996, S. 1483; Nebl 2011, S. 835). Diese Bereitstellung geeigneter Instrumente ermöglicht ein vorausschauendes Agieren und eine umfassende Kontrolle bezüglich des Produktionsfaktoreinsatzes im Rahmen der Leistungserstellungsprozesse. Als Teil der Führungskonzeption verbindet das Produktions-Controlling das Produktmanagement mit dem gesamten Controlling-System und leistet hierdurch einen wesentlichen Beitrag zum Unternehmenserfolg.

Dem Produktions-Controlling kann insb. in produktionsintensiven Branchen eine wesentliche Bedeutung beigemessen werden. Das finanzwirtschaftliche Controlling alleine kann in diesen Unternehmen die notwendigen Informationen, die für fundierte produktionsbezogene Entscheidungen notwendig sind, kaum bereitstellen. Das Produktions-Controlling ergänzt daher die oftmals stark monetär geprägten Informationen um nicht-monetäre, quantitative und qualitative Steuerungsgrößen, die wichtige Sachverhalte in den Produktionsprozessen abbilden (vgl. Steven 2007, S. 430).

Wertschöpfungsorientiertes Produktions-Controlling

Die wertschöpfungsorientierte Controlling-Konzeption lässt sich mit ihren drei Funktionen ebenfalls für den Bereich des Produktions-Controllings operationalisieren. Im Folgenden sollen die drei bekannten Controlling-Funktionen kurz in Bezug auf das Produktions-Controlling dargestellt werden:

- **Informationsfunktion:** Dem Produktions-Controlling obliegt eine umfassende und zielgerichtete Informationsversorgung des Produktionsmanagements. Dabei besteht für das Produktions-Controlling eine wesentliche Herausforderung darin, die vorhandenen, oftmals primär finanziellen Informationen durch nicht-monetäre, quantitative und qualitative Steuerungsgrößen zu ergänzen. Diese Informationen ermöglichen z. B. Rückschlüsse auf Fehlerhäufigkeiten, Durchlaufzeiten oder Termintreue.
- **Abstimmungsfunktion:** Das Unternehmen als Ganzes steht immer vor der Herausforderung, aus einer begrenzten Ressourcenausstattung heraus den größtmöglichen Unternehmenserfolg zu realisieren. Der Produktion kommt als klassischem Bereich

von Unternehmen mit einer sehr hohen Ressourcenintensität hierbei eine maßgebliche Bedeutung zu. Daher hat das Produktions-Controlling die Aufgabe, die Abstimmung der Produktionsprozesse unter Berücksichtigung der technischen und logistischen Aspekte zu sichern (vgl. Gienke/Kämpf 2006, S. 745 f.).
- **Lokomotionsfunktion:** Welchen Beitrag die einzelnen Produkte zur Wertschöpfung des Unternehmens leisten, ist Ausgangspunkt für Entscheidungen zu Produktionsabläufen, Fertigungsverfahren, Wartungsverfahren und Investitionen in Produktionsanlagen. Der Wertschöpfungsbeitrag der einzelnen Produkte ist somit von besonderer Relevanz für das Produktionsmanagement.

Aufgabenschwerpunkte

Produktionskosten werden im Wesentlichen durch die Produktivität, die Produktionsmenge und die gewünschte Produktqualität determiniert. Dem Produktions-Controlling obliegt es in diesem Zusammenhang, die genannten Faktoren gesamtheitlich unter Berücksichtigung der zwischen ihnen bestehenden Interdependenzen zu steuern. Die Zielsetzung besteht darin, funktionsnah, d.h. direkt im Produktionsbereich die notwendigen Daten zu ermitteln, zu erfassen, zu interpretieren und hieraus Maßnahmen abzuleiten. Zu den wesentlichen Aufgabenschwerpunkten des Produktions-Controllings zählen daher (vgl. Jung 2011, S. 500):

- Entwicklung von Zielvorgaben für die Produktivitätsplanung,
- Aufstellung eines Maßnahmenkatalogs zur Produktivitätssteigerung,
- Planung der Produktionsmenge einzelner Produkte und Baugruppen,
- Planung der Kapazitätserweiterungen und Kapazitätsauslastungen,
- Entwicklung von Anpassungsmaßnahmen im Produktionsbereich zur Vermeidung einer Kostenremanenz,
- Ermittlung von Betriebsunterbrechungskosten,
- Verhinderung von Ausschussproduktion.

Instrumente

Zur Erfüllung dieser Aufgaben benötigt das Produktions-Controlling geeignete Instrumente, die bspw. in primär operative und primär strategische Instrumente eingeteilt werden können (siehe ▶ **Abb. 128**).

Diese Einteilung basiert auf einer Unterscheidung zwischen einem strategischen und einem operativen Produktions-Controlling. Während das strategische Produktions-Controlling vor allem Technologien und Investitionen, bspw. zur Erweiterung der Produktionskapazitäte n, betrachtet und als Frühwarnsystem zur Existenzsicherung fungiert, werden auf operativer Ebene Kostenentwicklungen anhand geeigneter Instrumente analysiert, um planend und steuernd eingreifen zu können (vgl. Jung 2011, S. 501 ff.; Steven 2007, S. 431).

Gerade in Bezug auf das Produktions-Controlling kommen Kennzahlen eine hohe Bedeutung zu. Anders als in anderen Funktionsbereichen des Unternehmens stehen hierbei jedoch weniger monetäre Kennzahlen im Fokus als vielmehr Kennzahlen zu

Einsatz der Produktions-Controlling-Instrumente	
Produktionsplanung und -steuerung	**Informationsversorgung**
Strategisch	
Analytische Instrumente • Systemanalyse • Wertanalyse • ...	Analytische Instrumente • Chancen-/Risikenanalyse • Stärken-/Schwächenanalyse • ...
Heuristische Methoden • Morphologische Methode • Funktionsanalyse • ...	Prognostische Instrumente • Delphi-Methode • Szenariotechnik • ...
Bewertungs- und Entscheidungsinstrumente • Lineare Programmierung • Layoutplanungsmodelle • ...	Bewertungs- und Entscheidungsinstrumente • Investitionsrechnungsverfahren • Sensititvitätsanalyse • ...
Operativ	
Analytische Instrumente • Netzplantechnik • Simulationsmodelle • ...	Analytische Instrumente • Grenzplankostenrechnung • Prozesskostenrechnung • ...
Heuristische Instrumente • Lagerhaltungsheuristiken • Ablaufplanheuristiken • ...	Prognostische Instrumente • Exponentielle Glättung • Trendextrapolation • ...
Bewertungs- und Entscheidungsinstrumente • Lineare Programmierung • ABC-Analyse • ...	Bewertungs- und Entscheidungsinstrumente • Kosten-Nutzen-Analyse • Entscheidungsunterstützungs- und Expertensysteme • ...

Abb. 128: Bedeutsame Instrumente des Produktions-Controllings (in Anlehnung an Nebl 2011, S. 846)

Beständen, Liegezeiten, Durchlaufzeiten und Auslastungen. ▶ **Abb. 129** fasst wichtige Kennzahlen des Produktions-Controllings zusammen.

Organisation

Die Organisationsform und damit insb. der Zentralisierungs- bzw. Dezentralisierungsgrad des Produktions-Controllings wird maßgeblich von unternehmens- und produktionsspezifischen Kontextfaktoren determiniert. Die Einführung einer eigenständigen Produktions-Controlling-Abteilung wird vornehmlich bei funktional organisierten Unternehmen durchgeführt (vgl. Horváth 1996, S. 1493). In diesem Falle ist das Unternehmens-Controlling gegenüber dem Produktions-Controlling in fachlicher Hinsicht weisungsbefugt.

Kennzahl		Inhalt
01	Durchlaufzeit	$\dfrac{\text{Gesamte Durchlaufzeit}}{\text{Bearbeitungszeit}}$
02	Fertigungskostenstundensatz	$\dfrac{\text{Fertigungskosten}}{\text{Anzahl Fertigungsstunden}}$
03	Beschäftigungsgrad	$\dfrac{\text{Effektive Produktionsstunden}}{\text{Geplante Betriebsbereitschaft in Stunden}}$
04	Produktivität	$\dfrac{\text{Ertrags- (Ausbringungs-) menge}}{\text{Einsatzmenge}}$

Abb. 129: Kennzahlen im Produktions-Controlling (in Anlehnung an Jung 2011, S. 511)

Weiterführende Informationen:

Das folgende Handbuch bietet einen umfassenden Überblick:
Gienke/Kämpf 2007

Wiederholungsfragen:

- Nennen und erläutern Sie fünf Aufgaben des Produktions-Controllings!
- Erläutern Sie eine Klassifizierungsmöglichkeit für die Instrumente des Produktions-Controllings und nennen Sie beispielhafte Instrumente!

11.1.3 Marketing-Controlling und Vertriebs-Controlling

Seit jeher sind Austauschbeziehungen ein wesentliches Charakteristikum von Märkten. Die zunehmende Arbeitsteilung innerhalb der volkswirtschaftlichen Produktionsketten fördert seit geraumer Zeit jedoch die Intensität dieser Austauschbeziehungen. Dem Marketingbereich von Unternehmen obliegt in diesem Zusammenhang die Aufgabe, die effiziente und bedürfnisorientierte Konfiguration der einzelnen Austauschbeziehungen zu gestalten. Daneben müssen Unternehmen zusätzlich die stetige Koordination dieser Beziehungen gewährleisten, was dem Vertriebsmanagement obliegt (vgl. Meffert/Burmann/Kirchgeorg 2012, S. 3). Daher kann dem Marketing und dem Vertrieb eine hohe Interaktion auf gleicher Ebene attestiert werden.

Das Marketing- und Vertriebs-Controlling ist somit im Laufe der Zeit aus den Anforderungen des Marktes heraus entstanden. In der Zeit der Verkäufermärkte war es für Unternehmen noch möglich, ihre produzierten Güter ohne eine besondere Orientierung an Kundenbedürfnissen erfolgreich am Markt abzusetzen. Bedingt durch die im Zeitverlauf zunehmende Wettbewerbsintensität und den damit verbundenen Entscheidungsalternativen für die Kunden entwickelten sich die Verkäufermärkte aber zu Käufermärkten. Der wahrgenommene Nutzen des eigenen Produktes wird durch den Endkunden oftmals

als relativ identisch zu den Konkurrenzprodukten eingeschätzt, was die Unternehmen in ihrer Preisgestaltung berücksichtigen müssen. Zusätzlich verschärfen die tendenziell immer kürzer werdenden Produktlebenszyklen den Preisdruck: Unternehmen stehen also vor der Herausforderung, die getätigten Investitionen im Rahmen der Produktentwicklung während eines verkürzten Produktlebenszyklusses unter einem nicht frei zu definierenden Preismodell zu erwirtschaften (vgl. Pufahl 2012, S. 5). Dieses zunehmende unternehmerische Risiko veranlasste Unternehmen dazu, mit dem Marketing- und Vertriebs-Controlling Instrumente zu installieren, die sich dieser Problematik annehmen.

Marketing-Controlling

Die Zielsetzung des Marketing-Controllings besteht im Sinne der wertschöpfungsorientierten Controlling-Konzeption darin, die Lokomotions-, Abstimmungs- und Informationsfunktion im Hinblick auf die Marketing-Aktivitäten des Unternehmens auszuüben. Ein wesentlicher Teilaspekt liegt in der Koordination der Führungsteilsysteme (Planung-, Kontroll- und Informationssystem) innerhalb des Marketings. Daneben obliegen dem Marketing-Controlling die Weiterentwicklung der vorhandenen Erfolgsanalyse (Lokomotionsfunktion) und die Sicherung der Bereitstellung marketingbezogener Daten (vgl. Palloks 1991, S. 42). Ausgehend von den Funktionen der wertschöpfungsorientierten Controlling-Konzeption lassen sich die Aufgaben des Marketing-Controlling in die Koordination der strategischen und operativen Marketing-Planung sowie in die Betrachtung der Erfolgsanalyse unterscheiden. Die nachstehe ▶ Abb. 130 konkretisiert diese Aufgabengebiete des Marketing-Controllings.

Aufgabenbereiche des Marketing-Controllings		
Beratung und Koordination bei der strategischen Marketing-Planung	Beratung und Koordination bei der operativen Marketing-Planung	Erfolgsanalysen und Soll-Ist-Vergleiche
• Gestaltung von Früherkennungssystemen • Portfoliobeurteilungen • Analyse künftig möglicher Beziehungen • Langfristige Budgetierung	• Gestaltung der Informationsversorgung • Analysehilfen für die kurzfristige Planung des Marketing-Mix • Kurzfristige Kosten- und Erlösplanung bzw. Budgetierung	• Analysen nach Absatzmengen • Analyse hinsichtlich bestimmter Marketing-Maßnahmen • Analysen in Bezug auf Marketing-Organisationseinheiten

Abb. 130: Aufgabenbereiche des Marketing-Controllings (in Anlehnung an Serfling 1992, S. 300)

Insgesamt trägt das Marketing-Controlling zur konsequenten wertschöpfungsorientierten Steuerung und Zielausrichtung des Gesamtunternehmens bei. Ebenso leistet das Marketing-Controlling durch die integrative Betrachtung der Bestandteile des

Marketingmix einen bedeutenden Beitrag zur Steigerung der Effektivität und Effizienz (vgl. Möhlen/Zerres 2006, S. 2 ff.). Dabei umfasst der klassische Marketingmix Product, Price, Place und Promotion, wohingegen in Dienstleistungs-orientierten Unternehmen zusätzlich noch die Bestandteile People, Process und Physical Facilities berücksichtigt werden müssen (vgl. Meffert/Burmann/Kirchgeorg 2012, S. 22).

Vertriebs-Controlling

Das Vertriebs-Controlling ist Bestandteil des Vertriebsmanagements. Dem Vertriebsmanagement kann ein breites Feld von Tätigkeitsschwerpunkten zugeordnet werden. Als Schwerpunkte können die Festlegung von Vertriebsstrategie und -organisation genannt werden. Ebenso lässt sich der Verantwortungsbereich des Informationsmanagements für die Vertriebsmannschaft aus der organisatorischen Konfiguration ableiten und die ganzheitliche Ausgestaltung des Kundenbeziehungsmanagements. ▶ Abb. 131 fasst die Aufgaben des Vertriebsmanagements überblicksartig zusammen, aus denen dann die Aufgaben des Vertriebs-Controllings abgeleitet werden können (vgl. Weber/Linnenlücke/Krügerke 2009, S. 10).

Dimension	Aufgaben des Vertriebsmanagements
Festlegung Vertriebsziele und -strategie	• Setzen von mittelfristig-strategischen Zielen für den Vertrieb und Entwicklung von Maßnahmen zur Zielerreichung
Gestaltung Vertriebsorganisation	• Gestaltung der Aufbauorganisation • Gestaltung der territorialen Ausrichtung/ Verkaufsgebietseinteilung • Gestaltung der Vertriebskanalpolitik und Beziehung zu den Vertriebspartnern • Gestaltung der Ablauforganisation und Management der Schnittstellen
Gestaltung des Kundenbeziehungsmanagement	• Organisation und Verankerung eines systematischen CRM • Entwicklung segmentspezifischer Maßnahmen zu Verkauf und Betreuung

Abb. 131: Aufgaben des Vertriebsmanagements (in Anlehnung an Linnenlücke 2009, S. 19)

Dem Vertriebsmanagement obliegt ein hohes gestalterisches Aufgabenspektrum. Ausgehend von diesen Aufgaben wird deutlich, dass diese gestalterische Komponente nur durch ein adäquates Informationssystem erreicht werden kann. Das Vertriebs-Controlling hat somit die Aufgabe, die benötigten entscheidungsrelevanten Informationen bereitzustellen (Informationsfunktion), welche den Entscheidungsträgern innerhalb des Vertriebsmanagements zur Vertriebssteuerung dient. Diese bedarfsgerechte Entscheidungsunterstützung durch das Vertriebs-Controlling erfordert eine hohe Informationstransparenz über folgende Aspekte (vgl. Krügerke/Linnenlücke 2009, S. 6):

- Produkten/Produktgruppen,
- Kunden/Kundengruppen,
- Verantwortungsbereiche/Märkte,
- Sparten/Profit Center,
- Vertriebswege/-kanäle.

Nur mittels dieser Informationstransparenz ist es möglich, die Erfolgspotentiale im Hinblick auf die Vertriebsstrategie zu sichern (Lokomotionsfunktion). Erforderlich ist in diesem Zusammenhang jedoch eine hohe Nutzungsintensität der bestehenden Instrumente, damit die Informationstransparenz erreicht werden kann. Zusätzlich kann infolge der Interaktion (Abstimmungsfunktion) mit den anderen Fachabteilungen sowie mit Unternehmensexternen dem Vertriebs-Controlling eine hohe Schnittstellenorientierung attestiert werden kann und daher leistet das Vertriebs-Controlling somit einen wesentlichen Beitrag zum Unternehmenserfolg. In der Gesamtbetrachtung gilt somit auch für das Vertriebs-Controlling, dass alle Funktionen der wertschöpfungsorientieren Controlling-Konzeption – Lokomotion, Informationsversorgung und Abstimmung – enthalten sind.

Weiterführende Informationen:

Dieser Beitrag liefert einen anschaulichen Überblick über den aktuellen Forschungsstand zum Vertriebs-Controlling:
Krügerke/Linnenlücke 2009
Dieses Buch zum Vertriebs-Controlling verbindet die wissenschaftliche Perspektive mit großer Praxisnähe:
Pufahl 2012

Wiederholungsfragen:

- Grenzen Sie das Marketing-Controlling vom Vertriebs-Controlling ab.

11.2 Unterstützende Aktivitäten

11.2.1 Personal-Controlling

Nachdem wir uns bei der Anwendung des Controllings in Funktionsbereichen zunächst mit den wesentlichen primären Aktivitäten beschäftigt haben, wenden wir uns nun den unterstützenden Aktivitäten zu. Hierunter ist auch das Personal-Controlling als »Controlling der Personalarbeit« (vgl. Wunderer/Jaritz 2007, S. 14) bzw. als Controlling der Ressource Personal zu subsumieren. Auf diesen Unterschied werden wir gleich noch zu sprechen kommen. Auf Basis eines kurzen geschichtlichen Abrisses werden Ziele und Anforderungen an das Personal-Controlling dargestellt. Zudem werden in diesem Abschnitt sowohl die grundsätzlichen Controlling-Ausrichtungen als auch die verschiedenen Bewertungsebenen thematisiert. Die Betrachtung von Dimensionen und Aufgaben des Personal-Controllings rundet den Kurzeinblick in dieses facettenreiche Gebiet ab.

Entwicklung des Personal-Controllings

Die zunehmende Bedeutung und strategische Ausrichtung des Personal-Controllings wird bei einem Blick auf seine Entwicklung im deutschsprachigen Raum deutlich (vgl. Wunderer/Jaritz 2006, S. 13). Als Pioniere des Personal-Controllings können wohl Potthoff/Trescher genannt werden, die sich erstmals 1986 mit dieser Funktion beschäftigten. Ihr Ansatz umfasste dabei sowohl Planung und Kontrolle als auch Abweichungsanalysen. Es war aber vor allem Wunderer (z.B. 1987, 1992, 2002, 2006, 2007), der den Begriff Personal-Controlling durch die strategische und ökonomische Orientierung bzw. Fundierung der Personalarbeit prägte. Daneben sind Schulte (2011, Erstausgabe 1989) mit einer ausgeprägten Kennzahlenorientierung sowie Hentze/Kammel (1993) anzuführen, wobei letztgenannte die Bereitstellung relevanter Informationen zur proaktiven Gestaltung personalwirtschaftlicher Systeme als fundamentale Aufgabe des Personal-Controllings begreifen. Der Betrachtung des Personal-Controllings aus verhaltenswissenschaftlicher, ökonomischer und organisationaler Perspektive widmete sich Haunschild (1998), während Wimmer/Neuberger (1998) neben der ökonomischen Perspektive auch politische Aspekte beleuchteten.

Ziele und Anforderungen des Personal-Controllings

Die Ermittlung des Beitrages der Humanressourcen bzw. den personalwirtschaftlichen Tätigkeiten zum Unternehmenserfolg kann als allgemeines Ziel des Personal-Controllings genannt werden (vgl. Berthel/Becker 2010, S. 629). Nähern wir uns dem Personal-Controlling weiter anhand der nachstehenden ▶ **Abb. 132**:

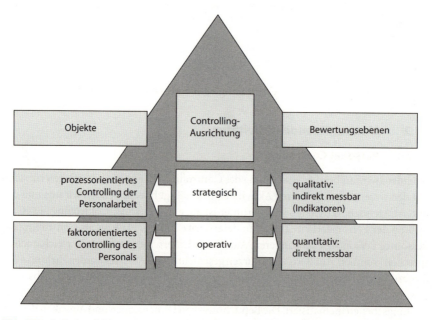

Abb. 132: Aufgabenfelder im Personal-Controlling (in Anlehnung an Zdrowomyslaw 2007, S. 49)

Grundsätzlich kann zwischen einer strategischen und einer operativen Controlling-Ausrichtung differenziert werden. Zudem ist eine Unterscheidung hinsichtlich der Bewertungsebenen (qualitativ oder quantitativ) sowie hinsichtlich den Controlling-Objekten (Prozess oder Faktor) vorzunehmen.

Das **strategische Personal-Controlling** fokussiert die Prozesse der Personalarbeit und unterstützt durch Indikatoren tendenziell die qualitative Bewertung der Personalarbeit. Die Deutsche Gesellschaft für Personalführung e.V. (DGFP) formuliert in diesem Kontext auf ihrer Homepage das Ziel, die unternehmerische Personalarbeit zu optimieren, indem bspw. die Effektivität (»die richtigen Dinge tun«) gesteigert und Transparenz geschaffen wird. Vereinfacht gesagt beschäftigt sich das strategische Personal-Controlling mit übergeordneten Themen, die nicht ohne weiteres messbar sind.

Das **operative Personal-Controlling** stellt dagegen quantitative Kennzahlen zur Verfügung, welche zur Abbildung direkt messbarer Aspekte dienen und die Optimierung des Einsatzes des Faktors Personal verfolgen. Exemplarisch können mit Verweis auf die DGFP an dieser Stelle die Steigerung der Effizienz (»die Dinge richtig tun«) sowie die Verbesserung von Entscheidungen und der Informationsversorgung genannt werden. Im operativen Personal-Controlling wird demnach an konkreten Themen gearbeitet, welche sich gut messen lassen.

Auf Basis der zur Verfügung gestellten Informationen durch das (strategische und operative) Personal-Controlling werden weitreichende Entscheidungen auf der Managementebene getroffen. Daher ist die konsequente Orientierung an der gelebten Controlling-Konzeption eine elementare Voraussetzung, um eine effektive und effiziente Schnittstelle zwischen dem Controller- und dem Personalbereich zu gewährleisten (vgl. Berthel/Becker 2010, S. 629).

Dimensionen des Personal-Controllings

Eine alternative Vorgehensweise zur Beleuchtung der Teilbereiche des Personal-Controllings ist die Unterscheidung der in ▶ **Abb. 133** ersichtlichen Dimensionen, welche sich für die differenzierte Betrachtung der Wertschöpfung und ihrer Messung eignen (vgl. Wunderer/Jaritz 2007, S. 16).

Das **Kostencontrolling** betrachtet mit dem Ziel der Budgeteinhaltung im Personalmanagement die Kosten der jeweiligen Periode (Personalkosten und Kosten der Personalabteilung), wobei Wunderer/Jaritz (2007, S. 16 ff.) konstatieren, dass die Wertschöpfung in der Budgeteinhaltung selbst zu begründen sei. Dem effizienten Ressourceneinsatz durch das Personalmanagement wird durch die Analyse prozessbezogener Kosten bspw. mittels einer Kosten-Nutzen-Analyse im Effizienz-Controlling Rechnung getragen. Als wertschöpfend ist hierbei der effiziente Ressourcenumgang zu sehen. Welchen Beitrag die Personalarbeit zum Unternehmenserfolg leistet, kann lediglich mittels indikatorbasierter Systeme ansatzweise dargestellt werden. Der Beitrag zur Wertschöpfung durch erfolgreiches Personalmanagement kann in seiner kausalen Zuschreibung nicht unmittelbar abgebildet werden (vgl. Hentze/Kammel 2001, S. 130; Scherm/Pietsch 2005, S. 47). Diesem schwer mess- und nachweisbaren Beitrag der Personalarbeit begegnet das Effektivitäts-Controlling mit dem Einsatz spezifischer Indikatorsysteme (vgl. Wunderer/Jaritz 2007, S. 17).

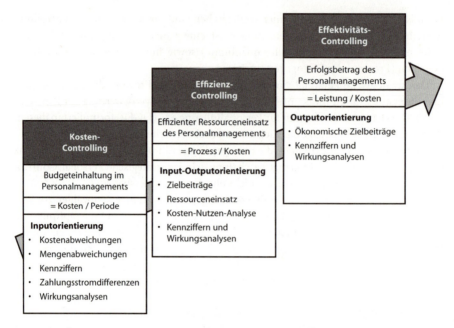

Abb. 133: Ökonomische Bewertungsebenen im Personal-Controlling (in Anlehnung an Zdrowomyslaw 2007, S. 55)

Der Wertschöpfungsbezug des Personalcontrollings wurde anhand der dargestellten Bewertungsebenen verdeutlicht. Doch wie konkret sehen die uns bekannten Funktionen des wertschöpfungsorientierten Controllings für das Personal-Controlling aus? Wir hatten festgestellt, dass das Personal-Controlling dem Management entscheidungsrelevante Informationen sowohl über die Personalarbeit als auch den Faktor Personal zur Verfügung stellt (Informationsfunktion), welche als Basis für die Diskussion von erforderlichen Maßnahmen zur Erreichung von Abteilungs- und letztlich Unternehmenszielen dienen können (Lokomotionsfunktion). Wird bspw. der Ausbau der Marktanteile mit einer hierfür erforderlichen Standortvergrößerung als Ziel formuliert, so ist neben weiteren wesentlichen Unternehmensfunktionen auch die Personalabteilung einzubeziehen, um die nun zusätzlich benötigten humanen Ressourcen in der richtigen Mange und mit dem richtigen Anforderungsprofil bereitstellen zu können (Abstimmungsfunktion).

Aufgaben des Personalcontrollers

Der Personalcontroller hat demnach die Aufgabe, durch die Aufbereitung und das zur Verfügung stellen von zweckmäßigen Informationen zur Transparenz im Unternehmen über die Personalarbeit sowie innerhalb des Personalbereichs selbst beizutragen (vgl. Scherm/Pietsch 2005, S. 44). Mittels der generierten Daten können Entwicklungen dargestellt und Trends identifiziert werden. An dieser Stelle sei auf die beobachtbare Professionalisierung der Personalberichterstattung (Human Capital Reporting) hingewiesen (vgl. hierzu Scholz/Sattelberger 2012). Das Personalmanagement wird so in die Lage versetzt, proaktiv agieren zu können und auch die einzelnen Führungskräfte werden für die Themen rund um die Ressource Mitarbeiter sensibilisiert (vgl. Zdrowomyslaw 2007, S. 114 f.), wodurch Commitment und Verständnis für personalwirtschaftliche Ziele gestärkt werden können.

Weiterführende Informationen:

Homepage der Deutschen Gesellschaften für Personalführung:
www.dgfp.de

Abkürzungen:

DGFP   Deutsche Gesellschaft für Personalführung e.V.

Wiederholungsfragen:

- Welche grundsätzlichen Ausrichtungen im Personal-Controlling können unterschieden werden? Stellen Sie jeweils den Zusammenhang zur Bewertungsebene und dem Controlling-Objekt her!
- Erläutern Sie die Bewertungsebenen innerhalb des Personalcontrollings und beziehen Sie sich dabei auf den jeweiligen Beitrag zur Wertschöpfung.
- Diskutieren Sie, wie im Personal-Controlling die Lokomotions-, Informations- und Abstimmungsfunktion ausgestaltet sind.

11.2.2   Risiko-Controlling

Unternehmerische Entscheidungen sind durch einen Zukunftsbezug gekennzeichnet, wobei über die Zukunft in den allermeisten Fällen keine sicheren Erkenntnisse vorliegen (Einwertigkeit), sondern verschiedene Zukunftszustände eintreten können (Mehrwertigkeit). Eine unter Unsicherheit zu treffende Entscheidung der Unternehmensleitung bringt daher ein Risiko mit sich (vgl. Burger/Buchhart 2002, S. 1).

Risiko im engeren Sinne beschreibt die Möglichkeit der Abweichung eines zukünftigen Ereignisses, ausgedrückt mittels eines Kennzahlenwertes, von einem ursprünglich geplanten Ereignis, ebenfalls als Kennzahlenwert ausgedrückt. Der Risikobegriff umfasst ist demnach sowohl eine positive als auch eine negative Abweichung, wobei bei einer positiven Abweichung auch der Begriff Chance Verwendung findet. Der weitgefasste Risikobegriff setzt sich aus der Risikodefinition im engeren Sinne und der Chance (Gewinnmöglichkeit) zusammen (vgl. Diederichs 2013, S. 8 f.).

Das Risiko-Controlling ist zunächst vom Risikomanagement abzugrenzen, wobei das Risiko-Controlling als Teilmenge des Risikomanagements zu interpretieren ist. Das Risikomanagement ist für die konkrete Umsetzung von Maßnahmen zur Risikomessung und Risikosteuerung verantwortlich. Das Risiko-Controlling als Bestandteil des Risikomanagements dient der zielgerichteten Unterstützung der Unternehmensführung hinsichtlich der Planung, Steuerung und Kontrolle der Risiken und trägt somit zur Wertschöpfung des Unternehmens bei (vgl. Wolke 2008, S. 2).

Im Rahmen der Informationsfunktion des Controllings soll die Kongruenz zwischen Informationsangebot, Informationsbedarf sowie Informationsnachfrage bezüglich der unternehmerischen Risiken hergestellt werden. Damit ein effizientes und effektives Risiko-Controlling zur Wertschöpfung des Unternehmens (Lokomotion) beiträgt, bedarf es vorher der Koordination der Aktivitäten sowohl auf prozessualer Ebene, als auch zwischen dem Risiko-Controller und den oberen Führungsebenen.

Das Risiko-Controlling stellt somit eine weitere spezielle Form des Controllings dar, wobei teilweise eine eigenständige Stelle eines Risiko-Controllers eingerichtet wird, der für die zu bewältigen Aufgaben des Risiko-Controllings verantwortlich ist. In Zusammenarbeit mit der Unternehmensführung werden Ziele des Risiko-Controllings bestimmt und Schwellenwerte für Risiken festgelegt. Ferner erfolgt durch die Person des Risikocontrollers eine Kontrolle der Wirksamkeit der Identifizierung, Analyse und Bewertung von Risiken, die neben anderen Inhalten in einem Risikobericht der Unternehmensführung zur Verfügung gestellt wird (vgl. Altenähr 2009, S. 39).

Aus prozessualer Sicht ist das Risikomanagement als kybernetischer Regelkreis zu verstehen, bestehend aus der Risikoidentifikation, der Risikoanalyse und -bewertung, der Risikosteuerung und der Risikoüberwachung. Parallel zu diesen Prozessschritten hat eine Risikodokumentation und -kommunikation zu erfolgen (siehe ▶Abb. 134).

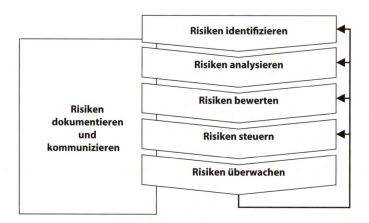

Abb. 134: Risikomanagement (Becker 2013, S. 193)

In der ersten Phase werden alle Risiken im Zusammenhang mit der Unternehmenstätigkeit strukturiert nach Risikoarten erhoben. Die Risikobewertung findet zunächst auf der Ebene der Einzelrisiken statt. Dabei werden üblicherweise die Eintrittswahrscheinlichkeit des Risikos sowie die monetären Konsequenzen bei Risikoeintritt als Bewertungskriterien genutzt. Im zweiten Bewertungsschritt werden die Risiken zusammengefasst und ihre gegenseitige Abhängigkeit ermittelt, um zu einer Risikobeurteilung auf aggregiertem Niveau zu gelangen. Die Risikosteuerung zielt wiederum primär auf Einzelrisiken ab, wobei grundsätzlich die folgenden Steuerungsmöglichkeiten existieren:

- Risiko vermeiden: das Unternehmen verzichtet zur Gänze auf die Aktivität, welche das Risiko hervorrufen würde;
- Risiko vermindern: es werden Maßnahmen ergriffen, welche die Wahrscheinlichkeit des Risikoeintritts und/oder des Risikoausmaßes reduzieren;
- Risiko überwälzen: das Risiko wird gegen Zahlung einer Prämie an einen Versicherer abgetreten oder mittels Finanzderivaten »gehedged«;
- Risiko tragen: es wird bewusst auf eine der obenstehenden Möglichkeiten verzichtet und das Risiko eingegangen.

Im letzten Prozessschritt werden der Risikoeintritt sowie die Wirksamkeit der Risikosteuerungsaktivitäten überwacht.

Das Risiko-Controlling nimmt im Zusammenhang des Risiko-Managementprozesses zahlreiche Aufgaben wahr, wozu die Methodenunterstützung, die Informationsversorgung sowie die Prozesskoordination zählen, um auch durch das Risiko-Management Wertschöpfung zu generieren.

Hinsichtlich der Methodenunterstützung stellt das Risiko-Controlling innerhalb der einzelnen Prozessphasen verschiedene Instrumente zur Verfügung. In der Phase der Risikoidentifikation sind vor allem die Instrumente der Ausfalleffektanalyse und der Fehlerbaumanalyse zu nennen. Erstere dient dazu, ausgehend von einem intakten Gesamtsystem über Störungen von Teilkomponenten mögliche Störungszustände des Gesamtunternehmens abzuleiten. Die Fehlerbaumanalyse verfolgt hingegen eine retrograde Vorgehensweise, da von einem nicht intakten Gesamtsystem ausgegangen und eine detaillierte Ursachenanalyse vorgenommen wird. In der Risikobewertung kommen verschiedene Instrumente zur Messung von Risiken zum Einsatz. Dies sind die sog. ‚At-Risk-Instrumente' sowie die Sensitivitätsanalyse und die Szenarioanalyse. Der Value-at-Risk ist ein Risikomaß, das eine Quantifizierung des Verlustrisikos mittels statistischer Verfahren ermittelt, wobei von einer Normalverteilung ausgegangen wird. Da diese jedoch nicht immer realitätsnah ist, werden zusätzlich **Simulationsrechnungen** durchgeführt. Ein bekanntes Instrument ist hier die Monte-Carlo-Simulation, da diese eine beliebige Verteilung zu Grunde legt (vgl. Schierenbeck/Lister 2002, S. 329 ff.). Im Gegensatz zum Value-at-Risk ist der **Cash-Flow-at-Risk** ein dynamisches Verfahren, bei dem unter Zuhilfenahme von Zufallsprozessen die Risiko-Faktoren Preis- und Kursentwicklungen über einen längeren Zeitraum simuliert werden. Diese Vorgehensweise ist auch beim Earnings-at-Risk oder EBIT-at-Risk vorzufinden, die sich lediglich hinsichtlich der Zielgröße unterscheiden (vgl. Busse von Colbe/Crasselt/Pellens 2011, S. 807). Die Sensitivitätsanalyse misst den Einfluss einzelner Risiken auf unternehmensbezogene ökonomische Größen. Die **Sensitivitätsanalyse** kommt dann zum Einsatz, wenn die verschiedenen Einflussparameter eines Risikos relativ genau bekannt sind. Die Sensitivität einer Unternehmensgröße gegenüber dem Einflussparameter wird dabei als Exposure bezeichnet, welche mathematisch betrachtet den Quotienten aus der relativen Veränderung der Risikoposition und der relativen Änderung des Risikofaktors ist (vgl. Burger/Buchhart 2002, S. 110). Mittels der Szenarioanalyse wird der Gewinn oder Verlust eines Portfolios über einen festgelegten Zeitraum bei verschiedenen Szenarien ermittelt, wobei ein Szenario die Zusammenfassung der vermuteten Entwicklung verschiedener Einflussparameter darstellt (vgl. Hull 2011, S. 155.)

Zur Risikodokumentation und -kommunikation kann eine sog. »Risiko-Matrix« verwendet werden, bei der auf der horizontalen Achse die verschiedenen Risikoarten abgetragen werden (Umsatzrisiken, Zinsrisiken etc.) und auf der vertikalen Achse die verschiedenen Unternehmensbereiche angeordnet sind.

Der Erfolg des Risiko-Controllings kann wie üblich mittels Effizienz und Effektivität abgeschätzt werden (siehe ▶ Kap. 10). Die Effektivität orientiert sich dabei am Beitrag des Risiko-Controllings zur Erreichung der Unternehmensziele. Die Effizienz ist dann sichergestellt, wenn ein feststellbarer Nutzen durch das Risiko-Controlling entsteht, welcher dessen Kosten übersteigt. Der Nutzen ist insb. durch das Abwenden potenzieller Verluste gegeben, während die Kosten durch organisatorische Maßnahmen und personelle Ressourcen entstehen, welche zur Umsetzung des Risiko-Controllings aufgewendet werden müssen. Diese umfassen sowohl Implementierungskosten als auch laufende Kosten (vgl. Burger/Buchhart 2002, S. 17 ff.).

Weiterführende Informationen:

Umfassende Werke zum Risiko-Controlling und Risiko-Management:
Klein 2011
Schneck 2010
Vanini 2012
Gesetz zur Kontrolle und Transparenz im Unternehmensbereich (KonTraG):
Wolf/Runzheimer 2009

Wiederholungsfragen:

- Erklären Sie, was unter Risiko zu verstehen ist und wie Risiko-Controlling zur Entscheidungsfindung beitragen kann!
- Skizzieren Sie den Prozess des Risiko-Managements und die damit verbundenen Aufgaben des Risiko-Controllings!
- Welche Instrumente stehen dem Risiko-Controller zur Verfügung?

11.2.3 IT-Controlling

Die Nutzung von Informationstechnologien (IT) in Unternehmen ist in den letzten Jahren über den technischen Innovationsprozess hinaus in den kaufmännischen und administrativen Abteilungen verstärkt festzustellen. Neueste Entwicklungen betreffen die gesamte Infrastruktur einer Organisation und stellen neben weiteren immateriellen Ressourcen wie Kundenbeziehungen und Mitarbeitern einen Grundpfeiler der Wettbewerbsfähigkeit und eine Beeinflussungsmöglichkeit des Erfolgs von Unternehmen dar. Diese Entwicklung bedingt neben erhöhten Budgets und Kosten auch eine aktive Steuerung zur Sicherstellung der Verfügbarkeit, Funktionsfähigkeit sowie insb. der Wirtschaftlichkeit der IT. Deshalb wird ein professionelles IT-Controlling im Sinne der Anwendung betriebswirtschaftlich fundierter Methoden zur Planung, Kontrolle und Steuerung der IT-Ressourcen notwendig, um den IT-spezifischen Erfolgsbeitrag im Unternehmen herauszuarbeiten (vgl. Kesten/Müller/Schröder 2007, S. 1 f.).

War die IT in den 1970er Jahren noch ein unterstützendes Element innerhalb der Unternehmen im Sinne einer Technikorientierung durch regelbasierte Stapelverarbeitung und Automatisierung von Einzelfunktionen, kam der erste Wandel in den 1990er Jahren durch interaktive Onlineverarbeitungen und Optimierungen von Geschäftsprozessen zustande. Das Schlagwort ‚Business Reengineering' stand in diesen Jahren für zahlreiche Projekte, die Altsysteme unter der Veränderung der betrieblichen Prozesse ablösten und die Informationstechnik professionalisierten. Als Geschäftsorientierung und Bestandteil des Wettbewerbs wurde die IT im Zuge des Jahrtausendwechsels wahrgenommen und fördert bis heute die Entstehung neuer Geschäftsmodelle. Unter anderem wurden in dieser Zeit elektronische Marktplätze, Onlineauktionshäuser sowie Telekommunikationsanwendungen entwickelt und bis heute stetig verfeinert. Dies brachte gleichzeitig eine Wahrnehmung der IT als Führungsaufgabe und eine deutlich höhere Positionierung der IT-Abteilung mit sich, im Zuge dessen das IT-Controlling unabdingbar wurde (vgl. Gadatsch/Mayer 2006, S. 34 f.). Zur Verdeutlichung wird das IT-Controlling im Folgenden anhand der Elemente von Controlling-Konzeptionen dargestellt und mit empirischen Befunden aus dem Jahr 2006 untermauert. Die Erhebung erfolgte mittels Fragebogenversand und konnte einen Rücklauf von 21 Prozent verzeichnen, was einer Anzahl von 61 Probanden entspricht. Die teilnehmenden Unternehmen konnten überwiegend dem produzierenden Gewerbe zugeordnet werden, wobei Umsätze und Bilanzsummen der Teilnehmer unterhalb von 6 Mrd. Euro lagen (vgl. im Folgenden Becker/Fischer/Mika 2006).

Organisation und Ziele

Die Grundausprägung und Einwirkung des IT-Controllings auf andere Elemente des Unternehmens kann der Einordnung in die Gesamtorganisation entnommen werden. In der Theorie lassen sich drei Varianten unterscheiden (vgl. Gadatsch 2012, S. 19 ff.):

1. **Partnerschaftsmodell:** Der Leiter des IT-Controllings ist der Unternehmensführung direkt unterstellt und damit auf der gleichen Hierarchieebene wie der Chief Information Officer (CIO) sowie der Leiter Controlling.
2. **CIO-Mitarbeiter-Modell:** Der Leiter IT-Controlling ist dem CIO untergeordnet.
3. **Controlling-Modell:** Hierbei wird das IT-Controlling als Teilaufgabe des Unternehmenscontrollings verstanden, somit ist der Leiter IT-Controlling dem Leiter Controlling unterstellt und dem CIO nicht weisungsgebunden.

Die Ergebnisse der empirischen Untersuchung zeigen in ▶ **Abb. 135**, dass in der Praxis zumeist das CIO-Mitarbeiter-Modell im Sinne einer Unterstellung des IT-Controllings unter die gesamte IT verfolgt wird (54 Prozent). Dem Vorstand/Geschäftsführung und dem zentralen Controlling wird das IT-Controlling seltener unterstellt, ebenso wenig wie Kombinationen aus den theoretischen Grundvarianten.

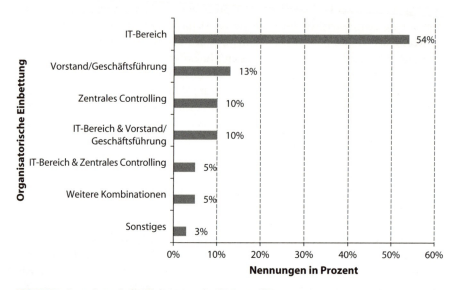

Abb. 135: Organisatorische Einbettung des IT-Controllings

Unabhängig von seiner Einordnung umfasst die **Zielsetzung** des IT-Controllings die Optimierung der Wirtschaftlichkeit und Effektivität von Planung, Steuerung und Kontrolle aller IT-Prozesse, deren Ressourcen und Infrastruktur. Qualitätssicherung, Informationssicherheit, Kosten-/Nutzen-Planung sowie Serviceorientierung stehen hierbei als Parameter zur weiteren Zieldefinition jedes Unternehmens zur Verfügung, wobei deren Ausgestaltung variieren kann (vgl. Tiemeyer 2005, S. 6 f.).

Funktionen und Aufgaben

Die Zielerreichung setzt auch im IT-Controlling die Erfüllung der Funktionen Abstimmung, Information und Lokomotion voraus. Dadurch ergeben sich sowohl strategische als auch operative Aufgaben des IT-Controllings im Sinne der Planung, Steuerung und Kontrolle. Alle IT-Aktivitäten müssen in einen ganzheitlichen Managementansatz erfasst und eine Zielkompatibilität mit den IT-Zielen und der IT-Strategie sichergestellt werden. Informationssysteme sind auszuwählen und zu priorisieren, um zur Erhöhung der Wertschöpfung des Unternehmens beizutragen. Zudem ist es notwendig, die Informationsversorgung aller Entscheidungsträger zu gewährleisten und eine ganzheitliche Sicht und Transparenz zur Lenkung der IT sicherzu-

stellen. Zur strategischen Ausrichtung müssen deshalb Aufgaben der Sicherung der IT-Wirtschaftlichkeit sowie des Controllings der IT-Strategie wahrgenommen werden. Das operative Controlling beschäftigt sich hingegen mit Aufgabenstellungen, die einen definierten Zeithorizont aufweisen, der Betrachtung ausgewählter Einzelobjekte sowie der Umsetzung konkreter Maßnahmen. Dazu zählen die Entwicklung von speziellen IT-Lösungen sowie die stetige Weiterentwicklung und Wartung des IT-Betriebs. Darüber hinaus werden die Steuerung der Prozesse sowie ein angemessenes Berichtswesen durch konkrete Kennzahlen gewährleistet. Weitere operative Aufgaben fallen innerhalb von Projekten, in Bezug auf Outsourcing-Maßnahmen sowie im IT-Risiko-Controlling an (vgl. Gómez et al. 2009, S. 63 f.; Helmke/Uebel 2013, S. 28; Tiemeyer 2005, S. 4). Die Ergebnisse der empirischen Untersuchung zeigen, dass sich Praktiker der Notwendigkeit einer strategischen Perspektive des IT-Controllings bewusst sind, diese aber nicht unbedingt als primäre Tätigkeit verstehen (vgl.
▶ Abb. 136).

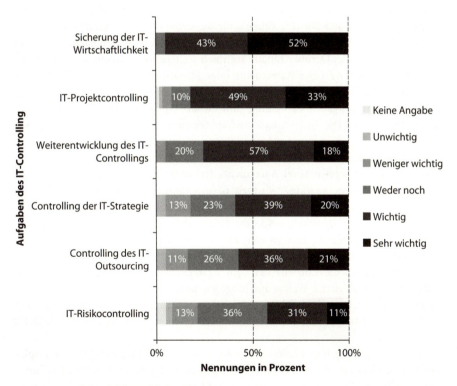

Abb. 136: Aufgaben des IT-Controllings

So steht die Sicherung der Wirtschaftlichkeit an erster Stelle (sehr wichtig: 52%; wichtig: 43%), gefolgt vom IT-Projektcontrolling (sehr wichtig: 33%; wichtig: 49%) und der Weiterentwicklung des IT-Controllings (sehr wichtig: 18%; wichtig: 57%).

Aufgabenträger

Abhängig von der oben erläuterten Organisation des IT-Controllings innerhalb des Unternehmens sind der CIO, der IT-Leiter oder der Leiter Controlling für strategische Ausrichtung, die Transparenz und die Ausgestaltung des IT-Controllings verantwortlich. Operative Aufgaben werden dann entsprechend von Mitarbeitern der IT-Abteilung oder von Mitarbeitern aus dem Controlling realisiert. Denkbare Aufgabenträger sind zudem Unternehmensberater im Allgemeinen oder IT-Berater im speziellen, die sowohl den Aufgabenträgern des IT-Controllings sowie auch im Hinblick auf spezifische IT-Lösungen Hilfestellung leisten.

Instrumente

Das IT-Controlling bedient sich vielfältiger Hilfsmittel des Controllings und des IT-Managements, abhängig davon ob es sich um Planungs-, Steuerungs- oder Kontrollaufgaben und strategische oder operative Aufgaben handelt. Zielkataloge, Budgets und Kennzahlen stellen u.a. Instrumente der Planung dar, während Maßnahmenkataloge, Checklisten und Berichte oftmals für Steuerungsaufgaben verwendet werden. Soll-Ist-Übersichten, Benchmarks oder Earned-Value-Analysen dienen wiederum primär der Kontrolle. Darüber hinaus kommen weitere Instrumente wie z.B. Balanced Scorecard, Service Level Agreements oder Portfoliomanagement für die strategische sowie Investitionsrechnungen, Target Costing oder Total Cost of Ownership für die operative Aufgabenbearbeitung zum Einsatz (vgl. Gadatsch 2006, S. 47 f.; Tiemeyer 2005, S. 10). Die Bedeutung einzelner Instrumente verdeutlicht die folgende ▶ Abb. 137.

Die Budgetierung wird von den Probanden zu 96% ständig bzw. häufig eingesetzt, gefolgt von Service Level Agreements (ständiger Einsatz: 34%; häufiger Einsatz 36%). Das Benchmarking wird zu 67% ständig bzw. häufig eingesetzt und Kennzahlen und Kennzahlensysteme zu 66%. Weniger bedeutend sind für die Praxis die Earned-Value-Methode sowie die Balanced Scorecard. Wieder wird das Bewusstsein für strategische Instrumente im IT-Controlling deutlich, aber auch hier stehen operative Instrumente im Vordergrund. Zwar steigern operative Werkzeuge des IT-Controllings die Effizienz der vom strategischen IT-Controlling vorgegeben Maßnahmen. Strategische Werkzeuge hingegen unterstützen die gesamte IT- sowie Unternehmensstrategie. Die richtige Auswahl an Instrumenten lässt sich langfristig am Unternehmenswert und der Wettbewerbsfähigkeit messen (vgl. Gadatsch 2012, S. 10 f.).

Der Fortschritt der Informationstechnologie sowie ihre stetig zunehmende Implementierung nicht nur in den primären, sondern auch in den unterstützenden Funktionsbereichen bedingt eine Spezialisierung und Komplexität, wodurch ein IT-Controlling in den Unternehmen zur Beherrschung diese Themas zwingend notwendig wird. Eine ganzheitliche Betrachtung des IT-Controllings in Anlehnung an bewährte Ansätze des allgemeinen Controllings stellt nicht nur die Effektivität und Effizienz der IT sicher, sondern trägt darüber hinaus auch zur Zielerreichung und Existenzsicherung der Unternehmen bei.

11 Controlling in Funktionsbereichen

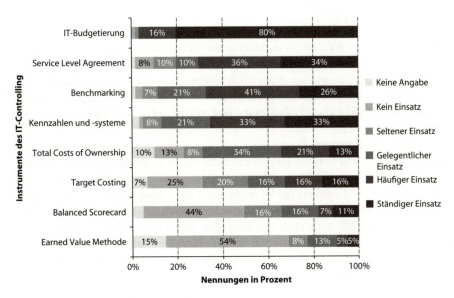

Abb. 137: Instrumente des IT-Controllings

Weiterführende Informationen:

Eine umfassende Auseinandersetzung mit Fragestellungen des IT-Controllings gibt das folgende Werk:
Gadatsch 2012

Abkürzung:

CIO Chief Information Officer
IT Informationstechnologie

Wiederholungsfragen:

- Warum ist ein IT-Controlling heutzutage notwendig?
- Wie kann sich das IT-Controlling organisatorisch in ein Unternehmen eingliedern?
- Welche konkreten Aufgaben und Instrumente kommen im IT-Controlling zur Anwendung?

11.2.4 F&E-Controlling

Im vorliegenden Abschnitt gehen wir zunächst der Frage nach, warum F&E-Controlling gerade in der heutigen Zeit zunehmend an Relevanz gewinnt. Daran anknüpfend werden Instrumente und Aufgaben des F&E-Controllings thematisiert, um abschließend auf dessen Organisation und hieraus potentiell resultierende Herausforderungen einzugehen.

Relevanz von F&E-Controlling

Differenzierung im Wettbewerb durch innovative Produkte bei einer optimierten Kostenstruktur ermöglicht es Unternehmen, auch in Zeiten globaler Weltmärkte und verkürzter Produktlebenszyklen wirtschaftlich zu überleben. Effektive und effiziente Forschungs- und Entwicklungsaktivitäten sind deshalb für den langfristigen Erfolg von Unternehmen von besonderer Bedeutung (vgl. Heiland 1990, S. 241; Brown/Eisenhard 1995, Wilk 2004, S. 25).

Letztendlich fungieren Forschung – im Sinne einer systematischen Suche nach neuem Wissen – und Entwicklung – als Nutzung dieses gewonnenen Wissens für wirtschaftliche Zwecke – (vgl. Ziegenbein 2007, S. 302 f.) als Fortschrittsmotoren, welche die Grundlage für die dauerhafte Wertschöpfung eines Unternehmens darstellen. Gemäß des wertschöpfungsorientierten Controlling-Verständnisses gilt es folglich, dem Controlling der F&E-Aktivitäten eine besondere Aufmerksamkeit zu widmen (Lokomotionsfunktion). Insb. steht das F&E-Projektcontrolling im Fokus der Betrachtungen, da innovative Aktivitäten häufig mittels einer Projektorganisation abgebildet werden (vgl. Horváth 1994, S. 9).

Instrumente und Aufgaben des F&E-Controlling

Die für den F&E-Bereich verantwortlichen Manager benötigen zur Unterstützung der Entscheidungsfindung relevante Informationen über die F&E-Projekte. Das wertschöpfungsorientierte F&E-Controlling muss demzufolge zunächst die Informationsfunktion erfüllen. Zu den zentralen Berichtsgrößen zählen unter anderem Informationen zu bisherigen Arbeitsresultaten sowie funktionale und technische Anforderungen im Projekt. Eine nicht weniger große Bedeutung wird Informationen über das Projektbudget und den einzelnen Kostenbestandteile (z.B. Personal, Material) zuteil (vgl. Langmann 2009, S. 161). Instrumente des F&E-Controllings wie die Meilensteinplanung und -trendanalyse, die Netzplantechnik, das Gantt-Diagramm, eine auf den F&E-Bereich angepasste Projektkostenrechnung sowie Produktlebenszyklusrechnungen (vgl. Ziegenbein 2007, S. 312 f; Ossadnik 2009, S. 490; Janssen/ Möller 2011, S. 102) unterstützen die Planung und Kontrolle der einzelnen F&E-Aktivitäten und dienen der projektbezogenen sowie projektübergreifenden Koordination (Abstimmungsfunktion). Ebenso können die generierten Informationen zur Abstimmung zwischen den beteiligten Unternehmenseinheiten dienen, sodass schnittstellenbedingte Reibungsverluste minimiert werden können.

Im Fokus des F&E-Controllings steht die wertschöpfungsorientierte Ausrichtung der Forschungs- und Entwicklungsaktivitäten. Die F&E-Planung als Teil der Unternehmensplanung befasst sich mit Leistungen und Gütern, welche zur Erreichung eines definierten Ziels erforderlich sind. Das F&E-Projekt wird im Ganzen sowie auf Ebene einzelner Maßnahmen bewertet und unter Kosten-Nutzen-Gesichtspunkten analysiert (vgl. Heiland 1990, S. 243). Eine Differenzierung kann dahingehend vorgenommen werden, dass die strategische sowie die operative F&E-Planung getrennt betrachtet werden. So wird im Rahmen der strategischen F&E-Planung bspw. die Frage gestellt, inwiefern sich weitere Geschäftsfelder durch innovative Produkte erschließen lassen. Hierbei spielt das im langfristig orientierten Unternehmensplan festgelegte F&E-Budget eine wesentliche Rolle, da dieses über den Erhalt des Status quo oder eine tatsächliche zukunftsorientierte Innovation entscheiden kann. Exemplarisch kann hier das Instrument der Portfolio-Analyse genannt werden. Um eine fundierte Auswahl und Priorisierung einzelner potentieller F&E-Projekte vornehmen zu können, werden in der operativen F&E-Planung einzelne Projektpläne unter Berücksichtigung von Zeit- und Kostenaspekten erstellt. Dem Vergleich erstellter Soll- und Ist-F&E-Pläne wird zur Steuerung und Überwachung unter Berücksichtigung gesammelter Erfahrungen hinsichtlich einer wertschöpfungsorientierten Unternehmensausrichtung besondere Bedeutung zuteil.

Organisation des F&E-Controllings

Die **organisatorische Zuordnung des F&E-Controllers** variiert insb. in Abhängigkeit der Unternehmensgröße und der Bedeutung der F&E-Aktivitäten für das Unternehmen. So kann eine eigenständige F&E-Controlling Abteilung existieren, oder innerhalb des allgemeinen Unternehmenscontrollings nimmt ein Controller die Aufgaben des F&E-Controllings wahr (vgl. Ossadnik 2009, S. 491). Dabei haben organisatorische Gestaltung und Verantwortung des F&E-Controllings nicht nur auf die disziplinarische und fachliche Zuständigkeit Auswirkungen. Diese Aspekte determinieren auch in hohem Maße die Verfügbarkeit der für das einzelne Projekt erforderlichen personellen Ressourcen. So kann der verantwortliche F&E-Leiter bspw. in einer gesonderten F&E-Abteilung (Projektorganisation) frei über die einzelnen Mitarbeiter verfügen und diese entsprechend den einzelnen Projekten zuordnen. In einer Linienorganisation hingegen sind Abstimmungsprozesse mit den jeweiligen Funktionsbereichsverantwortlichen erforderlich, wobei hier auf mögliche Reibungsverluste und Konfliktpotential hinzuweisen ist (vgl. Oesterer 1995, S. 247; Burghardt 2006, S. 106). Die Vor- und Nachteile der einzelnen Organisationsformen, welche auch in einer Mischform praktiziert werden, sind situativ durch die Verantwortlichen in den jeweiligen Unternehmen zu diskutieren. Eine allgemeingültige Handlungsempfehlung kann nicht ausgesprochen werden.

Konfliktpotential kann sich in der Zusammenarbeit zwischen dem wertschöpfungsorientierten F&E-Controller und dem kreativen und nach Freiräumen strebenden F&E-Ingenieur begründen. Vor diesem Hintergrund sieht sich der Controller mit hohen Anforderungen konfrontiert, wie sie auch in ▶ **Kap. 9.3** thematisiert werden. So wird neben den fachlich-methodischen Fähigkeiten und Geschäftskenntnissen angesichts der kulturellen Unterschiede vor allem die Relevanz persönlicher Fähigkeiten wie der Kommunikations- und Teamfähigkeit deutlich. Der F&E-Controller muss demnach nicht nur über ein ausgeprägtes Produktverständnis verfügen und sein technisches Wissen bei der Wirtschaftlichkeitsprüfung der Produkte einbringen. Ebenso ist die Fähigkeit, diese Erfahrungen und Kenntnisse zu kommunizieren und so eine gemeinsame Verständigungsbasis zur Vermeidung von Konflikten mit den F&E-Ingenieuren zu schaffen, elementar.

Wie wichtig F&E-Controlling ist, zeigen Handlungsempfehlungen einer aktuellen Studie, welche die erfolgreiche Steuerung von Innovationsprozessen und -projekten untersucht (vgl. Janssen/Möller 2011). Besonders betont wird die Rolle eines umfassenden Berichtswesens zur Schaffung von Transparenz im Innovationsprozess mit der damit verbundenen laufenden Kontrolle und Berichterstattung der einzelnen Zustände zur Zielerreichung. Durch den Einsatz gezielter Lenkungsinstrumente werden Effektivität und Effizienz im F&E-Prozess ebenso wie durch ein ausgewogenes Kennzahlensystem gestärkt. Die Studienergebnisse zeigen, dass angewandte Steuerungsinstrumente in der Praxis unterschiedlich stark verbreitet sind. So sind die Meilensteinplanung oder die Analyse des Projektfortschrittes im Rahmen des operativen Projekt-Controllings weit verbreitet, während strategische Instrumente wie Portfolios nur situativ Anwendung finden. Umfassende, mehrdimensionale Instrumente wie die Earned-Value-Methode oder die Balanced Scorecard

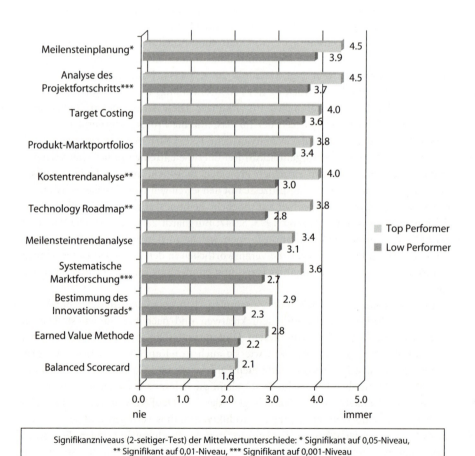

Signifikanzniveaus (2-seitiger-Test) der Mittelwertunterschiede: * Signifikant auf 0,05-Niveau, ** Signifikant auf 0,01-Niveau, *** Signifikant auf 0,001-Niveau

Abb. 138: Anwendung von Strategieinstrumenten der Innovationstätigkeit

werden eher selten herangezogen, wie die ▶Abb. 138 (Janssen/Möller 2011, S. 102) zeigt.

Abkürzungen:

F&E   Forschung und Entwicklung

Wiederholungsfragen:

- Warum wird dem F&E-Controlling gerade in der heutigen Zeit eine herausragende Bedeutung zuteil?
- Zeigen Sie mögliche Spannungsfelder, die durch unterschiedliche organisatorische Einbettungen des F&E-Controllings entstehen können.
- Worin unterscheiden sich die strategische und die operative F&E-Planung? Erläutern Sie diese anhand von einem Beispiel.
- Diskutieren Sie, inwiefern das F&E-Controlling die Lokomotions-, Informations- und Abstimmungsfunktion des Controllings umsetzt.

12 Situative Anpassung des Controllings

In der Controlling-Forschung spielt der von uns in ▶Kap. 2 gezeigte Situative Ansatz (Kontingenztheorie) eine besonders wichtige Rolle. Chenhall (2003, S. 127 ff.) fasst wichtige Befunde im Bereich des Management Accountings und Controllings zusammen. Unter einer Situation wird hier eine Summe sich gegenseitig beeinflussender Wirkfaktoren der Unternehmensumwelt verstanden, die die Ausprägung des Controllings und seiner Elemente determinieren oder zumindest stark beeinflussen.

In der Forschung ist es ebenfalls üblich, von einem ›situativen Kontext‹ zu sprechen, in dem sich ein Unternehmen befindet (vgl. Ulrich 2011, S. 175 ff.), wobei hier Faktoren der Makro- und Mikro-Unternehmensumwelt, des Unternehmens (z. B. Leistungsprogramm), der Familie (z. B. Philosophie und Struktur) und des Eigentums (z. B. Anzahl der Eigentümer) von Bedeutung sein können. Im Folgenden wird der Begriff Situation so verstanden, dass diese sich durch Überschneidung individueller situativer Faktoren zu teilweise homogenen Unternehmensumwelten verbinden können, die zu spezifischen Anforderungen für das Controlling derjenigen Betriebe oder Organisationen im Allgemeinen führen, die sich in diesen Umwelten bewegen.

Wir haben uns bewusst dafür entschieden, die individuellen Spezifika einzelner Branchen wie z. B. des Handels, der Banken und Versicherungen oder auch des Baugewerbes auszuschließen und uns einer gröberen Klassifikation zuzuwenden. Insofern werden wir uns mit dem Controlling in internationalen Konzernen, dem Controlling im Mittelstand, dem Controlling im öffentlichen Sektor, dem Controlling in projektorientierten Unternehmen und dem Controlling in Non-Profit-Organisationen im Detail auseinandersetzen.

12.1 Controlling in internationalen Konzernen

Konzernbegriff

Um die grundlegenden Funktionen und Instrumente des wertschöpfungsorientierten Controllings auf internationale Konzerne sinnvoll anwenden zu können, muss zunächst erklärt werden, was unter einem Konzern zu verstehen ist.

Die Rechtsgrundlage für den Konzernbegriff befindet sich im deutschen Aktienrecht. Demnach liegt ein Konzern vor, wenn »ein herrschendes und ein oder mehrere abhängige Unternehmen unter der einheitlichen Leitung des herrschenden Unternehmens zusammengefasst« sind (§ 18 AktG). Die einzelnen Unternehmen sind Konzernunternehmen. Unternehmen, zwischen denen ein Beherrschungsvertrag (§ 291 AktG) besteht oder von denen das eine in das andere eingegliedert ist (§ 319 AktG), sind als unter **einheitlicher Leitung** zusammengefasst anzusehen. Von einem abhängigen Unternehmen wird vermutet, dass es mit dem herrschenden Unternehmen einen Konzern bildet (§ 18 AktG).

Der Konzernbegriff steht allerdings im Spannungsfeld zwischen der Rechtswissenschaften und der Betriebswirtschaftslehre. In der Betriebswirtschaftslehre kann der Konzern wie folgt definiert werden: »Eine Konzernunternehmung ist eine autonome Entscheidungs- und Handlungseinheit, die mehrere juristisch selbstständige wie unselbstständige Unternehmen und Betriebe umfasst, die als wirtschaftliche Einheit in personeller, institutioneller und/oder funktioneller Hinsicht zeitlich befristet oder auf Dauer im Rahmen entsprechender Planungen ein gemeinsames wirtschaftliches Ziel verfolgen«. (vgl. Theisen 2000, S. 18.)

Um das Spannungsfeld zwischen wirtschaftlicher Einheit und rechtlicher Vielfalt als charakterliche Eigenschaften eines Konzerns zu überwinden, muss das Konzerncontrolling rechtliche Grenzen berücksichtigen und den Konzern für seine Zwecke in Form einer wirtschaftlichen Einheit betrachten (vgl. Behringer 2011, S. 2).

Konzerntypen und -merkmale

Innerhalb eines Konzerns können sowohl mehrere divergierende Konzernverhältnisse auftreten, die in verbundene Unternehmen (Mutter-Tochter-Beziehung), Gemeinschaftsunternehmen, assoziierte Unternehmen und sonstige Beteiligungen unterschieden werden (vgl. Peper/Weller 2010, S. 105 ff.). Darüber hinaus können drei unterschiedliche Konzerntypen identifiziert werden (vgl. Theisen 2000, S. 160.):

- **Finanzholding**: Führungskompetenzen verbleiben in den Tochterunternehmen, welche durch rein finanziellen Kenngrößen gesteuert werden (vgl. Jung 2011, S. 46).
- **Managementholding**: Strategische Führungs- und Koordinationsaufgaben in Form der Entwicklung einer Konzernstrategie, dem Kauf oder Verkauf von Beteiligungen oder der Allokation von Finanzmitteln (Kajüter 2012, S. 14).
- **Stammhauskonzern**: Operativer Eingriff in den externen Markt durch zentral übernommene Funktionen wie den Einkauf, Forschung- und Entwicklung oder auch die Produktion. (Hoffmann 1992, S. 554).

Weitere, jedoch weniger relevante Konzerntypen sind Strategie-Operationen-Holding und die Investment-Company. Erstere ist vergleichbar mit dem Stammhauskonzern, verfolgt aber keine eigenständige operative Tätigkeit, während die Investment-Company ausschließlich in der Gestaltung des Geschäftsportfolios und der finanziellen Führung durch finanzwirtschaftliche Zielsetzung agiert (vgl. Hungenberg 1995, S. 68).

Als **internationaler Konzern** wird ein Unternehmen bezeichnet, das über mindestens einen Konzernteil mit Sitz in einem anderen als dem Heimatland verfügt (vgl. Behringer 2011, S. 169). Einhergehend mit der Überschreitung der Staatsgrenze ist ein international agierender Konzern durch deutlich komplexere Strukturen als ein rein nationaler Konzern geprägt. Hierzu tragen vor allem unterschiedliche Kulturen, Rechtssysteme, Geschäftspraktiken, Marktsituationen, Sprachen und Währungen bei. Die folgenden Ausführungen beschäftigen sich mit dem Controlling in internationalen Konzernen.

Internationales Controlling

Diese Einflussfaktoren führen zwangsläufig dazu, dass ein international ausgerichtetes Controlling besondere Eigenheiten aufweist (vgl. Pausenberger 1996). Der Einflussbereich des Konzerncontrollings auf die unternehmerische Betätigung ist durch strukturbedingte Differenzen, die aus **makroökonomischen und gesetzgebenden Faktoren** resultieren, deutlich beschränkt

Makroökonomische Rahmenbedingungen wie bspw. das lokale Wachstum, politische Interventionen oder Inflationsraten schlagen sich sowohl in der Kosten- und Erfolgsplanung als auch in der Investitionsplanung nieder.

Divergierende Rechnungslegungsvorschriften für Handels- und Steuerbilanzen in den Ländern der Konzernunternehmenssitze verursachen oftmals Konsolidierungsprobleme.

Internationales Konzerncontrolling

Das Konzerncontrolling stellt in einem multinationalen Großunternehmen eine integrierte Aufgabe der Unternehmensführung dar, die im Dienste der Optimierung von Effektivität und Effizienz das initialisierende Anstoßen sowie Ausrichten des Handelns von Betrieben auf den Zweck der Wertschöpfung sicherzustellen hat und für den Lenkungsprozess des Konzerns verantwortlich ist. Zudem trägt sie für die Unterstützung der Konzernleitung bei der Lenkung der Betriebs- und Geschäftsprozesse in den Tochterunternehmen Rechnung. Das Konzerncontrolling muss in seiner Konzeption so ausgestaltet sein, dass internationale Einflüsse Berücksichtigung finden, die unternehmensspezifisch in einem situativen Kontext betrachtet werden müssen (Reichmann 2011, S. 710 ff.).

In Anlehnung an die grundlegenden Funktionen und den daraus resultierenden Aufgaben der wertschöpfungsorientierten Controlling-Konzeption hat eine Anpassung an einen internationalen Konzern zu erfolgen. Die Ziele eines wertschöpfungsorientierten Konzerncontrollings liegen in der Koordination und Überwachung der Aktivitäten der Geschäftseinheiten, der Maximierung des Wertbeitrages des Gesamtkonzerns, der Gewährleistung der Vergleichbarkeit unterschiedlicher Konzerneinheiten und der Anpassung des Konzerns an die Unternehmensumwelt (vgl. Kremer 2008, S. 1).

Die spezifischen Funktionen eines wertschöpfungsorientierten Konzerncontrollings werden wie folgt beschrieben:

- Anstoßen der Wertschöpfung des Konzerns:
  - Sicherung der permanenten konzernweiten Wertschöpfung durch Ausrichtung auf konzernwertsteigernde Aktivitäten und Vermeidung von konzernwertmindernden Aktivitäten.
  - Erzielung eines Konzernmehrwerts durch die Erhöhung der Einzelwerte der Konzernbereiche.
- Abstimmung des konzernweiten Handelns:
  - prozessuale Abstimmung der konzernweiten Planung und Kontrolle.
  - institutionelle Abstimmung zwischen Konzernzentrale und Tochterunternehmen.
- Schaffung von konzernspezifischer Informationskongruenz:
  - Bestimmung von Informationsstandards (Begriffsdefinitionen, bedarfsgerechte und aggregierte Informationsbereitstellung, etc.).
  - Etablierung von konzernweiten Kommunikationskanälen.

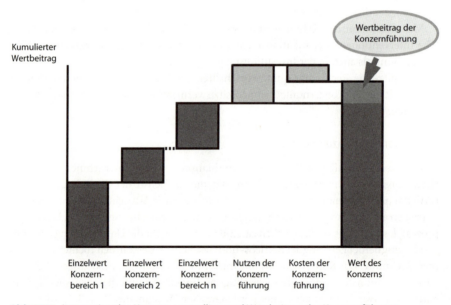

Abb. 139: Internationales Konzerncontrolling und Wertbeitrag der Konzernführung

Die Wertorientierung im Konzern divergiert in Abhängigkeit von der Unternehmensstufe. Auf Konzernebene steht bspw. die Schaffung eines Mehrwertes durch Realisierung von geschäftsfeld- und konzernbereichsübergreifenden Verbundeffekten im Vordergrund und auf Geschäftsfeldebene die Schaffung eines Mehrwertes durch die Realisierung produkt-/marktbezogener Ertragspotentiale (vgl. Nicklas 1998, S. 82). Die Konzernführung hat sicherzustellen, dass unter Berücksichtigung der jeweiligen situativen Bedingungskonstellationen, ein höherer Mehrwert geschaffen wird, als im Vergleich zu der individuellen Führung.

Instrumente des Konzerncontrollings

Das Controlling umfasst mehrere bedeutsame Instrumente wie z.B. die Kosten-, Erlös- und Ergebnisrechnung, die Budgetierung, das Berichtswesen oder Kennzahlen (vgl. ▶ Kap. 9.2). Da, wie bereits dargestellt, das internationale Konzerncontrolling mit zahlreichen Einflussfaktoren konfrontiert ist, muss eine Anpassung dieser (und anderer) Instrumente an die internationale Ausrichtung des Unternehmens erfolgen. Im Folgenden werden einige notwendige Adaptionen dieser Controlling-Instrumente an internationale Einflussfaktoren dargestellt (vgl. im Folgenden Hoffjan 2009, S. 17 ff.):

- **Anpassung der Kosten-, Erlös- und Ergebnisrechnung**: Die Kostenrechnung übernimmt sowohl Planungs- als auch dispositive Ausgaben. Eine detaillierte Planung und Prognose ist in hochinflationären Ländern aufgrund beträchtlicher Preissteigerungen und den daraus resultierenden Scheingewinnen erschwert. Für ein funktionierendes Konzerncontrolling müssen somit Maßnahmen zur Bereinigung der Inflationswirkung getroffen werden.
- **Anpassung der Budgetierung**: Der Umfang der Budgets wird im internationalen Kontext vor allem durch kulturelle Faktoren beeinflusst. Unterschiedliche Definitionen und Auslegungen des Budgetbegriffs sowie die Wechselkursproblematik wirken sich auf die Ausgestaltung der Budgets aus.
- **Anpassung des Berichtswesens**: Das Konzerncontrolling benötigt ein einheitliches Berichtswesen. Dies birgt jedoch die Gefahr, dass spezielle Spezifika der Gesellschaften nicht berücksichtigt werden und Abweichungen in den einheitlichen Strukturen und Prämissen die Berichtsinhalte verzerren.
- **Anpassung von Kennzahlen**: Die Nutzung von Kennzahlen ist nicht problemlos möglich, da bei Betriebsvergleichen die jeweiligen länderspezifischen Rahmenbedingungen zu berücksichtigen sind oder bei Soll-Ist-Vergleichen die Wechselkursproblematik zum Tragen kommt. Wertorientierte Kennzahlen unterliegen der Problematik der Ermittlung von Kapitalkosten. Im internationalen Kontext müssen die Unterschiede bei den risikolosen Zinssätzen sowie etwaigen unterschiedlichen Risikoprämien und Zuschlägen berücksichtigt werden.

Abgrenzung zum Beteiligungscontrolling

Das Beteiligungscontrolling ist ein Bestandteil des Konzerncontrollings, welches primär die Tochtergesellschaften über sämtliche Phasen des Beteiligungslebenszyklus lenkt, eine homogene Strategie zwischen Konzernmutter und Konzerntochter mitentwickelt und sowohl die Akquisitionsvorhaben (Akquisitionscontrolling), als auch die Desinvestitionsvorhaben (Desinvestitionscontrolling) des Konzerns begleitet. Das Beteiligungscontrolling ist unabhängig von der Existenz eines Konzerns, während das Konzerncontrolling eine einheitliche Leitung der Beteiligungen voraussetzt (vgl. Botta 1994, S. 30). Das Ziel des Beteiligungscontrollings liegt – zusammengefasst – in der Sicherung der Wertschöpfung der Tochterunternehmen. Die Funktionen erstrecken sich über den Anstoß der Wertschöpfung der Tochtergesellschaften, der Abstimmung dieser und der Schaffung einer beteiligungsspezifischen Informationskongruenz. Letztendlich stellt sowohl das Konzern,- als auch das Beteiligungscontrolling eine integrierte Aufgabe der Unternehmensführung dar.

Wiederholungsfragen:

- Was wird unter einem Konzern einerseits aus rechtlicher und andererseits auch betriebswirtschaftlicher Sicht verstanden?
- Grenzen Sie die verschiedenen Konzerntypen voneinander ab!
- Welchen Einflüssen ist ein internationales Controlling ausgesetzt?
- Was wird unter einem internationalen Konzerncontrolling aus der Perspektive des wertschöpfungsorientierten Controllings verstanden?
- In welchem Zusammenhang stehen das Konzerncontrolling und das Beteiligungscontrolling?
- Nennen Sie beispielhaft Anpassungen, die an den Instrumenten des Controllings im Zuge des internationalen Konzerncontrollings vorzunehmen sind!

12.2 Controlling im Mittelstand

Mittelständische Unternehmen erwirtschaften einen Großteil der Wertschöpfung der deutschen Volkswirtschaft. Der großen praktischen Relevanz des Themenkomplexes steht jedoch die eher rudimentäre Ausgestaltung der Mittelstandsforschung gegenüber. Die Notwendigkeit einer verstärkten Mittelstandsforschung zeigt sich schon allein durch die Vielfalt ähnlicher und teilweise synonym verwendeter Begriffe, wie z.B. kleine und mittlere Unternehmen (KMU) und Familienunternehmen, deren Abgrenzung weitgehend uneinheitlich ist (vgl. Damken, 2007, S. 57 ff.).

Mittelstandsdefinition

Grundsätzlich existieren in Deutschland drei verbreitete Definitionen, die für eine Zuordnung von Unternehmen zur Gruppe des Mittelstands verwendet werden können. Zum einen ist dies der Mittelstandsbegriff der EU-Kommission, welcher eine rein quantitative Einteilung vorsieht, während die Mittelstandsdefinition des Instituts für Mittelstandsforschung (IfM) Bonn sowohl quantitative als auch qualitative Aspekte berücksichtigt. Schließlich hat sich die Definition des Deloitte Mittelstandsinstituts an der Universität Bamberg (DMI) herausgebildet. Auch diese Definition berücksichtigt neben den in der untenstehenden ▶ Abb. 140 genannten Größenklassen ebenfalls qualitative Merkmale:

Zur qualitativen Definition haben sich Merkmalskataloge der Betriebstypen KMU, Mittelstand und Familienunternehmen herausgebildet. Neben dem wohl gängigsten Merkmalskatalog von KMU gemäß Pfohl (2006, S. 1 ff.) existieren in der Literatur noch viele weitere Abgrenzungsversuche. Hierbei lassen sich die folgenden Elemente auf Ba-

Definitionen	Beschäftigtenanzahl	Jahresumsatz in €
EU-Kommission	bis 249	bis unter 50 Mio.
IfM Bonn	bis 499	bis unter 50 Mio.
DMI	bis ca. 3000	bis ca. 600 Mio.

Abb. 140: Quantitative Mittelstandsdefinition (in Anlehnung an: Becker/Ulrich, 2011, S. 29)

sis etablierter wissenschaftlicher Literatur zu mittelständischen Unternehmen im Sinne eines kleinsten gemeinsamen Nenners festhalten (vgl. Hausch, 2004, S. 17; Damken, 2007, S. 58 ff.).

(1) **Wirtschaftliche und rechtliche Selbstständigkeit des Unternehmens**: Dies bedeutet den Ausschluss konzernabhängiger Unternehmen aus dem Kreis mittelständischer Unternehmen, obwohl diese aus rein quantitativer Perspektive mitunter den kleinen und mittleren Unternehmen zurechenbar wären.
(2) **Einheit von Eigentum, Kontrolle und Leitung**: Dieses in der Literatur viel diskutierte Kriterium im Sinne einer Notwendigkeit erfährt zunehmend eine Abschwächung hin zum Vorliegen einer engen Verflechtung von Unternehmen und Eigentümern. Dies bedeutet somit, dass auch managergeführte Unternehmen mittelständisch sein können.
(3) **Personenbezogenheit der Unternehmensführung**: Dieses Kriterium lässt sich unter anderem an der persönlichen Einwirkung des Unternehmers, der persönlichkeitsorientierten Unternehmensstruktur und der Einheit von Leitung und Kapitalaufbringung erkennen.

Die Besonderheiten des Controllings im Mittelstand

Aus der Vielfalt der mittelstandsspezifischen Definitionen sind die Besonderheiten mittelständischer Unternehmen ableitbar, welche auch im Controlling mittelständischer Unternehmen zu berücksichtigen sind. Vor dem Hintergrund des steigenden globalen Wettbewerbs sehen sich mittelständische Unternehmen mit immer größeren und rapideren Veränderungen konfrontiert. Folglich entsteht eine **Wettbewerbssituation**, die den Fortbestand mittelständischer Unternehmen gefährden kann. Die starke Betroffenheit durch externe Entwicklungen – insb. durch steigende Komplexität – führt zu reduzierten Handlungsspielräumen und zu einer geringeren Toleranz für Fehlentscheidungen im Vergleich zu Großunternehmen. Zudem ergibt sich eine Besonderheit durch gestiegene Anforderungen an das Controlling im Rahmen der **Kreditvergabe**: Regelmäßig wird ein großes Maß an Transparenz für eine schnelle Bereitstellung von Kapital vorausgesetzt. Vor dem Hintergrund, der in der Finanzkrise immer wieder angeführten Kreditklemme im Mittelstand kommt diesem Aspekt eine wachsende Bedeutung zu. Nicht zuletzt sind der **intuitive Führungsstil** und die hohe **Aufgabenbelastung** von Führungskräften in mittelständischen Unternehmen als Begründung für eine stärkere Nutzung des Controllings in der Unternehmenspraxis heranzuziehen. Somit kann das Controlling dabei helfen, eine bessere Effizienz und Effektivität und eine bessere Ausrichtung auf das Ziel der langfristigen **Überlebensfähigkeit** sicherzustellen und sich somit als bedeutender Erfolgsfaktor für mittelständische Unternehmen erweisen (vgl. Keuper/Brösel/Albrecht, 2009, S. 56 f; Mäder/Hirsch, 2009, S. 17). Zusammenfassend verdeutlicht ▶ **Abb. 141** die Besonderheit des Controllings im Mittelstand.

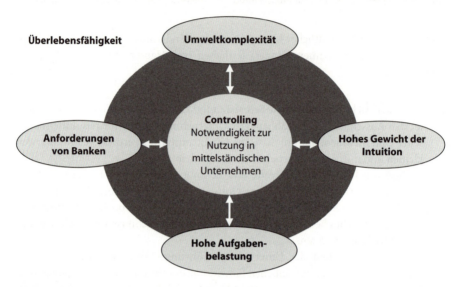

Abb. 141: Anforderungen an das Controlling im Mittelstand

Forschungsstand

Die Literatur zum Controlling im Mittelstand ist trotz der in den letzten Jahren verstärkten Bemühungen noch immer als fragmentarisch zu bezeichnen. Neben einer insgesamt relativ geringen Anzahl an Studien zum Thema sind die angewandte Methodik und die Operationalisierung des Mittelstandsbegriffs dieser Studien so heterogen, dass die Ergebnisse nicht immer miteinander vergleichbar sind (vgl. Flacke, 2007, S. 113). Die ▶ **Abb. 142** verdeutlicht den gegenwärtigen Stand der deskriptiven deutschsprachigen Controlling-Forschung zum Mittelstand und zu Familienunternehmen.

Die Notwendigkeit einer eigenständigen, mittelstandsbezogenen Controlling-Forschung kann durch Erkenntnisse der deutschsprachigen und internationalen Controlling-Forschung begründet werden. Untersuchungen zum Thema Einflussfaktoren des Controlling zeigen, dass insb. die Unternehmensgröße, die Führungsstruktur sowie die Umwelt als Einflussgrößen auf das Controlling gesehen werden. Somit besteht die Vermutung, dass sowohl die Notwendigkeit von Controlling als auch dessen Institutionalisierung mit steigender Unternehmensgröße zunehmen. Zudem ist davon auszugehen, dass bei hoher Machtkonzentration - wie sie gerade in mittelständischen Unternehmen vorliegt - eher mit einer rudimentären Ausprägung des Controllings zu rechnen

Quelle	Erhebung	Rücklauf	Quote	Anzahl MA	Branche	Region
Bussiek (1981)	k.A.	208	21,1 %	<1.000	alle	k.A.
Pohl/ Rehkugler (1986)	1984	217	13,9 %	20 - 1.000	alle	Bremen/ Stade
Lachnit/ Dey (1989)	1986	24	p.Befr.	<500	alle	IHK Oldenburg
Lanz (1990)	1986	420	13,7 %	<500	alle	Schweiz
Kosmider (1994)	1988	440	39,6 %	20 - über 500	Industrie	IHK Koblenz
Legenhausen (1998)	1992	139	13,1 %	<500	alle	IHK Bremen
Dintner/ Schorcht (1999)	1994/ 1996	152	15,9 %	<500	Industrie	Thüringen
Zimmermann (2001)	2000	84	p.Befr.	50 - 1.000	Industrie	Alte BRD
Ossadnik/ Barklage/van Lengerich (2003, 2004)	2002	155	11,8 %	<500	alle	Osnabrück-Emsland
Bischof/Benz/ Maier (2004	k.A.	34	20,7 %	<750	Industrie/ Handel	Vorarlberg (Österreich)
Rautenstrauch/ Müller (2005,2006)	2003	188	12,0 %	20 - 500	Industrie	Ostwestfalen
Schachner/ Speckbacher/ Wentges (2006)	2003	205	13,7 %	50 - 500	alle	Süddeutschland/ Österreich
Flacke (2007)	2004	211	~ 7,0 %	<500	alle	Region Münster
Feldbauer-Durstmüller/Wimmer/ Duller (2008)	2007	236	20,0 %	>50	alle	Österreich
Becker/ Baltzer/ Ulrich (2008)	2008	113	11,1 %	25 - 3.000	alle	Franken

Abb.142: Deutschsprachige Controlling-Forschung zum Mittelstand und Familienunternehmen

ist. Anhand empirischer Studien zu Insolvenzgründen von Unternehmen kann fehlendes Controlling zudem als Haupteinflussfaktor identifiziert werden, darüber hinaus werden fehlende betriebswirtschaftliche Kenntnisse von Unternehmern als ein bedeutsamer Grund für Insolvenzen insb. im Mittelstand genannt (vgl. Euler-Hermes Kreditversicherungs-AG, 2006, S. 7).

Empirische Erkenntnisse

In Anlehnung an die generischen Elemente einer Controlling-Konzeption bestätigen Untersuchungen des Deloitte Mittelstandsinstituts der Universität Bamberg die Notwendigkeit einer mittelstandsbezogenen Controlling-Forschung und zeigen dessen Besonderheiten insb. in Bezug auf die Unterscheidung zwischen eigentümer- und managergeführten Unternehmen auf. Die folgenden Erkenntnisse beziehen sich auf eine qualitative Erhebung aus dem Jahr 2007 (vgl. im Folgenden Becker et al., 2008, S. 74 ff.).

Controlling-Funktionen: In der Wahrnehmung mittelständischer Entscheidungsträger sind »Controlling« und »Controllership« weitgehend Synonyme: Controlling wird deutlich stärker mit den derivativen Funktionen der Information (71 %) und der Abstimmung (58 %) als mit der originären Funktion der Lokomotion (13 %) verbunden (siehe ▶ Abb. 143). Zudem werden Planung und Kontrolle häufig mit Controlling gleichgesetzt.

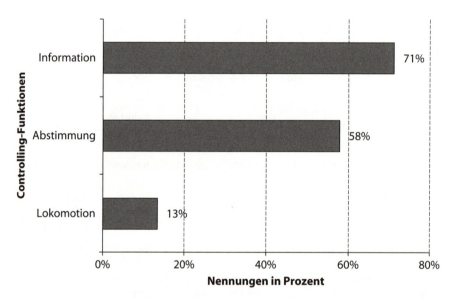

Abb. 143: Funktionen des Controllings in mittelständischen Unternehmen

Im Vergleich messen eigentümergeführte Unternehmen der Informationsfunktion mit 74 Prozent eine etwas höhere Bedeutung bei als managergeführte Unternehmen (67 %), was durch agency-theoretischen Überlegungen (Controlling als Kontrolle) begründet werden kann. In managergeführten Unternehmen wird hingegen ein eher wertorientiertes Controlling-Verständnis vertreten. Die Entwicklung von werthaltigen Kompetenzen, Effektivitäts- und Effizienzorientierung im Rahmen der Lokomotionsfunktion sowie Planungs-, Entscheidungs- und Kontrollsysteme im Rahmen der Abstimmungsfunktion haben bei managergeführten Unternehmen eine größere Bedeutung als bei eigentümergeführten Unternehmen.

Controlling-Aufgabenträger: 67 Prozent der Befragten geben an, dass in ihrem Unternehmen spezialisierte Mitarbeiter für das Controlling verantwortlich sind (siehe ▶ Abb. 144).

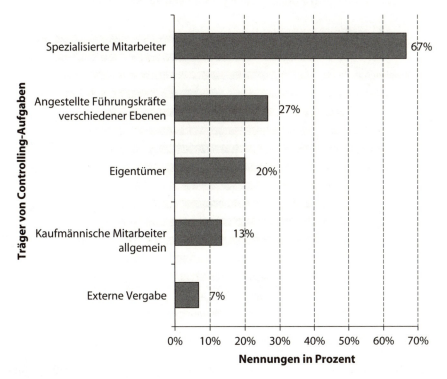

Abb. 144: Aufgabenträger des Controllings in mittelständischen Unternehmen

Deutlich erkennbar ist jedoch, dass zwar die meisten Unternehmen »Controlling machen«, bei weitem jedoch nicht jedes Unternehmen über spezielle Controller-Stellen verfügt. In 27 Prozent der Unternehmen sind angestellte Führungskräfte verschiedener Hierarchieebenen für das Controlling (mit-)verantwortlich, 20 Prozent der Unternehmen nannten Eigentümer als wichtigen Aufgabenträger sowie 13 Prozent bestehende kaufmännische Stellen. Allerdings zeigt sich, dass bei zunehmender Unternehmensgröße eine Verlagerung der Aufgaben des Controllings von Führungskräften, Eigentümern und kaufmännischen Angestellten hin zu spezialisierten Controllern festzustellen ist, was auf eine zunehmende Spezialisierung mit der Konsequenz einer zunehmenden Komplexität zurückzuführen ist. Bei einer Analyse in Abhängigkeit der Leitungsstruktur ist ersichtlich, dass Controller in managergeführten Unternehmen mehr Aufgaben strategischer Prägung übernehmen als in eigentümergeführten Unternehmen. Mit zunehmender Unternehmensgröße ist zudem eine Ausweitung der Kompetenzen von Controllern zu eher strategischen Fragestellungen zu beobachten. Externes Controlling stellt mit 7 Prozent im Mittelstand eine kaum verbreitete Organisationsvariante dar.

Controlling-Aufgaben: Im Vordergrund stehen (siehe ▶ **Abb. 145**) Aufgaben im Rahmen der Planung (89 %) und der Budgetierung (69 %), Aufgaben der Informationsversorgung durch die Erstellung des Berichtswesens (89 %), Analysetätigkeiten (78 %) sowie die Durchführung der Kostenrechnung (78 %) und der Kalkulation (71 %).

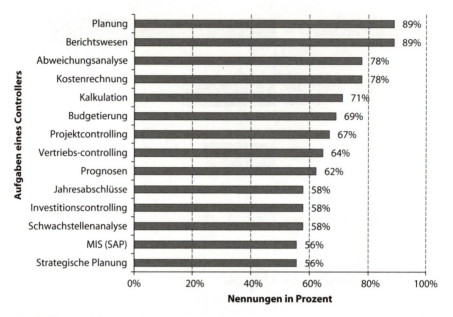

Abb. 145: Controlling-Aufgaben in mittelständischen Unternehmen

Controlling-Instrumente: Im Einklang mit den soeben erläuterten Controlling-Aufgaben weisen die folgenden Controlling-Instrumente die größte Verbreitung auf (siehe ▶ **Abb. 146**): Deckungsbeitragsrechnung (84 %) und (klassische Voll-) Kostenrechnung (80 %) Kennzahlensysteme (82 %) sowie Budgetierung (76 %).

Signifikante größen-, typen- oder leitungsstrukturspezifische Unterschiede lassen sich in Bezug auf die Instrumente nicht erkennen. Zwar liegen die Nutzungsgrade der einzelnen Instrumente bei managergeführten Unternehmen fast immer höher als bei eigentümergeführten Unternehmen, jedoch sind nur tendenzielle Unterschiede zu erkennen.

Handlungsempfehlungen

Aus den theoretischen Erkenntnissen sowie den empirischen Ergebnissen lassen sich für die Unternehmenspraxis konkrete Handlungsempfehlungen ableiten, die es mittelständischen Unternehmen ermöglichen bzw. erleichtern soll, die Notwendigkeit für ein Controlling in ihrem Unternehmen zu erkennen und dieses richtig einzusetzen.

- **Lokomotionsfunktion:** Zusammenfassend zeigt sich, dass Aufgaben und Instrumente mit eher strategischer Orientierung in mittelständischen Unternehmen noch

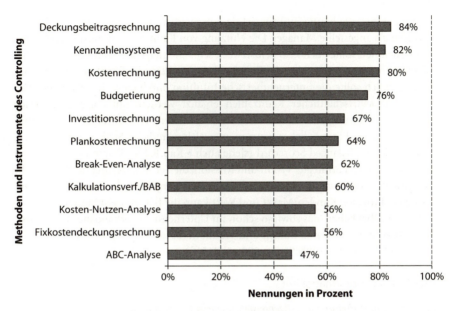

Abb. 146: Instrumente des Controllings in mittelständischen Unternehmen

immer sehr selten und wenig intensiv genutzt werden. Die Lokomotionsfunktion des Controllings sollte daher in mittelständischen Unternehmen noch stärker als bisher betont werden. Die vorausschauende Funktion des Controllings, durch die eine Optimierung von Effizienz und Effektivität und damit eine langfristige Überlebensfähigkeit sichergestellt werden kann, ist insb. vor dem Hintergrund steigender Zahlen von Unternehmensinsolvenzen im Mittelstand von Interesse.
- Transparenz: Mittelständische Unternehmen benötigen zur richtigen Entscheidungsfindung Transparenz über das unternehmerische Geschehen. Das im Unternehmen kursierende Wissen sollte nicht nur im Kopf der handelnden Personen vorhanden sein, sondern auch expliziert werden. Ein Management-Informationssystem (MIS) kann dabei helfen, die für die Unternehmensführung wichtigen Informationen strukturiert zu sammeln und mithilfe spezieller Werkzeuge zu analysieren. Auch wenn sich der Einsatz von MIS in mittelständischen Unternehmen noch nicht durchgesetzt hat, kann deren Einsatz in mehrfacher Hinsicht vorteilhaft sein: So kann nicht nur die Steuerbarkeit des Unternehmens verbessert werden, sondern die in einem MIS enthaltenen Informationen können auch proaktiv verschiedenen wichtigen Stakeholdergruppen, wie z. B. Banken, zur Verfügung gestellt werden. Dies kann neben einer Verbesserung des Zugangs zu Kapital zusätzlich die Qualität der Beziehungen des Unternehmens zu seinen Anspruchsgruppen verbessern (vgl. Keuper/Brösel/Albrecht, 2009, S. 56 ff.).
- Entscheidungsfindung: Über die Controlling-Konzeption hinaus werden in mittelständischen Unternehmen, insb. in den kleineren, oftmals Entscheidungen »aus dem Bauch heraus« getroffen. Diese Unternehmen werden zumeist von Unterneh-

mern geführt, die häufig intuitiv richtig entscheiden und weniger Kennzahlen benötigen als angestellte Manager. Die Nutzung von Kennzahlen in mittelständischen Unternehmen sollte auch kein Selbstzweck sein. Die steigende Komplexität sorgt jedoch dafür, dass Kennzahlen die Entscheidungsqualität signifikant verbessern können. Folglich sollte die unternehmerische Intuition durch einen Kanon ausgewählter betriebswirtschaftlicher Kennzahlen ergänzt werden, um einen integrierten Ansatz des Führungsstils im Sinne des Ausbalancierens von Rationalität und Intuition zu wählen. Ein mögliches Instrument, welches an dieser Stelle von Nutzen sein könnte, ist die Balanced Scorecard (siehe auch ▶ **Kap. 8.2.8**). Durch den Zwang zur Explizierung von Strategie, Vision und Mission, die Sensibilisierung für strategische Fragestellungen sowie die Messbarmachung von Vorgängen der Perspektiven Ressourcen, Prozesse, Kunden/Markt und Wert kann die BSC mittelständischen Unternehmen dabei helfen, das sowieso schon im Unternehmen vorhandene Wissen insb. der Mitarbeiter stärker zu nutzen und Wettbewerbsvorteile zu generieren (vgl. Ciesilski, 2007, S. 86 ff.; Müller/Krieg, 2009, S. 315 ff.).

Weiterführende Informationen:

Zur Mittelstandsforschung im Allgemeinen sowie in Deutschland:
Becker/Ulrich 2011
Für eine ausführliche Darstellung des Controllings in kleine und mittleren Unternehmen:
Müller 2009

Abkürzungen:

DMI   Deloitte Mittelstandsinstitut
IfM   Institut für Mittelstandsforschung
KMU   kleine und mittlere Unternehmen
MIS   Management-Informationssysteme

Wiederholungsfragen:

- Was versteht man unter einem mittelständischen Unternehmen?
- Warum bedarf es einer gesonderten Betrachtung des Controllings im Mittelstand?
- Nennen Sie einige Aspekte der aktuellen Ausprägung des Controllings in mittelständischen Unternehmen.
- Welche Handlungsempfehlungen ergeben sich für das Controlling mittelständischer Unternehmen?

12.3 Controlling im öffentlichen Sektor

Ab den 1980er Jahren wurden Überlegungen angestellt, ob und inwieweit das in privaten Unternehmen bereits sehr erfolgreiche Konzept des Controllings auch auf die öffentliche Verwaltung übertragen werden kann (vgl. Binder/Schäffer 2005, S. 612 f.). Zu diesem Zeitpunkt wurden unter dem Schlagwort New Public Management in vielen westlichen Industriestaaten umfassende Verwaltungsreformen begonnen, die darauf abzielten, die Verwaltung stärker an den Bedürfnissen der Bürger zu orientieren und diese Bedürfnisse gleichzeitig mit geringerem Ressourceneinsatz zu befriedigen. In Deutschland wird das New Public Management insb. in Form des Neuen Steuerungsmodells umgesetzt. Die geänderte Steuerung der öffentlichen Verwaltung bedeutet hierbei, dass nicht mehr die der Verwaltung zur Verfügung stehenden Mittel (Input), sondern die von der Verwaltung angebotenen Leistungen (Output) bzw. die damit erzielten Wirkungen (outcome) im Fokus stehen. Die Verwaltungen sollen sich dadurch von bürokratischen Behörden zu leistungsfähigen Anbietern öffentlicher Dienstleistungen wandeln. Um diesen Wandel zu realisieren, soll in der öffentlichen Verwaltung betriebswirtschaftliches Denken und Führungsinstrumente wie z. B. das Controlling Einzug halten (vgl. Weber/Schäffer 1998, S. 230). Dies erscheint sinnvoll, denn wenn die öffentlichen Verwaltungen als Dienstleistungs-»Unternehmen« aufgefasst werden können, dann sollten dort auch ähnliche Probleme wie in privatwirtschaftlichen Unternehmen auftreten.

Zum öffentlichen Sektor sind hierbei einerseits öffentliche Unternehmen und andererseits die öffentliche Verwaltung zu zählen. Öffentliche Unternehmen stehen ganz oder überwiegend im Eigentum der öffentlichen Hand. Sie können von privaten Unternehmen weiterhin anhand verschiedener Kriterien wie z. B. der Rechtsform, dem Grad der Selbstbestimmung oder dem verfolgten Formalziel abgegrenzt werden. Da in der Praxis jedoch vielfältige Mischformen existieren, ist eine trennscharfe Unterscheidung kaum möglich. Im Folgenden soll daher das Verwaltungscontrolling im Vordergrund stehen. Als Verwaltung sei hier derjenige Teil der Exekutive bezeichnet, welcher die Anordnungen der jeweiligen Regierung vollzieht. Im föderalen System der Bundesrepublik Deutschland existieren Verwaltungen auf Bundes-, auf Landes- sowie auf kommunaler Ebene.

Eine undifferenzierte Übernahme von Controlling-Ansätzen für privatwirtschaftliche Unternehmen in die öffentliche Verwaltung erscheint jedoch nicht ratsam, denn trotz aller angenommenen oder faktischen Gemeinsamkeiten bestehen weiterhin bedeutsame Unterschiede (vgl. Tauberger 2008, S. 6f.):

- Das Handeln der öffentlichen Verwaltung wird in erheblichen Umfang durch Gesetze, Verordnungen und Richtlinien bestimmt. Die öffentliche Verwaltung muss stets danach streben, die Rechtmäßigkeit ihres Handelns zu belegen.
- Das Handeln der öffentlichen Verwaltung ist in erster Linie auf die Erreichung von Sachzielen ausgerichtet, und erst in zweiter Linie auf die Erreichung von Formalzielen.
- Die öffentliche Verwaltung besitzt für ihre Leistungen häufig eine quasi-monopolistische Stellung, so dass keine Marktpreise existieren.
- Führungsstil und Organisationskultur sind traditionell bürokratisch geprägt, wodurch die Einführung moderner betriebswirtschaftlicher Ansätze erschwert.

Darüber hinaus erscheint es nicht möglich, aufgrund ihrer vielfältigen Aufgaben ein für alle Verwaltungen gleichermaßen passendes Controlling-Konzept zu entwickeln. Wir wollen uns daher nachfolgend mit dem Verwaltungscontrolling auf Bundesebene am Beispiel der Bundesagentur für Arbeit (BA) befassen, und zwar aus folgenden Gründen:

- Die BA ist mit ca. 100.000 Mitarbeitern die größte deutsche Behörde und somit von herausragender Bedeutung.
- Die Einführung des Controllings in der BA ist in der Literatur sehr gut dokumentiert (vgl. u. a. Hoffjan 1997; Weber/Weise 2004; Becker/Heuke 2005; Köpke/Brösel 2005; Schuberth/Schopf 2009; Hirsch et al. 2009, S. 23-44).
- Das Controlling in der BA ist im wahrsten Sinne des Wortes ausgezeichnet: Im Jahr 2010 hat es den renommierten ControllerPreis des Internationalen Controller Vereins gewonnen.

Die Bundesagentur für Arbeit mit ihrer Zentrale in Nürnberg ist eine bundesunmittelbare Körperschaft des öffentlichen Rechts. Ihre in 10 Regionaldirektionen organisierten 176 Agenturen für Arbeit mit mehr als 600 Geschäftsstellen sind über die gesamte Bundesrepublik verteilt. Die BA soll mit ihren Leistungen gemäß dem im Grundgesetz (Art. 20 Abs. 1) verankerten Sozialstaatsprinzip zur sozialen Sicherheit und Gerechtigkeit beitragen. Ihre Sachziele bestehen damit in der Arbeitsförderung und der sozialen Absicherung, wobei der Ausgleich von Angebot und Nachfrage auf dem Arbeits- und Ausbildungsmarkt von übergeordneter Bedeutung ist. Im Sinne von Formalzielen ist die BA zu Wirtschaftlichkeit und Sparsamkeit verpflichtet. Die BA ist die Trägerin der Arbeitslosenversicherung, eines der fünf Zweige der Sozialversicherung in Deutschland. Ihre Haupteinnahmequelle sind daher auch die Beiträge zur Arbeitslosenversicherung, welche gemeinschaftlich von Arbeitnehmer und -gebern gezahlt werden. Seit dem Jahr 2004 durchläuft die BA einen grundlegenden und umfassenden Reformprozess mit dem Ziel, »[b]ester öffentlicher Dienstleister am Arbeitsmarkt in Europa« (Schuberth/Schopf 2009, S. 267) zu werden. Um zu erfahren, welche Rolle das Controlling hierbei spielt, haben wir mit dem Vorsitzenden des Vorstands der Bundesagentur für Arbeit, Herrn Dr. h.c. Frank-J. Weise, ein Interview zum Thema »Controlling in der BA« geführt.

Wann und warum wurde in der BA Controlling eingeführt?

Das Jahr 2004 markiert den Beginn eines umfassenden Reformprozesses der BA. Die Umbenennung der Bundesanstalt in Bundesagentur für Arbeit steht dabei symbolisch für den gesamten Reformprozess und als sichtbares Zeichen für einen modernen Dienstleister.

Die Reformen beinhalteten zum einen die komplette Neuaufstellung der Aufbau- und Ablauforganisation, zum anderen die Implementierung einer Steuerungslogik, die auf den drei Säulen »Wirkung und Wirtschaftlichkeit«, »Transparenz« sowie »dezentrale Verantwortung« basiert. Der Aufbau eines umfassenden Controllings spielte hierbei eine zentrale Rolle. Nur durch die umfassende Transparenz über Ergebnisse und Prozesse war es möglich, die Reform zu steuern und nachhaltige Erfolge zu erzielen.

Gab es in der BA bereits vorher Ansätze, auf denen aufgebaut werden konnte? Woran hat man sich bei der Einführung von Controlling orientiert?

Die ersten Ansätze für ein Controlling wurden bereits im Jahr 1998 geschaffen. Zunächst handelte es sich um eine dem Präsidenten der Bundesanstalt zugeordnete Stabsstelle, die aufgrund der damals noch spärlichen Datenbasis nur über eine begrenzte Durchschlagskraft verfügte. Diese Erfahrung machte für den späteren Reformprozess deutlich, dass das Controlling in die Linienorganisation überführt und personell besser ausgestattet werden musste.

12 Situative Anpassung des Controllings

Hinsichtlich der organisatorischen und prozessualen Aspekte des Controllings wurden sowohl wissenschaftliche Grundlagen als auch Erkenntnisse aus der unternehmerischen Praxis herangezogen – und mit einer BA-eigenen Prägung versehen. Im Jahr 2005 wurde ein »Masterplan Controllling« erarbeitet, der Grundlage für die Controlling-Qualifizierung war und zudem Rolle und Aufgabe der Controller klar definierte. Damit konnte die Linienorganisation gestärkt werden und die Controller-Community innerhalb der BA entstand.

Was wird heute in der BA unter Controlling verstanden?

Controlling ist in der BA ein Synonym für systematisches Führen über Ziele. Dies bedeutet im Einzelnen:

Verluste verhindern (also rechnen);

rechtzeitig merken, dass Verluste entstehen können (also planen);

vorne rühren, damit es hinten nicht anbrennt;

Maßnahmen vorher im Kopf haben;

über Ziele führen;

Selbstkontrolle realisieren (also im Rahmen von Budgets Kompetenzen delegieren).

Zusammengefasst könnte man auch sagen: »Rechnen und planen und Mitarbeiter überzeugen, dass sie dabei mitmachen«.

Wichtige Instrumente und Werkzeuge für die tägliche Arbeit des BA-Controllers sind das Outcome-orientierte Zielsystem, jährliche Zielvereinbarungen, Planungsinstrumente, der monatliche Bericht zur Zielerreichung, Benchmarking, eine solide Datenbasis im Data Warehouse, das BA-eigene Führungsinformationssystem sowie die Kostenrechnung.

Welche Besonderheiten der BA waren beim Aufbau bzw. sind bei der Gestaltung des Controllings zu beachten?

Der Aspekt der Messbarkeit stellte bei der Einführung eines Outcome-orientierten Zielsystems eine besondere Herausforderung dar. Anders als in der Privatwirtschaft konnten nicht Finanzziele an oberster Stelle stehen, sondern das Zielsystem musste primär den gesetzlichen Auftrag widerspiegeln. In der Arbeitslosenversicherung wird der Erfolg insb. daran gemessen, ob es gelingt, das Eintreten von Arbeitslosigkeit zu vermeiden und – falls dies nicht verhindert werden kann – die Dauer der Arbeitslosigkeit der Kunden durch neue Beschäftigung möglichst nachhaltig zu verringern.

Zudem musste der Gedanke des Führens über Ziele sukzessive in den Köpfen der Führungskräfte verankert werden. Heute drückt sich dies darin aus, dass jede Führungskraft in der BA eine Zielvereinbarung abschließt, in der Controlling-Kennzahlen einen selbstverständlichen Inhalt darstellen. Leistungsmessung über Ziele, Planung und regelmäßige Zielnachhaltung waren aber nicht selbstverständlich. Die Verdeutlichung der Vorteile des Controllings, gerade in einer behördlich geprägten Unternehmenskultur, war sicherlich eine der größten Herausforderungen und ist mittlerweile weitestgehend gelungen.

Sind an einen BA-Controller besondere fachliche oder persönliche Anforderungen zu stellen?

Ausgehend von der Definition der Manager- und Controlleraufgaben des Internationalen Controller Vereins müssen die BA-Controller im Kern vier Rollen ausfüllen können:

Fachverantwortung übernehmen;

Prozesse antreiben;

über Wirkung und Wirtschaftlichkeit wachen;

auf allen Führungsebenen beraten.

Anders als in privatwirtschaftlichen Unternehmen, in denen Controlling bereits seit vielen Jahren etabliert und anerkannt ist, müssen sich die BA-Controller die Akzeptanz für die genannten Rollen jedoch vielfach erst noch erarbeiten. Controller benötigen – wie in Unternehmen auch – ein hohes Maß an sozialer Kompetenz und ein hinreichendes Verständnis vom Geschäft.

War die Einführung des Controllings in der BA erfolgreich?

Im Zusammenspiel mit den anderen Reform-Maßnahmen zeigt das Controlling erste sichtbare und messbare Erfolge. Bis Ende 2009 wurde die Dauer der Arbeitslosigkeit deutlich abgebaut (von rund 168 Tagen in 2006 auf rund 125 Tage), die Zufriedenheit der Arbeitnehmerkunden konstant verbessert (von einer Schulnote von 2,9 in 2006 auf die Note 2,3) sowie die Anzahl besetzter Stellen deutlich erhöht (von rund 238.000 in 2006 auf rund 345.000). Mittelbar zeigt sich der Erfolg auch am Bestand der Arbeitslosen (Arbeitslosenversicherung und Grundsicherung), der von 2006 bis 2009 um rund 24 % zurückgegangen ist. Die Gesamtentwicklung weist aufgrund der Wirtschaftskrise in 2009 zwar einen Knick auf, jedoch verschlechterten sich die Ergebnisse nicht im befürchteten Ausmaß.

Auch auf der Finanzseite sind Erfolge zu verzeichnen. So konnte bis zum Beginn des Jahres 2009 eine Rücklage von 16,7 Mrd. Euro aufgebaut werden – deren Existenz die finanziellen Auswirkungen der Krise für den Steuerzahler deutlich abmilderte – sowie ein Pensionsfonds in Höhe von 2,7 Mrd. Euro. Es gelang der BA als einzigem Zweig der Sozialversicherung, den Beitragssatz in den letzten vier Jahren zu senken (von 6,5 % in 2006 auf derzeit 3,0 %) und damit den Beitragszahler zu entlasten.

Welches sind wesentliche Ziele im Rahmen der Weiterentwicklung des Controllings in der BA?

In der Weiterentwicklung wird es vor allem um zwei Dinge gehen: Zum einen sollen die Möglichkeiten des Vorausschauens und des strategischen Controllings weiter ausgebaut werden. Zum anderen sollen Wirkung und Wirtschaftlichkeit des Einsatzes von Beitragsgeldern noch weiter verbessert werden. Wichtig ist, dass jeder eingesetzte Euro der Versichertengemeinschaft den größtmöglichen Nutzen stiftet.

Zudem gilt es, die Qualität der Prozesse in der BA zu steigern. Im Sinne einer lernenden Organisation wird die künftige Herausforderung sein, den Gedanken des kontinuierlichen Verbesserungsprozesses Bottom-up bei jedem Mitarbeiter zu implementieren.

Die BA hat den ControllerPreis 2010 des ICV erhalten. Hat das Controlling in der BA Vorbildcharakter für andere öffentliche Einrichtungen?

Die BA teilt ihre Erfahrungen mit anderen öffentlichen Einrichtungen, bspw. im Rahmen des Arbeitskreis Steuerung & Controlling, in dem zahlreiche Bundes- und Landesbehörden ihre Controlling-Konzeptionen miteinander vergleichen. In der Konsequenz der Umsetzung des Controllings hat die BA im öffentlichen Sektor bereits einen sehr guten Stand und kann insofern Anregungen zur Nachahmung bieten. Das bedeutet allerdings nicht, dass wir nicht auch noch dazu lernen könnten!

Vor dem Hintergrund unseres wertschöpfungsorientierten Controlling-Verständnisses stellt sich die Frage, was speziell für die Bundesagentur für Arbeit unter Wertschöpfung zu verstehen ist. Hier kann auf das Konzept des **Public Value**, *d. h. eines gesellschaftlichen Wertbeitrags zurückgegriffen werden. Für die Bundesagentur für Arbeit* kann diese gesellschaftliche Wertschöpfung z. B. in Beiträgen zu Werten der Gemeinschaft wie soziale Stabilität, Eröffnung von Bildungschancen, Solidarität, Stärkung des Einzelnen durch das Einfordern von Selbstverantwortung, Förderung regionaler Besonderheiten, Ermöglichung sozialer Teilhabe oder Vertrauen in die Berechenbarkeit von Verwaltungshandeln gesehen werden (vgl. Meynhardt/Vaut 2007, S. 71).

Weiterführende Informationen:

Aktueller Erfahrungsbericht vom Verwaltungscontrolling auf Landesebene:
Hirsch et al. 2009, S. 45-52
Aktueller Erfahrungsbericht vom Verwaltungscontrolling auf kommunaler Ebene:
Hirsch et al. 2009, S. 53-60

Abkürzungen:

BA   Bundesagentur für Arbeit
ICV   Internationaler Controller Verein

Wiederholungsfragen:

- Durch welche Besonderheiten zeichnet sich die öffentliche Verwaltung aus, die bei der Gestaltung des Controllings zu berücksichtigen sind?
- Wie kann Wertschöpfung aus dem Blickwinkel der Bundesagentur für Arbeit interpretiert werden?

12.4 Controlling in projektorientierten Unternehmen

Bereits in ▶ Kap. 5.3 haben wir Projekte als mögliche Objekte des Controllings kennengelernt. Während Projekte in unterschiedlichem Umfang in fast allen Unternehmen durchgeführt werden, sind sie für bestimmte Unternehmen von so herausragender Bedeutung, dass man von projektorientierten Unternehmen spricht. Wir wollen daher in diesem Kapitel zunächst der Frage nachgehen, welche Unternehmen als projektorientiert zu bezeichnen sind und wesentliche Aspekte von Projekten untersuchen. Danach werden wir die Ziele und Phasen des Projektmanagements darstellen, bevor wir auf das wertschöpfungsorientierte Projektcontrolling und dessen Instrumente eingehen. Abschließend werden wir in Form eines Praxisinterviews das Controlling in Unternehmensberatungen als bedeutsamen Typus projektorientierter Unternehmen betrachten.

Definition

Ausgehend von der lateinischen Wortabstammung (proiectum = das nach vorn Geworfene) werden als konstitutive Projektmerkmale in der Literatur (z. B. Kerzner 2008, S. 22) und in DIN 69901 genannt: Projekte werden auf Grund der individuellen Rahmenbedingungen durch den Begriff der Einmaligkeit gekennzeichnet und weisen eigenständige Zielsysteme auf. Ein Projekt gilt dann als erfolgreich abgeschlossen, wenn die

Zielvorgabe unter Berücksichtigung verschiedener Kriterien, wie Projektleistung, Laufzeit, Kosten- oder Ressourceneinsatz, erreicht wurde. Der Projektabschluss weist auf die **zeitliche Begrenzung von Projekten** hin, was durch einen definierten Aufgabeninhalt ebenso wie durch vereinbarte Ablieferungstermine erklärt werden kann. Die **begrenzte Verfügbarkeit von Ressourcen** ist ein weiteres wesentliches Projektmerkmal, das sich sowohl auf finanzielle als auch auf technische oder personelle Ressourcen beziehen kann. Besondere Aufmerksamkeit ist der **projektspezifischen Organisation** zu widmen, wobei aufbau- und ablauforganisatorische Aspekte zu berücksichtigen sind. In Abgrenzung zur Stab- oder Matrixprojektorganisation verfügt der Projektleiter bei einer reinen Projektorganisation über direkte Einfluss- und Steuermöglichkeiten der ihm unterstellten Mitarbeiter. Eine Abstimmung mit den Vorgesetzten anderer organisatorischer Einheiten hinsichtlich der knappen Ressource Mitarbeiter, wie es bei der Stab- und Matrixprojektorganisation der Fall ist, entfällt.

Abgrenzung projektorientierter Unternehmen

Die Besonderheit projektorientierter Unternehmen ist in der Integration des Projektmanagements als Führungskonzeption in die Unternehmensentwicklung zu sehen (vgl. Bea/Scheurer/Hesselmann 2011, S. 718). Diese Unternehmen zeichnen sich also dadurch aus, dass sie über das reine Management von Projekten und das Management durch Projekte hinausgehend die Vision einer rein projektorientierten Unternehmensentwicklung verfolgen, woraus nachhaltige Wettbewerbsvorteile entstehen können (vgl. Bea/Scheurer/Hesselmann 2011, S. 716):

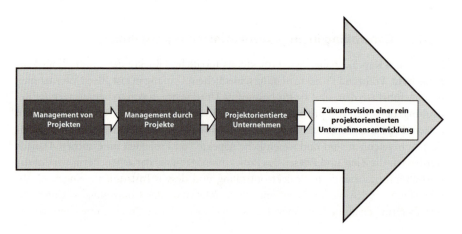

Abb. 147: Entwicklung zur projektorientierten Unternehmung

Besondere Merkmale der Führungskonzeption »Projektmanagement« sind eine projektadäquate Organisation, exakte Entwicklungsvorgaben, eine projektbezogene Planung sowie ein laufender Soll/Ist-Vergleich (vgl. Burghardt 2006, S. 12). Aus diesen Merkmalen wird bereits die Erfordernis eines geeigneten Controllings deutlich.

Der Projektanteil am Umsatz ist vor allem bei solchen Unternehmen hoch, die in dynamischen Märkten agieren, sich somit der Herausforderung permanenter Veränderungen stellen und damit eine Erfordernis hoher Flexibilität aufweisen müssen. Exemplarisch können hier Unternehmensberatungen oder auch Bauunternehmen genannt werden. Neuartige, komplexe und teamorientierte Aufgaben sind in diesen projektorientierten Unternehmen besonders häufig anzutreffen (vgl. Eberhardt/Dominick 2010, S.227). Projektmanagement wird also auf Grund der zunehmenden Dynamik auf den Märkten, der damit verbundenen komplexer werdenden Leistungsvielfalt und der daraus resultierenden Anforderung an eine effektive und effiziente Projektführung grundsätzlich immer wichtiger und bei projektorientierten Unternehmen als Führungskonzeption gelebt. Stellt man sich die Frage, warum Projektmanagement diesen Unternehmen bei der Bewältigung derartiger Anforderungen helfen kann, so sind zunächst grundlegende Begrifflichkeiten zu definieren.

Ziele und Phasen des Projektmanagements

Mit dem Einsatz von Projektmanagement, wird neben der Unternehmensentwicklung im Sinne einer lernenden Organisation primär die Steigerung des Unternehmenswertes verfolgt. Hierzu ist eine zielgerichtete Bearbeitung der Projekte unter Differenzierung der Projektaufgaben nach **Leistungs-, Zeit- und Wertaspekten** erforderlich (vgl. Becker/Bogendörfer/Daniel 2006, S.5). Da diese Größen als interdependent zu bezeichnen sind, weil bspw. eine Erhöhung des Leistungsumfanges sowohl den vereinbarten Termin als auch die anfänglich ermittelten Kosten beeinflusst, erscheint eine losgelöste Betrachtung einer dieser Größen wenig sinnvoll. In der Literatur wird daher oft (vgl. exemplarisch Kett 1990, S.51) vom **magischen Dreieck des Projektmanagements** gesprochen. In Abgrenzung zu den üblicherweise verwendeten Begriffen wollen wir jedoch die Qualitätsdimension als Leistung bezeichnen, um neben der Qualität auch den Leistungsumfang adäquat berücksichtigen zu können. Hierzu unterscheiden wir innerhalb der Leistungsdimension die Subdimensionen Kunden, Objekt und Ressourcen, welche jeweils in den einzelnen Phasen genauer beschrieben werden. Darüber hinaus greift nach unserer Auffassung der Kostenbegriff zu kurz. Um ebenfalls geplante Erlöse oder Gewinne abbilden zu können, verwenden wir den Ausdruck »Wert«.

Die ▶ **Abb. 148** erläutert diese Dimensionen genauer und dient uns zudem als Ausgangspunkt für die Betrachtung der Bedeutung des Controllings in den einzelnen Projektphasen (vgl. Becker/Bogendörfer/Daniel 2006, S.5).

Der abgebildete generische Projektmanagementprozess charakterisiert sich neben einzelnen Phasen, Teilphasen und den angesprochenen Dimensionen auch durch Gates. Das dahinterliegende Prinzip ist einfach: Erst nach Beendigung der einzelnen Phasen und Überprüfung deren erfolgreichen Abschlusses darf in die nächste Projektphase übergegangen werden. So werden bspw. am Ende der Phase »Projekt initiieren« zunächst alle für diese Phase formulierten Meilensteine überprüft. Eine Erlaubnis, das »Gate« zu passieren und in die folgende Phase »Projekt realisieren« überzugehen, erfolgt erst, wenn alle definierten Meilensteine erfolgreich erfüllt wurden. Damit wird sichergestellt, dass ein Projekt von Anfang an umfassend bearbeitet wird und wichtige Meilensteine nicht nur ungenügend erreicht werden.

| Zeit | Leistung | | | Wert |
(Phase)	Kunden	Objekt	Ressourcen	
Phase 1: Projekt initialisieren — Teilphase 1.1 Vorbereiten	Kundenerwartungen konkretisieren	Objekt für Projektierung vorbereiten	Ressourcen für Projektierung vorbereiten	Wirtschaftlichkeitsanalyse vorbereiten
Teilphase 1.2 Projektieren	Kundenziele und -nutzen ableiten	Objekt projektieren	Ressourcen projektieren	Wirtschaftlichkeit analysieren
Gate 1: Freigabe der Projektrealisierung				
Phase 2: Projekt realisieren — Teilphase 2.1 Starten	Kundenanforderungen finalisieren	Objektrealisierung starten	Ressourcen bereit machen	Wirtschaftlichkeit überwachen
Teilphase 2.2 Durchführen	Kundenanforderungen überwachen und steuern	Objektrealisierung überwachen	Ressourcen pflegen	Wirtschaftlichkeit überwachen und steuern
Teilphase 2.3 Abschließen	Kundenauftrag abschließen	Objektrealisierung abschließen	Ressourcen zurückführen	Wirtschaftlichkeit abschließend beurteilen
Gate 2: Review der Projektrealisierung				
Phase 3: Projekt evaluieren — Teilphase 3.1 Bewerten	Kundenzufriedenheit und -nutzen evaluieren	Objekt evaluieren	Ressourceneinsatz evaluieren	Wirtschaftlichkeit evaluieren
Teilphase 3.2 Lernen	Wissen über Kunden transferieren	Wissen über Objekte transferieren	Wissen über Ressourcen transferieren	Wissen über Wirtschaftlichkeit transferieren
Gate 3: Review des Projektes				

Abb. 148: Generischer Projektmanagementprozess

Wertschöpfungsorientiertes Projektcontrolling

Welche Ausprägung nimmt das wertschöpfungsorientierte Controlling im Projektmanagement im Allgemeinen und in projektorientierten Unternehmen im Besonderen an?

- **Informationsfunktion:** Damit ein Projekt die einzelnen Gates im Projektmanagementprozess passieren kann, sind die einzelnen Meilensteine auf deren erfolgreichen Abschluss hin zu überprüfen. Um dieser wichtigen Aufgabe nachgehen zu können, sind Informationen erforderlich, um eine Bewertung überhaupt erst zu ermöglichen. Eine umfassende und zielgerichtete Informationsversorgung in jeder einzelnen

Teilphase ist daher unerlässlich, damit ein Projekt den Prozess effektiv und effizient durchlaufen kann. Neben Informationen für Entscheidungsträger werden Informationen für Projektmitarbeiter bereitgestellt, um diese in ihrer täglichen Arbeit zu unterstützen.

- **Abstimmungsfunktion**: Nachdem wir eingangs festgestellt haben, dass sich projektorientierte Unternehmen durch einen hohen Projektanteil am Gesamtgeschäft charakterisieren lassen, scheint der Hinweis auf die parallele Existenz verschiedener Projekte beinahe überflüssig. Wesentlich ist jedoch, dass das Unternehmen als Ganzes und damit jedes seiner Projekte über eine begrenzte Ressourcenausstattung verfügen. Eine Abstimmung zwischen den Projekten muss folglich dahingehend stattfinden, dass die begrenzt verfügbaren Ressourcen unter dem Gesichtspunkt der Steigerung der Wertschöpfung zugeteilt werden müssen. Dies führt uns zur originären Controlling-Funktion:
- **Lokomotionsfunktion**: Welchen Beitrag die einzelnen Projekte zur Wertschöpfung leisten, ist Ausgangspunkt für die Projektauswahl und -priorisierung eruiert. Wichtige Beurteilungskriterien sind hierbei die strategische Bedeutung des Projektes, dessen monetärer Wert, mögliche Projektinterdependenzen, das jeweilige Risiko und die Projektflexibilität (vgl. Kunz 2007, S. 112). Für die Auswahl und Priorisierung der Projekte können bspw. die Kapitalwertmethode, Risikoanalysen oder Scoring- und Portfoliomodelle genutzt werden.

Die einzelnen Gates im generischen Projektmanagementprozess zeigen, dass nicht nur innerhalb der einzelnen Projektteilphasen steuernd und regulierend eingegriffen wird, sondern auch ein Review der Projektrealisierung und letztendlich des Projektes als Ganzes erfolgt.

Instrumente des Projektcontrollings

Einen Überblick über bedeutsame Instrumente des Projektcontrollings nach Phasen und Gates offerieren Becker et al (2006, S. 144). Eine besondere Bedeutung insb. für die Phase der Projektdurchführung weist die **Earned-Value-Methode (EVM)** auf, da sie das wertschöpfungsorientierte Projektcontrolling in besonderer Weise unterstützen kann (vgl. Christensen 1998, S. 383; Becker/Daniel/Hofmann 2007, S. 165). Das auch als Leistungswertanalyse bezeichnete Instrument greift auf Kennzahlen zurück, die Aussagen über die aktuelle Termin- und Kostensituation ermöglichen. Das Denken in Ergebnissen, im Earned Value, steht dabei im Zentrum und der Projektfortschritt wird stets unter dem Kostenaspekt betrachtet. So werden der Planned Value (Planwert), die Actual Costs (Istkosten) und der Earned Value (Leistungswert) gegenübergestellt. Insb. für Projekte mit einer mindestens dreimonatigen Laufzeit ist der Einsatz der EVM sinnvoll (vgl. Simons 1998).

Becker/Fischer/Ostbomk (2006, S. 15) untersuchten zudem die phasenbezogene Anwendungseignung ausgewählter ›klassischer‹ Controlling-Instrumente wie Target Costing, Projektstrukturpläne oder Aufwands- und Kostenkontrolle. Sie kommen zu dem Ergebnis, dass ganzheitliche Instrumente wie die Balanced Scorecard, die Budgetierung oder das Kostenmanagement die Anforderungen an eine leistungs-, zeit- und wertorientierte Projektsteuerung besser erfüllen können.

Es kann also festgehalten werden: Controlling in projektorientierten Unternehmen unterstützt idealerweise durch ganzheitliche Instrumente die Regelung und Steuerung von Projekten, um deren erfolgreichen Abschluss zu fördern und trägt durch die zielgerichtete Bereitstellung von entscheidungsrelevanten/erfolgskritischen Daten zur Information der Beteiligten und Abstimmung zwischen den (verantwortlichen) Entscheidungsträgern bei. Methoden zur Projektpriorisierung unterstützen die Auswahl derjenigen Projekte, die einen Beitrag zur Wertschöpfung leisten und den Wert des Unternehmens steigern können.

Controlling in projektorientierten Unternehmen am Beispiel von Horváth & Partners Management Consultants

Im Folgenden wollen wir das Controlling in Unternehmensberatungen als wichtigem Typus projektorientierter Unternehmen genauer betrachten. Als Gesprächspartner stand uns Dr. Michael Kieninger zur Verfügung, Seniorpartner bei Horváth & Partners Management Consultants und Sprecher des Vorstands der Horváth AG. Die Gesellschaft wurde im Jahr 1981 u. a. von Prof. Péter Horváth in Stuttgart gegründet. Horváth & Partners berät mit inzwischen über 400 Mitarbeitern an Standorten in sechs Ländern große und mittelständische Unternehmen aus Industrie, Dienstleistung und Handel sowie öffentliche Organisationen dabei, ihre Performance nachhaltig zu verbessern. Die fachlichen Beratungsschwerpunkte liegen in den Bereichen Strategisches Management und Innovation, Prozessmanagement und Organisation sowie Controlling und Finanzen.

Welche Rolle spielt Projektmanagement bei Horváth & Partners?

Kundenprojekte stellen für Unternehmensberatungen wie Horváth & Partners die zentralen Erfolgsträger dar. Es bedarf für solche projektorientierten Dienstleistungs-unternehmen somit eines Controlling-Ansatzes, der diesen besonderen Anforderungen gerecht wird. Controlling erfolgt hierbei auf mehreren Ebenen: Auf der Ebene einzelner Projekte, auf der Ebene von nach bestimmten Kriterien aggregierten Projektportfolios sowie schließlich auf der Ebene der Gesamtheit aller Projekte.

Eine erste Herausforderung besteht für das Controlling in Beratungsunternehmen darin, für eine verlässliche Datengrundlage Sorge zu tragen. Da Beratungsprojekte in aller Regel Berichtszeitpunkte (Monate, Quartale, Geschäftsjahre) überschreiten, muss zu diesen Zeitpunkten jeweils der genaue Projektfortschritt ermittelt werden. Dies erfordert die Bestimmung der bereits aufgewendeten Ressourcen ebenso wie der bereits erbrachten Leistungen.

Wie und an wen kommunizieren Sie die aufbereiteten Daten?

Im Rahmen des monatlichen Reportings werden sowohl die Monatsergebnisse als auch die kumulierten Ergebnisse aller Projekte berichtet. Der wichtigste Empfänger dieses Berichts ist der Projektleiter selbst, der Abweichungen zu kommentieren und über Maßnahmen zur Gegensteuerung zu entscheiden hat. Darüber hinaus gibt es aber zahlreiche weitere Berichtsempfänger entsprechend den Führungsdimensionen von Horváth & Partners. Die Aggrega-

tion der Einzelprojekte erfolgt insb. nach Kunden, nach branchenorientierten Geschäftsfeldern (z. B. Media & Telecom), nach themenorientierten Geschäftsfeldern (z. B. Controlling & Finanzen) sowie nach regionalen Organisationseinheiten (z. B. Büro München). Die Leiter dieser Geschäftsfelder und Organisationseinheiten werden damit in die Lage versetzt, die ihrem Verantwortungsbereich zugehörigen Projekte sowohl detailliert wie auch in Summe überprüfen und frühzeitig sich abzeichnenden Abweichungen entgegenwirken zu können.

Ein konstitutives Projektmerkmal ist unter anderem die Einmaligkeit von Projekten. Wie gehen Sie in Ihrem monatlichen Reporting mit dieser Tatsache um?

Eine Voraussetzung ist, dass alle Kundenprojekte hinsichtlich jeder dieser Auswertungsdimensionen eindeutig kategorisiert sind. Beim Vergleich und bei der Aggregation von Projekten werden strukturelle Unterschiede zwischen den Projekten neutralisiert. Diese bestehen zum Beispiel beim Vergleich von normalen Beratungsprojekten, bei denen die Beratertage dem Kunden weitgehend in Rechnung gestellt werden können, und forschungsintensiven Beratungsprojekten, bei denen ein hoher, nur teilweise abrechenbarer Aufwand in unserem internen Research-Bereich entsteht.

Sie weisen auf den unterschiedlichen Beratungsumfang innerhalb einzelner Projektkategorien hin. Wie bilden Sie diesen Umstand in Ihrer Projektkalkulation ab?

Die Struktur des monatlich ermittelten Projektergebnisses entspricht der Struktur der Projektvorkalkulation, denn nur hierdurch ist eine aussagekräftige Kontrolle und Abweichungsanalyse möglich. Die Güte der Projektvorkalkulation ist somit nicht nur für die Frage entscheidend, ob ein Projekt angenommen werden soll oder nicht, sondern auch für das spätere Projektreporting. Der Controlling-Bereich unterstützt das Akquisitionsteam in der Phase der Projektanbahnung mit Kalkulationsschemata und Erfahrungswerten. Zudem definiert es Mindesterwartungen an die Profitabilität von Projekten, deren Unterschreiten auf höherer Hierarchiestufe genehmigt werden muss. Dies kann zum Beispiel bei so genannten »Door Opener«-Projekten der Fall sein, mittels derer ein neuer Kunde von der Leistungsfähigkeit von Horváth & Partners überzeugt werden soll.

Der wesentliche Produktionsfaktor eines Beratungsunternehmens sind seine Mitarbeiter. Die Kunst einer Projektvorkalkulation liegt demnach darin, die gesamte zu erbringende Leistung in Teilmodule zu strukturieren und den zu ihrer Erfüllung benötigten zeitlichen Aufwand (gemessen in Beratertagen) zuverlässig zu schätzen. Dies kann nur von erfahrenen Beratern geleistet werden, die zudem über das notwendige Fachwissen der Projektinhalte verfügen. Die grundsätzlich hohe Bedeutung der Projektvorkalkulation steigt entsprechend noch an, falls es sich um ein Festpreisprojekt handelt.

Projektleiter sehen sich meist mit hohen Erwartungen konfrontiert, bspw. bei den von Ihnen angesprochenen »Door Opener«-Projekten. Wie unterstützt der Controlling-Bereich Ihres Unternehmens den Projektverantwortlichen?

Der Controlling-Bereich von Horváth & Partners unterstützt die Projektleitung einer-seits beim Regelreporting und führt andererseits auch Sonderanalysen durch. Im Falle von größeren Abweichungen geht der Controlling-Bereich auch aktiv auf die Projektleiter und Organisationsverantwortlichen zu und diskutiert mit ihnen Ursachen und mögliche Gegenmaßnahmen.

Der im Rahmen des Reporting festgestellte Projekterfolg wird ganz maßgeblich durch die laufende Steuerung des Projektes durch den Projektleiter beeinflusst. Controlling bei

Horváth & Partners hat somit auch das Ziel, der Projektleitung die Instrumente für die laufende Steuerung im Projekt zur Verfügung zu stellen und ihre Befähigung zur selbstständigen Projektsteuerung sicherzustellen. Besser als das Berichten von Abweichungen am Monatsende ist schließlich, diese schon im Vorfeld zu verhindern!

Die Befähigung zur selbstständigen Projektsteuerung umschließt folglich, dem Projektleiter auch relevante Kennzahlen bereitzustellen. Welche übergeordneten Performancegrößen sind bei Horváth & Partners besonders wichtig?

Für den Erfolg eines Projekts müssen alle wichtigen Performancegrößen, d. h. Termineinhaltung, Qualität und Erfolg gleichzeitig sichergestellt werden. Wird auch nur einer dieser Faktoren vernachlässigt, so besteht das Risiko, dass sich die Kundenzufriedenheit und als Konsequenz daraus der Projekt- und Unternehmenserfolg nicht wie gewünscht entwickeln. Während die zeitliche und finanzielle Perspektive des Projektmanagements weitgehend objektiv ermittelt werden können, muss die Projektqualität letztlich durch den Kunden beurteilt werden. Neben allgemeinen Kundenbefragungen in größeren Abständen ist es wiederum sehr wichtig, die Projektqualität kontinuierlich während der Projektlaufzeit zu erheben. Ein wichtiger Qualitätsindikator ist hierbei, inwieweit der Kunde Teilprojekte abnimmt oder ob Nacharbeiten notwendig sind.

Dass Projektmanagement in Beratungsunternehmen eine besondere Rolle spielt, zeigen Ihre Ausführungen deutlich. Gibt es denn weitere Projektmanagement-Besonderheiten speziell bei Beratungsunternehmen?

Ein weiterer wichtiger Produktionsfaktor in Beratungsunternehmen ist die IT, da Beratungsunternehmen sehr stark auf der elektronischen Ver- und Weiterbearbeitung von Informationen beruhen. Auch das Controlling ist stark auf die Unterstützung durch IT-Tools angewiesen. Da die Berater dezentral an unterschiedlichsten Orten beim Kunden arbeiten, müssen sie einerseits vor Ort über die für das Projektmanagement und -controlling notwendigen Tools verfügen. Andererseits müssen die Berater auch jederzeit auf die zentralen Systeme des Unternehmens, wie zum Beispiel Knowledge-Datenbanken, zugreifen können. Und selbstverständlich wollen sich die Organisationsverantwortlichen auch jederzeit einen Überblick über den Stand der vielen einzelnen Projekte verschaffen können.

Das Controlling unterstützt zudem die korrekte Dimensionierung und Auslastung der personellen Ressourcen des Unternehmens. In Beratungsunternehmen ist die Auslastung der Berater eine der wichtigsten Key Performance Indicators, da sie aufzeigt, in welchem Umfang sich über die Leistungen der Berater Erlöse generieren lassen. Horváth & Partners plant und verfolgt die Auslastung seiner Berater daher sehr detailliert. Problematisch ist, dass der zukünftige Kapazitätsbedarf an Beratern von Projekten bestimmt wird, die sich derzeit noch in der Akquisephase befinden und deren Gewinnung somit mit Risiko behaftet ist. Das Kapazitätsangebot ist jedoch kaum flexibel erweiterbar, da die Gewinnung und Einarbeitung neuer Mitarbeiter nur mittelfristig realisiert werden kann. Andererseits darf eine kurzfristige Unterauslastung nicht zum sofortigen Abbau der hochqualifizierten Mitarbeiter führen. Insofern gehen die Bemühungen des Controllings in der Planung dahin, die voraussichtliche Entwicklung dieser zentralen Einflussgröße möglichst zuverlässig abzuschätzen.

Abschließend bleibt festzuhalten, dass sich ein wirkungsvolles Projektcontrolling auf der Ebene der Projektteams im Rahmen der laufenden Projektsteuerung abspielen muss.

Zudem erlaubt ein zentrales Controlling auch eine strategische Steuerung des Unternehmens, da systematische Änderungen hinsichtlich der nachgefragten Problemlösungen oder der nachfragenden Branchen identifiziert werden können und eine Reaktionsmöglichkeit – z. B. auch durch die Entwicklung neuer Lösungsansätze bzw. Beratungsprodukte – besteht.

Weiterführende Informationen:

Einen Überblick über die wachsende Bedeutung des Projektmanagements für die Unternehmensführung bietet die folgende Sammelrezension:
Kunz 2010
Eine prägnante Zusammenfassung der Earned EValue Methode bietet:
Becker/Kunz 2009
Speziell mit dem Controlling in Beratungsunternehmen beschäftigt sich das folgende Buch:
Stolorz/Fohmann 2005
Informationen zu Horváth & Partners Management Consultants:
www.horvath-partners.com
Praxisorientierte Anleitung zum Aufbau eines Controllingsystems von Horváth & Partners:
Horváth & Partners 2009

Abkürzungen:

DIN	Deutsches Institut für Normung
EVM	Earned-Value-Methode

Wiederholungsfragen:

- Wodurch sind projektorientierte Unternehmen gekennzeichnet?
- Definieren Sie den Begriff Projekt unter Nennung konstitutiver Merkmale.
- Welche Ausprägung nehmen die Funktionen des wertschöpfungsorientierten Controllings bei projektorientierten Unternehmen an?
- Warum eignet sich die Earned-Value-Methode besonders als Instrument des Projektcontrollings?

12.5 Controlling in Non-Profit-Organisationen

Der Begriff ›Non-Profit-Organisation‹ (NPO) stellt eine Besonderheit dar, da er nichts darüber aussagt, was die Organisation ist, sondern was sie nicht ist (Negativdefinition). Folglich zählen zu Non-Profit-Organisationen so unterschiedliche Organisationen wie kommunale Unternehmen, Vereine oder soziale Einrichtungen. Auch die öffentliche Verwaltung wird oftmals den Non-Profit-Organisationen zugeschrieben, jedoch ist diese in einem besonderen, von verschiedenen Gesetzen bestimmten Kontexten zu sehen und wurde in unserem Buch daher bereits separat im vorangegangenen ▶ **Kap. 12.3** diskutiert.

Die Negativdefinition besagt, dass NPO nicht primär nach Gewinnerzielung streben, sondern vorrangig gemeinnützige, soziale, politische, mildtätige oder kulturelle Ziele verfolgen. Weitere charakteristische Merkmale von NPOs neben der fehlenden Gewinnorientierung sind eine formelle Struktur, die organisatorische Unabhängigkeit vom Staat, eine eigenständige Verwaltung sowie das Fehlen einer Zwangsmitgliedschaft (vgl. Glatz/Graf-Götz 2011, S. 57 f.).

In der Literatur wird oftmals auch von einem sog. ›Dritten Sektor‹ gesprochen. Dies ist insofern zutreffend, als dass weder eine Zuordnung zum Markt (erster Sektor), noch eine Zuordnung zum Staat (zweiter Sektor) erfolgt. Die Unterscheidung zum privatwirtschaftlichen Markt besteht in der schon erwähnten gemeinnützigen Zielsetzung an Stelle des Gewinnstrebens, der Unterschied zum Staat ist in der privaten Trägerschaft gegeben. Der englische Terminus ‚non profit' bedeutet eigentlich ›not for Profit‹. Dies kann teilweise irreführend sein, da der Begriff vielfach als ›no Profit‹ verstanden wird, was jedoch nicht korrekt ist (vgl. Wimmer 2010, S. 110). Non-Profit-Organisationen können zweifelsohne Gewinne erwirtschaften und versuchen dies auch, es stellt jedoch nicht ihren primären Zweck dar. Der Unterschied zwischen privatwirtschaftlichen Unternehmen und Organisationen des dritten Sektors besteht letztendlich darin, dass die erwirtschafteten Gewinne von NPOs einbehalten und reinvestiert werden, während privatwirtschaftliche Unternehmen ihre Gewinne zumindest teilweise an die Eigentümer ausschütten (vgl. Zimmer/Priller 2007, S.15).

Der dritte Sektor ist wie der Marktsektor durch Konkurrenz charakterisiert, weshalb auch hier auf betriebswirtschaftliche Konzepte und Instrumente zurückgegriffen wird, die der Planung, Steuerung und Kontrolle dienen. Zunehmend mehr Non-Profit-Organisationen machen daher auch vom Controlling Gebrauch (vgl. Stockmann 2007, S.71).

Controlling in Non-Profit-Organisationen stellt jedoch eine besondere Herausforderung aufgrund des oftmals fehlenden Verständnisses der Mitarbeiter dieser Organisationen für betriebswirtschaftliche Instrumente dar. Dies liegt wohl insb. daran, dass dem Controlling häufig – fälschlicherweise – unterstellt wird, ausschließlich gewinnorientierten Zielen zu dienen. Die Anwendung von Steuerungsinstrumenten ist vielmehr grundsätzlich unabhängig von der Zielsetzung, d. h. Controlling ist universell einsetzbar! Selbstverständlich ist das Zielsystem von Non-Profit-Organisationen ein anderes als das von privatwirtschaftlichen Unternehmen, jedoch werden auch in Non-Profit-Organisationen vom Management Ziele formuliert, die das Controlling als Instrument der Unternehmensführung hinsichtlich der Zielerreichung unterstützt. Es liegt daher kein grundsätzlicher Widerspruch zwischen den vorwiegend gemeinnützigen Zielen von NPOs und dem Controlling vor. Die Implementierung des Controllings in Non-Profit-Organisationen ist aufgrund der heterogenen Erwartungen der vielfältigen Anspruchsgruppen wesentlich komplexer als im »For-profit-Sektor«, wo mit den Eigenkapitalgebern eine Anspruchsgruppe klar dominiert. Ferner ist eine Erweiterung der typischen Sachziele des Controllings vorzunehmen, gerade auch im Hinblick auf qualitative Größen und den Ressourceneinsatz (vgl. Bono 2006, S. 15 f.).

Die teilweise nur ungenau definierten bzw. relativ abstrakten Ziele von NPO führen dazu, dass eine Steuerung mittels Plan-Ist-Differenzen nur schwer zu realisieren ist, ebenso wie die Nutzung eines an Präzision orientierten Controllings. Der Controller in Non-Profit-Organisationen muss daher als Erstes dafür sorgen, das Controlling überhaupt methodisch möglich wird, wofür das vage Zielverständnis konkretisiert werden muss. Der Controller berichtet, ebenso wie im privatwirtschaftlichen Sektor, direkt an das Management. Somit muss er im Management ein Verständnis dafür herstellen, dass Effizienz und Effektivität nur unter der Voraussetzung des Vorhandenseins von Zielen als Referenzkriterien anwendbar sind. Dies gelingt jedoch erst dann, wenn auch in Non-Profit-Organisationen Controlling als Führungsinstrument wahrgenommen wird (vgl. Halfar 2010, S. 11).

Das Controlling in Non-Profit-Organisationen ist also ebenso wie in privatwirtschaftlichen Unternehmen ein Führungsinstrument, mit dem die originäre Funktion der Lokomotion der Wertschöpfung sowie die derivativen Funktionen der Abstimmung und Information realisiert werden sollen. Während in gewinnorientierten Unternehmen die Wertschöpfung oftmals einen monetären Charakter annimmt, ist sie in Non-Profit-Organisationen primär durch qualitative Größen gekennzeichnet. Die zur langfristigen Existenzsicherung essentielle Liquidität stellt jedoch auch in Non-Profit-Organisationen eine wichtige Steuerungsgröße dar.

Zur Sicherstellung der Existenzsicherung bedient sich das NPO-Controlling vorwiegend des Leistungsbudgets, eines Finanzplans und einer Planbilanz. Das **Leistungsbudget** ist eines der zentralen Planungs- und Kontrollinstrumente in einer NPO, da die umfassende Darstellung sämtlicher monetärer und nicht-monetärer erfolgsrelevanter Größen in einem Leistungsbudget eine Abstimmung zwischen den einzelnen Bereichen ermöglicht. Der **Finanzplan** ergibt sich aus dem Leistungsbudgets nach Abzug der Steuern. Die im Finanzplan abgebildete Liquidität beschreibt die Fähigkeit einer NPO, ihren Verbindlichkeiten vollständig und fristgerecht nachzukommen. Da Illiquidität auch bei NPOs existenzbedrohend ist, ist die Planung, Steuerung und Kontrolle der Liquidität mittels des Finanzplans zwingend notwendig. Die Planbilanz dokumentiert schließlich die Vermögens- und Kapitallage einer NPO am Ende einer Planperiode und ergibt sich aus den Zahlen des Leistungsbudgets und des Finanzplans (vgl. Exner/Eschenbach/Tweraser 1998, S. 225 ff.).

Weiterführende Informationen:

Umfassende Werke zum Controlling in Non-Profit-Organisationen:
Bacher 2010
Bono 2010
Weber 1994
Unternehmensführung und Management von Non-Profit-Organisationen:
Schneider/Minning/Freiburghaus 2007
Schwien 2009

Abkürzungen:

NPO   Non-Profit-Organisation

Wiederholungsfragen:

- Unterscheiden Sie die Non-Profit-Organisation von privatwirtschaftlichen Unternehmen!
- Welche Unterschiede ergeben sich hinsichtlich des Zielsystems zwischen NPOs und privatwirtschaftlichen Unternehmen?
- Welche Controlling-Instrumente werden häufig in NPOs eingesetzt?

Teil IV: Entwicklungsperspektiven des Controllings

13 Internationale Perspektive des Controllings

Im Folgenden werden wir – die situative Anpassung des Controllings aus ▶ Kap. 12 aufgreifend – als eine mögliche Entwicklungsperspektive des Controllings die Internationalisierung aufgreifen und uns mit den Perspektiven der USA und Russlands auseinandersetzen.

13.1 Controlling in den USA

Ruft man sich die ganz zu Beginn dieses Buches aufgezeigte Begriffsproblematik in Erinnerung, so wird deutlich, dass eine Untersuchung des US-amerikanischen Controllings aus deutscher Perspektive ganz wesentlich davon abhängt, welches Verständnis von Controlling man als Ausgangspunkt wählt. Entsprechend unserer Auffassung, dass Controlling sowohl eine Führungsfunktion wie auch zwei Führungsunterstützungsfunktionen umfasst, lassen sich Anknüpfungspunkte sowohl in der Wissenschaftsdisziplin Management Control (Controlling als Führungsfunktion) wie auch in der Wissenschaftsdisziplin Management Accounting (Controlling als Führungsunterstützungsfunktion) finden (vgl. Schwarz 2003, S. 10). Da beide Begriffe als solche in der deutschsprachigen Betriebswirtschaftslehre kaum verwendet werden (vgl. Roso/Vormweg/Wall 2003, S. 58), bedürfen sie zunächst jeweils einer kurzen Erläuterung. Anschließend wollen wir auf die Position des Controllers in den USA eingehen und einen Vergleich zum deutschsprachigen Raum vornehmen.

Management Control

In ihrem weitverbreiteten Lehrbuch definieren Anthony/Govindarajan Management Control als »the process by which managers influence other members of the organization to implement the organization's strategies« (Anthony/Govindarajan 2007, S. 6). Dem Management Control-Prozess vorgeschaltet ist demnach die Formulierung von Zielen und Strategien. Der Management Control-Prozess selbst setzt sich wie bereits erwähnt (siehe ▶ Kap. 1.2) aus den beiden Phasen Planning und Control zusammen. Management Control kann somit als die Planung, Steuerung und Kontrolle der Umsetzung der gewählten Unternehmensstrategie interpretiert werden.

Die von Unternehmen eingerichteten Management Control-Systeme bzw. Planning and Control-Systeme beinhalten eine Vielzahl verschiedener Komponenten und Mechanismen, mittels deren Management Control sichergestellt werden soll. Ein zentral bedeutsamer Bestandteil von Management Control-Systemen ist hierbei das Management Accounting oder Managerial Accounting, da es viele der Informationen, welche für Planning und Control benötigt werden, bereitstellt (vgl. Jiambalvo 2010, S. 4).

Management Accounting

In der angloamerikanischen -Literatur finden sich ein enges und ein weites Verständnis von Management Accounting (vgl. Mussnig 1996, S. 13). Beim engen Verständnis wird Management Accounting mit Cost Accounting gleichgesetzt, d. h. mit der Kostenrechnung. Beim weiten Verständnis wird Management Accounting als umfassendes internes Rechnungswesen aufgefasst. Das letztgenannte Verständnis hat sich hierbei im Laufe der Zeit aus dem erstgenannten heraus entwickelt (vgl. Schoenfeld 1992, S. 348) und ist heutzutage vorherrschend.

Gemäß diesem weiten Verständnis deckt sich Management Accounting zu großen Teilen mit dem Aufgabenspektrum der Controller, d. h. mit der Controllership. Da viele Autoren im deutschsprachigen Raum Controlling wie bereits erläutert mit Controllership gleichsetzen, führt dies zu der häufig anzutreffenden Aussage, dass »[i]m internationalen Umfeld [...] für den Germanismus bzw. Scheinanglizismus ›Controlling‹ in aller Regel die Begriffe ›managerial accounting‹ bzw. ›management accounting‹ verwendet« (Binder 2006, S. 13) werden.

In US-amerikanischen Management Accounting-Lehrbüchern findet man in der Tat viele Themen, welche im deutschsprachigen Raum in Lehrbüchern zur Kosten-, Erlös- und Ergebnisrechnung bzw. zum Internen Rechnungswesen behandelt werden. Das gängige Themenspektrum umfasst hierbei (vgl. z. B. Weygandt/Kimmel/Kieso 2008, Jiambalvo 2010):

- Kostenarten-, -stellen- und -trägerrechnung;
- Prozesskostenrechnung;
- Abweichungsanalysen;
- Entscheidungsrechnungen;
- Preisfindung, Break Even- und Kundenprofitabilitätsanalysen;
- Investitionsrechnung;
- Budgetierung;
- Performance-Measurement;
- Kapitalflussrechnung;
- Bilanzanalyse.

Die beiden letztgenannten Themen überraschen zunächst, sind aber leicht erklärlich, wenn man sich die finanzwirtschaftliche Vergangenheit des Controllers im angloamerikanischen Raum (siehe ▶ Kap. 1.3) in Erinnerung ruft.

Controller

Während sich die sprachliche Diskussion im deutschsprachigen Raum vor allem um die Begriffe Controlling und Controllership dreht, so hadert man im englischsprachigen Raum vielmehr mit der Bezeichnung Controller: »[T]he term *controller*, though most commonly used, is perhaps not the best description for the job.« (Bragg 2009, S. 13). Diese Einschätzung beruht auf zwei Ursachen. Erstens wird mit der Bezeichnung Controller die Control-Phase hervorgehoben, obwohl der Controller die Manager während des gesamten Managementzyklus unterstützt, also ebenso während der Planning-Phase. Zweitens übt der Controller selbst ja kein Management Control aus, was man angesichts seines Titels jedoch fälschlicherweise vermuten könnte. Er ist lediglich »responsible for designing and operating the management control system« (Anthony/Govindarajan 2007, S. 110), nicht jedoch für die eigentliche Nutzung dieses Systems.

Den Titel Controller trägt in US-amerikanischen Unternehmen nicht jeder Mitarbeiter eines Controllerbereichs, sondern grundsätzlich nur der Leiter dieses Bereichs. Seine Mitarbeiter werden vielmehr als Management oder Managerial Accountants bezeichnet. Der Controller ist zudem nicht nur oberster Management Accountant, sondern zugleich auch Leiter aller Financial Accountants und Tax Accountants. Der Grund ist darin zu sehen, dass das angloamerikanische Rechnungswesen nicht wie das kontinentaleuropäische Rechnungswesen auf dem Zweikreissystem basiert, sondern auf dem Einkreissystem (vgl. Zirkler 2002, S. 19 ff.). Da das interne Rechnungswesen (Management Accounting) somit auf derselben Datengrundlage wie das externe Rechnungswesen (Financial Accounting) beruht, ist die inhaltliche und organisatorische Trennung zwischen beiden Bereichen weniger stark ausgeprägt als im deutschsprachigen Raum. Die Abteilungen, welche der Controller leitet, heißen demnach Controller's Department, Accounting Department oder auch Finance Department (vgl. Stoffel 1995, S. 140 f.). Geeigneter als der Titel Controller wird daher die Bezeichnung Chief Accounting Officer angesehen (vgl. Bragg 2009, S. 13). Der Controller selbst berichtet zusammen mit dem Treasurer an den Chief Financial Officer.

Neben dem FEI (siehe ▶ **Kap. 1.3**) ist heutzutage das bereits 1919 als *National Association of Cost Accountants* gegründete *Institute of Management Accountants* (IMA) die wichtigste Berufsorganisation der Controller in den USA. Das IMA bietet unter anderem Schulungen an, welche zu der anerkannten Zertifizierung *Certified Management Accountant* (CMA) führen. Darüber hinaus gibt das IMA die beiden Zeitschriften *Strategic Finance* und *Management Accounting Quarterly* heraus. Management Accounting als Aufgabengebiet der Management Accountants wird vom IMA seit dem Jahr 2008 wie folgt definiert: «Management accounting is a profession that involves partnering in management decision making, devising planning and performance management systems, and providing expertise in financial reporting and control to assist management in the formulation and implementation of an organization's strategy.« (vgl. Williams 2009, S. 23)

Controller werden also als Partner verstanden, welche die Manager bei Planning und Control, d. h. bei der (Formulierung und) Umsetzung der Unternehmensstrategie unterstützen. Darüber fällt auch das externe Berichtswesen in ihren Aufgabenbereich.

Die bislang ausführlichste Arbeit zu einem internationalen Vergleich des Tätigkeitsspektrums der Controller stammt von Stoffel (1995, S. 157), der in einer empirischen Untersuchung die Controllership in Deutschland, in den USA sowie in Frankreich untersuchte. Eine Gegenüberstellung der Tätigkeitsfelder deutscher und US-amerikanischer Controller ergibt folgendes Bild:

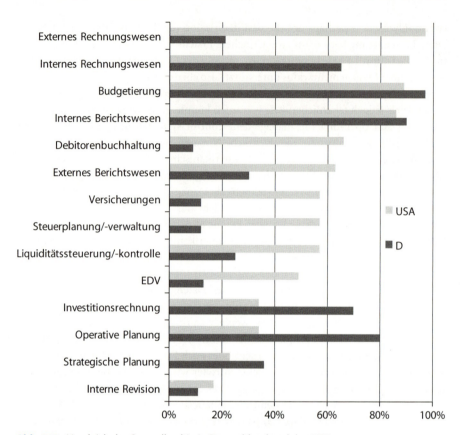

Abb. 149: Vergleich der Controllership in Deutschland und den USA

Das interne Rechnungs- und Berichtswesen sowie die Budgetierung sind gleichermaßen für deutsche und für amerikanische Controller von höchster Relevanz. Die Mitarbeit bei der operativen Planung und die Investitionsbeurteilung stellen hingegen nur für deutsche Controller wichtige Aufgaben dar. Im Gegensatz dazu sind das externe Rechnungs- und Berichtswesen sowie die Debitorenbuchhaltung, die Liquiditätssteuerung und -kontrolle, die Steuerplanung und -verwaltung sowie das Versicherungswesen lediglich für US-amerikanische Controller von großer Bedeutung. Insgesamt zeigen die Ergebnisse, dass die Tätigkeit US-amerikanischer Controller ein wesentlich größeres Spektrum umfasst als die Tätigkeit deutscher Controller.

Weiterführende Informationen:

Das Institute of Management Accountants (IMA):
www.imanet.org

Abkürzungen:

IMA   Institute of Management Accountants

Wiederholungsfragen:

- Was versteht man unter Management Control einerseits und Management Accounting andererseits? Welcher Zusammenhang besteht zwischen beiden Begriffen?
- Welche Gemeinsamkeiten und Unterschiede bestehen zwischen der Tätigkeit von Controllern in Deutschland und in den USA?

13.2 Controlling in Russland

In der Beschreibung der historischen Entwicklung des Controllings (siehe ▶ Kap. 1.3) zeigte sich, dass das moderne betriebswirtschaftliche Controlling-Verständnis ausgehend von den USA in der zweiten Hälfte des 20. Jahrhunderts in Deutschland wie auch in anderen westlichen Marktwirtschaften Verbreitung fand. Eine solche Entwicklung war jedoch weder in Russland noch in anderen osteuropäischen Ländern möglich, da hier bis Ende der 1980er Jahre ein staatlich gesteuertes und zentral geplantes Wirtschaftssystem vorherrschte.

Die Verbreitung des Controllings begann in Russland folglich erst ab den 1990er Jahren. Um zu erfahren, welche Entwicklung es seitdem durchläuft und welchen Stand es inzwischen erreicht hat, haben wir ein Interview mit Prof. Dr. Sergej Falko geführt. Er ist Inhaber des Lehrstuhls für BWL und Produktionsorganisation an der Moskauer Staatlichen Technischen N. E. Bauman-Universität sowie Geschäftsführer des Controllingvereins Russlands.

Gab es Controlling oder etwas Ähnliches bereits zu Zeiten der Sowjetunion?
In den sowjetischen Staatsbetrieben gab es Controlling weder als Organisationseinheit noch als Funktion. Controlling im Sinne von Steuerung wurde stattdessen zentral von den staatlichen Organen für die Steuerung der Wirtschaft des Landes ausgeführt. So regelte das Staatliche Komitee für Planung der UdSSR (das so genannte »Gosplan«) die methodischen Aspekte der Steuerungsprozesse der Wirtschaft. Die Beschaffung wurde dann bspw. für alle Betriebe im gesamten Land durch das Ministerium für Versorgung gesteuert. Das gesamte Planungssystem für alle Betriebe war somit zentralisiert. Die Konsolidierung sämtlicher Einzelpläne aller Betriebe und Branchen wurde dann durch die Abteilung für Zusammenführung des Gosplan vorgenommen. Die Aufgaben dieser Abteilung können mit dem – damals natürlich noch nicht vorhandenen – modernen Controlling-Instrument der Balanced Scorecard verglichen werden. Dieses Instrument wurde jedoch nicht auf der Ebene eines einzelnen Betriebes, sondern nur auf Ebene der Gesamtwirtschaft angewandt.

Wann kam in Russland der Controlling-Gedanke auf? Woher und wie beschaffte man sich Informationen zu Controlling?
Der Controlling-Gedanke kam Anfang der 1990er Jahre nach Russland. Informationen über das Gedankengut des Controllings kamen hauptsächlich aus Ländern wie Deutschland, Österreich und der Schweiz sowie aus Italien. Eine wichtige Informationsquelle waren hierbei Bücher deutschsprachiger Autoren wie z. B. von Elmar Mayer und Rudolf Mann, Dietger Hahn, Hilmar Vollmuth oder Albrecht Deyhle, welche zu dieser Zeit in die russische Sprache übersetzt wurden. In der Anfangszeit waren auch Praktikumsaufenthalte im Ausland sowie Besuche russischer Fachleute in deutschen und französischen Banken und Unternehmen

von großer Bedeutung. Darüber hinaus ermöglichten Stipendiengeber wie z. B. der DAAD russischen Studenten, Doktoranden und Dozenten den Aufenthalt an ausländischen Hochschulen, wodurch sie das dortige Controlling-Verständnis kennenlernen konnten.

Was versteht man heutzutage in Russland unter Controlling?

In Russland gibt es kein einheitliches Begriffsverständnis von Controlling, sondern eine Vielzahl unterschiedlicher Definitionen und Konzeptionen, welche von verschiedenen Fachleuten propagiert werden. Ich will daher im Folgenden das Controlling-Verständnis darlegen, welches an meinem Lehrstuhl vertreten wird (vgl. Karminskij et al. 2009, S. 8f.):
»Controlling ist eine Philosophie und Denkweise der Manager, welche auf einen effizienten und effektiven Einsatz der Ressourcen sowie auf eine langfristige Unternehmensentwicklung gerichtet ist. Controlling als wissenschaftliche Disziplin beschäftigt sich mit der Theorie der Messung von Ressourcen, von Prozessen sowie der Ergebnisse der wirtschaftlichen Tätigkeiten. Somit hat Controlling als Wissenschaft die Aufgabe, Theorien, Methoden und Instrumente zu entwickeln für die Messung von

Ressourcen (Rohstoffe, Anlagevermögen, Personal, Finanzen usw.);

Funktionen und Prozessen (Forschung und Entwicklung, Beschaffung, Produktion, Vertrieb usw.);

Steuerungselementen (Planung, Erfassung, Kontrolle, Analyse).«

Gibt es Besonderheiten, welche das Controlling in Russland aufweist?

Hier möchte ich drei Besonderheiten hervorheben:

Erstens zeichnen sich die theoretischen Teile wissenschaftlicher Arbeiten im Fach Controlling in Russland durch eine intensive Anwendung mathematischer Methoden und Modelle aus.

Zweitens wird die Funktion Controlling in russischen Unternehmen zumeist von Abteilungen ausgeübt, die Bezeichnungen wie »Wirtschaft und Finanzen« tragen. Controlling wird häufig entweder vom Bereichsleiter für Wirtschaft und Finanzen unmittelbar ausgeübt oder ist ihm als Unterabteilung zugeordnet. Funktionsorientiertes Controlling wie z. B. Produktions- oder Vertriebs-Controlling ist bislang kaum entwickelt.

Drittens sind in russischen Unternehmen informelle Beziehungen zwischen Managern sehr stark ausgeprägt, was einen großen Einfluss auf die Ausübung des Controllings hat.

Was ist der aktuelle Stand des Controllings in der russischen Wirtschaftspraxis?

Controlling ist in der Praxis noch nicht allgegenwärtig, sondern erst in einer relativ geringen Anzahl von Unternehmen anzutreffen. Meistens handelt es sich hierbei um Unternehmen, an denen ausländische Gesellschaften oder Investoren beteiligt sind. In öffentlichen Behörden existiert Controlling bislang nahezu gar nicht, allerdings kommen in letzter Zeit vermehrt wissenschaftliche Abhandlungen zu diesem Bereich auf. Somit ist der Beruf des Controllers bisher in Russland insgesamt noch wenig bekannt.

Was ist der aktuelle Stand des Controllings in der russischen Wissenschaft?

Controlling-Themen werden derzeit in der russischen Wissenschaft intensiv diskutiert. Insgesamt gab es bisher ca. 30 Habilitationen und 300 Dissertationen, die dem Themenfeld Controlling zuzurechnen sind.

Lehrstühle mit der Bezeichnung »Controlling« gibt es in Russland allerdings derzeit noch nicht. Die Ausbildung im Fach Controlling übernehmen überwiegend andere betriebswirtschaftliche Lehrstühle, z. B. solche für Unternehmensführung oder für Organisation.

Insgesamt wird Controlling neben meinem eigenen Lehrstuhl inzwischen an etwa zehn weiteren Lehrstühlen in Russland unterrichtet.
Wie sind Controller in Russland organisiert?
Im Jahr 2000 wurde der gemeinnützige »Verein der Controller Russlands« gegründet. Dem Verein können Einzelpersonen, aber auch Unternehmen und Hochschulen beitreten. Dieser Verein hat den Informationsaustausch zwischen Controllern, die Weiterbildung praktizierender Controller sowie die Weiterentwicklung und Verbreitung der Philosophie und Methoden des Controllings zum Ziel. Zu diesem Zweck werden verschiedene Schulungen sowie zweimal jährlich Symposien für Controlling durchgeführt. Mit Unterstützung meines Lehrstuhls gibt der Verein seit ebenfalls fast zehn Jahren vierteljährlich die anerkannte Fachzeitschrift »Kontrolling« heraus. Diese Zeitschrift nutzen nicht nur Praktiker für Veröffentlichungen, sondern ebenfalls Doktoranden und Habilitanden, die im Bereich Controlling in Russland forschen. Russische Hochschulen sind im Verein nicht nur vom Mitgliedsbeitrag befreit, sondern erhalten auch die Zeitschrift kostenlos und können unentgeltlich an den Symposien teilnehmen. Hierdurch soll der Kontakt zwischen Wissenschaft und Wirtschaftspraxis zum Zwecke des Wissens- und Erfahrungsaustauschs gefördert werden. Für ein so großes Land wie Russland mit seiner starken regionalen Zerstreuung von wissenschaftlichem Potenzial ist dies von besonderer Bedeutung.

Sieht man von der zeitlichen Verschiebung ab, so zeigen sich einige interessante Parallelen zwischen der Entwicklung des Controllings im deutschsprachigen Raum und in Russland. Eine wichtige Triebfeder sind in beiden Fällen Unternehmen, an denen ausländische Investoren beteiligt sind sowie Erfahrungen, die bei Auslandsreisen gewonnen wurden. Nachdem Controlling zunächst in der Unternehmenspraxis Fuß gefasst hat, beginnt im Nachgang einerseits seine Professionalisierung durch Interessensvereinigungen und Zeitschriften sowie andererseits das Aufgreifen seiner Themenstellungen durch die Wissenschaft.

Zunächst entwickelte sich Controlling in Russland am stärksten in der Finanzbranche. Dies lässt sich dadurch erklären, dass der Finanzsektor zu Zeiten der Sowjetunion kaum ausgeprägt war und folglich nach der marktwirtschaftlichen Öffnung einen großen Boom erlebte. Nachdem die Finanzkrise 1998 auch Russland schwer getroffen hatte, kam es in den Folgejahren zu einer Erholung und zu Wirtschaftswachstum. Seit dieser Zeit findet Controlling auch in Industrieunternehmen eine steigende Verbreitung. Insgesamt weist Controlling derzeit jedoch sowohl in der Praxis als auch in der Wissenschaft erst eine relativ geringe Verbreitung auf. Zur Einschätzung der etwa zehn Lehrstühle, an denen Controlling momentan unterrichtet wird, muss man bedenken, dass in Russland insgesamt über 1100 staatliche und private Hochschulen existieren. Allerdings wurde Controlling vor einigen Jahren in das »Verzeichnis der wissenschaftlichen Fachrichtungen des Höheren Attestierungskomitees der Russischen Föderation« aufgenommen, welche alle anerkannten wissenschaftlichen Forschungsdisziplinen enthält.

Auch in Russland existiert kein einheitliches Verständnis von Controlling, sondern eine große Meinungsvielfalt (vgl. Falko et al. 2012, S. 339 f.). Dies lässt sich teilweise dadurch erklären, dass in Russland in den vergangenen beiden Jahrzehnten zahlreiche verschiedene Einflüsse verarbeitet wurden, insb. aus dem amerikanischen und aus dem deutschsprachigen Raum. Ebenso wie in Deutschland kam es in Russland im Laufe der Zeit tendenziell zu einer inhaltlichen Ausweitung des Controllings-Verständnisses: Während ursprünglich die Kosten-, Erlös- und Ergebnisrechnung im Fokus stand, nahm nach der Finanzkrise die Planung und Budgetierung an Bedeutung zu. Inzwischen wird der Controller auch in Russland zunehmend als Business Partner der Unternehmensleitung wahrgenommen. In der Praxis wird Controlling neben kulturellen Besonderheiten insb. auch von rechtlichen Rahmenbedingungen in Russland beeinflusst (vgl. Gleißner/Hohenfeld 2009, S. 95 ff.). Hierbei sind insb. die umfangreichen handels- und steuerrechtlichen Vorschriften sowie Devisenkontrollen zu nennen.

Weiterführende Informationen:

Aktueller Erfahrungsbericht vom Aufbau eines Controlling-Systems in einer russischen Tochtergesellschaft eines deutschen Konzerns:
Gleißner/Hohenfeld 2009, S. 85-100
Informationen zum russischen Controller-Verein:
Kaiser 2009, S. 58-60
Aktuelles Videointerview mit Prof. Falko durch den ICV:
http://www.controllerverein.com/Controller_TV_AKs.145920.html

Abkürzungen:

DAAD Deutscher Akademischer Austauschdienst
ICV   Internationaler Controller Verein

Wiederholungsfragen:

- Welche Parallelen kann man zwischen der Entwicklung des Controllings in Deutschland ab den 1950er Jahren und in Russland ab den 1990er Jahren ziehen?

14 Entwicklungen im Umfeld des Controllings

Im bisherigen Verlauf des Buchs haben wir immer wieder darauf hingewiesen, dass das Controlling per se in einem stetigen Umbruch begriffen ist und deshalb neuere Entwicklungen aufgegriffen werden sollten. In der von uns bereits zitierten Panel-Umfrage der WHU wurden u.a. die Themen Effizienz, IT, Prozesse, aber auch Nachhaltigkeit, Ethik und Compliance/Corporate Governance als neue Themen im Umfeld des Controllings genannt. Da wir uns mit den ersten drei Themen schon explizit beschäftigt haben, möchten wir im letzten Kapitel unseres Buchs nun die Bereiche Compliance, Ethik und Corporate Governance besonders hervorheben und ein aus unserer Sicht ebenfalls wichtiges Thema ergänzen – Controlling und Steuern.

14.1 Compliance und Controlling

Der Begriff Compliance umfasst vereinfacht alle Maßnahmen zur Sicherstellung der Regeleinhaltung im Unternehmen (vgl. Kuhlen 2013, S. 1). Dabei kann der Begriff der Regel sowohl gesetzlich festgeschriebene Vorschriften als auch nicht explizierte, gesellschaftliche Verhaltenserwartungen wie moralisch-ethische Werte und Normen umfassen. Aufgrund weitreichender, öffentlich gemachter Unternehmensskandale und den damit einhergehenden negativen Folgen für die betroffenen Unternehmen, ist das Thema der Regeleinhaltung in den Fokus der betriebswirtschaftlichen Forschung und Praxis gerückt.

Wesentliche Ziele der Compliance umfassen dabei die Vermeidung finanzieller Risiken sowie die Aufrechterhaltung der Reputation des eigenen Unternehmens (vgl. Hamilton/Eckhardt 2010, S. 89 ff.). Um eben jene z. T. existenzgefährdenden Risiken vermeiden bzw. minimieren zu können, ist es Aufgabe der Compliance, Regelverstöße präventiv zu bekämpfen, existierende Unregelmäßigkeiten aufzudecken, bestehende Verfahren möglichst effizient zu gestalten und nach außen die eigenen Compliance-Anstrengungen zu kommunizieren.

Im Zuge der konkreten Umsetzung von Compliance stellt sich die Frage, ob und inwieweit Controlling hierbei eine Rolle spielt. Insb. muss diese Frage gestellt werden, da sich die grundlegenden Ziele der Compliance mit denen des Controllings decken. So zielen die Vermeidung finanzieller Risiken sowie der Aufbau der Unternehmensreputation im Wesentlichen auf die Sicherstellung der Existenz des Unternehmens ab. Gleichzeitig ist die theoretische Problematik der Compliance eng mit der des Controllings verknüpft. Ähnlich wie im Controlling ist es zentrale Aufgabe der Compliance, insb. vor dem Hintergrund der Prävention und Aufdeckung regelabweichenden Verhaltens, eine spezifisch ausgerichtete Prinzipal-Agenten-Problematik zu lösen (vgl. Reißig-Thust 2010, S. 123): Sieht man den Empfänger spezifischer Normen als Agent und die Leitung bzw. die Eigentümer eines Unternehmens als Prinzipale an, so stellt sich sowohl im Rahmen der Compliance als auch im Rahmen des Controllings die Frage der richtigen Anreizgestaltung, Informationsversorgung und Kontrolle gemachter Verhaltensvorgaben.

Trotz dieser theoretischen Überschneidung in der funktionalen Ausrichtung von Controlling und Compliance ergibt sich in der praktischen Ausgestaltung häufig ein Spannungsfeld: So ist das Controlling im Rahmen der Existenzsicherung zumeist einer ökonomischen Rationalität verpflichtet, die manchmal unvereinbar mit einem an Normen orientierten Verhalten erscheint. Viele Regelverstöße, sofern sie unentdeckt bleiben, können finanziell lukrativ und folglich im ökonomischen Sinne als rational empfunden werden. Im Extremfall, z. B. bei drohender Insolvenz, könnte bspw. die Existenzsicherung des Unternehmens eventuell nur durch unrechtmäßiges aber ökonomisch-rationales Verhalten sichergestellt werden.

Aus dieser Problematik heraus ergeben sich als zentrale praktische Fragestellungen, inwieweit das Controlling in die Arbeit der Compliance einzubeziehen ist und wie das Controlling damit umgeht, selbst ein wesentliches (Prüf-)Objekt der Compliance zu sein (vgl. Engelbrechtsmüller 2011, S. 160). Hinsichtlich der Frage, welche die Compliance betreffenden Aufgaben ein Controller bzw. das Controlling zu übernehmen hat, wird nicht zuletzt aufgrund des thematisierten Spannungsfeldes sowie aufgrund fachlicher Beschränkungen zumeist ausschließlich auf eine (reaktive) Informationsversorgung abgestellt (vgl. Reißig-Thust/Weber 2011, S. 32). Insb. kann das Controlling spezifische Informationen im Rahmen von Aufdeckung, Überwachung sowie Bewertung finanzieller und rechnungswesenbezogener Risiken liefern. Auch im Zuge der **Wirtschaftlichkeitsüberwachung** bestehender Kontroll- und Überwachungssysteme kann das Controlling nützliche Hinweise liefern.

Auf instrumenteller Ebene macht es eine solche Einbindung in für Compliance-relevante Fragestellungen u. U. notwendig, bestehende Instrumente auf die Erfordernisse der Compliance anzupassen oder gar neue, speziell auf die Compliance-Bedürfnisse ausgerichtete Instrumente einzuführen. So können bspw. bestehende Risikoüberwachungs- und Kennzahlensysteme eine stärkere Ausrichtung hinsichtlich relevanter Aspekte erfahren. Als Ergänzung zum Performance-Measurement ist es denkbar, sog. Conformance-Kennzahlen in übergeordnete Steuerungsinstrumente wie etwa in eine Balanced Scorecard (siehe ▶ **Kap. 8.2.8**) zu integrieren (vgl. Reißig-Thust/Weber 2011, S. 41 ff.). Neben der Ergänzung bestehender Instrumente bieten darüber hinaus **kriminologische Analyseinstrumente** mögliche Ansatzpunkte zur Einführung neuer Instrumente. So können mittels des Gesetzes nach Benford Unregelmäßigkeiten z. B. in Abschlussberichten durch statistische Analysen aufgedeckt werden.

Neben der funktionalen Einbindung des Controllings in das Aufgabengebiet der Compliance macht es das oben angesprochene Spannungsverhältnis notwendig, dass sich das Controlling mit seiner Rolle als eigenes (Prüf-)Objekt verstärkt auseinandersetzt. Als wesentlicher Informationslieferant sowohl für die externe Berichterstattung als auch für innerbetriebliche Entscheidungen steht das Controlling im Fokus der Unternehmensüberwachung. Die Sicherstellung der eigenen Regeleinhaltung kann also auch für das Controlling von existenzsichernder Bedeutung sein. Insb. hat das Controlling darauf zu achten, die geltenden Regeln, z. B. im Zusammenhang mit Vorschriften der Rechnungslegung, Dokumentation oder Risikofrüherkennung, einzuhalten (vgl. Engelbrechtsmüller 2011, S. 162). Für die Aus- und Weiterbildung der im Controlling beschäftigten Mitarbeiter bedeutet dies, das Wissen über entsprechende Regeln bereitzustellen, ein Bewusstsein über mögliche Folgen der Regelübertretung zu schaffen sowie eine »Compliance-konforme Kultur« zu etablieren.

Weiterführende Informationen:

Controlling-spezifische Compliance-Instrumente:
Reißig-Thust/Weber 2011, S. 35-48
Wichtige im Controlling zu beachtende Regelungen:
Engelbrechtsmüller 2011, S. 162

Wiederholungsfragen:

- Wo liegen die wesentlichen funktionalen Überschneidungspunkte zwischen Controlling und Compliance?

- Warum wird Controlling im Rahmen der Compliance zumeist nur als (reaktiver) Informationslieferant eingesetzt?
- Was sind die wesentlichen praktischen Problemstellungen des Controllings im Rahmen der Compliance?

14.2 Ethik und Controlling

In diesem Kapitel soll kurz diskutiert werden, ob das Handeln eines jeden einzelnen Controllers oder der Beitrag des Controllings im Unternehmen auch Gegenstand ethischer Überlegungen sein muss. Heute existieren Ethik und Ökonomik als zwei eigenständige Disziplinen bzw. Wissenschaftsgebiete. Dies war nicht immer so. Von der Antike bis zum Mittelalter wurden Ethik, Politik und Ökonomik als Einheit gesehen.

Um den Begriff Unternehmensethik zu verstehen, bedarf es in einem ersten Schritt eines Verständnisses des Begriffs der Ethik. Ethik als die Wissenschaft von moralischem Handeln verstanden, erörtert **moralische Probleme** und hat die **Reflexion von handlungsleitenden Regeln** zum Gegenstand (vgl. Pieper 1991, S. 17 ff.; Grabner-Kräuter 2000, S. 292 f.). Ethik wird beschäftigt sich mit dem Soll-Zustand der Normen. In Abgrenzung zur Ethik kann Moral als Ist-Zustand der vorherrschenden Normen verstanden werden. In der Ethik geht es also um das **Nachdenken und Begründen von Normen und Werten**. Die enger gefasste Unternehmensethik befasst sich mit ethischen Fragestellungen des wirtschaftlichen Handelns in Unternehmen. Sie zielt insb. auf die Klärung des Verhältnisses von Moral und ökonomischem Gewinnstreben (vgl. Küpper/Picot 1999, S. 136; Homann/Meyer/Waldkirch 2002, S. 495). Ist eine Betrachtung einer sog. Bindestrich-Ethik überhaupt zulässig? Ist Ethik nicht unteilbar? Nun es wird in der heutigen aufgeklärten Gesellschaft schnell deutlich, dass die in der allgemeinen Ethik entwickelten Imperative nicht auf den Lebenssachbereich Ökonomie und Controlling ohne weiteres übertragen werden können. Moralische Forderungen hätten damit einen systematischen Vorrang vor ökonomischen Gesichtspunkten. Es ist viel zeitgemäßer die Aufeinanderbezogenheit beider Disziplinen, der Ökonomik und Ethik, auszuloten (vgl. Noll 2013, S. 20).

Gerade mit Blick auf die Unternehmensethik stellt sich die Frage, ob das Erkenntnisobjekt des Controllings zweck- oder mittelneutral ist, oder ob es auf bestimmte Zwecke oder Mittel begrenzt werden sollte. Ist moralisches Handeln nur ein mögliches Mittel zur Erreichung des übergeordneten Ergebnisziels oder können unternehmensethische Grundsätze wie Umweltschutz oder Nachhaltigkeit auch gleichberechtigtes Ziel neben einer ergebnisorientierten Unternehmensführung sein?

Das hier vertretene Controlling-Verständnis als Management-Funktion zur Sicherstellung der Wertschöpfung eines Unternehmens nimmt den Akteuren diese grundlegende Entscheidung nicht ab. Dieses Controlling-Verständnis hebt die Prämisse der Gewinn- oder Unternehmenswertmaximierung als übergeordneten Zweck des Unternehmens auf. Es wird so zur Aufgabe des Controllings ethisch orientiertes Verhalten zu fördern, aber auch ethische Intentionen auf ihre Wirkung(en) hin zu überprüfen. Diese können auseinanderfallen: In dem Maße wie unmoralisches Verhalten von Individuen das Gemeinwohl fördert (vgl. Smith 1776/1978), kann eine Unternehmensethik, die dies nicht berücksichtigt, gesellschaftlich schädlich wirken.

Es zeigt sich, dass Unternehmensethik sich bereits stark in der Controlling-Philosophie zeigen kann. Unternehmensethische Grundsätze wirken auf verschiedenen Ebenen der Controlling-Struktur. Hervorzuheben ist der Aspekt, dass sich wirksames Controlling nicht nur auf Ziele und Kennzahlen erstrecken darf, sondern auch die vorgelagerten Prozesse und Maßnahmen einbeziehen sollte. Werte, Wollen und Tun sind Wesenselemente, mit denen sich das Controlling auch auseinandersetzen muss.

Institutionell erweitern sich die Aufgaben des Controllers um eine soziale und ökologische Dimension (vgl. Fischer et al. 2010, S. 226). Der Controller ist so in seiner Beratungsfunktion für das Top-Management in hohem Maße eigenverantwortlich für sein Handeln. Dies setzt die Fähigkeit zur Selbstkritik sowie soziale und moralische Kompetenzen voraus (vgl. Noll 2013, S. 157). Durch die Auseinandersetzung mit den Themen Unternehmens- und Individualethik kann sich der Controller seiner moralischen Verantwortung besser bewusst werden und kann in ethischen Konfliktsituationen Konsequenzen besser einschätzen sowie den Führungskräften beratend zur Seite stehen (vgl. Siller 2011, S. 171).

Integer zu sein bedeutet aber auch, das eigene Verhalten und Handeln an ethischen Prinzipien und moralischen Anforderungen auszurichten. Ein gefestigtes Wertesystem im Unternehmen ist der Bedingungsrahmen für eine werteorientierte Controlling-Philosophie. Aber: Sowohl Institutionen als auch Unternehmen können weder Werte verfolgen noch gegen sie verstoßen, da ihnen hierfür die Eigenschaften Freiheit und Vernunft fehlen. Ausschließlich Menschen, die hinter den Unternehmen stehen, können aus Vernunftgründen frei entscheiden und somit integer sein. Insofern muss sich auch der Controller mit seinem eigenen Wertesystem auseinandersetzen.

Durch die immer stärkere Berücksichtigung ethischer Aspekte ändern sich die Struktur von Entscheidungen und somit auch der Informationsbedarf. Um nachhaltigkeitsorientierten Berichtsleitlinien zu folgen, gilt es im Rahmen der Informationsfunktion des Controllings eigene Corporate-Responsibility-Daten, Informationen und Wissen zu generieren.

Die Umsetzung ethischer Grundsätze im Controlling und in Folge dessen auch in der Unternehmensführung ist, wie bereits erwähnt, sehr eng mit der Philosophie des Unternehmens und dem Denken des einzelnen verbunden. Die in einer Unternehmung tätigen Personen bringen aber auch ihr eigenes Wertesystem ein (vgl. Schäffer 2004, S. 59). Dieses beeinflusst bspw. im Hinblick auf die Suche nach neuen Ideen, die Beurteilung von Informationen und die Risikobereitschaft ihr Verhalten und damit die betrieblichen Entscheidungsprozesse. Deren Koordination impliziert daher zumindest eine gewisse Abstimmung zwischen den Wertvorstellungen der Entscheidungsträger. Im Rahmen der Abstimmungsfunktion des Controllings werden hierbei zwei Aufgaben ersichtlich. Die erste beinhaltet die Beziehung zwischen den individuellen Wertvorstellungen der Entscheidungsträger und der Rationalität betrieblicher Entscheidungsprozesse, die zweite unmittelbar die Koordination von Entscheidungen. In den Wirtschaftswissenschaften ist ein spezifisches Rationalitätsverständnis ausgearbeitet worden, das sich in vielen seiner Methoden und Modelle niederschlägt. Für eine Unternehmung stellt sich die Frage, in welchem Ausmaß diese mit den Wertvorstellungen ihrer Entscheidungsträger kompatibel sind. Daher kann man schon in der Erkundung und Analyse der für die Entscheidungsträger maßgeblichen Wertvorstellungen und ethischen Konzepte eine Controlling-Aufgabe sehen. Da diese einen oft nicht unmittelbar erkennbaren, aber wirksamen Hintergrund des gesamten Führungssystems bilden, erscheint eine Abstimmung der Wertvorstellungen im Hinblick auf eine koordiniert und effiziente Entscheidungsfindung zweckmäßig (vgl. Küpper 2008, S. 58 f.).

Die bereits dargestellten Beziehungen zwischen Unternehmensethik und Controlling deuten darauf hin, dass die von den Angehörigen einer Unternehmung verfolgten Werte die Entscheidungen und damit auch den Erfolg eines Unternehmens beeinflussen. Dabei wird im Rahmen der Lokomotionsfunktion des Controllings deutlich, dass zum einen das Controlling durch Unternehmensethik begrenzt wird: sowohl die Festlegung des übergeordneten Zwecks als auch die Auswahl der geeigneten Mittel muss wertrational und damit insb. auch ethisch begründeten Anforderungen genügen. Zum anderen muss Controlling im so gesetzten Rahmen moralisches Handeln begrenzen, wenn sich dieses nicht rechnet und proaktiv unterstützen bzw. anregen, wenn es einen positiven Beitrag zum Unternehmensgewinn erwarten lässt oder wenn korrespondierende ethische Prinzipien zu den obersten Zielen der Unternehmens zählen (vgl. Schäffer 2004, S. 1). Unterstellt man Wertschöpfungsmaximierung als übergeordneten Zweck des Unternehmens, lassen sich grob zwei Fälle unterscheiden. Im ersten Fall rechnet sich moralisches Handeln: unternehmensethische Postulate und die Anforderungen des Controllings fallen zusammen. Unter Umständen wird moralisches Verhalten sogar zum operativen und/oder strategischen Erfolgsfaktor für die wertschöpfungsorientierte Unternehmensführung: »Firmen müssen in Moral investieren, wenn sie ihr Verbleiben in der Gesellschaft und damit im Markts sicher stellen wollen« (Wieland 1994, S. 228). Damit ist auch moralisches Verhalten über Ursache-Wirkungs-Ketten mit dem Ergebniszweck verknüpfbar und unter Zuhilfenahme der Controlling-Instrumente steuerbar (vgl. z. B. Hirsch 2003). Im zweiten Fall rechnet sich moralisches Handeln wertschöpfungstechnisch nicht. Unternehmensethische Postulate und die Anforderungen des Controllings fallen auseinander: In wertschöpfungsorientiert gesteuerten Unternehmen sollte dann moralisches Handeln durch die Mechanismen des Controllings be- und/oder verhindert werden.

Controlling-Instrumente wirken handlungsleitend. Sie lenken die Wahrnehmung der Akteure und präjudizieren in gewissen Umfang ihr Handeln (vgl. Schäffer/Steiners 2005). So schafft das Berichts- und Rechnungssystem unabhängig vom Unternehmensziel eine Transparenz, die handlungsleitend und damit potentiell negativ für Dritte sein kann. So entsteht etwa durch eine nicht oder wenig verursachungsgerechte Allokation von Umweltschutzkosten die Quersubventionierung besonders umweltschädlicher Produkte (vgl. Lingnau/Schäffer 2009, S. 284). Dennoch wurde die Nutzung von Instrumenten und die durch sie generierten Informationen lange Zeit in der betriebswirtschaftlichen Literatur vergleichsweise selten diskutiert. Empirische Studien zeigen, dass die vom Controlling bereitgestellten Informationen nicht nur instrumentell, d. h. für die Fundierung von Entscheidungen, sondern häufig auch symbolisch genutzt werden,

d. h. zur Durchsetzung und nachträglichen Rechtfertigung von Entscheidungen (vgl. Heine 2008, S. 21 f.)

Zahlenorientierte Controlling-Instrumente bieten zwar eine logisch-rationale Führungs- und Lenkungsbasis. Emotionale Sicherheit, soziale Verträglichkeit, Akzeptanz übergeordneter Wertesysteme oder ethischer Normen sind mit vorhandenen Instrumenten offensichtlich nicht zu erreichen. Es stellt sich somit die Frage, ob Instrumente aus dem Rechnungswesen oder Controlling weiter modifiziert, ausgebaut und verfeinert werden sollen oder ob ein grundsätzlicher Neuansatz notwendig und möglich ist, um die genannten Aspekte in die Entscheidungsfindung mit einzubeziehen (vgl. Schneemann 2005, S. 8).

Es zeichnet sich eine zweiseitige Entwicklung ab. Zum einen werden bestehende Instrumente erweitert, hier kann beispielhaft die Sustainability-BSC genannt werden. Zum anderen können bereits bestehende Instrumente weiterverwendet werden z. B. die Wertschöpfungsrechnung.

Weiterführende Informationen:

Ein spannendes Interview zum Thema:
Lingnau/Schäffer 2009, S. 283-287

Wiederholungsfragen:

- Welchen Ausgangspunkt setzt die wertschöpfungsorientierte Controlling-Konzeption für den Einbezug ethischer Gesichtspunkte?
- Wie werden die Controlling-Funktionen von ethischen Fragestellungen beeinflusst?
- Welche Herausforderungen ergeben sich für Controller?

14.3 Corporate Governance und Controlling

Betrachtet man die aktuelle Debatte um Corporate Governance (CG) – also Regelungen für eine gute und verantwortungsvolle Unternehmensführung – in Deutschland (vgl. Ulrich 2011, S. 90 f.), verwundert es, welche geringe Rolle das Controlling an dieser Stelle spielt (der vorliegende Beitrag basierend grundsätzlich auf den Ausführungen von Becker/Ulrich 2010, S. 3-28). Der DCGK kennt umfassende Controlling-Konzeptionen offenbar gar nicht, erwähnt er doch das Controlling nur ein einziges Mal im Zusammenhang des Risiko-Controllings: »Der Vorstand sorgt für ein angemessenes Risiko-Management und Risiko-Controlling im Unternehmen.« (Ziffer 4.1.4 DCGK in der aktuellen Fassung vom 13.05.2013).

Autoren aus Wissenschaft und Praxis sprechen sich seit längerem für eine stärkere Einbeziehung des Controllings in die Debatte um CG aus, da sich CG und Controlling in Zielen und Aufgaben nahe stehen (vgl. Kißler 2011; Schäfer 2011; Schmidt 2011). Ob und inwiefern das Controlling im Rahmen der CG allgemeine oder spezifische Funktionen übernimmt oder übernehmen sollte, konnte bisher jedoch nicht abschließend geklärt werden. Die Antwort auf diese Frage hängt insb. von der gewählten Operationalisierung der beiden Konstrukte ab.

Gemeinsamer Handlungskontext

Setzt man das in diesem Buch verfolgte wertschöpfungsorientierte Controlling-Verständnis voraus, so lässt sich ein gemeinsamer Handlungskontext von CG und Controlling erkennen. Hauptaufgabe der CG – verstanden als Leitrahmen für effiziente und effektive Entscheidungen von Unternehmen – ist es, die Voraussetzungen für die Erreichung der übergeordneten Zielsetzung von Unternehmen, der langfristigen Überlebensfähigkeit, sicherzustellen. Unternehmen benötigen aus diesem Begriffsverständnis heraus einen rechtlichen, organisatorischen und informatorischen Ordnungsrahmen. Compliance ist als **Teilbereich der Unternehmensverfassung** zu sehen, welcher sich mit der Schaffung und Durchsetzung von Regelungen befasst, die der Sicherstellung dieses Ordnungsrahmens dienen. Risk Management wird als prozessintegrierte Ausprägung von Überwachung und Kontrolle interpretiert.

Die drei genannten Konstrukte sind jedes für sich auf die Erreichung des Oberzwecks der Wertschöpfung auszurichten. Wenn dem Controlling primär die Aufgabe des initialisierenden Anstoßens und Ausrichtens des unternehmerischen Handelns auf den Oberzweck der Wertschöpfung zukommt, ist damit zu rechnen, dass das Controlling auch für die jeweiligen Teilsysteme des Supersystems Unternehmen jeweils diesen Zweck übernehmen sollte. Folglich ist diese Aufgabe des Controllings auch auf die Bereiche der CG übertragbar.

In Abhängigkeit vom gewählten Abstraktionsniveau lassen sich mehrere Wechselwirkungen zwischen CG und Controlling unterscheiden:

- **Allgemeine** Controllingfunktionen
  - CG-Controlling im Sinne der Information, Abstimmung und Lokomotion von CG,
  - Unterstützung der CG-Umsetzung durch das Controlling,
- **Spezifische** Controllingfunktionen
  - Mitwirkung des Controllings im Rahmen der CG,
  - Bereitstellung von Methoden und Instrumenten für CG durch das Controlling.

Das CG-Controlling interpretiert CG als Objekt des Controllings, welches wie andere Objekte auch ›controlled‹ werden kann. Hier sind Aspekte der Führungsunterstützung durch Versorgung mit Informationsversorgung, Planung, Entscheidung und Kontrolle, Abstimmung und Lokomotion zu nennen. Die Unterstützung der CG-Umsetzung durch das Controlling umfasst Aspekte wie z. B. das Berichtswesen sowie die Mitgestaltung von Anreizsystemen durch das Controlling. Die Mitwirkung des Controllings im Rahmen der CG ist derart zu interpretieren, dass das Controlling durch Erfüllung originärer Controlling-Aufgaben wie z. B. der Informationsversorgung selbst zu einem Teilbereich guter CG wird. Nicht zuletzt wirkt sich die Aufgabe des Controllings, die Unternehmensführung mit geeigneten Methoden, Instrumenten und Werkzeugen zu versorgen, dahingehend aus, dass diese auch für die Zwecke von CG nutzbar gemacht werden. Als Beispiele können Kennzahlensysteme angeführt werden, welche unter anderem als Basis für wertorientierte Anreizsysteme genutzt werden können(vgl. Hirsch 2006, S. 274 f.).

Ausgewählte Beispiele

Als Beispiele für die Unterstützung von CG durch das Controlling werden im Folgenden beispielhaft drei Themenbereiche diskutiert:

- Berichtswesen,
- Anreizsysteme,
- Risiko-Controlling.

Im Rahmen des Berichtswesens ist die Informationsversorgungsfunktion durch das Controlling hervorzuheben. Das Controlling untersteht hierarchisch dem Vorstand und versorgt diesen, aber auch andere Entscheidungsträger und Akteure mit Informationen. Die **Berichtsfunktion des Controllings** kann wiederum in drei Bereiche unterteilt werden (vgl. Wall 2008, S. 231 f.)

- Informationsbereitstellung für den Lagebericht,
- Informationsbereitstellung für die Abschlussprüfung,
- Berichterstellung für den Aufsichtsrat.

Die Inhalte von Berichten des Vorstands an den Aufsichtsrat sind in § 90 Abs. 1 AktG gesetzlich geregelt. Die Berichterstellung erfolgt meist in standardisierter Form, z.B. in Form durch das Controlling vorbereiteter integrierter Kennzahlensysteme. Die Informationsbereitstellung für den Lagebericht bezieht sich auf einen Großteil der dort enthaltenen Informationen, welche durch das Controlling zur Verfügung gestellt werden. Dies sind unter anderem die Investitionsplanung, Planungsprämissen für die operative und strategische Planung sowie die Berichterstattung über verwendete Methoden des Risk Management (vgl. Wall 2008, S. 231).

Die **Gestaltung von Anreizsystemen** dient der Harmonisierung der Interessen verschiedener Interessengruppen. Dies ist nicht nur, aber besonders für die Vergütung des Vorstands von Bedeutung. Während die Festlegung der Vorstandsvergütung weitgehend Aufgabe des Aufsichtsrats ist, fällt die Gestaltung von Anreizsystemen für nachgelagerte Hierarchieebenen dem Vorstand zu. Dort ist das Controlling tendenziell in starkem Maße eingebunden, da es die wertorientierten Bemessungsgrundlagen für derartige Systeme zur Verfügung stellt. Eine empirische Erhebung zeigt, dass für Anreizsysteme noch zu selten Wertbeitragskennzahlen verwendet werden (vgl. Fischer/Rödl 2007, S. 11 ff.). Eine der Hauptaufgaben des Controllings im Rahmen von CG muss es vor dem Hintergrund von Effizienz und Effektivität sein, die Wertorientierung bei der Gestaltung von Anreizsystemen weiter voranzutreiben.

Das **Risiko-Controlling** ist vor dem Hintergrund von COSO und KontraG eine wichtige Funktion des Controllings im Rahmen von CG (vgl. Wolf/Runzheimer 2009). Der Vorstand ist nach § 91 Abs. 2 AktG verpflichtet, geeignete Maßnahmen zu ergreifen, um bestandsgefährdende Entwicklungen rechtzeitig zu erkennen. Das Risiko-Controlling ist Bestandteil eines meist umfassenderen Risk Management-Systems, welches Informationen beschaffen soll, um Risiken identifizieren, analysieren, steuern, überwachen, dokumentieren und kommunizieren zu können. Auch wenn dies für das Controlling keine neue Aufgabe ist, wird es durch das KonTraG besonders hervorgehoben (vgl. Wall 2008, S. 230).

Wall unterscheidet mehrere Funktionen des Risiko-Controlling (vgl. Wall 2008, S. 230 f.):

- Bereitstellung von Methodenkompetenz,
- Informationsversorgung des Managements,
- Etablierung eines internen Risikoreportings.

Die Methodenkompetenz bezieht sich auf spezifische Komponenten, welche durch das Controlling bereitgestellt werden. Beispiele hierfür sind spezifische Modelle oder Kennzahlen (z. B. Value at Risk, vgl. Fricke 2004, S. 69 ff.). Das Management benötigt frühzeitig Informationen über Risiken, um geeignete Entscheidungen treffen zu können. In diesem Zusammenhang ist ein Risikofrüherkennungssystem (vgl. Phillipps 2009, S. 32 ff.) von besonderer Bedeutung. Ein Problem stellt das Ungleichgewicht zwischen Aufwand und Nutzen des Risiko-Controllings dar. Während sich der Aufwand z. B. durch Versicherungsprämien relativ leicht bestimmen lässt, ist dies für die positive Wirkung des Risiko-Controllings nicht ohne weiteres möglich. Die Etablierung eines internen Risikoreporting dient schließlich der umfassenden Information über geschäftsrelevante Risiken. Eine Integration des Risikoreporting in das bestehende Berichtswesen ist vorteilhaft und kann z.B. mit Hilfe integrierter Balanced Scorecard-Lösungen bewerkstelligt werden (vgl. Christians, 2006, S. 355; Diederichs/Kißler 2007, S. 83 ff.).

Weiterführende Informationen:

Ein einführender Sammelband zum Themenbereich:
Freidank (Hrsg.) 2004

Abkürzungen:

CG   Corporate Governance
COSO   Committee of Sponsoring Organizations of the Treadway Commission
DCGK   Deutscher Corporate Governance Kodex

Wiederholungsfragen:

- Skizzieren Sie den gemeinsamen Handlungskontext von Corporate Governance und Controlling?
- Welche Beispiele können für die Unterstützung von Corporate Governance durch das Controlling angeführt werden?

14.4 Steuern und Controlling

Der Bereich 'Steuern und Controlling' wird bisher in der Controlling-Literatur und Praxis eher vernachlässigt. Aus diesem Grund haben wir uns entschlossen, ein Interview mit Professor Dr. Thomas Egner, Inhaber des Lehrstuhls für BWL, insbes. Betriebliche Steuerlehre an der Ott-Friedrich-Universität Bamberg zu führen.

Was verstehen Sie unter dem Begriff »Steuercontrolling«?

Die Besteuerung löst bei Unternehmen einen Besteuerungsprozess aus, beginnend mit der steueroptimalen Sachverhaltsplanung (»Steuerplanung«), gefolgt von deren Umsetzung sowie daran anschließend der Deklaration, bis zur abschließenden Betriebsprüfung. Unabhängig vom konkreten Controllingverständnis umfasst das Steuercontrolling eine Steuerungs- und Kontrollfunktion. Dementsprechend muss das Steuercontrolling die Informationsversorgung sicherstellen, die Prozesskontrolle ausüben und Planung, Realisation und Nachsteuerung koordinieren. Das Steuercontrolling ist damit als prozessintegriertes Überwachungssystem Teil des steuerlichen Risikomanagements. Steuercontrolling ist dabei nicht als bloße Steuerminimierung zu verstehen, denn auch die Kosten der Minimierung sind zu berücksichtigen. Zudem ist neben dem operativen auch ein strategisches Steuercontrolling notwendig, um langfristige Wirkungen von Steuergestaltungen (z. B. bei mittelständischen Unternehmen im Rahmen der Erbschaftsteuer bei der Nachfolgeplanung) zu berücksichtigen.

Wie ist der aktuelle Entwicklungsstand des Steuercontrollings? Welche Bedeutung prognostizieren Sie diesem Thema für die Zukunft?

Derzeit wird das Steuercontrolling noch etwas stiefmütterlich behandelt. Es wird meist nur fokussiert auf die Konzernsteuerquote durch Konzerne betrieben. Bei kleineren und mittleren Unternehmen wird das Steuercontrolling noch weitgehend vernachlässigt oder in rudimentärer Form auf die externe Steuerberatung verlagert. Die zunehmende Komplexität der Besteuerung, die enormen finanziellen und reputationsgefährdenden Risiken werden aber das Steuercontrolling wie auch allgemein das steuerliche Risikomanagement an Bedeutung gewinnen lassen. Dieser Bedeutungsgewinn wird durch die Mehrdimensionalität der Steuerplanung (Interdependenzen der Steuerarten; Interpersonelle Bezüge; intertemporale Wirkungen; außersteuerliche Wirkungen) unterstützt.

Welche Ziele und Aufgaben verfolgt das Steuercontrolling?

Durch das Steuercontrolling sollen die Steuerplanung und der betriebliche Besteuerungsprozess einer beständigen Überwachung und Optimierung unterliegen, so dass das Steuermanagement effektiver und effizienter wird. Dadurch soll letztendlich das Verhältnis von Steuerlast und Erfolg minimiert werden. Durch die beständigen Änderungen des steuerlichen Umfelds sind regelmäßige Planungsanpassungen unumgänglich. Neben der Planungsentscheidung selbst ist vor allem der systematische Erfassungsprozess von Änderungen im steuerlichen Umfeld zu überwachen und zu optimieren. Daneben birgt die Organisation des Besteuerungsprozesses, z. B. die Datenhaltung seit Einführung der digitalen Betriebsprüfung, Aufgaben für das Steuercontrolling.

Sollte Steuercontrolling in der Unternehmenspraxis eher von der Steuerabteilung oder vom Controllerbereich forciert werden?

Die Zuordnung muss im Einzelfall von der Unternehmensorganisation abhängig gemacht werden. Eine Verankerung im steuerlichen Bereich erscheint nur sinnvoll, wenn die Steuerabteilung hinreichend groß ist, um eine Selbstkontrolle auszuschließen. Eine Zuordnung im Controllerbereich hätte den Vorteil einer größeren Distanz und damit einhergehend einer größeren Objektivität. Allerdings fehlen häufig Controller mit profunden steuerlichen Kenntnissen.

Werden steuerliche Aspekte bereits ausreichend im Instrumentarium des Controllings berücksichtigt? Wenn nein, benötigt das Steuercontrolling eher neue Instrumente oder eher eine stärkere Berücksichtigung steuerlicher Aspekte im bestehenden Controlling-Instrumentarium?

Neue Instrumente für das Steuercontrolling sind i. d. R. nicht notwendig. Demgegenüber werden im bestehenden Instrumentarium viel zu selten steuerliche Aspekte systematisch berücksichtigt. Nahezu jede betriebswirtschaftliche Handlung löst steuerliche Folgen aus, die zu berücksichtigen sind - dennoch wird häufig so getan, als lebe man in einer Welt ohne Steuern. Inzwischen hat sich auch die Erkenntnis entwickelt, dass nicht nur unmittelbare steuerliche Wirkungen zu berücksichtigen sind, sondern auch mittelbare Wirkungen, wie sich dies zuletzt bei Kundenreaktionen gezeigt hat, wenn Konzerne aggressive Steuerplanung betrieben haben (»Konsumentenempörung«). Die mangelnde Berücksichtigung steuerlicher Wirkungen in der betriebswirtschaftlichen Entscheidungslehre ist aber ein Problem, das sich schon bei der Lektüre betriebswirtschaftlicher Einführungsliteratur zeigt.

Weiterführende Informationen:

Lehrbuch zum Thema Steuercontrolling:
Risse 2010

Literaturverzeichnis

Agthe, K.: Controller; in: Grochla, E. (Hrsg.): Handwörterbuch der Organisation, Stuttgart 1969, Sp. 351–362

Ahn, H.: Ansehen und Verständnis des Controllings in der Betriebswirtschaftslehre, in: Controlling, 11. Jg. (1999), S. 109–114

Ahn, H./Dyckhoff, H.: Zum Kern des Controllings: Von der Rationalitätssicherung zur Effektivitäts- und Effizienzsicherung, in: Scherm, E./Pietsch, G. (Hrsg.): Controlling – Theorien und Konzeptionen, München 2004, S. 501–525

Akerlof, G. A.: The Market For »Lemons«: Quality Uncertainty and the Market Mechanism, in: The Quarterly Journal of Economics, 84. Jg. (1970), S. 488–500

Allanson, S. P.: Interne Beratung – Strukturen, Formen, Arbeitsweisen, Gais 1985

Alpar, P./Grob, H. L./Weimann, P./Winter, R.: Anwendungsorientierte Wirtschaftsinformatik, 5. Aufl., Wiesbaden 2009

Altenähr, V.: Personenversicherungen kompakt, Karlsruhe 2009

Amshoff, B.: Controlling in deutschen Unternehmungen: Realtypen, Kontext und Effizienz, 2. Aufl., Wiesbaden 1993

Ansari, S./Euske, K. J.: Rational, Rationalizing, and Reifying Uses of Accounting Data in Organizations, in: Accounting, Organizations and Society, 12. Jg. (1987), S. 549–570

Anthony, R. N./Govindarajan, V.: Management Control Systems, 12. Aufl., New York 2007

Argyris, C.: The Impact of Budgets on People, New York 1952

Armbrüster, T.: The Economics and Sociology of Management Consulting, Cambridge 2006

Ashby, W. R.: Introduction to cybernetics, London 1956

Bacher, A.: Instrumente des Supply Chain Controlling – Theoretische Herleitung und Überprüfung der Anwendbarkeit in der Unternehmenspraxis, Wiesbaden 2004

Baier, P.: Praxishandbuch Controlling – Controlling-Instrumente, Unternehmensplanung und Reporting, 2. Aufl., München 2008

Baltzer, B.: Einsatz und Erfolg von Controlling-Instrumenten, Wiesbaden 2013

Bange, C./Keller, P./Narr, J./Dahnken, O.: OLAP und Business Intelligence, 4. Aufl., Feldkirchen 2003

BARC: BARC-Guide Business Intelligence und Performance Management 2005/2006, Würzburg 2006

BARC: Business Intelligence etabliert sich im Mittelstand, in: BARC-Guide Business Intelligence 2007/2008, Würzburg 2007, S. 10–11

BARC: BARC-Marktstudie BI Softwaremarkt Deutschland 2008/2009, Würzburg 2009

Barth, T./Barth, D.: Controlling, 2. Aufl., München 2008

Bassler, A.: Die Visualisierung von Daten im Controlling, Lohmar/Köln 2010

Bea, F. X./Göbel, E.: Organisation, 4. Aufl., Stuttgart 2010

Bea, F. X./Scheurer, S./Hesselmann, S.: Projektmanagement, 2. Aufl., Konstanz/München 2011

Becker, A.: Jenseits des Kerns des Controllings: Management Accounting as Social and Institutional Practice, in: Zeitschrift für Controlling & Management, 48. Jg. (2004), S. 95–106

Becker, F.: Anreizsysteme und Mitarbeiterführung, in: Eyer, E. (Hrsg.), Entgeltsysteme für produzierende Unternehmen. Durch differenzierte Vergütung die Wettbewerbsfähigkeit steigern, Düsseldorf 2004.

Becker, R./Heuke, S.: Controlling wirkt: Erste Ergebnisse des neuen Controllingsystems in der Bundesagentur für Arbeit, in: Zeitschrift für Controlling & Management, Sonderheft 1 (2005), S. 52–61

Becker W. Funktionsprinzipien des Controllings, in: Zeitschrift für Betriebswirtschaft, 60. Jg. (1990), S. 295–318

Becker, W.: Stabilitätspolitik für Unternehmen, Wiesbaden 1996

Becker, W.: Begriff und Funktionen des Controllings, in: Bamberger Betriebswirtschaftliche Beiträge Band 106, Bamberg 1999

Becker, W.: Kosten-, Erlös- und Ergebniscontrolling, 11. Aufl., 2011

Becker, W.: Strategie und Performance, 11. Aufl., Bamberg 2011

Becker, W.: Controlling: Konzepte, Methoden und Instrumente, 7. Aufl., Bamberg 2012

Becker, W./Baltzer, B.: Die wertschöpfungsorientierte Controlling-Konzeption, Bamberger Betriebswirtschaftliche Beiträge Band 172, Bamberg 2010

Becker, W./Baltzer, B./Häusser, L.: Die Lehre im Fach Controlling an deutschen Hochschulen – Ergebnisbericht einer empirischen Studie, in: Bamberger Betriebswirtschaftliche Beiträge Band 173, Bamberg 2011

Becker, W./Baltzer, B./Ulrich, P.: Aktuelle Entwicklungen in der Unternehmensführung mittelständischer Unternehmen, in: Bamberger Betriebswirtschaftliche Beiträge Band 150, Bamberg 2008

Becker, W./Baltzer, B./Ulrich, P.: Konzept des wertschöpfungsorientierten Controllings, in: Seicht, G. (Hrsg.): Jahrbuch für Controlling und Rechnungswesen 2013, Wien 2013, S. 549–576

Becker, W./Bogendörfer, M./Daniel, K.: Performance-orientiertes Projektcontrolling – Konzept und Fallstudie im Anlagenbau, in: Controlling, 18. Jg. (2006), S. 141–148

Becker, W./Daniel, K./Hofmann, M.: Performance-orientiertes Projektcontrolling. Realisierung mithilfe der Earned Value Methode, in: Controlling, 19. Jg. (2007), S. 165–174

Becker, W./Brandt, B./Ebner, R./Holzmann, R.: Anforderungen an den Controller – Ergebnisbericht einer empirischen Studie, Bamberger Betriebswirtschaftliche Beiträge Band 185, Bamberg 2012

Becker, W./Brandt, B./Ebner, R./Holzmann, R.: Situative Anforderungen an den Controller, Bamberger Betriebswirtschaftliche Beiträge Band 191, Bamberg 2012

Becker, W./Fischer, S./Mika, S.: Implementierungsstand des IT-Controllings – Ergebnisbericht einer empirischen Untersuchung, Bamberg 2006

Becker, W./Fischer, S./Ostbomk, P.: Lebenszyklusorientierte Steuerung von Projekten, Bamberger Betriebswirtschaftliche Beiträge Band 141, Bamberg 2006

Becker, W./Fischer, S./Staffel, M./Ulrich, P.: Implementierungsstand von Unternehmensführung und Controlling in mittelständischen Unternehmen – Ergebnisbericht einer empirischen Untersuchung, in: Bamberger Betriebswirtschaftliche Beiträge Band 149, Bamberg 2008

Becker, W./Fischer, S./Staffel, M./Ulrich, P.: Unternehmensführung und Controlling im Mittelstand – Einflüsse von Unternehmensgröße und Leitungsstruktur, in: Bamberger Betriebswirtschaftliche Beiträge Band 154, Bamberg 2008

Becker, W./Fuchs, R.: Controlling-Informationssysteme, Bamberger Betriebswirtschaftliche Beiträge Band 130, Bamberg 2004

Becker, W./Krämer, J./Staffel, M./Ulrich, P.: Organisation des CFO-Bereichs im Mittelstand, Bamberger Betriebswirtschaftliche Beiträge Band 163, Bamberg 2011

Becker, W./Kunz, C.: Wertorientierte Anreizsysteme, in: WiSt, Heft 6 (2008), S. 290–296

Becker, W./Kunz, C: Earned Value Methode, in: Die Betriebswirtschaft, 69. Jg. (2009), S. 419–422

Becker, W./Kunz, C.: Kosten- und Ergebnisrechnungssysteme in der praktischen Anwendung, in: Gleich, R./Michel, U./Stegmüller, W./Kämmler-Burrak, A. (Hrsg.) : Moderne Kosten- und Ergebnissteuerung, Freiburg/Berlin/München 2010, S. 41–60

Becker, W./Staffel, M./Ulrich, P.: Elemente von Controlling-Systemen im Mittelstand, in: Controlling, 22. Jg. (2010), S. 195–203

Becker, W./Ulrich, P.: Corporate Governance und Controlling – Begriffe und Wechselwirkungen, in: Keuper, F./Neumann, F.(Hrsg.): Corporate Governance, Risk Management und Compliance, Wiesbaden 2010, S. 3–28

Becker, W./Ulrich, P.: Mittelstandsforschung – Begriffe, Relevanz und Konsequenz, Bamberg 2011

Becker, W./Ulrich, P: Chief Financial Officers (CFO) im Mittelstand- eine deutsche Perspektive, in: Denk, C./Feldbauer-Durstmüller, B. (Hrsg.): Internationale Rechnungslegung und Internationales Controlling, Wien 2012, S. 73–108

Becker, W./Ulrich, P.: Controlling im Mittelstand – Ergebnisbericht einer empirischen Studie, Bamberg 2013

Becker, W./Ulrich, P.: Controlling im Mittelstand – Ergebnisbericht einer empirischen Studie, in: Bamberger Betriebswirtschaftliche Beiträge Band 194, Bamberg 2013

Becker, W./Ulrich, P./Eggeling, H.: Wertschöpfungsorientiertes Controlling von Shared Service Centern, in: Controlling, 25. Jg. (2013), Nr. 7, S. 352–359

Becker, W./Ulrich, P./Kollacks, K.: ZP-Stichwort: Business Intelligence und Business Intelligence-Tools, in: Zeitschrift für Planung & Unternehmenssteuerung, 21. Jg. (2011), S. 223–232

Becker, W./Ulrich, P./Krüger, S./Nowak, C.: Entlohnungssysteme in mittelständischen Industrieunternehmen, in: Zeitschrift für Controlling & Management, 56. Jg. (2012), S. 96–101

Becker, W./Ulrich, P/Vogt, M.: Digitalisierung im Mittelstand – Ergebnisbericht einer Online-Umfrage, in: Bamberger Betriebswirtschaftliche Beiträge Band 192, Bamberg 2013

Becker, W./Ulrich, P./Zimmermann, L.: Betriebsgröße als Gestaltungsparameter des Controllings – Status Quo und Empfehlungen, in: Controlling, 24. Jg. (2012), Nr. 4/5, S. 208–213

Becker, W./Weber, J.: Scoring-Modelle, in: Management Enzyklopädie, Band 1, 2. Aufl., Landsberg am Lech 1982, S. 345–359

Behringer, S.: Konzerncontrolling, Berlin 2011

Bergsmann, S./Grabek, A./Brenner, M.: Transparenz durch Prozessanalyse und -modellierung, in: Horváth & Partner (Hrsg.): Prozessmanagement umsetzen, Stuttgart 2005, S. 47–68

Berle, A. A./Means, G. C.: The Modern Corporation and Private Property, New York 1932

Bertalanffy, L.: General System Theory, New York 1968

Berthel, J.: Betriebliche Informationssysteme, Stuttgart 1975

Berthel, J./Becker, F.: Personalmanagement. Grundzüge für Konzeptionen betrieblicher Personalarbeit, 9. Aufl., Stuttgart 2010

Berthel, J./Becker, G.: Personal-Management, 9. Aufl. Stuttgart 2010

Biel, A.: Implementierung und Nutzung von Controllinginstrumenten (Interview mit U. Schäffer), in: Controller Magazin, 31. Jg. (2006), S. 369–376

Binder, C.: Die Entwicklung des Controllings als Teildisziplin der Betriebswirtschaftslehre, Wiesbaden 2006

Binder, C.: Die Entwicklung des Controllings als Teildisziplin der Betriebswirtschaftslehre – Eine explorativ-deskriptive Untersuchung, Wiesbaden 2006

Binder, C./Schäffer, U.: Deutschsprachige Controllinglehrstühle an der Schwelle zum Generationswechsel, in: Zeitschrift für Controlling & Management, 49. Jg. (2005), S. 100–104

Binder, C./Schäffer, U.: Die Entwicklung des Controllings von 1970 bis 2003 im Spiegel von Publikationen in deutschsprachigen Zeitschriften, in: Die Betriebswirtschaft, 65. Jg. (2005), S. 603–626

Birl, H.: Kooperation von Controllerbereich und Innenrevision, Wiesbaden 2007

Bischof, J./Benz, C./Maier, E.: Controlling in mittelständischen Betrieben: Ergebnisse einer Untersuchung in Vorarlberg, in: ControllerNews, 7. Jg. (2004), S. 154–158

Bleicher, K.: Die Entwicklung eines systemorientierten Organisations- und Führungsmodells der Unternehmung, in: Zeitschrift für Führung + Organisation, 39. Jg. (1970), S. 3–8

Bleicher, K.: Strategische Anreizsysteme. Flexible Vergütungssysteme für Führungskräfte, Stuttgart 1992

Blohm, H.: Die Gestaltung des betrieblichen Berichtswesens als Problem der Leistungsorganisation, 2. Aufl., Herne/Berlin 1974
Blunck, T.: Funktionen und Gestaltung institutionalisierter interner Beratungsleistungen, Bern 1993
Bochenski, J. M.: Die zeitgenössischen Denkmethoden, 10. Aufl., Tübingen 1993
Bode, J.: Der Informationsbegriff in der Betriebswirtschaftslehre, in: Zeitschrift für betriebswirtschaftliche Forschung, 49. Jg. (1997), S. 449–468
Bono, M. L.: NPO Controlling – Professionelle Steuerung sozialer Dienstleistungen, Stuttgart 2006
Botta, V.: Ausgewählte Probleme des Beteiligungscontrollings, in: Schulte, Christof (Hrsg.), Beteiligungscontrolling, Wiesbaden 1994, S. 25–40
Brähler, G.: Internationales Steuerrecht, 6. Aufl., Wiesbaden 2010
Bragg, S. M.: Controllership, 8. Aufl., Hoboken 2009
Bramsemann, R.: Controlling, 2. Aufl., Wiesbaden 1980
Bramsemann, R.: Berufsfeldbezogene Controller-Ausbildung an Hochschulen, in: Siegwart, H. et al. (Hrsg.): Meilensteine im Management, Stuttgart/Basel 1990, S. 285–306
Braunstein, R.: Die Controllingpioniere – Beiträge zur Geschichte des deutschsprachigen Controlling, Saarbrücken 2008
Breid, V.: Erfolgspotentialrechnung – Konzeption im System einer finanztheoretisch fundierten, strategischen Erfolgsrechnung, Stuttgart 1994
Breisig, T.: Entgelt nach Leistung und Erfolg. Grundlagen moderner Entlohnungssysteme, Frankfurt am Main 2003
Brown, S. L./Eisenhard, K. M. (1995): Product Development: Past Research, Present Findings, and Future Directions, in: Academy of Management Review, 20. Jg. (1995), S. 343–378
Bruns, W. J./DeCoster, D. T.: Preface, in: Accounting and its Behavioral Implications, New York 1969, S. V–VI
Büning, N./Marchlewski, F.: Die Generation Y und ihre Wünsche, in: Personalmagazin, Heft 10 (2009), S. 58–59
Burger, A./Buchhart, A.: Risiko-Controlling, München 2002
Burghardt, M.: Projektmanagement, 7. Aufl., Erlangen 2006
Busse von Colbe, W./Crasselt, N./Pellens, B.: Lexikon des Rechnungswesens, 5. Aufl., München 2011
Bussiek, J.: Erfolgsfaktoren-Steuerung mittelständischer Unternehmen, München 1981
Chamoni, P./Gluchowski, P.: Analytische Informationssysteme – Einordnung und Überblick, in: Chamoni, P./Gluchowski, P. (Hrsg.): Analytische Informationssysteme – Data Warehouse, On-Line Analytical Processing, Data Mining, 3. Aufl., Berlin/Heidelberg/New York 2006, S. 3–22
Chamoni, P./Gluchowski, P.: Integrationstrends bei Business-Intelligence-Systemen. Empirische Untersuchung auf Basis des Business Intelligence Maturity Model, in: Wirtschaftsinformatik, 46. Jg. (2004), S. 119–128
Chenhall, R. H.: Management Control Systems Design with its Organizational Context: Findings from Contingency-Based Research and Directions for the Future, in: Accounting, Organizations and Society, 28. Jg. (2003), S. 127–168
Christensen, D.: The Costs and Benefits of the Earned Value Management Process, in: Acquisition Review Quarterly, Fall 1998, Heft 3, S. 373–386
Christians, U.: Performance Management und Risiko, Berlin 2006
Clemens, R.: Verrechnungspreise in internationalen Konzernen, in: Funk, W./Rossmanith, J. (Hrsg.): Internationale Rechnungslegung und Internationales Controlling, Wiesbaden 2008, S. 285–317
Cliesilski, H.: Die Balanced Scorecard beim Führungswechsel in KMU, Lohmar/Köln 2007
Coase, R. H.: The Nature of the Firm, in: Economica, 4. Jg. (1937), S. 386–405
Coenenberg, A. G./Fischer, T. M./Günther, T.: Kostenrechnung und Kostenanalyse, 6. Aufl., Stuttgart 2007
Coenenberg, A. G./Fischer, T. M./Günther, T.: Kostenrechnung und Kostenanalyse, 7. Aufl., Stuttgart 2009

Coenenberg, A. G./Haller, A./Schultze, W.: Jahresabschluss und Jahresabschlussanalyse, 21. Aufl., Stuttgart 2009

Cornell, B./Shapiro, A. C.: Corporate Stakeholders and Corporate Finance, in: Financial Management, 16. Jg. (1987), S. 5–14

Crispino, B. M.: Eine Evaluation wissensbasierter Organisationsstrukturen Interner Unternehmensberatungen, Kassel 2007

Czenskowsky, T./Piontek, J.: Logistikcontrolling – Marktorientiertes Controlling der Logistik und der Supply Chain, Gernsbach 2007

David, U.: Strategisches Management von Controllerbereichen – Konzept und Fallstudie, Wiesbaden 2005

Dambrowski, J.: Budgetierungssysteme in der deutschen Praxis, Darmstadt 1986

Damken, N.: Corporate Governance in mittelständischen Kapitalgesellschaften. Be-deutung der Business Judgement Rule und der D&O-Versicherung für Manager im Mittelstand nach der Novellierung das § 93 AktG durch das UMAG, Edewecht 2007

Davis, J. H./Schoorman, D. F./Donaldson, L.: Toward a Stewardship Theory of Management, in: Academy of Management Review, 22. Jg. (1997), S. 20–47

DCGK: Deutscher Corporate Governance Kodex, online: http://www.corporate-governance-code.de/ger/kodex/1.html, Stand: 13.05.2013, letzter Abruf: 06.08.2013

Deimel, K./Isemann, R./Müller, S.: Kosten- und Erlösrechnung, München 2006

Deloitte: Treasury and Risk Management Survey 2012

Deloitte/Economist Intelligence Unit: The finance talent challenge: How leading CFOs are taking charge, New York 2007

Deyhle, A.: Management & Controlling Brevier Band II: Ziele sind Zahlen, München 1976

Deyhle, A.: Controller-Handbuch, Ergänzungsband A, 2. Aufl., Gauting 1980

Diederichs, M.: Risikomanagement und Risikocontrolling, 3. Aufl., München 2013

Diederichs, M./Kißler, M.: Corporate Governance und Controlling – Die Balanced Chance- & Risk-Card als Informationsinstrument des Aufsichtsrates, in: Controlling, 19. Jg. (2007), S. 83–90

Dillerup, R./Stoi, R.: Unternehmensführung, 3. Aufl., München 2011

DiMaggio, P. J./Powell, W. W.: The Iron Cage Revisited: Institutional Isomorphism and Collective Rationality in Organizational Fields, in: American Sociological Review, 48. Jg. (1983), S. 147–160

Dintner, R./Schorcht, H.: Stand der Voraussetzungen für das Controlling und Entwicklungstendenzen in KMU, in: Dintner, R. (Hrsg.): Controlling in kleinen und mittleren Unternehmen, Frankfurt am Main 1999, S. 85–125

Dörner, D.: Die Logik des Mißlingens, Reinbek bei Hamburg 1989

Drews, H.: Instrumente des Kooperationscontrollings, Wiesbaden 2001

Eberhardt, S./Dominick. M.: Aktive Ressourcensteuerung in einem projektorientierten Unternehmen, in: Steinle, C./Eßeling, V./Eichenberg, T. (Hrsg.): Handbuch Multiprojektmanagement und –controlling – Projekte erfolgreich strukturieren und steuern, 2. Aufl., Berlin 2010, S. 227–240

Eggeling, H./Ulrich, P.: Portfolio-Instrumente, in: WISU – Das Wirtschaftsstudium, 42. Jg. (2013), Nr. 6, S. 781

Elšik, W.: Controlling aus neoinstitutionalistischer Perspektive, in: Scherm, E./Pietsch, G. (Hrsg.): Controlling – Theorien und Konzeptionen, München 2004, S. 801–822

Engelbrechtsmüller, C.: Compliance und Controlling – mehr Verantwortung für den Controller, in: Gleich, R./Gänßlein, S./Losbichler, H. (Hrsg.): Challenge Controlling 2015, Freiburg 2011, S. 153–174

Eschenbach, R./Junker, M.: Der Controller – Job oder Traumberuf?, in: Frankfurter Allgemeine Zeitung vom 18.05.1978, S. 4

Eschenbach, R./Niedermayr, R.: Controlling in der Literatur, in: Eschenbach, R. (Hrsg.): Controlling, 2. Aufl., Stuttgart 1996, S. 49–64

Euler-Hermes Kreditversicherungs-AG: Ursachen von Insolvenzen – Gründe für Unternehmensinsolvenzen aus Sicht von Insolvenzverwaltern, Mannheim 2006

Exner, K./Eschenbach, R./Tweraser, S.: Instrumente für das operative Controlling in NPOs, in: Eschenbach, R. (Hrsg.): Führungsinstrumente für die Non-Profit-Organisation, Stuttgart 1998, S. 225–270

Falko, S./Becker, W./Malikova, S./Baltzer, B./Häusser, L.: Controlling-Lehre in Russland – Status Quo und Vergleich mit Deutschland, in: Controlling, 24. Jg. (2012), S. 337–343

Feldbauer-Durstmüller, B./Wimmer, B./Duller, C.: Controlling in österreichischen Familienunternehmen – dargestellt am Bundesland Oberösterreich, in: Zeitschrift für Planung & Unternehmenssteuerung, 18. Jg. (2008), S. 427–443

Femppel, K./Zander, E.: Integrierte Entgeltpolitik, in: Wagner, D./Zander, E. (Hrsg.): Handbuch des Entgeltmanagements, München 2005, S. 39–70

Ferstl, O. K./Sinz, E. J.: Grundlagen der Wirtschaftsinformatik, 5. Aufl., München 2006

Financial Executives Institute: Controllership and Treasurership Functions Defined by FEI, in: The Controller, 30. Jg. (1962), S. 289

Fischer, J.: Prozeßorientiertes Controlling: Ein notwendiger Paradigmenwechsel!?, in: Controlling, 8. Jg. (1996), S. 222–231

Fischer, M./Fischer, A.: Neue Konzepte für das Controlling der Zukunft, in: Kostenrechnungspraxis, 45. Jg. (2001), Heft 1, S. 29–35

Fischer, T. M./Huber, R./Sawczyn, A.: Nachhaltige Unternehmensführung als Herausforderung für das Controlling, in: Controlling – Zeitschrift für erfolgsorientierte Unternehmenssteuerung, 22. Jg. (2010), Nr. 4/5, S. 222–230

Fischer, T. M./Rödl, K.: Unternehmensziele und Anreizsysteme: Theoretische Grundlagen und empirische Befunde aus deutschen Unternehmen, in: Controlling – Zeitschrift für erfolgsorientierte Unternehmenssteuerung, 19. Jg. (2007), S. 5–14

Fisher, I.: The Theory of Interest, New York 1930

Flacke, K.: Controlling in mittelständischen Unternehmen, Münster 2007

Franken, S.: Verhaltensorientierte Führung, 3. Aufl., Wiesbaden 2010

Franz, K.-P.: Ansatz kalkulatorischer Kosten, in: Männel, W. (Hrsg.): Handbuch Kostenrechnung, 1992, S. 423–435

Freidank, C.-C.(Hrsg.): Corporate Governance und Controlling, Heidelberg 2004

Fricke, J.: Value-at-Risk Ansätze zur Abschätzung von Marktrisiken, Wiesbaden 2004

Friedl, B.: Kostenrechnung, München 2004

Friedl, G./Hofmann, C./Pedell, B.: Kostenrechnung, München 2010

Gadatsch, A.: IT-Controlling, Wiesbaden 2012

Gadatsch, A./Mayer, E.: Masterkurs IT-Controlling, Wiesbaden 2006

Gaiser, B./Gaydoul, R.: 100x BSC – Ergebnisse einer empirischen Studie, Horvath & Partners Management Consultants, Stuttgart 2002

Galal, K./Richter, A./Steinbock, K.: Inhouse-Beratung in Deutschland – Ergebnisse einer empirischen Studie, in: Moscho, A./Richter, A. (Hrsg.): Inhouse-Consulting in Deutschland – Markt, Strukturen, Strategien, Wiesbaden 2010, S. 11–30

Gälweiler, A.: Strategische Unternehmensführung, Frankfurt/New York 1987

Gienke, H./Kämpf, R: Handbuch Produktion – Innovatives Produktmanagement: Organisation, Konzepte, Controlling, München 2007

Gillenkirch, R. M.: Finanzcontrolling – Konzeption, Aufgaben, Instrumente, in: Zeitschrift für Controlling & Management, 52. Jg. (2008), S. 19–23

Glatz, H./Graf-Götz, F.: Handbuch Organisation gestalten, Weinheim 2011

Gleich, R./Horváth, P./Michel, U. (Hrsg.): Management Reporting, München 2008

Gleich, R./Michel, U.: Organisation des Controllings, Freiburg i. Br. 2007

Gleißner, B./Hohenfeld, E.: Das Bosch Management Reporting System – Besondere Aspekte der Unternehmenssteuerung in Russland, in: Horváth, P. (Hrsg.): Erfolgreiche Steuerungs- und Reportingsysteme in verbundenen Unternehmen, Stuttgart 2009

Göpfert, I.: Logistik-Kennzahlen, in: Weber, J. (Hrsg.): Praxis des Logistik-Controlling, Stuttgart 1993, S. 221–232

Gollwitzer, M./Karl, R.: Logisitik-Controlling – Wirkungszusammenhänge: Leistungen, Kosten, Durchlaufzeiten und Bestände, Herbig 1998

Gómez, M./Carlos, J./Junker, H./Odebrecht, S.: IT-Controlling, Berlin 2009

Gordon L. A./Miller, D.: A Contingency Framework for the Design of Accounting Information Systems, in: Accounting, Organizations and Society, 1. Jg. (1976), S. 59–69

Goretzki, L./Weber, J.: Der Wandel der Controller – Eine rollentheoretische Betrachtung am Beispiel der Hansgrohe AG, in: Zeitschrift für Controlling und Management, 54. Jg. (2010), S. 163–169

Goretzki, L./Weber, J.: Die Zukunft des Business Partners – Ergebnisse einer empirischen Studie zur Zukunft des Controllings, in: Zeitschrift für Controlling und Management, 56. Jg. (2012), S. 22–28

Grabner-Kräuter, S.: Zum Verhältnis von Unternehmensethik und Unternehmenskultur, in: Zeitschrift für Wirtschafts- und Unternehmensethik, 1. Jg. (2000), Nr. 3, S. 290–309

Granlund, M./Lukka, K.: It's a Small World of Management Accounting Practices, in: Journal of Management Accounting Research, 10. Jg. (1998), S. 153–179

Graumann, M.: Controlling, 2. Aufl., Düsseldorf 2008

Grieshop, H.: Kooperation von Controllerbereich und Externem Rechnungswesen, Wiesbaden 2010

Grieshop, H./Weber, J.: Ergebnisse einer empirischen Studie zur Kooperation von Controllerbereich und externem Rechnungswesen, in: Der Konzern, 5. Jg. (2007), S. 307–315

Griffin, R. W.: Management – Principles and Practices, 10. Aufl., Florence 2011

Grochla, E.: Praxeologische Organisationstheorie durch sachliche und methodische Integration, in: Zeitschrift für betriebswirtschaftliche Forschung, 28. Jg. (1976), S. 617–637

Grothe, M./Gentsch, P: Business Intelligence: aus Informationen Wettbewerbsvorteile gewinnen, München 2000

Günther, T./Niepel, M.: Controlling – Sammelrezension zu ausgewählten Werken, in: Die Betriebswirtschaft, 60. Jg. (2000), S. 222–240

Hahn, D.: Hat sich das Konzept des Controllers in Unternehmungen der deutschen Industrie bewährt?, in: Betriebswirtschaftliche Forschung und Praxis, 30. Jg. (1978), S. 101–128

Hahn, D.: Konzepte strategischer Führung – Entwicklungstendenzen in Theorie und Praxis unter besonderer Berücksichtigung der Globalisierung, in: Zeitschrift für Betriebswirtschaft, 68. Jg. (1998), S. 563–579

Hahn, D./Hungenberg, H.: PuK – Wertorientierte Controllingkonzepte, 6. Aufl., Wiesbaden 2001

Halfar, B.: Wirkungsorientiertes NPO-Controlling – Leitlinien zur Zielfindung, Planung und Steuerung in gemeinnützigen Organisationen, Freiburg 2010

Haller, A.: Die Wertschöpfungsrechnung, Stuttgart 1997

Hamilton, S./Eckardt, A.: The Economics of Compliance, in: Wieland, J. (Hrsg.): Handbuch Compliance Management, Berlin 2010, S. 89–110

Hamprecht, M.: Controlling von Konzernplanungssystemen, Wiesbaden 1996

Harbert, L.: Controlling-Begriffe und Controlling-Konzeptionen, Bochum 1982

Hartmann, B.: Controlling als Lehrgebiet, in: Betriebswirtschaftliche Forschung und Praxis, 25. Jg. (1973), S. 334–340

Haunschild, A.: Koordination und Steuerung der Personalarbeit. Ein Beitrag zur organisationstheoretischen Fundierung des Personal-Controlling, Hamburg 1998

Hausch, K.: Corporate Governance im deutschen Mittelstand – Veränderungen externer Rahmenbedingungen und interner Elemente, Wiesbaden 2004

Hauschildt, J.: Die Organisation der finanziellen Unternehmensführung – Eine empirische Untersuchung, Stuttgart 1970

Heiland, H. W.: Forschungs- und Entwicklungs-Controlling, in: Meyer, E./Weber, J. (Hrsg.): Handbuch Controlling, Stuttgart 1990, S. 239–258

Heine, B. O.: Konzeptionelle-Nutzung von Controllinginformationen, Wiesbaden 2008

Heinen, E.: Grundlagen betriebswirtschaftlicher Entscheidungen – das Zielsystem der Unternehmung, Wiesbaden 1966

Heinen, E.: Grundfragen der entscheidungsorientierten Betriebswirtschaftslehre, Wiesbaden 1976

Helmke, S./Uebel, M.: Managementorientiertes IT-Controlling und IT-Governance, Wiesbaden 2013

Hentze, J./Kammel, A.: Personalwirtschaftslehre 1. Grundlagen, Personalbedarfsermittlung, -beschaffung, -entwicklung und –einsatz, 1. überarbeitete Aufl., Bern/Stuttgart/Wien 2001

Henzler, H.: Der Januskopf muss weg, in: Wirtschaftswoche, Nr. 38 (1974), S. 60–63

Hess, T.: Netzwerkcontrolling: Instrumente und ihre Werkzeugunterstützung, Wiesbaden 2002

Hess, T./Koch, D. M.: Wirtschaftsinformatik-Inhalte in der Controller-Ausbildung an Universitäten im deutschsprachigen Raum, in: Zeitschrift für Controlling & Management, 48. Jg. (2004), S. 173–177

Hess, T./Weber, J./Hirnle, C./Hirsch, B./Strangfeld, O.: Themenschwerpunkte und Tendenzen in der deutschsprachigen Controllingforschung – Eine empirische Analyse, in: Weber, J. (Hrsg.): Internationalisierung des Controllings, Wiesbaden 2005, S. 29–47

Hilbert, A./Schönbrunn, K.: Business Intelligence, in: Häberle, S.G. (Hrsg.): Das neue Lexikon der Betriebswirtschaftslehre, Band A-E, München 2008, S. 162–164

Hirsch, B.: Zur Lehre im Fach Controlling – Eine empirische Bestandsaufnahme an deutschsprachigen Universitäten, in: Weber, J./Hirsch, B. (Hrsg.): Zur Zukunft der Controllingforschung, Wiesbaden 2003, S. 249–266

Hirsch, B.: Behavioral Controlling: Skizze einer verhaltenswissenschaftlich fundierten Controllingkonzeption, Habilitationsschrift WHU, Vallendar 2006

Hirsch, B.: Implementierungsprobleme der wertorientierten Unternehmenssteuerung: Stand der empirischen Literatur und Konsequenzen für die Forschung, in: Zeitschrift für Organisation, 75. Jg. (2006), S. 270–277

Hirsch, B./Weber, J./Hammer, D./Schuberth, K./Erfort, M.: Controlling in öffentlichen Institutionen, Weinheim 2009

Hoffjan, A.: Entwicklung einer verhaltensorientierten Controlling-Konzeption für die Arbeitsverwaltung, Wiesbaden 1997

Hoffjan, A.: Internationales Controlling, Stuttgart 2009

Hoffmann, F.: Konzernhandbuch, Wiesbaden 1993

Holtbrügge, D.: Personalmanagement, Berlin Heidelberg New York 2007

Holzer, E./Reich, M./Hauke, E.: Controlling, Wien 2010

Homann, K./Meyer, M./Waldkirch, R.: Ethik und Unternehmensrechnung, in: Küpper, H.-U./Wagenhofer, A. (Hrsg.): Handwörterbuch Unternehmensrechnung und Controlling, 4. Aufl. Stuttgart 2002, Sp. 495–505

Homburg, C./Klarmann, M.: Empirische Controllingforschung – Anmerkungen aus der Perspektive des Marketing, in: Weber, J./Hirsch, B. (Hrsg.): Zur Zukunft der Controllingforschung, Wiesbaden 2003, S. 65–88

Hope, J./Fraser, R.: Beyond Budgeting – Wie sich Manager aus der jährlichen Budgetierungsfalle befreien können, Stuttgart 2003

Horngren, C.T./Bhimani, A./Datar, S.M./Foster, G.: Management and Cost Accounting, 4. Aufl., Upper Saddle River 2008

Horváth, P.: Controlling: Entwicklung und Stand einer Konzeption zur Lösung der Adaptions- und Koordinationsprobleme der Führung, in: Zeitschrift für Betriebswirtschaft, 48. Jg. (1978), S. 194–208

Horváth, P.: Controlling, 11. Aufl., Stuttgart 2009
Horváth, P.: Controllinginstrumente, in: Wittmann, W. et al. (Hrsg.): Handwörterbuch der Betriebswirtschaft, 5. Aufl. Stuttgart 1993, Sp. 669–680
Horváth, P.: State-of-the-Art des F&E-Controlling, Controlling Forschungsbericht Nr. 40 der Universität Stuttgart 1994
Horváth, P.: Produktionscontrolling, in: Kern, W./Schröder, H.-H./Weber, J.: Handwörterbuch der Produktionswirtschaft, 2. Aufl., Stuttgart 1996, S. 1483–1494
Horváth, P./Dambrowski, J./Hermann, J./Posselt, S.: Die Budgetierung im Planungs- und Kontrollsystem der Unternehmung. Erste Ergebnisse einer empirischen Untersuchung, in: Die Betriebswirtschaft, 45. Jg., Nr. 2, (1985), S. 138–155
Horváth, P./Dambrowski, J./Jung, H./Posselt, S.: Die Budgetierung im Planungs- und Kontrollsystem der Unternehmung – Erste Ergebnisse einer empirischen Untersuchung, in: Die Betriebswirtschaft, 45. Jg. (1985), S. 138–155
Horváth, P./Gaydoul, P./Hagen, W.: Planung, Kontrolle und Rechnungswesen: Auswertung einer empirischen Untersuchung, RKW-Schrift, Frankfurt am Main 1978
Horváth, P./Mayer, R.: Prozeßkostenrechnung – Der neue Weg zu mehr Kostentransparenz und wirkungsvolleren Unternehmensstrategien, in: Controlling, 1. Jg. (1989), S. 214–219
Horváth & Partners: Das Controllingkonzept, 7. Aufl., München 2009
Horváth & Partners: Liquiditätsreserven konsequent nutzen – E-Interview mit dem Horváth & PartnersExperten Niko Hofmann, URL http://www.horvath-partners.com/fileadmin/media/¬ PDF/de/04_Publikationen/2010-02-25_Experteninterview_Kapitaleffizienz_final.pdf
Hoyer, H.: Internes Consulting in Deutschland – Ergebnisse einer Marktuntersuchung, in: Niedereichholz, C. (Hrsg.): Internes Consulting: Grundlagen – Praxisbeispiele – Spezialthemen, 2000, S. 55–81
Hull, J.: Risikomanagement – Banken, Versicherungen und andere Finanzinstitutionen, 2. Aufl., München 2011
Hungenberg, H.: Zentralisation und Dezentralisation, Wiesbaden 1995
Hungenberg, H.: Strategisches Management in Unternehmen, 5. Aufl., Wiesbaden 2008
International Group of Controlling (Hrsg.): Controller und IFRS – Konsequenzen für die Controlleraufgaben durch die Finanzberichterstattung nach IFRS, Freiburg/Berlin/München 2006
International Group of Controlling (Hrsg.): Controlling-Prozessmodell – Ein Leitfaden für die Beschreibung und Gestaltung von Controlling-Prozessen, Freiburg 2011
Jackson, J. H.: The Comptroller – His Functions and Organization, Cambridge 1949
Janssen, S./ Möller, K.: Erfolgreiche Steuerung von Innovationsprozessen und -projekten – Ergebnisse einer empirischen Studie, in: Zeitschrift für Controlling & Management 55. Jg. (2011), Heft 2, S. 97–104
Jensen, M. C./Meckling, W. H.: Theory of the Firm and Managerial Behaviour; Agency Costs, and Ownership Structure, in: Journal of Financial Economics, 3. Jg. (1976), S. 305–360
Jiambalvo, J.: Managerial Accounting, 4. Aufl., Hoboken 2010
Jonen, A./Lingnau, V.: Das real existierende Phänomen Controlling und seine Instrumente – Eine kognitionsorientierte Analyse, in: Beiträge zur Controlling-Forschung, Bd. 13, Kaiserslautern 2007
Jost, P.-J.: Die Prinzipal-Agenten-Theorie in der Betriebswirtschaftslehre, Stuttgart 2001
Jung, H.: Controlling, 2. Aufl., München 2007
Jung, H.: Controlling, 3. Aufl., München 2011
Jung, H.: Personalwirtschaft, 9. Aufl., München 2011
Kahneman, D.: Schnelles Denken, langsames Denken, München 2012
Kaiser, S.: Controller-Leitbilder weltweit, IPRI Research Paper Nr. 21, Stuttgart 2009
Kajüter, P.: Risikomanagement im Konzern: Eine empirische Analyse, München 2012
Kaplan, R. S./Norton D. P.: The Balanced Scorecard – Measures That Drive Performance, in: Harvard Business Review, 70. Jg. (1992), S. 71–147

Kaplan, R. S./Norton D. P.: Balanced Scorecard – Translation Strategy into Action, Boston 1996
Kaplan, R. S./Norton D. P.: Strategy Maps, Stuttgart 2004
Karminskij, A. M./Falko S. G./Schewaga, A.A./Iwanowa, N.J.: Kontrolling, 2. Aufl., Moskau 2009
Kerzner, H.: Projektmanagement – Ein systemorientierter Ansatz zur Planung und Steuerung. 2. Aufl. (Übersetzung der 9. englischsprachigen Aufl.), Heidelberg 2008
Kesten, R./Müller, A./Schröder, H.: IT-Controlling – Messung und Steuerung des Wertbeitrags der IT, München 2007
Kett, I.: Projekte erfolgreicher managen, in: Harvard Manager, 12. Jg. (1990), Heft 4, S. 50–55
Keuper, F./Brösel, G./Albrecht, T.: Controlling in KMU – Identifikation spezifischer Handlungsbedarfe auf Basis aktueller Studien, in: Müller, D. (Hrsg.): Controlling für kleine und mittlere Unternehmen, München 2009, S. 55–71
Khandwalla, P. N.: Unsicherheit und die »Optimale« Gestaltung von Organisationen; in: Grochla, E. (Hrsg.): Organisationstheorie 1. Teilband; Stuttgart 1975, S.140–156
Khandwalla, P. N.: Design of organizations, New York 1977
Kieser, A.: Einflußgrößen der Unternehmensorganisation, Habilitationsschrift, Universität zu Köln, Köln 1973
Kieser, A.: Ein kleiner Reisebericht aus einem benachbarten, aber doch fremden Gebiet, in: Weber, J./Hirsch, B. (Hrsg.): Zur Zukunft der Controllingforschung, Wiesbaden 2003, S. 11–26
Kieser, A./Walgenbach, P.: Organisation, 6. Aufl., Stuttgart 2011
Kirsch, W.: Einführung in die Theorie der Entscheidungsprozesse, 3 Bände, 2. Aufl., Wiesbaden 1977
Kißler, M.: Corporate Governance und Controlling, in: Reichmann, T.: Controlling mit Kennzahlen, 8. Aufl., München 2011
Kloock, J.: Kostenmanagement mehrstufiger Deckungsbeitragsrechnungen, in: Becker, W./ Weber, J. (Hrsg.): Kostenrechnung – Stand und Entwicklungsperspektiven, Wiesbaden 1997, S. 317–336
Knauer, T./Nuss, A./Wömpener, A.: Der instrumentelle Kern des Controllings, in: Controller Magazin, 37. Jg. (2012), S. 67–72
Knollmann, R.: Kooperation von Controllerbereich und Strategieabteilung, Wiesbaden 2007
Knollmann, R./Hirsch, B./Weber, J.: Role Making für Controllerbereiche? Eine empirische Analyse zu den Auswirkungen von Gestaltungsfreiräumen für Controllerbereiche, in: Zeitschrift für Planung, 18. Jg. (2007), S. 365–386
Koch, R: Betriebliches Berichtswesen als Informations- und Steuerungsinstrument, Frankfurt am Main et al. 1994
Köpke, S./Brösel, G.: Controlling in der Bundesagentur für Arbeit – historische Entwicklung, Status quo und Perspektiven, in: Keuper, F./Schaefer, C. (Hrsg.): Führung und Steuerung öffentlicher Unternehmen, Berlin 2005, S. 356–394
Kosiol, E.: Organisation der Unternehmung, 2. Aufl., Wiesbaden 1976
Kosmider, A.: Controlling im Mittelstand – Eine Untersuchung der Gestaltung und Anwendung des Controllings in mittelständischen Industrieunternehmen, 2. Aufl., Stuttgart 1994
Krause, H. U./Arora, D.: Controlling-Kennzahlen, 2. Aufl., München 2010
Kremer, P: Konzerncontrolling: Ein unternehmenswertorientierter und beteiligungsspezifischer Ansatz, Berlin 2008
Krüger, W.: Theorie unternehmensbezogener Konflikte, in: Zeitschrift für Betriebswirtschaft, 51. Jg. (1981), S. 910–952
Krügerke C./Linnenlücke A.: Vertriebs-Controlling als Forschungsfeld – ein Überblick über den Stand der deutschen und internationalen Literatur, in: Zeitschrift für Controlling & Management, Sonderheft 2/2009, S. 18–22
Kubr, M.: Management Consulting – A guide to the profession, 4. Aufl., Genf 2002
Küpper, H.-U. : Konzeption des Controllings aus betriebswirtschaftlicher Sicht, in: Scheer, A.-W. (Hrsg.): Rechnungswesen und EDV, 8. Saarbrücker Arbeitstagung, Heidelberg 1987, S. 82–116

Küpper, H.-U.: Controlling: Konzeption, Aufgaben, Instrumente, 5. Aufl., Stuttgart 2008
Küpper, H.-U./Picot, A.: Gegenstand der Unternehmensethik, in: Korff, W. (Hrsg.): Handbuch der Wirtschaftsethik, Band 3: Ethik wirtschaftlichen Handelns, Gütersloh (1999), S. 132–148
Küpper, H.-U./Weber, J./Zünd, A.: Zum Verständnis und Selbstverständnis des Controllings, in: Zeitschrift für Betriebswirtschaft, 60. Jg. (1990), S. 281–293.
Kuhlen, L.: Grundfragen von Compliance und Strafrecht, in: Kuhlen, L./Kudlich, H./Ortiz de Urbina, I. (Hrsg.): Compliance und Strafrecht, Heidelberg 2013, S. 1–26
Kunz, C.: Strategisches Multiprojektmanagement, Wiesbaden 2007
Kunz, C.: Entwicklung des Projektmanagements zum konzeptionellen Bestandteil der strategischen Unternehmensführung, in: Die Betriebswirtschaft, 70. Jg. (2010), S. 529–551
Kunz, C.: Organisatorische Aspekte eines integrierten Rechnungswesens – Persönliche Einschätzungen von Finanzvorständen börsennotierter Konzerne, in: Die Betriebswirtschaft, 70. Jg. (2010), S. 301–329
Kunz, C.: Creditor Relations, in: Die Betriebswirtschaft, 71. Jg. (2011), S. 88–93
Lachnit, L./Dey, G.: Stand der in Klein- und Mittelbetrieben angewendeten Führungs-Informationssysteme: eine empirische Untersuchung, in: Lachnit, L. (Hrsg.): EDV-Gestützte Unternehmensführung in Mittelständischen Betrieben, München 1989, S. 57–96
Landsberg, G. v./Mayer, E.: Berufsbild des Controllers, Stuttgart 1988
Langmann, C.: F&E-Projektcontrolling. Eine empirische Untersuchung der Nutzung von Controllinginformationen in F&E-Projekten, Wiesbaden 2009
Lanz, R.: Controlling in kleinen und mittleren Unternehmen, 2. Aufl., Bern 1990
Laux, H./Liermann, F.: Grundlagen der Organisation, 6. Aufl., Berlin/Heidelberg/New York 2005
Lawrence, P./Lorsch, J.: Organization and Environment, Homewood 1967
Legenhausen, C.: Controllinginstrumente für den Mittelstand, Wiesbaden 1998
Lehmann, M.: Möglichkeiten und Grenzen der Ausgestaltung von Anreizsystemen für freie Mitarbeiter, Duisburg 2006
Liermann, F.: Zum Wert von Controlling-Informationen – ein entscheidungsorientierter Ansatz, in: Gillenkirch, R.M. et al. (Hrsg.): Wertorientierte Unternehmenssteuerung, Berlin et al. 2004., S. 153–179
Lingnau, V.: Geschichte des Controllings, in: Wirtschaftswissenschaftliches Studium, 45. Jg. (1998), Heft 6, S. 274–281
Lingnau, V.: Controlling – ein kognitionsorientierter Ansatz, Beiträge zur Controlling-Forschung, Band 4, Kaiserslautern 2004
Lingnau, V./Schäffer, U.: Was hat Controlling mit Ethik zu tun?, in: Zeitschrift für Controlling & Management, 53. Jg., Nr. 5 (2009), S. 283–287
Linnenlücke A.: Vertriebs-Controlling – Rationalitätssicherung im Vertriebsmanagement, in: Zeitschrift für Controlling & Management, Sonderheft 2/2009, S. 5–10
Lochthowe, R.: Logistik-Controlling – Entwicklung flexibilitätsorientierter Strukturen und Methoden zur ganzheitlichen Planung, Steuerung und Kontrolle der Unternehmenslogistik, Frankfurt am Main 1990
Löffler, H. /Buschinger, R. (2004): Risikomanagement und Internes Kontroll-System, in: Guserl, R. /Pernsteiner, H. (Hrsg.): Handbuch Finanzmanagement in der Praxis, Wiesbaden 2004, S. 199–219
Lough, W.H.: Business Finance, New York 1917
Luft, J./Shields, M. D.: Mapping Management Accounting: Graphics and Guidelines for Theory-Consistent Empirical Research, in: Accounting, Organizations and Society, 28. Jg. (2003), S. 169–250
Luhmann, N.: Zweckbegriff und Systemrationalität – Über die Funktion von Zwecken in sozialen Systemen, Tübingen 1968
Mäder, O. B./Hirsch, B.: Rationalitätssicherung als Controllingaufgabe in KMU, in: Müller, D. (Hrsg.), Controlling für kleine und mittlere Unternehmen, München 2009, S. 3–28

Mayo, E.: The Human Problems of an Industrial Civilization, New York 1945
McCall, M. W./Kaplan, R. E.: Whatever it takes: Decision Makers at Work, Englewood Cliffs 1985
Mertens, P.: Business Intelligence – ein Überblick, Arbeitspapier an der Universität Nürnberg-Erlangen 2/2002, Nürnberg 2002
Messner, M./Becker, A./Schäffer, U./Binder, C.: Legitimacy and Identity in Germanic Management Accounting Research, in: European Accounting Review, 17. Jg. (2008), S. 129–159
Meyer, C.: Working Capital und Unternehmenswert, Wiesbaden 2007
Meyer, J. W./Rowan, B.: Institutionalized Organizations: Formal Structure as Myth and Ceremony, in: The American Journal of Sociology, 83. Jg. (1977), S. 340–363
Meyer, P.: Stellung der Kosten- und Leistungsrechnung im Rechnungswesen, in: Männel, (Hrsg.): Handbuch Kostenrechnung, 1992, S. 54–66
Meynhardt, T./Vaut, S.: Die Renaissance der Gemeinwohlwerte, in: Berliner Republik, 9. Jg. (2007), H. 6, S. 64–75
Mohe, M.: Beitrag und Rolle interner Berater, in: Boos, F./Heitger, B. (Hrsg.): Wertschöpfung im Unternehmen – Wie innovative interne Dienstleister die Wettbewerbsfähigkeit steigern, Wiesbaden 2005, S. 303–324
Möhlen, M./Zerres, M.: Einführung in das Marketing-Controlling, in: Zerres, C./Zerres, M. P. (Hrsg.): Handbuch Marketing-Controlling, Heidelberg 2006, S. 1–10
Moscho, A./Bals, L./Neuwirth, S./Tobies, I.: Aufbau und Etablierung eines professionellen Inhouse Consulting in einem globalen Konzern, in: Moscho, A./Richter, A. (Hrsg.): Inhouse-Consulting in Deutschland – Markt, Strukturen, Strategien, 2010, S. 31–50
Müller, D.: Controlling für kleine und mittlere Unternehmen, München 2009
Müller, S./Krieg, A.: Einsatz der Balanced Scorecard in Eigentümerunternehmen, in: Müller, D. (Hrsg.), Controlling für kleine und mittlere Unternehmen, München 2009, S. 315–338
Müller, W.: Die Koordination von Informationsbedarf und Informationsbeschaffung als zentrale Aufgabe des Controllings, in: Zeitschrift für betriebswirtschaftliche Forschung, 26. Jg. (1974), S. 683–693
Müller-Stewens, G./Lechner, C.: Strategisches Management: Wie strategische Initiativen zum Wandel führen, 4. Aufl., Stuttgart 2011
Mussnig, W.: Von der Kostenrechnung zum Management Accounting, Wiesbaden 1996
Nebl, T.: Produktionswirtschaft, 7. Aufl., München 2011
Neher, A.: Wertorientierung im Supply Chain Controlling, in: Stölzle, W.: Supply Chain Controlling in Theorie und Praxis, Wiesbaden 2003, S. 1–27
Nicklas, M.: Unternehmungswertorientiertes Controlling im internationalen Industriekonzern, Gießen 1998
Nicolai, C.: Personalmanagement, 2. Aufl., Stuttgart 2009
Niedereichholz, C.: Internes Consulting: Grundlagen – Praxisbeispiele – Spezialthemen, München 2000
Niedereichholz, C./Niedereichholz, J.: Consulting Insight, München 2006
Niedermayr, R.: Entwicklungsstand des Controllings: System, Kontext und Effizienz, Wiesbaden 1994
Noll, B.: Wirtschafts- und Unternehmensethik in der Marktwirtschaft, Stuttgart et al. 2013
Nollau, H-G./Keller, J./Merkel, T.: Risikoprävention durch Logisitk-Controlling, Köln 2005
Oefinger, T.: Erfüllung von Beratungsaufgaben in Unternehmen durch interne und externe Berater – Eine theoretisch-empirische Analyse, 1986
Oehler, K.: Corporate Performance Management mit Business Intelligence Werkzeugen, München/Wien 2006
Oesterer, D.: F+E-Controlling. Planung und Kontrolle von Forschungs- und Entwicklungsvorhaben, Renningen-Malmsheim 1995
Ossadnik, W./Barklage, D./van Lengerich, E.: Controlling im Mittelstand – Ergebnisse einer empirischen Untersuchung, in: Controlling, 16 Jg. (2004), S. 621–630

Palloks, M.: Marketing-Controlling: Konzeption zur entscheidungsbezogenen Informationsversorgung des operativen und strategischen Marketing-Management, Frankfurt am Main et al. 1991

Parvis-Trevisany, N./Schäffer, U.: Barrieren im Prozeß der Implementierung von Controllinginstrumenten, in: Zeitschrift für Controlling und Innovationsmanagement, 1. Jg. (2006), S. 69–78

Pastwa, A.: Serviceorientierung im betrieblichen Berichtswesen, Frankfurt am Main 2010

Pausenberger, Controlling internationaler Unternehmungen, in: Engelhardt, Johann (Hrsg.), Strategische Führung internationaler Unternehmen: Paradoxien, Strategien und Erfahrungen, Wiesbaden 1996, S. 179–198

Pelz, D. C.: Some Expanded Perspectives on Use of Social Science in Public Policy, in: Yinger, M./Cutler, S. J. (Hrsg.): Major Social Issues: A Multidisciplinary View, New York 1978, S. 346–357

Peper, B./Weller, N.: Der kommunale Gesamtabschluss: Konzernbilanzierung, Konsolidierungstechniken, Berlin 2010

Pfaff, D./Stefani, U.: Verrechnungspreise in der Unternehmenspraxis, in: Controlling, 17. Jg. (2006), S. 517–524

Pfohl, H.-C.: Betriebswirtschaftslehre der Mittel- und Kleinbetriebe – Größenspezifische Probleme und Möglichkeiten zu ihrer Lösung, 4. Aufl., Berlin 2006

Phillipps, H.: Finanzkrise, Managementpflichten und Wirtschaftsprüfung, Wiesbaden 2009

Pieper, A.: Einführung in die Ethik, Tübingen 1991

Pietsch, G./Scherm, E.: Gemeinsamkeiten und Forschungsperspektiven der konzeptionell orientierten Controlling-Forschung – acht Thesen, in: Weber, J./Hirsch, B. (Hrsg.): Controlling als akademische Disziplin – Eine Bestandsaufnahme, Wiesbaden 2002, S. 191–204

Piontek, J.: Bausteine des Logistikmanagement, 3. Aufl., Herne 2003

Pleier, N.: Anreize im Wandel, in: Personal, Jg. 12, S. 6–9

Pohl, H. J./Rehkugler, H.: Mittelständische Unternehmen, Bremen 1986

Pollmann, R./Rühm, P.: Controlling-Berichte: professionell gestalten, Freiburg i.Br. 2007

Porter, M. E.: Competitive Strategy: Techniques for Analyzing Industries and Competitors, New York/London 1980

Porter, M.: Wettbewerbsvorteile, Frankfurt 1986

Potthoff, E./Trescher, K.: Controlling in der Personalwirtschaft, Berlin/New York 1986

Preis, A.: Controller-Anforderungsprofile – Eine empirische Untersuchung, Wiesbaden 2012

Preißler, P.: Betriebswirtschaftliche Kennzahlen: Formeln, Aussagekraft, Sollwerte, Ermittlungsintervalle, München 2008

Pufahl, M.: Vertriebs-Controlling – So steuern Sie Absatz, Umsatz und Gewinn, 4. Aufl., Wiesbaden 2012

Radke, M.: Handbuch der Budgetierung, Landsberg/Lech 1989

Rambusch, R.: Interne Kundenzufriedenheit mit dem Controllerbereich, Wiesbaden 2012

Rappaport, A.: Creating shareholder value: a guide for managers and investors, 2. Aufl., New York 1998

Rautenstrauch, T./Müller, C.: Investitionscontrolling in kleinen und mittleren Unternehmen (KMU), in: Zeitschrift für Controlling & Management, 50 Jg. (2006), S. 100–105

Reichmann, T.: Grundlagen einer systemgestützten Controlling-Konzeption mit Kennzahlen, in: Zeitschrift für Betriebswirtschaft, 55. Jg. (1985), S. 887–898

Reichmann, T.: Controlling mit Kennzahlen und Management-Tools, 7. überarbeitete und erweiterte Aufl., München 2006

Reichmann, T.: Controlling mit Kennzahlen, 8. überarbeitete und erweiterte Aufl., München 2011

Reimer, M./Orth, M.: Die Bedeutung verhaltensorientierter Aspekte in der Controllingausbildung an deutschen Universitäten, in: Zeitschrift für Planung & Unternehmenssteuerung, 19. Jg. (2008), S. 185–205

Reißig-Thust, S.: Rolle und Einsatzmöglichkeiten des Controllings im Risk and Fraud-Management, in: Zeitschrift für Controlling & Management, 54. Jg., Heft 2, (2010), S. 122–126

Reißig-Thust, S./Weber, J.: Controlling & Compliance – Aufgaben der Controller im Risk and Fraud Management, Weinheim 2011
Riebel, P.: Einzelkosten- und Deckungsbeitragsrechnung – Grundfragen einer markt- und entscheidungsorientierten Unternehmensrechnung, 6. Aufl., Wiesbaden 1990
Riebel, P.: Einzelerlös-, Einzelkosten- und Deckungsbeitragsrechnung als Kern einer ganzheitlichen Führungsrechnung, in: Männel, (Hrsg.): Handbuch Kostenrechnung, Wiesbaden 1992, S. 247–299
Rischar, K.: Leistungsorientierte Bezahlung. Chancen und Risiken, Renningen 2007
Roso, M./Vormweg, R./Wall, F.: Controllingnahe Begriffe in Deutschland und USA – Eine vergleichende Lehrbuchanalyse, in: Zeitschrift für Controlling & Management, 47. Jg. (2003), S. 56–61
Roth, U.: Der Controller als Berater des Managements, in: Niedereichholz, C. (Hrsg.): Internes Consulting: Grundlagen – Praxisbeispiele – Spezialthemen, 2000, S. 129–138
Rottke, O.: Budgetierung als effizientes Instrument zur erfolgsorientierten Steuerung der Konzernteilbereiche bei den Österreichischen Bundesbahnen (ÖBB), in: Controlling, Heft 7, (2001), S. 365–378
Schachner, M./Speckbacher, G./Wentges, P.: Steuerung mittelständischer Unternehmen – Größeneffekte und Einfluss der Eigentums- und Führungsstruktur, in: Zeitschrift für Betriebswirtschaft, 76. Jg. (2006), S. 589–614
Schäfer, B.: Die Auswirkungen von Corporate Governance auf das Controlling, Hamburg 2011
Schäffer, U.: Kontrollieren Controller? – und wenn ja: Sollten sie es tun? WHU Working Paper, Koblenz 2000
Schäffer, U.: Zum Verhältnis von Unternehmensethik und Controlling, in: Zeitschrift für Wirtschafts- und Unternehmensethik, 5. Jg. (2004), S. 55–71
Schäffer, U.: Behindern Controlling-Instrumente ethisch orientiertes Handeln?, in: Zeitschrift für Controlling & Management, 49. Jg. (2005), Nr. 6, S. 384–387
Schäffer, U./Binder, C./Gmür, M.: Struktur und Entwicklung der Controllingforschung – Eine Zitations- und Kozitationsanalyse von Controllingbeiträgen in deutschsprachigen wissenschaftlichen Zeitschriften von 1970 bis 2003, in: Zeitschrift für Betriebswirtschaft, 76. Jg. (2006), S. 395–440
Schäffer, U./Brettel, T.: Ein Plädoyer für Fallstudien, in: Zeitschrift für Controlling & Management, 49. Jg. (2005), S. 43–46
Schäffer. U./Matlachowsky, P.: Warum die Balanced Scorecard nur selten als strategisches Instrument genutzt wird, in: Zeitschrift für Planung und Unternehmenssteuerung, 19. Jg. (2008), S. 207–232
Schäffer, U./Steiners, D.: Zur Nutzung von Controllinginformationen, in: Zeitschrift für Planung & Unternehmenssteuerung, 15. Jg. (2004), S. 377–404
Schäffer, U./Seiners, D.: ZP-Stichwort: Controllinginstrument, in: Zeitschrift für Planung und Unternehmenssteuerung, 16. Jg. (2005), Nr. 1, S. 115–120
Schäffer, U./Steiners, D.: Controllinginformationen für das Top-Management deutscher Industrieunternehmen – Angebot und Nutzung im Spiegel einer empirischen Erhebung, in: Zeitschrift für Management & Controlling, 49. Jg. (2005), S. 209–224
Schäffer, U./Steiners, D.: Controllinginstrumente, in: Zeitschrift für Planung & Unternehmenssteuerung, 16. Jg. (2005), S. 115–120
Schäffer, U./Weber, J./Mahlendorf, M.: Controlling in Zahlen, Vallendar 2012
Scheffner, J./Pham Duc, K.-M.: Umfassende Beratung: Neue Herausforderungen für das Controlling, in: Krings, U. (Hrsg.): Controlling als Inhouse-Consulting, 2012, S. 134–150
Scherm, E./Pietsch, G.: Theorie und Konzeption in der Controlling-Forschung, in: Scherm, E./Pietsch, G. (Hrsg.): Controlling – Theorien und Konzeptionen, München 2004, S. 3–19
Scherm, E./Pietsch, G.: Erfolgsmessung im Personal-Controlling – Reflexionsinput oder Rationalitätsmythos?, in: Betriebswirtschaftliche Forschung und Praxis, 57. Jg. (2005), Heft 1, S. 43–57
Scherm, E./Pietsch, G.: Organisation – Theorie, Gestaltung, Wandel, München/Wien 2007

Schierenbeck, H./Lister, M.: Value Controlling – Grundlagen wertorientierter Unternehmensführung, München 2002
Schlüter, H.: Interne Beratung durch den Controllerbereich, Wiesbaden 2009
Schmalenbach, E.: Selbstkostenrechnung und Preispolitik, 2. Aufl., Leipzig 1925
Schmeisser, W.: Corporate Finance and Risk-Management, München 2010
Schmidt, F.: Wachstum technologieorientierter Jungunternehmen, Wiesbaden 2008
Schmidt, T.: Corporate Governance, Controlling und Unternehmenserfolg – Konzeptionelle Gestaltung und empirische Analyse, Frankfurt am Main 2011
Schneemann, K. A.: Controlling und Ethik, Innsbruck 2005
Schneider, D.: Grundsätze anreizverträglicher innerbetrieblicher Erfolgsrechnung zur Steuerung und Kontrolle von Fertigungs- und Vertriebsentscheidungen, in: Zeitschrift für Betriebswirtschaft, 58. Jg. (1988), S. 1181–1192
Schneider, D.: Versagen des Controllings durch eine überholte Kostenrechnung, in: Der Betrieb, 44. Jg. (1991), S. 765–772
Schneider, D.: Controlling als postmodernes Potpourri, in: Controlling, 17. Jg. (2005), S. 65–69
Schoenfeld, H.-M. W.: Entwicklung des Management Accounting in den USA, in: Männel, W. (Hrsg.): Handbuch Kostenrechnung, Wiesbaden 1992, S. 348–359
Scholz, C./Sattelberger, T.: Human Capital Reporting. HCR 10 als Standard für eine transparente Personalberichterstattung, München 2012
Schreiber, D.: Management von Controllingwissen, Wiesbaden 2010
Schreyögg, G.: Unternehmensstrategie. Grundfragen einer Theorie strategischer Unternehmensführung, Berlin 1984
Schreyögg, G.: Organisation – Grundlagen moderner Organisationsgestaltung, 5. Aufl., Wiesbaden 2008
Schrödl, H.: Business Intelligence mit Microsoft SQL Server 2005, München 2006
Schuberth, K./Schopf, M.: Das Führungsinformationssystem der Bundesagentur für Arbeit, in: Horváth, P. (Hrsg.): Erfolgreiche Steuerungs- und Reportingsysteme in verbundenen Unternehmen, Stuttgart 2009, S. 263–276
Schüller, S.: Organisation von Controllingsystemen in Kreditinstituten, Münster 1984
Schulte, C.: Personal-Controlling mit Kennzahlen, 3. Aufl., München 2011
Schwarz, R.: Entwicklungslinien der Controlling-Forschung, in: Weber, J./Hirsch, B. (Hrsg.): Controlling als akademische Disziplin – Eine Bestandsaufnahme, Wiesbaden 2002, S. 3–19
Schweitzer, M./Friedl, B.: Beitrag zu einer umfassenden Controlling-Konzeption, in: Spremann, K./Zur, E. (Hrsg.): Controlling, Wiesbaden 1992, S. 141–167
Schweitzer, M./Küpper, H.-U.: Systeme der Kosten- und Erlösrechnung, 10. Aufl., München 2011
Sen, M./Fallscheer, D.: Transparenz als Erfolgsfaktor der wertorientierten Vertriebs- und Unternehmenssteuerung: das Beispiel Siemens Healthcare, in: Zeitschrift für betriebswirtschaftliche Forschung, 65. Jg. (2013), S. 97–108
Serfling, K.: Controlling, 2. Aufl., Stuttgart/Berlin/Köln 1992
Seufert, A./Oehler, K.: Business Intelligence & Controlling Competence: Band 1 – Grundlagen Business Intelligence, Steinbeis-Edition, Stuttgart/Berlin 2009
Sigloch, J./Egner, T./Wildner, S.: Einführung in die Betriebswirtschaftslehre, 4. Aufl., Stuttgart 2011
Siller, H.: Normatives Controlling, Wien 2011
Smith, A.: Der Wohlstand der Nationen – Eine Untersuchung seiner Natur und seiner Ursachen, München 1776/1978
Speckbacher, G./Wentges, P.: The Impact of Family Control on the Use of Performance Measures in Strategic Target Setting and Incentive Compensation: A Research Note, in: Management Accounting Research, 23. Jg. (2012), S. 34–46
Staehle, W.: Management – Eine verhaltenswissenschaftliche Perspektive, 8. Aufl., München 1999
Steinmann, H./Schreyögg, G.: Management – Grundlagen der Unternehmensführung, 6. Aufl., Wiesbaden 2005

Steven, M.: Handbuch Produktion: Theorie – Management – Logistik – Controlling, Stuttgart 2007

Stickney, C. P./Weil, R.L./Schipper, K./Francis, J.: Financial Accounting, 13. Aufl., Mason 2010

Stinchcombe, A. L.: Bureaucratic and Craft Administration of Production: A Comparative Study, in: Administrative Science Quarterly, 4. Jg. (1959), S. 168–187

Stockmann, R.: Konkurrierende und komplementäre Ansätze zur Evaluation, in: Stockmann, R. (Hrsg.): Handbuch zur Evaluation: Eine praktische Handlungsanleitung, Münster 2007, S. 71–107

Stock-Homburg, R.: Personalmanagement: Theorien – Konzepte – Instrumente, Wiesbaden 2008

Stoffel, K.: Controllership im internationalen Vergleich, Wiesbaden 1995

Stoffels, M./Kleindienst, I.: Internationale Verrechnungspreise im Spannungsfeld zwischen Unternehmenssteuerung und Besteuerung, in: Controlling, 16. Jg. (2005), S. 93–99

Stolorz, C./Fohmann, L. (Hrsg.): Controlling in Consultingunternehmen, 2. Aufl., Wiesbaden 2005

Strobel, W.: Begriff und System des Controllings, in: Das Wirtschaftsstudium, 8. Jg. (1978), S. 421–427

Tannenbaum, R./Schmidt, W.: How to choose a leadership pattern, in: Harvard Business Review, 36. Jg. (1958), Nr. 2, S. 95–101

Taschner, A.: Management Reporting: Erfolgsfaktor internes Berichtswesen, Wiesbaden 2013

Tauberger, A.: Controlling für die öffentliche Verwaltung, München 2008

Temple, P.: Unternehmenskennzahlen, 2. Aufl., Weinheim 2007

Theisen, M.: Der Konzern, 2. Aufl., Stuttgart 2000

Tiemeyer, E.: IT-Controlling kompakt, München 2005

Töpfer, A.: Planungs- und Kontrollsysteme industrieller Unternehmungen, Berlin 1976

Udy, J. H.: Bureaucratic Elements in Organizations – Some Research Findings, in: American Sociological Review, 23. Jg. (1958), S. 415–418

Uebele, H.: Verbreitungsgrad und Entwicklungsstand des Controllings in deutschen Industrieunternehmen, Stuttgart 1981

Ulrich, H.: Die Unternehmung als produktives soziales System, Bern/Stuttgart 1968

Ulrich, H.: Die Unternehmung als produktives soziales System: Grundlagen einer allgemeinen Unternehmungslehre, 2. Aufl., Bern 1970

Ulrich, P.: Corporate Governance in mittelständischen Familienunternehmen: Theorien, Feldstudien, Umsetzung, Wiesbaden 2011

Ulrich, P.: Führungskräfteincentivierung in Familienunternehmen, in: Zeitschrift für Controlling und Management, Sonderheft 3 (2011), S. 96–103

Vahs, D.: Controlling-Konzeptionen in deutschen Industrieunternehmungen – eine betriebswirtschaftlich-historische Untersuchung, Frankfurt am Main 1990

Vanini, U.: Controlling, Stuttgart 2009

Vermast, T.: Einführung eines integrierten Logistik-Controlling, Bamberg 1995

Volkswagen: Zahlen, die Volkswagen steuern. Controlling und Finanzen, http://www.volkswagen-karriere.de/de/wie_wir_arbeiten/unternehmensbereiche/controlling_und_finanzen.html, Abruf am 08.03.13

Volnhals, M./Hirsch, B.: Information Overload und Controlling, in: Zeitschrift für Controlling und Management, 52. Jg. (2008), Sonderheft 1, S. 50–56

Wagenhofer, A.: Management Accounting Research in German-Speaking Countries, in: Journal of Management Accounting Research, 18. Jg. (2006), S. 1–19

Wagenhofer, A./Ewert, R.: Interne Unternehmensrechnung, 2. Aufl., Berlin 2007

Wall, F.: Das Instrumentarium zur Koordination als Abgrenzungsmerkmal des Controllings?, in: Weber, J./Hirsch, B. (Hrsg.): Controlling als akademische Disziplin – Eine Bestandsaufnahme, Wiesbaden 2002, S. 67–90

Wall, F.: Organisation und IT-Unterstützung von Controllingprozessen, in: Controlling, 19. Jg. (2007), S. 483–489

Wall, F.: Controlling zwischen Entscheidungs- und Verhaltenssteuerungsfunktion – Konzeptionelle Gemeinsamkeiten und Unterschiede innerhalb des Fachs, in: Die Betriebswirtschaft, 68. Jg. (2008), S. 463–482
Wall, F.: Funktionen des Controllings im Rahmen der Corporate Governance, in: Zeitschrift für Controlling und Management, 52. Jg. (2008), S. 228–233
Weber, J.: Stand und Anwendungsperspektiven des Controllings in Verbänden und ähnlichen Non-Profit-Organisationen, WHU-Forschungspapier Nr. 24, Vallendar 1994
Weber, J.: Logistik- und Supply Chain Controlling, 5. Aufl., Stuttgart, 2002
Weber, J.: Aktuelle Controllingpraxis in Deutschland: Ergebnisse einer Benchmarking-Studie, Schriftenreihe Advanced Controlling, Band 59, Weilheim 2007
Weber, J.: Von Top-Controllern lernen – Controlling in den DAX 30-Unternehmen, Weinheim 2008
Weber, J./Kosmider, A.: Controlling-Entwicklung in der Bundesrepublik Deutschland im Spiegel von Stellenanzeigen, in: Zeitschrift für Betriebswirtschaft, Ergänzungsheft 3 (1991), S. 17–5
Weber, J./Linnenlücke, A./Krügerke, C.: Herausforderungen im Vertriebsmanagement, Weinheim 2009
Weber, J./Preis, A./Böttger, U.: Neue Anforderungen an den Controller – Ergebnisse aus der Unternehmenspraxis, Weinheim 2010
Weber, J./Sandt, J.: Erfolg durch Kennzahlen, in: Weber, J. (Hrsg.): Das Advanced-Controlling-Handbuch, Weinheim 2005, S. 379–404
Weber, J./Schäffer, U.: Controlling-Entwicklung im Spiegel von Stellenanzeigen 1990–1994, in: Kostenrechnungspraxis, 42. Jg. (1998), S. 227–233
Weber, J./Schäffer, U.: Sicherstellung der Rationalität von Führung als Aufgabe des Controllings?, in: Die Betriebswirtschaft, 59. Jg. (1999), S. 731–747
Weber, J./Schäffer, U.: Controlling als Koordinationsfunktion?, in: Kostenrechnungspraxis, 44. Jg. (2000), S. 109–117
Weber, J./Schäffer, U.: Balanced Scorecard für den Controllerbereich, in: Kostenrechnungspraxis, Sonderheft Nr. 2 (2000), S. 53–60
Weber, J./Schäffer, U.: Einführung in das Controlling, 11. Aufl., Stuttgart 2006
Weber, J./Schäffer, U.: Einführung in das Controlling, 13. Aufl., Stuttgart 2011
Weber, J./Schäffer, U.: Zukunftsthemen des Controllings, in: Controlling, 24. Jg. (2012), S. 78–84
Weber, J./Weise, F.-J.: Rolle des Controllings für die Umgestaltung der Bundesagentur für Arbeit, in: Betriebswirtschaftliche Forschung und Praxis, 56. Jg. (2004), S. 355–368
Weide, G.: Gestaltung und Erfolg des Management Reporting – Empirische Analyse der Auswirkungen einer Integration des Rechnungswesens, Hamburg 2009a
Weide, G.: Management Reporting, in: Controlling, 21. Jg. (2009b), S. 5–12
Weißenberger, B. E.: IFRS für Controller, Freiburg/Berlin/München 2007
Welge, M. K./Al-Laham, A.: Strategisches Management, 5. Aufl., Wiesbaden 2008
Weygandt, J. J./Kimmel, P. D./Kieso, D. E.: Managerial Accounting, 4. Aufl., Hoboken 2008
Wieland, J.: Warum Unternehmensethik, in: Forum für Philosophie Bad Homburg, Sigfried Balsche (Hrsg.): Markt und Moral. Die Diskussion um die Unternehmensethik, Bern et al. 1994, S. 215–239
Wild, J.: Grundlagen der Unternehmensplanung, Reinbek bei Hamburg 1974
Wild, J.: Grundlagen der Unternehmensplanung, 4. Aufl., Opladen 1982
Wilk, C.: Innovation ja – aber mit Augenmaß, in: Produktion – die Zeitschrift für die deutsche Industrie, Band 32/33 (2004), S. 25
Williams, K.: IMA Issues New Definition of Management Accounting, in: Strategic Finance, 90. Jg. (2009), Heft 1, S. 23
Willke, H.: Systemtheorie I: Grundlagen, 7. Aufl., Stuttgart 2006
Wimmer, N.: Dynamische Verwaltungslehre, 2. Aufl., Wien 2010
Wimmer, P./Neuberger, O.: Personalwesen 2. Personalplanung, Beschäftigungssysteme, Personalkosten, Personal-Controlling, Stuttgart 1998

Wiswede, G.: Soziologie. Ein Lehrbuch für den wirtschafts- und sozialwissenschaftlichen Bereich, 2. Aufl., Landsberg 1991

Wittmann, W.: Unternehmung und unvollkommene Information, Köln/Opladen 1959

Wöltje, J.: Investition und Finanzierung, Freiburg 2013

Wolf, J.: Organisation, Management, Unternehmensführung, 3. Aufl., Wiesbaden 2008

Wolf, K./Runzheimer, B.: Risikomanagement und KonTraG, Wiesbaden 2009

Wolke, T.: Risikomanagement, 2. Aufl., München 2008

Woodward, J.: Management and Technology, London 1958

Wunderer, R.: Von der Personaladministration zum Wertschöpfungs-Center, in: Die Betriebswirtschaft, 52. Jg. (1992), Heft 2, S. 201–215

Wunderer, R.: Personal-Controlling – Vom Berichtswesen zur Lotsenfunktion, in: Personalmanager, 5. Jg. (2006), S. 12–14

Wunderer, R./Jaritz, A.: Unternehmerisches Personal-Controlling – Evaluation der Wertschöpfung im Personalmanagement, Köln 2007

Wunderer, R./Sailer, M.: Instrumente und Verfahren des Personal-Controlling, in: Personalführung, 21. Jg. (1987), Heft 8, S. 600–606

Wunderer, R./von Arx, S.: Personalmanagement als Wertschöpfungs-Center. Unternehmerische Organisationskonzepte für interne Dienstleister, 3. aktualisierte Aufl., Wiesbaden 2002

Zdrowomyslaw, N.: Personal-Controlling. Der Mensch im Mittelpunkt. Erfahrungsberichte, Funktionen und Instrumente, Gernsbach 2007

Ziegenbein, K.: Controlling, 9. Aufl., Ludwigshafen 2007

Zimmer, A./Priller, E.: Gemeinnützige Organisationen im gesellschaftlichen Wandel – Ergebnisse der Dritte-Sektor-Forschung, 2. Aufl., Wiesbaden 2007

Zimmermann, C.: Controlling in international tätigen mittelständischen Unternehmen, Wiesbaden 2001

Zirkler, B.: Führungsorientiertes US-amerikanisches Management Accounting, Wiesbaden 2002

Zünd, A.: Zum Begriff des Controllings – Ein umweltbezogener Erklärungsversuch, in: Goetzke, W./Sieben, G. (Hrsg): Controlling – Integration von Planung und Kontrolle. Bericht von der 4. Kölner BFuP-Tagung am 22. und 23. Mai 1978, Köln 1979

ZVEI (Hrsg.): Unternehmenscontrolling, Frankfurt 1993

Informationen zu den Autoren

Universitätsprofessor Dr. Dr. habil. Wolfgang Becker

ist Ordinarius für Betriebswirtschaftslehre und Inhaber des Lehrstuhls für Betriebswirtschaftslehre, insb. Unternehmensführung und Controlling sowie Wissenschaftlicher Direktor des Deloitte Mittelstandsinstituts an der Universität Bamberg. Professor Becker hat unterschiedliche Leitungsfunktionen der Universität (Dekanat, Erweiterte Universitätsleitung, Senat, Universitätsrat) ausgeübt. Derzeit ist er Mitglied des Chief Information Office der Universität Bamberg und leitet den Promotionsausschuss der Sozial- und Wirtschaftswissenschaftlichen Fakultät. Professor Becker wirkt zudem in den international ausgerichteten Executive MBA-Studiengängen der Johannes Gutenberg-Universität Mainz sowie der Friedrich-Alexander-Universität Erlangen-Nürnberg und in einem nationalen virtuellen Wirtschaftsinformatik-Studiengang der Universitäten Bamberg und Duisburg-Essen mit. Professor Becker ist zudem Mitglied im Kuratorium, Vorsitzender des Wirtschaftsbeirats und Wissenschaftlicher Leiter im Campus of Excellence, einer unter der Schirmherrschaft des Bundesinnenministeriums stehenden Bildungsinitiative. Darüber hinaus hat er die Deutschlandrepräsentanz der schweizerischen Stiftungsinitiative »Lebenskonzept Unternehmertum« inne und ist Mitglied der Prüfungskommission der Wirtschaftsprüferkammer in Berlin. Des Weiteren ist er Gründungsgesellschafter und Beiratsvorsitzender der Scio GmbH, Erlangen. In diesem Kontext konnte er Erfahrungen als Gutachter, Berater, Trainer und Coach in unterschiedlichen Branchen des Sach- und Dienstleistungssektors gewinnen. Dazu zählen die Automobilwirtschaft, die Automobilzulieferwirtschaft, die Instandhaltungsindustrie, die Telekommunikationsbranche, die Anlagenbauindustrie, die Gas- und Wasserwirtschaft, die Verkehrs- und Logistikbranche, die medizintechnische Industrie, die Bau- und Wohnungswirtschaft, die optische Industrie, die Bank- und Versicherungswirtschaft. Mit insgesamt ca. 300 Publikationen, dazu zählen wissenschaftliche Veröffentlichungen, Beiträge in Sammelbänden und Handbüchern, zahlreiche Monographie, Lehrbücher und teils analoge, teils digitale Lehrmaterialien, hat sich Professor Becker in der Wissenschaftlichen Gemeinschaft einen Namen gemacht.

Dr. Björn Baltzer

ist Controller bei einem internationalen Industriekonzern und Lehrbeauftragter für das Fach Kosten-, Erlös- und Ergebniscontrolling an der Otto-Friedrich-Universität Bamberg. Nach einer Ausbildung zum Industriekaufmann studierte er Internationale Betriebswirtschaftslehre an der Friedrich-Alexander-Universität Erlangen-Nürnberg mit den Schwerpunkten Rechnungswesen/Controlling, Unternehmensführung/Internationales Management sowie Internationale Finanzwirtschaft/Quantitative Kapitalmarktforschung. Darüber hinaus studierte er Volkswirtschaftslehre (Economics) an der Wayne State University in Detroit (USA) mit den Schwerpunkten Public Finance und Urban Economics. Nach einer Tätigkeit als Unternehmensberater war er Wissenschaftlicher Mitarbeiter am Lehrstuhl für Betriebswirtschaftslehre, insbes. Unternehmensführung & Controlling an der Otto-Friedrich-Universität Bamberg. Dort promovierte er im Jahr 2012 mit einer Arbeit zum Einsatz und Erfolg von Controlling-Instrumenten.

Dr. Patrick Ulrich

ist Akademischer Rat und Habilitand am Lehrstuhl für Betriebswirtschaftslehre, insb. Unternehmensführung und Controlling sowie Projektleiter des Deloitte Mittelstandsinstituts an der Otto-Friedrich-Universität Bamberg. Zudem ist er Lehrbeauftragter für die Fächer Absatz/Marketing, Buchführung, Bilanzierung, Einführung in die BWL, Controlling, Kostenrechnung und Personalmanagement an mehreren Studienstandorten der Verwaltungs- und Wirtschaftsakademie (VWA) Nürnberg. Als Coach, Referent und Berater lernte er seit 2006 Problembereiche der Unternehmenspraxis in den Bereichen Governance, Risk und Compliance, Strategisches und Operatives Controlling kennen. Er studierte Europäische Wirtschaft mit den Schwerpunkten Personalwirtschaft und Organisation, Internationales Management, Marketing sowie Unternehmensführung und Controlling an den Universitäten Bamberg und Sevilla und promovierte im Jahr 2010 mit einer Arbeit zur Corporate Governance mittelständischer Familienunternehmen am Lehrstuhl für Betriebswirtschaftslehre, insbes. Unternehmensführung & Controlling an der Otto-Friedrich-Universität Bamberg.

Stichwortverzeichnis

A

Abstimmung 76
Abstimmungsfunktion 75, 87, 256
Abteilung 179
Adverse Selektion 41
Agent 40
Anforderungsprofile 193
Anreiz 165
Anreizsystem 162, 292
Arbeitsteilung 74
Aufgaben 86
Aufgabenfelder 87
Aufgabenportfolio von
    Controllern 33
Aufgabenträger 90
Ausführung 56, 76

B

Balanced Scorecard 150
Behavioral Accounting 45
Benchmarking 97, 214
Berichts- und Beratungsaufgaben 89
Berichtswesen 155, 292
Best Practice 214
Better Budgeting 134
Beyond Budgeting 134
Bilanzanalyse 108
Binnenorganisation 189
Bonding Costs 42
Brutto-Cashflow 148
Budget 130
Budgetierung 130
Budgetierungsprozess 131
Budgetierungssystem 131

C

Capital Asset Pricing Model 146
Capital Employed 148
Cash Flow 136, 204
Cash Flow Return on
    Investment 147
Cash Value Added 146
CFO 185
Compliance 127, 285
Comptroller 16
Conformance-Kennzahlen 286
Controllability 15
Controller 13, 90, 193, 279
Controller-Bereich 199
Controller-Leitbild 72
Controllership 14, 74, 90
Controlling 14, 60
Controlling-Instrumente 28, 99, 215, 290
Controlling-Kalender 95, 160
Controlling-Konzeption 49, 63
– informationsorientierte 63
– koordinationsorientierte 64
– rationalitätsorientierte 65
– wertschöpfungsorientierte 53, 67
Controlling-Organisation 189
Controlling-Philosophie 70, 288
Controlling-Prozesse 96, 214
Controlling-Stellen 31
Controlling-Werkzeuge
    100, 167, 216
Controlling-Zeitschriften 24
Controlling-Ziele 73
Corporate Governance 290

D

Deduktion 52
Delegationsgrad 190
Dezentralisierungsgrad 189
Diskontierung 205
Divisionale Organisation 182
Doppelbesteuerung 127
Dritter Sektor 274

Stichwortverzeichnis

E

Earned-Value-Methode 269
Economic Value Added 146
Effektivität 73, 211, 233
Effektivitäts-Controlling 233
Effizienz 73, 211, 233
Effizienz-Controlling 233
Einführung eines Logistik-Controllings 223
Einkreissystem 126, 279
Elemente 35, 50
Entgelt 164
Entwicklung 244
Erfolg 59, 211
Erfolgsfaktorenforschung 37
Erfolgspotentiale 59, 141
Erfolgswirtschaftliche Bilanzanalyse 111
Ergebnis 115
Erlöse 115
Ethik 287
Externes Rechnungswesen 115, 200

F

F&E-Controlling 243
fachliche Anforderungen 194
Financial Reporting 156
Finanzplan 275
Finanzwirtschaftliche Bilanzanalyse 109
first-best-solution 41
Forschung 244
Forschungsorientierungen 24
Führungsaktivitäten 56, 75
Führungsfunktion 60
Führungsgröße 59
Führungsunterstützungsfunktion 60
Funktionale Organisation 182
Funktionalisierungsgrad 189

G

Gegenrolle 16
Geschäftskenntnisse 195
Gestaltung 57
Goldenen Bilanzregel 137
Grad der Arbeitsteilung 192

H

Harmonisierung 200

Hedonic Wage-Ansatz 216
Hierarchie 185

I

IFRS 200
Implementierungsbarrieren 102
Induktion 52
Information 78
Information Overload 84
Informationsdefizit 84
Informationsangebot 79
Informationsaufbereitung 82
Informationsasymmetrie 40
Informationsbedarf 79, 82
Informationsbereitstellung 82
Informationsbeschaffung 82
Informationsfunktion 64, 78, 87, 256
Informationskongruenz 80
Informationsnachfrage 79
Informationsnutzung 83
Informationsspeicherung 82
Informationstechnologien 239
Informationsverarbeitungsansatz 78
Innovation 245
Instrumentenkette 101
Internes Consulting 206
Internes Rechnungswesen 115
Investition 141
Investitionsbeurteilung 142
Isomorphismus 47
IT-Controlling 239

J

Jahresabschlussanalyse 108

K

Kalkulation 101, 117
Kapitalwertmethode 142
Kennzahlen 105, 135, 145
Komplexität 36
Kontextfaktoren 37, 180
Kontingenztheorie 37
Kontrollaufgaben 89
Konzern 123, 248
Koordination 64, 75
Kosten 115, 141
Kostencontrolling 233

Kostenvergleichsrechnung 216
Kybernetik 36

L

Lebenszyklus 102
Legitimität 46
Legitimitätsfassade 47
Leistungsbudget 275
Leitung 57
Lenkung 57
Linienorganisation 181
Liquidität 59, 106, 135, 204
Liquiditätsplan 137
Logistik-Controlling 220
Lokomotion 60
Lokomotionsfunktion 60, 75, 86, 256

M

magisches Dreieck des
    Projektmanagements 267
Make or buy-Entscheidung 126
Management Accountant 279
Management Accounting 278
Management Control 277
Management Reporting 156
Management-Rechnungsaufgaben 89
Manager 91
Market Value Added 146
Marketing-Controlling 229
Mehrwert 54
Methode 101
Mittelstand 252
Monitoring Costs 42
Monte-Carlo-Simulation 237
Moral Hazard 41
Motivation 162

N

Neue Institutionenökonomik 40
Non-Profit-Organisationen 273
NOPAT 146
Nutzen 141
Nutzwertanalyse 217

O

ökonomisches Prinzip 211
Öffentlicher Sektor 260

ökonomische Abschreibungen 148
operativ 226
operative Personal-Controlling 233
Organisation 75
Organisation des Controllerbereichs 178

P

Partizipationsgrad 191
Personal-Controlling 231
persönliche Anforderungen 194
Philosophie 70
Planungsaufgaben 88
Primärkoordination 75
Prinzipal 40
Produktions-Controlling 225
Produktionsmanagement 225
Projekt 265
Projektmanagement 267
Prozess 94
Prozess-Controlling 96
Prozesskostenrechnung 96
Prozessmodelle 96

Q

Qualifikationsprofile 193
qualitative Investitionsbeurteilungs-
    verfahren 144
quantitative Investitionsbeurteilungs-
    verfahren 142

R

Rationalität 44, 47, 66
Rationalitätsmythen 47
Rationalitätssicherung 66
Realoptionsansatz 217
rechnerische Investitionsbeurteilungs-
    verfahren 142
Rechnungswesen 64, 199
Rentabilität 106
Reportingprozess 157
Residual Loss 42
Return on Capital Employed 148
Return On Investment 106
Risiko 235
Risiko-Controlling 235, 292
Risikomanagement 235
RL-Kennzahlensystem 106
Russland 281

S

Scoring-Modell 144
Sekundärkoordination 75
Sensitivitätsanalyse 237
Shared Service Center 192
Shareholder Value 145
Situativer Ansatz 37
Soziologischer Institutionalismus 46
Stab-Linien-Organisation 183
Stabsstelle 181
Standardisierungsgrad 191
statische Investitionsbeurteilungs-
 verfahren 142
Stelle 179
Steuern 293
Steuerungsaufgaben 89
Stewardship-Theorie 43
Strategieumsetzung 155
strategisch 59, 226, 233
strategische Anforderungen des
 Controller-Bereichs 197
Supply-Chain-Controlling 222
System 34
Systemtheorie 34
Szenarioanalyse 238

T

Technik 101
Teilkostenrechnung 116
Transaktionskosten 40
Transferpreise 123
Treasurer 16
Treasury 202

U

Uniform Cost Accounting 48

Unternehmensberatung 267, 270
Unternehmensethik 287
USA 16, 277

V

Value-at-Risk 237
Verfahren 101
Verfügungsrechte 40
Verhalten 44
Verrechnungspreise 122
Vertriebs-Controlling 230
Vertriebsmanagement 230
Vollkostenrechnung 116

W

WACC 146
Wertkette 56
Wertorientierte Kennzahlen 145
Wertschöpfung 54
Wertschöpfungskreislauf 58
Wertschöpfungsrechnung 58
Wertschöpfungszweck 53
Wertvorstellungen 289
Wettbewerbsvorteile 56
Wirkungskettenanalyse 217
Wissensmanagement 82
Working Capital 135

Z

Zentralisierung 189
Zielbildungsaufgaben 88
Ziele 73
Zielerreichung 150
Zielsystem 274
Zweikreissystem 127, 200